韓國財閥史研究

한국재벌사연구

최 정 표 지음

istory of Korean Chaebols

도서출판 해남

최정표

뉴욕주립대학교 대학원 경제학박사
미국 Washington-Jefferson대학 교수
독일 호헨하임대학교(Hohenheim University) 객원교수(독일 DAAD재단 초청)
일본 도쿄대학교 경제학부 객원교수(Japan Foundation 초청)
한국산업조직학회 회장
공정거래위원회 비상임위원
경실련 공동대표
건국대학교 상경대학장
현재 건국대학교 경제학과 교수

한국재벌사연구

초판1쇄 인쇄 2014년 10월 24일
초판1쇄 발행 2014년 10월 31일

지은이 최정표
발행인 노현철
발행처 도서출판 해남

출판등록 1995. 5. 10 제 1-1885호
주소 서울특별시 서대문구 충정로 38-12(충정로 3가) 우리타워 6F
전화 739-4822 **팩스** 720-4823
이메일 haenamin30@naver.com
홈페이지 www.hpub.co.kr

ISBN 978-89-6238-081-1 93320

이 저서는 2009년 정부(교육과학기술부)의 재원으로
한국학술진흥재단의 지원을 받아 수행된 연구임
(KRF-2009-812-B00074)

머리말

이 책은 한국 재벌이 지난 50여 년간 어떤 모습이었고 어떻게 변화해 왔는지를 정리한 책이다. 1960년부터 2010년까지의 기간이 이 책이 다루고 있는 기간이다. 이 기간은 한국 경제가 극에서 극으로 변화해 온 시기이다. 1960년에는 1인당 GDP가 100달러도 되지 못했는데 2010년에는 2만 달러를 넘어섰다. 이런 변화의 기간에 한국 경제의 중심에 자라잡고 있었던 한 실체가 바로 재벌이다.

한국의 재벌은 1960년대에 발아해서 1970년대에 그 모습을 드러내고, 1980년대와 1990년대에 급성장하다가 1997년의 외환위기를 거치면서 큰 변화를 겪었다. 이 기간을 모두 합치면 대략 50여 년이 된다. 이 책에서 분석하고 연구하고 설명하는 재벌은 이 기간의 재벌이다. 시대의 한 구간에서 관찰된 재벌에 관한 이야기이다. 집필이 완료된 이후의 재벌 모습은 물론 여기에 수록되지 못하였다.

앞으로 재벌이 어떤 모습으로 변해 갈지는 아무도 모른다. 많은 세월이 흐른 후에는 공룡처럼 역사 속의 화석으로 사라져 버릴지도 모른다. 그리고 그저 잊혀진 옛날의 부자 정도로만 기억될지도 모른다. 그렇지만 지난 한 기간 한국 경제에 재벌이라고 불렸던 한 실체가 존재하였고 그 재벌이 특수한 역할을 수행하였던 것은 엄연한 사실이다.

필자는 그 시대에 살았던 대한민국의 국민으로서, 그리고 재벌에 대해 연구하고 재벌 문제에 대해 고민했던 한 사람의 경제학도로서, 재벌이라는 실체에 대해 하나의 기록을 남기는 것은 의미 있는 일일 것이라고 생각하였다. 이 기간에 나는 20년은 학생이었고 30년은 교수였다. 50여 년을 학교라는 공간에서 학생들과 더불어 학문적 입장에서 재벌에 관해 관찰하고 토론했던 내용들을 정리해 보기로 하였다. 산업조직론을 전공한 경제학 교수로서 재벌에 관한 30여 년간의 학문적 고찰도 정년을 몇 년 앞두고 한 권의 책으로 정리해 보고 싶은 욕망이 있었다.

이 기간에는 재벌에 대한 논의와 논쟁이 매우 많았다. 재벌이 한국 경제 그 자체였기 때문이다. 그리고 재벌에 대한 각종 기록과 문헌은 그 양을 가늠하기 어려울 정도로 많다. 이런 재벌도 세월이 흐르고 모든 것이 변해 버리면 경제사의 한 편린이 되어 버린다. 공룡처럼 한 시대에는 한국 경제를 오로지했지만 세월이 많이 흐르고 나면 후학들은 공룡의 화석을 찾듯 진실을 찾기 위해 그 숲을 헤매고 다닐 것이다. 이들에게 조그마한 나침반이라도 되기 위한 것이 이 책의 집필 이유이고 목적이다.

특히, 일본의 풍부한 재벌 연구서들은 이 책을 쓰도록 한 강한 촉진제였다. 필자는 Japan Foundation의 지원으로 1년간 일본 도쿄대학에서 일본 재벌에 대해 연구할 기회가 있었다. 일본은 재벌의 원산지이고 재벌해체정책까지 경험한 나라인 만큼 일본에는 재벌에 관한 연구서가 산더미같이 많다. 특히, 재벌사 연구는 경제학의 한 분야라고 할 정도로 연구 결과가 풍부하다. 거기다가 필자를 초청해 준 도쿄대학 경제학부의 다케다 하루히토(武田晴人) 교수는 이 분야의 일본 최고 권위자이다. 그의 연구 결과와 그와의 학문적 교류는 필자의 재벌에 대한 관심과 이해도를 일신시키는 기회였다.

이 책은 7개의 장으로 구성된 만큼 7가지 측면에서 재벌에 접근하였다. 재벌이 변화되어 온 모습을 시대보다는 특징별로 나누어 각 장에 실었다. 그런데 특징은 시대에 따라 변하기 때문에 특징별 구분이 시대별 구분과 거의 일치하였다. 먼저 제1장에서는 재벌이란 무엇인가라는 주제를 가지고 씨름하였다. 재벌의 개념, 재벌의 변천 과정, 재벌의 비중과 역할 등이 주요 관심사항이었다. 따라서 제1장의 내용은 50여 년 전체에 걸친 재벌의 모습이다.

제2장에서는 한국 경제가 왜 재벌경제가 될 수밖에 없었는지에 대해 다루었다. 재벌이 출현하고 그 재벌이 한국 경제를 장악할 수밖에 없었던 요인이 무엇이었는지가 주요 주제이다. 자연적 요인과 인위적 요인으로 나누어서 살펴보았다. 재벌이 출현하기 시작한 시기의 이야기이기 때문에 주로 1960~1970년대의 재벌 이야기이다.

제3장에서는 세월이 흐르면서 재벌을 둘러싼 시대적 환경은 어떻게 변하였고, 이와 더불어 재벌들의 흥망성쇠는 어떠하였는지가 분석되었다. 재벌별로 제각각의 부침이 있었고 개별 재벌의 흥망성쇠는 당연히 재벌의 판도도 변화시켰다. 재벌 판도의 변화 양상을 여러 가지 각도에서 살펴보았다. 주로 1970~1980년대의 재

벌 이야기이다.

제4장에서는 재벌의 공과에 대한 논쟁을 다루었다. 재벌에 대한 평가는 관점에 따라 다르고, 입장에 따라서도 다르고, 시대에 따라서도 다르다. 긍정적인 평가도 그 나름대로 타당한 이유가 있고, 부정적인 평가도 마찬가지이다. 어쨌든 재벌을 보는 시각은 다양한데 이런 다양한 시각을 종합적으로 정리하였다. 재벌의 공과는 재벌 자체에 대한 평가이기 때문에 제4장은 50년 전체 기간에 대한 이야기이다.

제5장에서는 재벌정책에 대해 논하였다. 재벌은 비난과 비판이 많았던 만큼 문제점을 시정하려는 정부 정책도 있었다. 정책은 불변인 것이 아니라 필요에 따라 요구에 따라 변하기 마련이다. 정책은 효과가 있을 때도 있었고 없을 때도 있었다. 그러므로 재벌을 규제해 온 제반 정책을 체계적으로 살펴보는 것도 매우 중요한 일이다. 재벌정책은 1980년대에 나타나서 1990년대에 집중적으로 시행되었기 때문에 제5장은 주로 1980~1990년대의 이야기이다.

제6장에서는 재벌의 가장 중요한 특징 중 하나인 경영권의 세습에 대해 살펴보았다. 한국 재벌도 이미 창업 역사가 60~70년이 되는 만큼 2세 3세로 넘어갔다. 상속과 세습은 당연히 재벌의 분화를 가져왔다. 재벌의 세습과 이로 인한 분화 과정을 살펴보는 것은 재벌사 연구의 필수적 요소이다. 재벌의 세습은 1990년대와 2000년대 초에 많이 일어났기에 제6장은 주로 이 기간의 이야기이다.

제7장에서는 1997년의 외환위기와 관련된 재벌의 변화를 다루었다. 외환위기는 한국 경제와 재벌에게 엄청난 충격을 주었고 변화를 초래하였다. 대대적인 재벌개혁정책이 있었고 재벌은 새로운 모습으로 탈바꿈하였다. 외환위기 이후의 재벌 모습을 살펴보는 것은 한국 경제의 미래와 관련해서도 매우 의미 있는 연구가 아닐 수 없다. 외환위기가 1997년에 있었기 때문에 제7장은 1998년부터 2010년대 초까지의 이야기이다.

한국 재벌의 미래 모습은 누구도 알 수 없다. 그렇지만 선진국의 재벌이 걸어왔던 길 중 하나를 걸어갈 것은 틀림없다고 본다. 한국 재벌이 일본 재벌처럼 강제로 해체되는 길을 걷지는 않을 것이다. 일본은 전범국가라는 특수 상황이었기 때문에 불가피한 사정이 있었다. 한국 재벌은 아마도 미국 재벌의 발자취를 따르지 않을까 싶다.

100여 년 전에는 미국도 지금 우리나라와 같이 재벌이 국가경제를 주도하고 있었다. 1800년대 말 산업화가 급속도로 진행되면서 많은 사업가들이 재벌을 일구었다. 그런데 이 재벌들은 상속 과정에서 거의 모두 소유와 경영이 분리되고 전문경영인체제가 확립되었다. 가족 중심으로 소유하고 경영하던 재벌의 모습은 더 이상 존속될 수 없었다. 한국도 이 길을 가지 않을 수 없으리라고 본다. 소유와 경영의 분리는 자본주의 발전의 필연적 단계이다. 극도의 혈연 중심 사회인 한국에서는 그 속도가 다소 늦을 수는 있겠지만 이 과정을 거부하기는 어려울 것이다.

이 책은 집필에만 5년여의 시간이 걸렸다. 자료 수집과 문헌 정리 기간까지 합치면 10여 년에 걸친 작업의 산물이다. 이 기간에 건국대학교에서 필자의 강의과목인 '산업조직론'을 수강한 학생들로부터 많은 도움을 받았다. 엄청난 분량의 자료 수집과 정리, 이슈에 대한 수많은 토론 등은 이 책에 대한 그들의 공로이다. 2009년부터는 한국학술진흥재단이 이 책을 저술출판지원사업으로 선정해 줌으로써 이 책이 세상에 나올 수 있게 되었다. 나라의 세금이 제대로 쓰여졌기를 기대한다.

요즘 출판시장이 불황이고 학술서적은 더욱 불황이다. 수익성도 불확실한데 기꺼이 이 책을 출간해 준 도서출판 해남의 노현철 사장에게 감사를 표한다.

2014년 좋은 가을날

건국대 연구실에서 저자

차 례

Chapter 3

시대 상황의 변화와 재벌의 흥망성쇠

Chapter 5

재벌정책의 제도화

Chapter 6

재벌의 세습과 분화

Chapter 7

외환위기와 재벌의 변화

Chapter 1

재벌의 의미와 실체

I. 재벌의 정의

II. 재벌 변천사

III. 재벌과 한국 경제

IV. 재벌의 힘과 역할

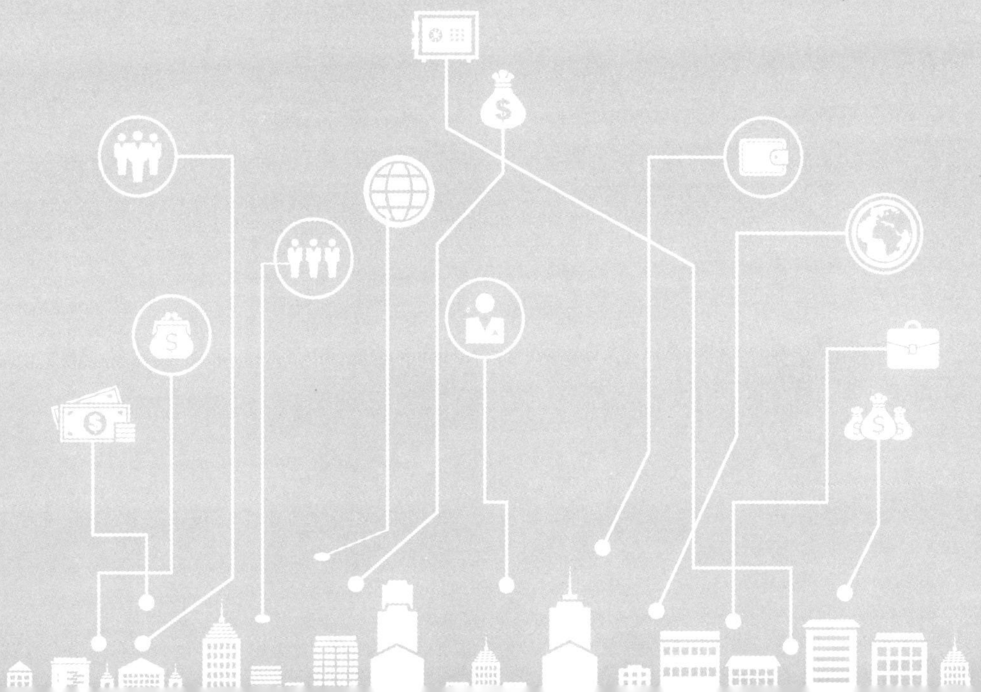

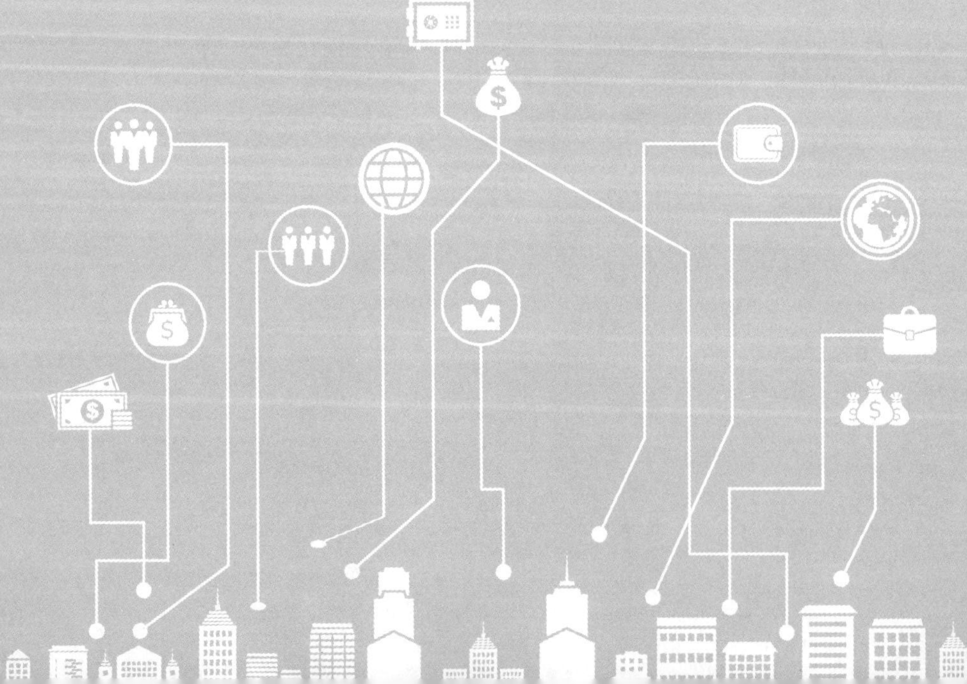

재벌의 의미와 실체

I 재벌의 정의

1. 용어의 유래와 재벌의 특성

재벌(財閥)이라는 용어는 일본에서 만들어져 일본에서 사용되어 오던 용어를 우리나라에서 그대로 차용한 것이다. 동일한 한자어인 財閥을 두고 우리는 '재벌'(chaebol)이라고 발음하고, 일본은 '자이바츠'(zaibatsu)라고 발음한다. 따라서 영어권 나라에서는 우리나라의 재벌형 기업을 'chaebol'이라고 표현하고, 일본의 재벌형 기업은 'zaibatsu'라고 표현한다.

일본에서 재벌이라는 용어가 언제부터 누구에 의해 사용되었는지는 분명하지 않다. 일본의 재벌 연구에 권위를 가진 도쿄대학의 다케다 하루히토(武田晴人) 교수는 메이지(明治) 말기에 재벌이라는 용어가 처음 사용되었다고 한다.[1] 그 이후 쇼와(昭和) 시기에 와서는 저널리즘 용어로 정착되었다고 본다. 그 당시는 일본 경제에 대해 논할 때 재벌을 빼고 이야기할 수 없는 시기였다. 재벌에 대한 조사 연구, 대

1 武田晴人(1995), p. 4. 다케다(武田)는 메이지 시대 말에 山路愛山이라는 사람이 쓴 『日本金權史』라는 책에서 정상(政商)이라는 말과 함께 재벌(財閥)이라는 말이 처음으로 사용되었다고 하였다.

공황 시기의 재벌 비판 등이 경제의 주요 이슈가 되면서 재벌이라는 용어가 사회에 보편적 용어로 정착되어 나갔다.

재벌은 원래 부호나 부자를 나타내는 용어로 사용되었다. 당시 일본에서는 政商(정상)이라는 용어가 흔하게 사용되었는데 재벌은 정상과 비슷한 의미로 사용되었다. 정상은 소위 말하는 어용상인으로 정치와 유착되어 많은 돈을 번 재계 인사를 의미하였다. 재벌이라는 용어의 출발점은 이와 같이 정치권력과 결탁하여 많은 돈을 번 부자를 나타내는 말에서부터 시작하였다. 그러다가 이런 부자들이 독특한 형태의 기업 경영을 일구어 나가자 재벌이라는 용어는 특수한 성질을 가진 기업 경영 조직과 경영 행태를 일컫는 말로 발전해 나갔다.

일본의 재벌 연구 권위자인 모리카와 히데마사(森川英正)는 "부호 가족이 배타적으로 소유하고 지배하는 다각화된 사업경영체"를 재벌이라고 정의하였다.[2] 이 정의는 적어도 재벌의 두 가지 특성을 분명히 하고 있다. 하나는 배타적 소유라는 점이고, 다른 하나는 다각화된 사업경영체라는 점이다. 여기서 배타적 소유란 부호 가족과 그 일족이 100%의 지분을 모두 출자한다는 의미이고, 다각화된 사업경영체란 여러 업종에 동시에 참여하고 있다는 의미이다.

일본의 초기 재벌은 재벌 가문이 100% 출자지분을 소유하고 있었다. 타인으로부터는 어떤 출자도 받지 않았다. 따라서 일본에서는 이를 봉쇄적 소유, 지배라고 하였다. 이렇게 함으로써 타인으로부터 경영 간섭도 받지 않고 타인과 이익을 나눌 필요도 없었다. 거기에다 일본 재벌은 초기에도 여러 업종에 진출해 있었다. 예컨대 미쓰이(三井)재벌은 물산, 광산, 은행 등 여러 업종을 수행하였고, 미쓰비시(三菱)재벌도 해운에서 시작하여 조선, 광산, 상사, 은행 등으로 사업을 넓혀 나갔다.

일본 재벌 연구의 또 다른 권위자인 야스오카 시게아키(安岡重明)는 모리카와와는 약간 다른 견해를 내놓고 있다. 그는 "부호 가족이 출자한 모회사(지주회사)가 여러 업종에 진출해 있는 자회사를 지배하는 가운데 대규모 자회사가 자기 산업에서 과점적 지위를 점하고 있는 기업집단"을 재벌이라고 정의하고 있다.[3] 야스오카는 모리카와의 가족에 의한 소유, 지배와 다각화된 사업경영체라는 점은 받아들이고,

2 森川英正(1990).
3 安岡重明(1990).

거기에다 대규모 계열사는 자기 시장에서 독과점적 지위를 확보하고 있다는 특징을 하나 더 보태고 있다. 그러나 가족의 소유, 지배가 100% 배타적이라는 점은 강조하지 않고 있다. 타인자본도 소액은 출자되고 있다고 보고 있다. 따라서 야스오카의 재벌 정의는 "부호 가족이 소유, 지배하는 다각화된 독과점적 사업경영체"라고 요약할 수 있다.[4]

일본의 유명한 재벌 연구가인 이시이 간지(石井寛治), 다케다 등은 야스오카의 정의에 동조하고 있다.[5] 모리카와의 정의를 따르면 재벌의 범위가 매우 확대될 수 있다. 작은 기업이라도 가족에 의한 배타적 소유하에 다각화가 이루어져 있으면 재벌이라고 볼 수 있기 때문이다. 그러나 야스오카의 정의에 따르면 독과점적 지위를 가질 정도로 큰 사업경영체라야 재벌에 포함될 수 있다. 따라서 재벌에 해당하는 기업의 범주를 어느 정도 한정지을 수 있다. 어느 정의를 따르든 일본 역사에서 미쓰이, 미쓰비시, 스미토모(住友) 등의 기업그룹은 재벌이라고 규정지을 수 있다. 야스오카의 정의에 따르면 재벌의 범주를 크게 확장하지 않아도 되고, 모리카와의 정의를 따르면 더 크게 확장해야 할 가능성이 있다.

우리나라도 재벌이라는 용어를 일본에서 차용해 사용한 것은 틀림없는데, 언제부터 사용하기 시작하였는지는 분명하지 않다. 한국에서는 삼성, LG 등과 같은 재벌이 부상하기 시작한 1950년대부터 재벌이라는 용어가 언론에서 먼저 사용하기 시작한 것으로 보고 있다. 재벌이 학문적으로 연구 대상이 되고 학문적 용어로 사용되기 시작한 것은 그보다 한참 후의 일이다.

한국에서도 재벌의 정의는 일본에서 사용하는 범주를 크게 벗어나지 않는 것으로 보인다. 일본에서는 제2차 세계 대전의 패전 후 맥아더 사령관에 의해 재벌은 해체되었고 새로운 기업 형태가 옛날의 재벌을 대체하였기 때문에 더 이상 재벌이 존재하지 않는다. 하지만 한국에서는 고도성장기에 출현한 기업 형태가 제2차 세계 대전 이전의 일본 재벌과 매우 비슷한 조직과 운영 방식을 유지하고 있기 때문에 이를 재벌이라고 부르고 있다. 따라서 한국의 재벌도 일본에서 사용하는 정의

4 일본에서는 재벌의 정의를 두고 한때 여러 학자들이 논쟁을 벌였다. 그 출발은 安岡重明(1976)와 森川英正(1978) 사이의 논쟁이었고, 이 논쟁은 그 이후에도 계속 이어져 왔다. 자세한 논쟁 내용과 과정에 대해서는 신장철(2000) 참조.

5 石井寛治(1992), 武田晴人(1995).

를 크게 벗어나기는 어렵다.[6]

야스오카는 재벌의 정의를, ① 가족의 소유, 지배, ② 다각화된 사업경영체, ③ 독과점적 지위 유지라는 세 가지 특징에 초점을 맞추었는데, 한국에서도 이와 동일하지는 않지만 유사한 세 가지 조건을 전제로 재벌을 정의할 수 있다. 첫째는 기업의 집단화, 둘째는 경영의 가족화, 셋째는 규모의 비대화이다. 이 세 가지 조건이 충족된 기업조직은 재벌이라고 정의할 수 있다.[7] 기업의 집단화와 경영의 가족화는 야스오카의 정의와 거의 일치한다. 기업의 집단화는 다각화 경영을 나타내고, 경영의 가족화는 가족 중심의 소유와 지배를 의미하기 때문이다. 그러나 규모의 비대화는 야스오카의 독과점 지위 유지라는 조건보다 더 포괄적인 의미를 내포하고 있다.

일본의 재벌이나 한국의 재벌이나 그 외형은 단일 경영주체에 귀속되는 여러 기업들의 집합체이다. 말하자면 여러 기업들을 하나의 그룹으로 묶어 하나의 경영주체가 통합 관리하는 단일 사업경영체이다. 법적 · 형식적으로는 여러 개의 법인이지만 실질적으로는 이들이 하나의 경영주체에 귀속되어 하나의 법인처럼 관리되고 있다. 따라서 영어로는 이를 기업집단(business groups)이라고 부른다.

기업집단은 여러 기업들로 구성되어 있기 때문에 그 규모가 매우 클 가능성이 있다. 본서에서는 이러한 기업집단을 특정 가족이 소유 · 경영하고 그 규모가 매우 크면 이를 재벌이라고 규정할 수 있다고 본다. 독과점적 지위와는 상관없이 그 규모를 기준으로 재벌을 규정하고 있다.

독과점적 지위를 확보하고 있어도 규모가 작으면 구태여 재벌이라고 규정할 필요가 없다. 독과점적 지위를 확보하고 있으면서 규모도 크면 물론 재벌이 된다. 그런데 독과점적 지위가 없어도 규모가 매우 크면 이도 재벌이라고 보아야 한다.

---

6 한국 재벌도 일본 재벌과 비슷한 점이 많은 만큼 한국 학자들의 재벌에 대한 정의도 일본 학자들의 정의에서 크게 벗어나지 않는다. 그런데 대부분의 한국 학자들은 한국 재벌이 갖는 여러 가지 특성들을 기준으로 매우 복잡하게 재벌을 정의하고 있다. 홍명수(2003)는 법률적 시각에서 재벌을 정의하고 있으며, 서동원(1996)은 공정거래정책의 집행 관점에서 재벌을 정의하고 있다. 홍덕률(1996)은 사회학적인 관점에서 재벌을 정의하고 있는데, 모두가 가족 소유와 다각경영을 강조한다. 김기원(2005)은 매우 현실적 시각에서 재벌을 정의하면서 재벌이라는 용어가 '큰 부자', '재벌 총수', '재벌기업'을 모두 지칭하는 용어가 되어서는 안 되고 '재벌기업'만을 지칭하는 용어로 사용해야 한다고 주장하고 있다.

7 최정표(2006b), pp. 197~225 참조.

독과점 기준보다 규모를 기준으로 재벌을 정의하는 것이 재벌의 범주를 더욱 분명히 할 수 있고, 재벌의 경제학적 분석을 더욱 과학화시킬 수 있는 장점이 있다.

본서에서 채택하고 있는 재벌의 세 가지 조건 중 기업의 집단화는 그룹식 기업조직하에 계열기업을 거느리면서 폭넓게 사업다각화가 이루어져 있다는 것을 의미하고, 경영의 가족화는 소유와 경영이 분리되어 있지 않고 경영이 세습된다는 것을 의미하고, 규모의 비대화는 재벌그룹이 국가경제 내에서 차지하는 비중이 너무 커 경제력집중(economic concentration) 문제를 야기시킨다는 것을 의미한다. 이 세 가지 조건이 모두 충족되어 재벌로 정의할 수 있는 기업을 어느 선까지 정할지는 분명히 구획지을 수 없다. 그러나 한국재벌사에서 현대, 삼성, LG, 대우, SK 등을 재벌로 규정짓는 것에 대해서는 누구도 반대하지 않을 것이다.

2. 기업의 집단화

재벌은 여러 기업들의 집합체이다. 한 재벌 안에는 여러 기업들이 들어 있다. 이것은 재벌 조직의 가장 중요한 외형적 특징이다.

이런 특성은 용어상 재벌과 기업을 혼동하는 이유이기도 하다. 기업이란 회사법상의 조직 요건을 충족시키면서 법인으로 등록되어 고유의 기업 활동을 영위하는 법적 조직체이다. 반면에 재벌은 법적인 조직체는 아니면서 실질적으로는 단일기업처럼 활동하는 경영상의 조직체이다. 따라서 일반적으로는 재벌도 기업이라고 부르고 있다. 그러나 엄격한 의미로는 재벌과 기업은 구분되는 경영조직체이다.

재벌은 개별 기업들이 어떤 형태로 어느 정도 그룹화되어 있는지 획일적으로 정의할 수는 없다. 그러나 여러 기업들이 집단을 만들어 기업의 범주를 넘어선 또 하나의 사업경영체를 만들어 이 조직이 실질적으로 유효하게 작동하고 있다면 이것은 재벌로 가는 하나의 특성을 충족시킨 상태라고 볼 수 있다.

〈표 1-1〉에는 우리나라 재벌사에서 재벌로 규정하는 데 거의 이의가 없을 것으로 보이는 다섯 개의 재벌을 기준으로 이들이 얼마나 많은 기업들의 집합체로 구성되어 있는지를 보여 주고 있다. 공정거래법으로 재벌정책을 공식적으로 시행하

〈표 1-1〉 **대재벌의 계열기업 수 변천 현황**

(단위: 개)

재벌명	1987년[a]	1992년[b]	1997년[c]	2002년[d]	2007년[e]
삼성	36	52	80	63	59
현대	32	43	57	분할	분할
LG	57	58	49	62	분할
대우	29	22	30	해체	해체
SK	16	31	46	62	57

주: a) 1987년의 재벌 순위는 현대, 대우, 삼성, LG(당시는 럭키금성)이었고, SK(당시는 선경)는 7위였다.
b) 1992년의 재벌 순위는 현대, 삼성, 대우, LG(럭키금성), SK였다.
c) 1997년의 재벌 순위는 현대, 삼성, LG, 대우, SK(선경)였다.
d) 현대가 상속 과정에서 3개의 소그룹으로 분할되었고 대우가 부도로 해체되었기 때문에 2002년에는 3개 재벌의 계열기업 수만이 유효한 자료로 인정되고 3개 재벌의 순위는 삼성, LG, SK였다.
e) LG도 승계 과정에서 여러 개의 소그룹으로 분할되었기 때문에 2007년에는 2개 재벌의 계열기업 수만 유효한 자료로 인정되고 2개 재벌의 순위는 삼성, SK였다.
자료: 공정거래위원회의 대규모 기업집단 지정 발표 자료(각 연도).

기 시작한 1987년부터 5년 단위로 재벌의 구성기업 수가 어떻게 변해 왔는지를 보여 주고 있다. 재벌의 구성 기업은 통칭 계열회사라 부르기 때문에 〈표 1-1〉은 우리나라 대재벌의 계열회사 수가 어떻게 변해 왔는지를 보여 주기도 한다.

한국재벌사에서 삼성, 현대, LG, 대우, SK를 재벌이라고 규정하는 데 이의를 제기할 사람은 아무도 없을 것이다. 이들은 그 형태나 역할에서 명실공히 재벌로서의 요건을 충족시킨다고 볼 수 있다. 〈표 1-1〉에서 삼성은 계열회사 수가 80개(1997년)에 이르기까지 하였다. 삼성그룹은 상속 승계 과정에서 여러 개의 소재벌이 분리되어 나갔으면서도 계열기업 수는 최고를 기록하고 있다.[8]

현대그룹은 한때 삼성과 쌍벽을 이루는 재벌로 57개의 계열기업(1997년)으로 규모 1순위 재벌로 부상하기도 하였으나, 2세 승계 과정에서 3개의 소재벌로 분할되었다.[9] LG그룹도 분할 승계 과정에서 GS, LS 등이 분할되어 나갔으나 62개의 계열

8 삼성그룹에서 분리되었거나 삼성그룹을 바탕으로 만들어진 소재벌은 CJ, 한솔, 신세계, 새한, 중앙일보 등인데, 이들은 이제 소재벌의 범위를 넘어 대재벌의 범주로 약진하고 있다. 이런 재벌은 삼성의 위성재벌 또는 친족재벌이라 부르기도 한다. 최정표(2004b), p. 34.

9 현대그룹은 2세 승계 과정에서 현대자동차, 현대중공업, 현대아산 등 3개의 소재벌로 분할되었는데, 주력 부문이 그대로 유지된 삼성과는 달리 현대그룹은 거의 비슷한 규모로 분할되었으나 3개 모두 상위 재벌로 유지되고 있다. 2007년 기준의 공정거래위원회 발표에 의하면 현대자동차는 2위, 현대중공업은 9위, 현대아산은 14위로 랭크되어 있다.

기업(2002년)을 소유하는 기업집합체가 되기도 하였다. 대우그룹은 해체되기 전에 30여 개의 계열기업(1997년)을 거느리는 대규모 재벌이었다. SK그룹은 2세 승계가 이루어졌으나 분할되지 않고 주력 부문이 그대로 유지되어 계열기업 수가 60개(2002년)를 넘어서기까지 하였다.

이와 같이 재벌은 여러 기업들을 집단화시켜 마치 하나의 기업처럼 유지 · 운영되는 특성을 가진다. 재벌이 기업의 집단화로 조직되고 유지되는 이유는 광범위한 업종다각화(diversification) 때문이다. 재벌은 여러 업종에 동시에 참여하는 것이 그 특징이다. 이를 경영다각화라고 하는데, 경영다각화는 다각화의 기준을 어디에 두느냐에 따라 기업 기준 다각화와 사업자 기준 다각화로 나눌 수 있다. 기업 기준 다각화는 한 기업이 주종 업종을 중심으로 다른 업종에도 참여하는 현상을 의미하며, 사업자 기준 다각화는 사업자가 개인의 사업 범위를 넓혀 가는 현상을 의미한다.[10]

경제학에서 주로 논의하는 다각화는 기업 기준 다각화이다. 반면에 재벌 다각화는 사업자 기준 다각화이다. 기업 기준 다각화는 기업조직상 단일법인을 유지하면서 범위의 경제(economies of scale)를 활용하기 위해 참여 업종을 넓혀 나가는 다각화이다. 이런 다각화는 기업의 성장과 직결된다. 단일기업이 여러 업종에 참여하면서 그 규모가 매우 커질 때 이런 기업을 복합기업(conglomerates)이라고 한다. 구미 선진국의 대기업 다각화는 주로 복합기업 다각화를 의미한다.

재벌의 다각화는 단일기업 다각화와는 다른 모습을 가진다. 재벌은 여러 기업들로 구성되는 기업집합체이기 때문에 계열회사가 각기 전문 업종에 참여하여도 이런 기업들로 구성된 재벌은 자연적으로 다각화가 이루어진다. 계열기업 하나하나는 각기 전문 업종에서 영업하기 때문에 기업의 다각화는 이루어져 있지 않았을지라도, 이들로 구성된 재벌그룹을 지배하는 사업자 입장에서는 폭넓은 다각화가 이루어져 있다. 따라서 재벌의 다각화는 기업 다각화와는 구별되는 사업자 다각화이다.

만약 재벌을 구성하는 개별 기업들까지 다각화가 이루어져 있다면 이 경우는 기업 다각화와 사업자 다각화가 결합된 상태이다. 그러나 이 경우도 결국은 사업

10 재벌 다각화의 정의와 특성 및 그 효과에 대해서는 최정표(2002) 참조.

<표 1-2> **대재벌의 참여 업종 수**

(단위: 개)

재벌명	1988년	1992년	1997년	2002년	2007년
삼성	19	39	31	30	32
현대	19	33	40	분할	분할
LG	20	31	29	27	분할
대우	14	29	27	해체	해체
SK	14	24	27	27	30

주: 중분류산업 기준으로 다각화 업종을 구분하였다.
자료: 공정거래위원회의 대규모 기업집단 지정 발표 자료(각 연도).

자 다각화로 귀결된다. 만약 계열기업이 각기 독립된 업종을 영위한다면 재벌은 계열기업 수만큼 다각화가 이루어졌다고 볼 수 있다. 만약 계열기업 스스로도 다각화가 이루어져 있다면 재벌은 계열기업 수보다 더 많은 업종으로 다각화가 이루어진 것이다. 반대로 여러 계열기업이 동일 업종에 참여하고 있다면 재벌의 다각화 업종 수는 계열기업 수보다 적을 수도 있다.

<표 1-2>에는 대재벌의 참여 업종 수가 정리되어 있다. 삼성그룹과 현대그룹은 40여 개 업종에까지 진출하였다. 그 밖의 재벌도 30여 개 업종까지 진출하였다. <표 1-2>를 <표 1-1>과 비교해 보면 전반적으로 계열기업 수가 다각화 업종 수보다 많다. 그 이유는 <표 1-2>의 참여 업종이 중분류산업으로 매우 넓게 분류되어 있어서 여러 계열기업이 동일 산업으로 분류될 수도 있기 때문이다. 그러나 참여 업종을 세세분류산업이나 상품종류별 분류까지 매우 세분화한다면 참여 업종 수는 계열기업 수보다 훨씬 더 많아질 것이다.

재벌이 여러 기업들로 구성된 기업집합체라는 현상은 일본의 재벌에서도 그대로 나타나는 현상이다. 제2차 세계 대전 후 점령군 사령부에서 재벌 해체를 위해 만든 자료에 의하면, 당시 일본의 4대 재벌인 미쓰이, 미쓰비시, 스미토모, 야스다(安田)는 계열기업 수가 각각 405, 249, 239, 110개나 되었다.[11] 이런 현상은 중남미나 동남아 국가의 재벌에서도 똑같이 관찰되는 현상이다. 이들 나라에서도 재벌 다각화는 기업 다각화보다는 사업자 다각화라는 특성을 그대로 간직하고 있다.

11 Hadley(1970), pp. 101, 468~471.

3. 경영의 가족화

재벌은 가족 중심으로 지배하는 기업군을 의미한다. 재벌은 한 개인과 그 가족이 소유하고 지배하고 경영하는 일군의 사업체라는 분명한 특징을 가진다. 이 점이 재벌이라는 기업조직을 별도로 규정짓게 하는 가장 중요한 특징일지 모른다.

기업의 지배구조(corporate governance)는 소유(ownership), 지배(control), 경영(management)의 관점에서 그 특성을 논의해 볼 수 있다. 소유는 주식의 소유권을 의미하고, 지배는 대표이사의 임명권을 의미하고, 경영은 회사의 관리권을 의미한다.[12] 한 사람이 절대 다수의 주식 지분을 확보하고 있으면 이 사람은 주주총회에서 의결권 행사를 통해 자기가 원하는 대로 대표이사를 선임할 수 있다. 선임된 대표이사는 자기 재량하에 회사를 실질적으로 관리할 수 있는 권한을 가진다. 이것이 주식회사에서 소유, 지배, 경영을 연결짓는 이론적인 기업지배모형이다.

그런데 Berle and Means(1932)는 기업의 규모가 커지면 이런 지배관계가 성립되지 않는다는 것을 발견하였다.[13] 1900년대 초 미국의 대기업들에서는 소유가 광범위하게 분산되어 어느 한 사람이 지배권을 행사하거나 경영권을 행사하는 것이 불가능해진다는 것을 관찰하였다. 벌리(Berle)와 민즈(Means)는 이런 상황을 소유와 경영의 분리라고 정의하였다. 기업을 실질적으로 지배하고 경영하면서 경영권을 행사하는 사람은 주식을 소유하지 않은 사람이다. 말하자면, 미국에서는 이 당시 이미 대기업에 대해서는 '경영권이 없는 소유현상과 소유권이 없는 경영현상'(ownership of wealth without appreciable control and control of wealth without appreciable ownership)이 나타나기 시작하였다. 이것은 기업 경영에 대한 통념을 깨는 매우 놀라운 사실이었다.[14]

오늘날은 대규모 기업에서 이렇게 소유와 경영이 분리되는 것이 일반적 현상으로 관찰되고 있다. 기업이 세계적 대기업으로 성장하면 한 사람이 지배권을 행사할 정도로 다량의 주식을 확보하는 것은 거의 불가능하기 때문이다. 따라서 선

12 최정표(1996b).

13 Berle and Means(1932).

14 Berle and Means(1932)는 이런 현상을 경영자혁명(managerial revolution)이라고 표현하였다.

〈표 1-3〉 **대재벌의 친족 승계 현황**

재벌명	창업자	승계자
삼성	이병철 (1910~1987년)	이건희(이병철의 3남, 삼성그룹) 이재현(이병철의 장손, CJ그룹), 이인희(이병철의 장녀, 한솔) 이명희(이병철의 5녀, 신세계), 이재관(이병철의 손자, 새한) 홍석현(이건희의 처남, 중앙일보)
현대	정주영 (1915~2001년)	정몽구(정주영의 아들, 현대자동차그룹) 정몽헌(정주영의 아들, 현대그룹)→현정은(정몽헌의 처) 정몽준(정주영의 아들, 현대중공업그룹)
LG	구인회 (1907~1969년) 허만정(동업)	구자경(구인회의 장남)→구본무(구인회의 장손, LG) 허준구(허만정의 아들)→허창수(허만정의 손자, GS) 구태회(구인회의 동생, LS)
대우	김우중 (1936~)	해체
SK	최종건 (1926~1973년)	최종현(최종건의 동생)→최태원(최종현의 장남)

자료: 서울경제신문(1991).

진국의 대기업에서는 소유와 경영이 분리되는 것이 보편적인 현상으로 관찰되고 있다.

그런데 우리나라 재벌에서는 이런 과정을 거부하고 있다. 한 개인과 그 가족이 개인 대주주 지위를 확보하여 재벌 속의 모든 기업에 대해 실질적으로 지배권과 경영권을 행사하고 있어 소유와 경영이 분리되지 않고 있다. 따라서 재벌은 가족경영으로 갈 수밖에 없다.

가족경영은 소유와 경영이 분리되지 않으면서 경영권이 세습된다는 것을 의미한다. 〈표 1-3〉에 정의되어 있는 것처럼 한국 재벌은 창업자 중심의 가족경영과 세습경영이라는 특성을 분명하게 보여 주고 있다. 창업자 경영시대에는 창업자 스스로가 최대 주주 지분을 확보하면서 그룹 총수로서 실질적으로 경영권을 행사하였다. 창업자 사후에는 경영권이 친족에게 승계되어 가족경영이 그대로 유지되고 있다.

삼성그룹의 경우, 이병철 회장의 사후에는 여러 그룹으로 분할되어 자손들에게 상속되었으나 주력 부문은 그대로 유지되어 이건희 회장에게 경영권이 세습되었다. 현대그룹의 경우는 3개의 비슷한 소그룹으로 나누어져 2세에게 승계되었다. LG그룹의 경우 주력 부문은 LG에 남았으나 거의 비슷한 규모로 분할된 GS그룹이 동업자인 허씨 가문으로 승계 세습되었다. SK그룹은 창업자로부터 동생에게로 승계되었다가 다시 동생의 2세에게 승계되었다. 대우그룹은 김우중 회장이 창업하여 경영하였으나 외환위기 이후 그룹이 해체되었다.

이와 같이 한국 재벌은 가족을 중심으로 소유하고 경영하면서 대를 이어 세습하는 것이 매우 중요한 특징이다. 이런 과정이 가능한 이유는 소유구조의 특수성에 기인한다.

재벌의 소유구조는 계열회사가 타 계열회사를 소유하는 형태로 계열회사끼리 소유로 연결되어 있다. 따라서 각 계열회사의 대주주는 그룹 내의 다른 계열회사들이고, 이 계열회사들은 단독으로 또는 합해서 다른 계열회사의 절대 다수 지분을 확보하면서 지배권을 행사할 수 있다. 그런데 이런 소유고리에서 핵심적인 역할을 하는 중핵기업에 대해서는 총수와 그 친족(특수관계인)이 개인 대주주로 참여하고 있다. 따라서 총수는 중핵기업을 지배하는 유일한 자연인이 된다. 중핵기업을 지배하는 총수는 중핵기업을 통해 다른 계열기업도 지배할 수 있다. 이렇게 되면 그룹 내의 모든 계열기업이 총수의 지배로 귀속된다.

총수는 소유를 통해 모든 계열기업을 지배하기 때문에 소유와 경영은 분리되지 못하고 소유 지분의 상속과 더불어 경영권도 세습된다. 〈표 1-4〉에는 이런 역할을 수행하는 주식 지분이 어느 정도인지가 정리되어 있다. 내부지분율은 총수 지분, 총수 친족 지분(특수관계인 지분), 계열사 지분, 자사주 지분 등으로 구성되는데 이 지분을 모두 합하면 대부분의 경우 50% 전후에 이르고 있다.

오늘날과 같이 소유가 폭넓게 분산되어 있는 상황하에서는 단독주주가 30% 정도의 우호 지분만 확보해도 경영권을 충분히 유지할 수 있는데, 50% 전후의 소유는 경영권을 안정적으로 지킬 수 있는 지분이다. 거기다가 개별 자연인으로서는 총수와 그 가족만이 대주주이기 때문에 궁극적으로는 총수가 경영권을 장악할 수 있으면서 세습도 가능하게 된다.

경영의 가족화라는 재벌의 특성은 일본 재벌에서도 똑같이 나타난 현상이었

〈표 1-4〉 **대재벌의 내부 소유지분율 현황**

(단위: %)

재벌명	1989년	1992년	1997년	2002년	2007년
삼성	50.3(8.0)	58.3(7.3)	46.7(3.5)	42.3(2.0)	
현대	69.0(27.9)	65.7(26.0)	56.2(13.8)	분할	분할
LG	33.8(9.8)	39.7(7.4)	40.1(5.4)	45.6(5.5)	분할
대우	43.8(8.9)	48.8(9.9)	38.3(6.1)	해체	해체
SK	46.1(15.5)	46.5(20.2)	44.7(14.1)	56.75(3.2)	

주: 1. 내부지분율은 동일인 지분+특수관계인 지분+계열사 지분+자사주 지분
2. ( ) 안은 동일인 지분+특수관계인 지분
자료: 공정거래위원회의 기업집단 지정 자료(각 연도).

다. 일본의 4대 재벌인 미쓰이, 미쓰비시, 스미토모, 야스다 재벌은 가문의 지배를 받는 기업그룹이었다. 그러나 이 재벌들은 지주회사체제로 유지되었기 때문에 가족이 소유권을 확보하여도 경영권은 많은 부분이 전문경영인에게로 이전되었다.[15] 재벌 가족이 지주회사의 최대 주주이기 때문에 지주회사의 자회사와 손자회사 등의 사장을 선임하는 데는 그 힘을 행사하지만(지배권), 선임된 사장이 기업을 경영하는 데는(경영권) 간섭하지 않는 전통이 마련되었다. 그러나 한국의 재벌에서는 총수가 계열회사의 사장을 선임하는 데(지배권)뿐만 아니라 선임된 사장의 경영행위(경영권)에도 깊숙이 간여하고 있는 것이 주요한 특징이다. 따라서 한국 재벌은 일본 재벌보다 경영의 가족화 정도가 훨씬 더 높은 수준이다.

4. 규모의 비대화

재벌은 규모가 큰 것이 또 하나의 특징이다. 재벌은 기업들의 그룹인데 1차적으로 그룹의 규모가 매우 크다. 2차적으로는 그룹 내의 계열기업들도 규모가 큰 것이 일반적이다.

15 엄격한 의미의 소유와 경영 분리는 달성되지 않았지만 전문경영인의 재량권이 많이 확대되어 있었다. 武田晴人(1995), 최정표(1996b).

〈표 1-5〉 **대재벌이 경제 전체에서 차지하는 비중(비금융, 자산액 기준)**

(단위: %)

재벌군	1987년	1992년	1997년	2002년	2007년
5대 재벌	25.3	25.8	30.0	23.3	22.5
10대 재벌	33.5	35.1	37.5	29.4	30.3

자료: 최정표(2003b, 2004).

규모는 절대적 규모와 상대적 규모로 나누어 논의할 수 있는데, 재벌의 규모가 크다는 것은 상대적 규모와 절대적 규모 모두가 매우 크다는 것을 의미한다. 절대적 규모는 다른 것과 비교하지 않은 규모이고, 상대적 규모는 다른 것과 비교한 규모이다. 경제학적 의미를 갖는 규모는 상대적 규모이다. 예컨대, 단일시장에서 특정 기업이 차지하는 비중이 매우 크다면, 이 기업의 시장점유율이 매우 높다는 것을 의미하면서 독점 문제를 야기시킬 가능성이 높다는 것을 의미한다. 이때의 기업 규모는 시장 내에서의 상대적 규모이다.

재벌의 규모도 경제 전체에서 차지하는 비중이 매우 높다는 상대적 규모가 중요한 경제학적 의미를 갖는다. 소수의 재벌이 경제 전체에서 매우 높은 비중을 차지할 정도로 재벌의 규모가 매우 크면 경제력집중 문제가 제기된다.[16] 시장집중(market concentration) 문제는 큰 기업이 시장을 독점적으로 지배하는 독점력 행사가 문제이지만, 경제력집중 문제는 대재벌이 경제 전체를 독점적으로 지배할 가능성이 있는 보다 근원적인 문제를 의미한다.[17] 경제력집중이 심화되면, 소수의 대재벌이 경제지배력(economic power)을 가지면서 시장경제의 틀 자체를 자기들 위주로 유도해 갈 수 있기 때문에 시장질서와 경쟁질서가 원천적으로 왜곡될 위험성이 있다.

재벌이란 이러한 힘을 행사할 수 있거나 행사하는 단체에 참여할 수 있을 정도로 그 규모가 매우 크다는 특징을 가진다.[18] 〈표 1-5〉에 의하면 5대 재벌이 자산액 기준으로 우리나라의 비금융기업 부문에서 차지하는 비중이 30% 선에 이르고 있으며, 10대 재벌로 확장하면 35% 선을 넘나들고 있다. 5대 재벌이란 5명의 개인이

16 최정표(2007), 제3장(pp. 35~48)에 경제력집중 문제에 대해 종합적으로 설명되어 있다.

17 시장집중과 경제력집중의 구분에 대해서는 최정표(2003b, 2004) 참조.

18 삼성 등은 단독으로 이런 힘을 행사할 수 있을 정도의 큰 규모이고, 다른 재벌은 전경련과 같은 재벌이익단체에 참여하여 이런 힘을 행사할 수 있는 규모이다.

지배하는 경제영역이기 때문에 5명의 경제인이 우리나라 기업자산의 30%를 직접 지배한다는 의미이다.

5명이 30%를 지배할 정도로 경제력집중이 높으면 국가경제의 운용에 이들의 힘이 작용할 개연성은 매우 높다고 볼 수 있다. 국가의 경제운영정책이나 사회여론 조성에 이들의 영향력이 작용하여 시장경제는 그 틀을 만드는 데서부터 원천적으로 이들에게 유리하도록 왜곡될 개연성이 매우 높다.[19]

재벌은 이와 같이 경제력집중 문제를 야기시킬 정도로 그 규모가 매우 큰 기업집단이다. 기업집단은 계열기업 수가 많아지거나 계열기업이 커질 때 그 규모가 커진다. 우리나라 재벌은 이 두 가지가 동시에 일어나면서 그 규모가 비대해지고 있다. 그룹 속의 계열기업 수가 증가하는 동시에 일부 계열기업은 우리나라의 대표 기업이 될 정도로 그 규모가 매우 크다. 그러므로 대재벌은 그룹의 규모가 커질 수밖에 없다. 그러나 대재벌이라고 모든 계열기업이 큰 규모를 가지는 것은 아니다. 작은 기업이 큰 재벌의 계열기업인 경우도 있다.

5. 재벌과 비재벌

재벌은 앞에서 논의한 대로 기업의 집단화, 경영의 가족화, 규모의 비대화라는 세 가지 조건이 충족된 기업조직을 의미한다. 그런데 각 조건을 충족시키는 기준은 획일적으로 정할 수 없다. 예컨대, 기업의 집단화라고 할 때 구성기업이 몇 개일 때 이를 집단화라고 할 수 있는지는 미리 정할 수 없다. 연구자의 자의적인 판단에 의존할 수밖에 없다. 경영의 가족화나 규모의 비대화도 마찬가지이다. 이 조건을 충족시키는 기준을 획일화시켜 재벌을 정의할 수는 없고, 상황에 따라 연구자의 종합적 판단에 의거하여 특정 기업조직을 재벌로 규정하는 수밖에 없다.

19 경제력집중 현상은 Berle and Means(1932)에 의해 처음으로 자료로 제시되었다. 이들은 미국에서 비금융부문을 대상으로 했을 때, 1930년대에 이미 200대 기업이 총기업자산의 49.2%를 차지할 정도로 경제력집중이 높다는 것을 발견하였다. 그리고 Edwards(1955)는 경제력집중이 심화되면 어떤 경제 문제가 발생할 수 있는지를 체계적으로 정리하였다. 이후 경제력집중 문제는 집중의 정도와 추세를 중심으로 실증적 연구가 많이 이루어졌다. White(2002)는 미국의 경제력집중에 대한 연구를 종합적으로 정리하고 있다.

어떤 기준에 의하든 세 가지 조건 중 어느 한 조건이라도 충족되지 않으면 이를 재벌이라고 정의할 수는 없다. 예컨대, 기업의 집단화라는 조건이 충족되지 않으면 다른 두 조건(경영의 가족화, 규모의 비대화)이 충족되어도 이 기업은 재벌이라고 부르지 않는다. 선진국의 대규모 기업에서 가끔 관찰될 수 있는 현상인데, 일본의 도요타자동차나 미국의 포드자동차 등은 그 규모가 매우 크고 한때 창업자 가족이 지배 경영하기도 하였지만 이를 재벌이라고 부르지는 않았다.

우리나라에서는 여기에 해당하는 예를 찾기 어렵지만 이런 기업이 존재한다면, 이 기업은 재벌이라기보다 전문대기업이라고 부르는 것이 더 타당할 것이다. 계열기업이 없거나 그 수가 아주 적다면 비록 그 규모가 매우 크다고 할지라도 폭넓은 다각화가 이루어지기는 어려울 것이다. 따라서 이런 기업은 재벌이라고 정의하기보다 전문대기업이라고 정의하여 재벌과는 분리하는 것이 타당할 것이다.

경영의 가족화라는 두 번째 조건이 충족되지 않아도 비록 다른 두 가지 조건(기업의 집단화, 규모의 비대화)이 충족되어도 이런 기업조직을 구태여 재벌이라고 분류할 필요는 없다. 가족기업이 아니라는 것은 소유와 경영이 분리되었다는 것을 의미하고 경영권의 세습이 불가능하다는 것을 의미한다. 우리나라의 POSCO와 KT, 일본의 대부분 대기업들이 여기에 해당한다. 한국전력공사나 코레일과 같은 공기업도 여기에 해당한다. 이 기업들은 규모도 매우 크고 계열기업을 거느리는 기업집단으로 조직되어 있다. 그러나 특정 가족의 지배를 받는 기업은 아니다. 따라서 이들은 재벌이라고 부르지 않는다.

규모의 비대화라는 세 번째 조건이 충족되지 않아도 다른 두 가지 조건(기업의 집단화, 경영의 가족화)이 충족될지언정 이런 기업조직은 재벌이라고 부르지 않는다. 중소기업은 그룹을 이루고 가족이 소유 · 지배하면서 경영권을 세습해도 재벌이 아니다. 그 규모가 작기 때문이다. 규모가 작으면 경제력집중 문제를 야기시키지 않는다.

이와 같이 재벌은 앞에서 논의한 세 가지 조건을 기준으로 그 개념을 정의하고 그 범위를 정할 수 있다. 〈표 1-6〉은 공정거래위원회가 지정한 2008년도 대규모 기업집단 중 10위 내의 기업집단을 대상으로 앞의 세 가지 조건에 의거 재벌과 비재벌을 구분한 자료이다. 공기업은 소유자가 정부이기 때문에 재벌로 정의할 수 없

〈표 1-6〉 **2008년에 지정된 대규모 기업집단 중 재벌과 비재벌의 구분**

순위	기업집단명	지배자	계열기업 수	재벌/비재벌
1	삼성	이건희	59	재벌
2	한국전력공사	한국전력공사	12	비재벌(공기업)
3	현대자동차	정몽구	36	재벌
4	SK	최태원	64	재벌
5	LG	구본무	36	재벌
6	대한주택공사	대한주택공사	2	비재벌(공기업)
7	롯데	신격호	46	재벌
8	한국도로공사	한국도로공사	3	비재벌(공기업)
9	POSCO	(주)포스코	31	비재벌
10	한국토지공사	한국토지공사	3	비재벌(공기업)

자료: 공정거래위원회 기업집단 지정 자료(2008)

다. 사기업 중에는 POSCO 이외의 모든 기업집단이 재벌로 분류되었다. 공기업 4개와 POSCO를 제외하면 5개 기업집단은 일단 재벌 후보가 된다.

이들을 재벌로 규정지을지는 세 가지 조건의 충족 여부를 판단하고 결정해야 한다. 계열기업 수가 가장 적은 기업집단은 현대자동차와 LG로 36개의 계열기업을 가지고 있다. 36개의 계열기업이 기업의 집단화라는 조건에 해당한다면 나머지들도 이 조건을 충족한다고 볼 수 있다. 5개의 기업집단 모두 자연인 지배자가 존재한다. 그리고 지배자를 중심으로 가족경영이 이루어지고 있다는 것이 일반적인 판단이다. 5개 그룹 중 롯데의 규모가 가장 작다. 따라서 롯데가 재벌로 규정될 정도로 규모가 크다고 본다면 나머지 그룹은 이 조건을 충족시킨다. 이 세 가지 조건을 모두 통과하였다면 〈표 1-6〉에서 5개 기업집단은 재벌이라고 정의할 수 있을 것이다. 물론 5개 기업집단 이외 기업집단도 세 가지 조건을 통과하면 재벌로 정의할 수 있다.

6. 재벌과 준재벌

한국기업사에서는 수많은 기업그룹이 출현하였다. 본서의 재벌 정의에 합치하

〈표 1-7〉 **재벌 및 재벌에 준하는 기업집단의 명단**

구분	기업집단명
가	강원산업, 개풍(이정림), 거평(나승렬), 계성제지(최낙철), 고려합섬, 교보생명(신용호), 국제(양정모), 극동(남궁연), 극동건설, 극동정유, 금성(김성곤), 금호(박인천), 기아(김철호)
나	나산(안병균), 농심(신춘호), 뉴코아
다	대교(강영중), 대농(박용학), 대림, 대상(임창욱), 대성(김수근), 대우(김우중), 대주건설(허재호), 대한전선(설경동), 대한조선공사, 대한해운(이진방), 동국제강(장경호), 동립산업(함창희), 동명목재(강석진), 동부(김준기), 동아건설(최준문), 동양(이양구), 동양화학(이회림), 동원(김재철), 두산(박승직)
라	라이프, 롯데(신격호)
마	명성(김철호), 미래에셋(박현주)
바	범양상선, 벽산(김인득), 보광(홍석규), 부영(이중근)
사	삼미(김두식), 삼보컴퓨터(이홍순), 삼성(이병철), 삼양(김연수), 삼호(정재호), 삼환(최종환), 선명(심장식), 세아(이운형), 새한, 신동아(최성모), 신세계(이명희), 신호, 신호제지(이순국), 쌍용(김성곤), 씨앤(임병석)
아	아남, 애경(장영신), 영풍(장명희), 오리온(담철곤), 우성건설, 웅진(윤석금), 유진(유경선), 율산(신선호), 이랜드(박성수)
자	중앙일보(홍석현), 진로(장학엽)
카	코오롱(이원만)
타	태광산업, 태영(윤세영), 태평양화학, 태창(백남일), 통일
파	판본(서갑호), 프라임(백종헌)
하	하이트맥주(박문덕), 한국생사(김지태), 한국유리(최태섭), 한국타이어(조양래), 한라, 한보(정태수), 한솔(이인희), 한양(배종렬), 한일합섬(김한수), 한진(조중훈), 한진중공업(조남호), 한화(김종희), 해태, 현대(정주영), 현대백화점(정몽근), 현대산업개발(정세영), 현대자동차(정몽구), 현대중공업(정몽준), 화신(박흥식), 효성(조홍제)
영문	CJ(이재현), GS(허창수), KCC(정상영), LG(구인회), LS(구태회), SK(최종건), STX(강덕수)

자료: 공정거래위원회의 기업집단 지정 자료(1987~2008), 이한구(2004), 이종재(1993), 공제욱(1993)에서 정리.

든, 합치하지 않든 이들은 일반인들에 의해 나름대로 재벌이라고 불리기도 하였다. 이런 기업집단의 명단을 정리해 보면 〈표 1-7〉과 같다. 이 명단은 특정 기준에 의해 만들어진 것은 아니다. 자료의 수집 가능성에 근거하여 만들어진 명단이다. 이들 중 일부는 대규모 기업그룹으로 부상하였고, 일부는 도태되었다. 그리고 일부는 그럭저럭 명맥을 유지해 가고 있기도 하다.

한국의 기업사에서 재벌 후보 그룹을 다시 정리해 보면, 삼성, 삼호, 개풍, 대한, LG(락희→럭키금성→LG), 삼양, 동아, 동양, 화신, 한국유지, 한진, 신진, 쌍용, 현대, 한화(한국화약), 극동, 대농, 동국, 효성, 신동아, SK(선경), 한일합섬, 대우, 대림, 롯데, 기아, 금호아시아나(금호), 동아, 현대자동차, 포스코, KT, GS 등이 있다. 그런데 이 중 기아, 포스코, KT는 경영의 가족화라는 재벌의 특성을 충족시키지 않기 때문에 재벌로 정의할 수 없다. 그리고 삼호, 개풍, 대한, 삼양, 동아, 동양, 화신, 한국유리, 신진, 극동, 대농, 동국, 신동아, 한일합섬, 동아 등은 기업의 집단화, 규모의 비대화라는 두 조건 모두, 또는 둘 중 어느 하나를 충족시키지 못하였다고 본다. 따라서 이들은 재벌이라기보다 준재벌로 구분해 볼 수 있다.

여기에서는 한국기업사에서 재벌로 정의될 수 있다고 보는 기업그룹으로 삼성, LG, 한진, 쌍용, 현대, 한화, 효성, SK, 대우, 대림, 롯데, 금호아시아나, 현대자동차, GS를 들고 있다. 이들은 본서에서 제시한 재벌의 세 가지 조건(기업의 집단화, 경영의 가족화, 규모의 비대화)을 모두 충족시킨다고 보기 때문이다. 이들이 재벌로 부상하고 재벌로서의 특성을 유지한 시기는 〈표 1-8〉에서와 같이 정리할 수 있다.

삼성과 LG는 1960년대 초부터 이미 재벌의 특성을 갖추면서 현재까지 재벌의 특성을 지속하고 있다. 한진과 한화는 이 두 재벌보다는 다소 늦은 1960년대 후반부터 재벌의 특성을 가지기 시작하여 현재까지 유지하고 있다. 쌍용은 한진과 한화와 비슷한 시기에 재벌로 부상하였으나 2000년대 초에 해체되어 재벌의 특성이 사라졌다. 효성과 SK는 1970년대 중반부터 재벌로 부상한 후, SK는 현재까지 재벌의 특성이 그대로 유지되고 있으나, 효성은 1980년대 후반부터 재벌의 세 가지 특성 중 규모의 비대화라는 특성이 많이 퇴색하여 준재벌그룹으로 내려앉았다고 볼 수 있다. 대우는 신흥재벌로서 1980년대 초부터 재벌로 부상하였으나 1990년대 말에 그룹이 해체되어 재벌로서의 면모는 없어졌다. 대림은 1980년대 중반에 잠시 재벌로서의 위상을 유지하였었다. 롯데는 1980년대 중반에 재벌로 부상하여 현재까지 재벌의 위상을 그대로 유지하고 있다. 금호아시아나는 1990년대 중반부터 재벌대열에 들어섰다. 현대자동차는 1970년대 초부터 현대그룹으로부터 분리되어 2000년대 초부터, 독립된 재벌이 되었고, GS는 LG그룹으로부터 분리되어 2000년대 중반부터 재벌로 부상하였다.

비록 재벌의 세 가지 조건을 만족스럽게 충족시키지는 못하지만 통상 재벌이라고 지칭되는 기업집단들도 많다. 본서에서는 〈표 1-8〉에 정리한 14개 이외의 기

〈표 1-8〉 **14개 재벌의 재벌 전성기**

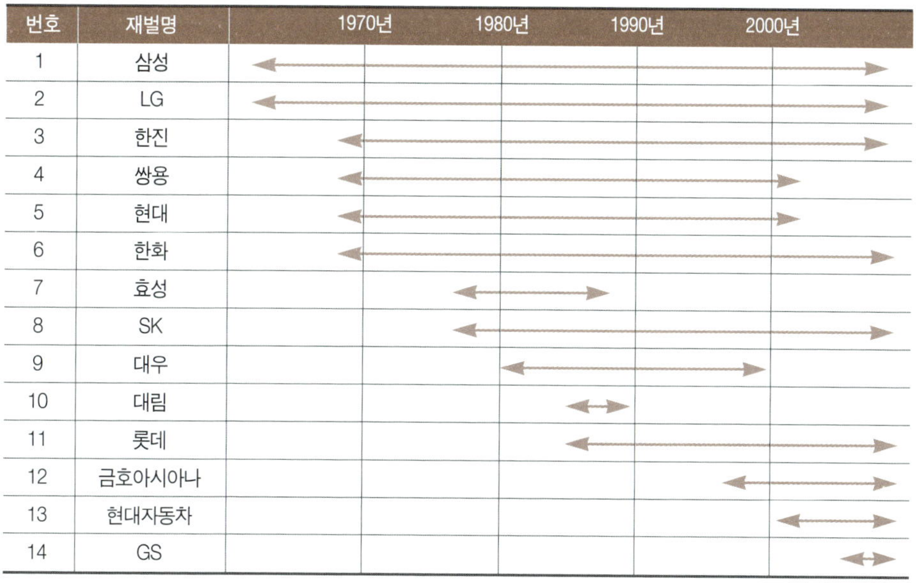

자료: 공정거래위원회 기업집단 지정 자료(2008).

업집단을 준재벌로 구분하고 있다. 준재벌은 재벌의 세 가지 특성을 유지하고 있지만 10위 순위에 들지 못하거나 그룹의 자산액이 국내 총기업자산의 1%를 차지하지 못하는 기업집단이다. 그리고 계열기업 수가 10개 미만인 기업그룹도 준재벌로 구분하였다. 그런데 기아, 포스코, KT처럼 소유와 경영이 분리되어 경영의 가족화라는 조건을 충족시키지 않고 있는 기업그룹은 준재벌에도 포함시키지 않았다. 이들은 비재벌이다.

II 재벌 변천사

재벌은 시대에 따라 그 모습이 달랐다. 본서에서는 기업의 특성과 기업을 둘러싼 정치 · 경제 환경을 중심으로 재벌의 발전 과정을 다섯 시기로 구분하였다. 첫 시기는 박정희 시대 이전(~1961년)의 시기이다. 이 시기는 재벌 잠재기(여명기)라고 볼 수 있다. 재벌이라는 것이 무엇인지 그 의미조차도 아직 분명해지지 않았던 시기이다. 그렇지만 재벌이 될 기업들은 잠재적 역량을 가지고 있었다.

두 번째 시기는 경제개발의 초기(1961~1973년)로 재벌의 맹아기이다. 재벌의 싹이 트기 시작하기는 하였으나 이 중 어느 기업이 재벌로 갈지는 아직 모르는 단계이다.

세 번째 시기는 중화학공업 육성시대(1973~1987년)로 재벌의 출현기이다. 재벌로 부상할 기업이 나타나기 시작한 시기이다. 일부는 이미 재벌체제를 갖추었고, 일부는 재벌로 갈 징후가 확실해진 시기이다.

네 번째는 재벌정책 도입 시기(1987~1997년)로 재벌 확장기이다. 재벌의 모습이 분명해지면서 재벌세를 확장해 간 시기이고 재벌의 부작용이 인식된 시기이다.

다섯 번째는 외환위기 이후 시대(1997~)로 재벌 변혁기이다. 재벌의 부작용이 가시화되어 재벌 개혁이 대대적으로 시행되면서 재벌 판도가 요동친 시기이다.

재벌의 위상은 앞으로도 계속 변해 갈 것이 틀림없다. 재벌을 대체할 새로운 형태의 기업 형태가 출현할 것도 틀림없다. 경제발전과 더불어 기업도 발전해 가기 때문이다. 따라서 재벌도 선진형의 새로운 기업 형태로 변해 갈 것이 틀림없다.

1. 박정희 시대 이전의 재벌(~1961년)-재벌 잠재기

한국에서 재벌이라는 용어가 처음 사용된 시기는 대략 1950년대 중반쯤으로 보고 있다. 이 당시는 부자 또는 부호라는 의미로 재벌이라는 말이 사용되었고 거기에 어떤 경제학적 의미가 부여되지는 않았다.

한국 경제는 일본 강점기, 8.15 광복, 정부 수립, 한국전쟁 등을 거치면서 격심한 부침을 거듭해 왔고, 기업 역시도 같은 궤적을 걸을 수밖에 없었다. 따라서 이 시기는 일본에서 유래한 재벌이라는 형태의 기업이 출현하기는 아직 이른 시기였다. 그런대로 근대적 의미의 기업을 운영하여 부를 쌓아 온 일부 거부를 재벌이라고 불렀을 뿐이다. 이런 상황 때문에 본서에서는 박정희가 권력을 잡은 1961년 이전까지를 재벌이 아직 나타나지 않고 잠재해 있는 시기로 보고 있다. 이 시대의 기업은 나중에 재벌이 되는 기업들의 초기 모습을 보여 주고 있을 뿐이다.

공제욱(1993, pp.184~187)은 여러 자료를 종합하여 이 시대의 대부호 23명과 그들의 사업을 요약 · 정리하고 있다. 이들을 열거하면 이병철(삼성그룹), 정재호(삼호그룹), 이정림(개풍그룹), 설경동(대한그룹), 구인회(락희그룹), 이양구(동양그룹), 남궁련(극동그룹), 최태섭(한국유지), 함창희(동립산업), 백낙승(태창그룹), 이한원(동아상사), 김성곤(금성그룹), 이용범(대동공업), 조성철(화방상사), 김지태(한국생사), 박충식(화신그룹), 김연수(삼양사), 김용주(전남방직), 정주영(현대그룹), 박두병(두산그룹), 서정식(동양방직), 권택모(천우사), 김종희(한국화약) 등이다. 이 23명은 그 시대를 대표하는 부호이다. 따라서 그 당시에 재벌이 존재하였다고 하면 이들 중 일부일 것이다. 그러나 당시의 기업 규모로 볼 때 이들을 재벌이라고 하기는 아직 이른 시기이다.

본서의 재벌 정의에서 열거한 재벌의 세 가지 조건인 기업의 집단화, 경영의 가족화, 규모의 비대화라는 기준으로 재벌을 찾아본다면, 23명 중 재벌로 규정할 수 있는 기업인은 거의 없다고 볼 수 있다. 우선 첫 번째 조건인 기업의 집단화라는 기준에서부터 23명 중 재벌로 볼 만한 부호는 찾기 어렵다. 이들은 계열기업 수도 많지 않았고 영위 업종 수도 적었다. 재계 서열은 높았다고 할지라도 그들의 사업 내용은 매우 단순한 수준이었다.

두 번째 조건인 경영의 가족화라는 기준으로 볼 때는 23개 그룹 모두 재벌 요건에 해당한다. 이들은 모두 창업경영인이기 때문에 본인 및 가족 소유 지분이 매우 높을 뿐 아니라 경영 역시 가족 중심으로 행해져 왔다.

세 번째 조건인 규모의 비대화라는 기준을 통과할 재벌도 거의 없다. 대부분의 기업이 국가경제에서 차지하는 비중은 매우 낮았다. 절대적 규모나 상대적 규모 어디에서도 재벌로 규정할 만한 기업은 없었다.

1950년대에 이미 한국 최고의 기업그룹으로 부상한 삼성그룹의 1960년대 규모는 자산액 16억 원, 매출액 27억 원, 종업원 수 1,871명이었다.[20] 1960년도의 GNP는 2,467억 원이었다.[21] 삼성그룹의 총매출액은 GNP의 1.1% 수준에 머물고 있다(1996년에는 삼성그룹의 매출액이 1996년 GNP의 19%).[22] 당시에는 삼성그룹조차도 국가경제에서 차지하는 비중은 매우 낮았다. 삼성그룹이 이 정도였다면 23개 기업그룹 중 다른 그룹들은 더 논할 필요도 없다. 따라서 박정희 시대 이전 시기에는 본서에서 제시한 재벌 기준으로 판단할 때 재벌로 정의할 수 있는 기업은 하나도 없다.

이 시기에 재벌이 존재하였는지, 존재하였다면 어떤 기업을 재벌로 규정할 것인지 등에 대해서는 그 기준을 객관적으로 제시할 수 없다. 참고로 이 당시 규모가 큰 5개 기업집단을 열거해 보면 〈표 1-9〉와 같다. 이들을 재벌로 정의할 것인지 아닌지는 본 연구의 대상이 아니다. 한국 재벌의 변천사를 살펴보기 위해 이 당시의 5대 기업집단을 나열해 본 것일 뿐이다.

이 시대에 대한 대부분의 연구는 〈표 1-9〉에 열거된 삼성, 삼호, 개풍, 대한, 락희를 이 당시 규모가 가장 큰 5대 기업으로 지목하고 있다.[23] 삼성그룹은 이미 이 당시부터 1위로 부상하였고, 그 다음으로는 삼호그룹, 개풍그룹, 대한그룹, 락희그룹 등이 나열되고 있다. 삼성그룹과 락희그룹은 그 이후 계속 번창하여 대재벌로 부상하였지만, 삼호, 개풍, 대한그룹은 그 세를 계속 이어가지 못하였다.[24]

이 시기는 재벌의 잠재기라고 규정할 수 있다. 앞으로 재벌이 나올 것은 틀림없지만 그 모습은 거의 드러내지 않은 시기였다. 숨어서 힘을 키우고 있는 시기였다.

20 『삼성60년사』(1998), pp. 558~567. 1960년 자료는 1961년의 화폐개혁 이전 단위(환)를 화폐개혁 이후 단위(원)로 환원하여 만든 자료이다.

21 『경제통계연보』(한국은행, 1970), pp. 10~11.

22 『삼성60년사』(1998), p. 564.

23 공제욱(1993), pp. 185~186; 이한구(2004), pp. 83~84; 공병호(1993), pp. 34~35. 대부분의 연구서들이 기업그룹과 그 계열기업만 열거할 뿐이지 개별 그룹 단위로, 또는 그룹 내의 개별 기업 단위로 통계가 정리된 연구는 찾기가 매우 어렵다. 따라서 이들의 규모가 어느 정도였고, 국가경제에서 차지하는 비중이 어느 정도였는지를 분석하기는 쉽지 않다. 아마도 이 당시는 기업의 규모와 영업이 일천하기 때문에 기업에 관한 통계를 만드는 것 자체가 쉽지 않았을 것이다.

24 삼호와 개풍은 1960년대에 해체의 길로 들어섰다. 화신(박홍식), 천우사(전택보), 태창(백락승) 등도 한때 재벌로 지칭되었으나 이들은 1960년대와 1970년대 초에 몰락의 길로 들어서고 말았다.

〈표 1-9〉 **박정희시대 이전의 5대 그룹**

재벌명/창업자	계열회사(설립 또는 인수연도)			
삼성그룹 이병철(1910~1987)	조선양조(1939) 제일모직(1954) 동양제당(1954) 동일방직 조흥은행(1958)	삼성물산(1951) 효성물산(1957) 한국타이어(1955) 삼강유지 한일은행(1957)	제일제당(1953) 근영물산(1957) 충남비료 동양대리석 안국화재(1956)	풍국주정(1953) 한국기계(1957) 삼척시멘트 장미라사 천일증권(1956)
삼호그룹 정재호(1913~2005)	삼호공업(1935) 대전방직(1953) 조선방직(1959) 제일은행(1957)	삼호무역(1946) 경북메리야스(1954) 동화통신 제일화재(1958)	삼호방직(1949) 동화통신사(1956) 한국원양어업	유창물산(1935) 삼양흥업(1958) 의양문화재단
개풍그룹 이정림(1913~1990)	공영사(1937) 대한양회(1956) 대한철강	호양산업(1953) 동곡상사(1959) 배아산업	개풍상사(1949) 삼화제철 서울은행(1959)	대한탄광(1955) 기아산업 동방화재
대한그룹 설경동(1901~1974)	대한산업(1946) 대동제당(1956)	원동흥업(1948) 대동증권(1954)	대한방직(1953)	대한전선(1955)
락희그룹 구인회(1907~1969)	락희화학(1947) 범한화재(1959)	반도상사(1953)	금성사(1959)	락희유지

자료: 이한구(2004), p. 83; 공병호(1993), pp. 32~38; 공제욱(1993), pp. 184~187; 이종재(1993), pp. 127~132.

2. 경제개발 초기의 재벌(1961~1973년)-재벌 맹아기

경제개발의 초기는 박정희정권에서 경제개발5개년계획을 시작한 이후 중화학공업 육성계획이 실시된 1973년까지라고 볼 수 있다. 이 시기는 경공업 분야가 중점 육성되던 시기로 중화학 분야에서 관찰할 수 있는 중후장대형의 대규모 기업이 출현하기 이전의 시기라고 볼 수 있다.

이 시기의 10대 그룹은 〈표 1-10〉과 같다. 우선 이 시기의 초창기인 1964년에는 삼성, 삼호, 삼양, 개풍, 동아, 락희, 대한, 동양, 화신, 한국유지가 10대 그룹에 이름을 올리고 있다. 그러나 후기인 1971년으로 가면 이 중 7개 그룹은 10대 그룹에서 탈락하였다. 1964년의 10대 그룹 중 삼성, 락희, 대한그룹만 10대 그룹에 이름을 남기고, 나머지는 한진, 신진, 쌍용, 현대, 한국화약, 극동, 대농에 의해 대체되었다. 불과 7년 사이에 그룹 서열의 부침이 매우 심하였다.

그렇다면 이 기간에는 재벌이라고 규정할 수 있는 기업그룹이 존재하였던 것일까? 만약 존재하였다면 어떤 기업그룹일까? 양 시기 모두에서 1위 그룹으로 올라 있는 삼성은 그룹 매출액이 GNP의 0.6%(1964년)와 1.4%(1971년)에 이른다. 1996년의 19%에 비하면 아직도 매우 낮은 수준에 머무르고 있다.

본서에서 규정한 재벌의 정의에 의하면 아직도 재벌이라고 확실히 규정지을 만한 수준에 이르렀다고 보기는 어렵다. 재벌의 세 가지 조건 중 가족경영이라는 조건만 충족시켜 주고 있을 뿐, 기업의 집단화와 규모의 비대화라는 조건은 재벌이라고 부를 만한 수준에 이르렀다고 보기 어렵다. 아직도 대부호라는 의미의 재벌에 머물고 있을 뿐이다.

다각화 정도도 아직 초기 단계이고 기업의 규모도 경제력집중이나 독점 문제를 야기시킬 단계에 이르렀다고 보기 어렵다. 그러나 제2차 경제개발5개년계획이 마무리되는 시기에 이르면 재벌로 도약할 것 같은 기업들의 윤곽이 드러나고 있다. 〈표 1-10〉의 1971년도 10대 그룹 중 삼성, 락희, 한진, 쌍용, 현대, 한국화약 등 6개 기업그룹은 후에 명실상부한 재벌로 커나갔다.

이 시기는 재벌의 맹아기라고 규정할 수 있다. 재벌의 싹이 튼 시기이다. 실제로 이 싹 중 많은 기업이 나중에 재벌이 되었다.

3. 중화학공업 육성시대의 재벌(1973~1987년)-재벌 출현기

정부는 1973년 중화학공업 육성계획을 발표하였다. 정부의 산업정책은 이제 본격적으로 경공업에서 중공업으로 옮겨 갔다. 이 정책은 기업의 성장과 불가분의 관계를 가진다. 경공업 분야의 기업과 중공업 분야의 기업은 기업의 규모에 현격한 차이가 날 수밖에 없기 때문이다. 따라서 중화학공업 육성정책은 재벌사에서 하나의 분명한 전환점이 되었다.

〈표 1-10〉 **경제개발 초기의 10대 그룹(1964, 1971년)**

순위	1964년		1971년	
	그룹명	창업자	그룹명	창업자
1	삼성	이병철	삼성	이병철
2	삼호	정재호	락희	구인회
3	삼양	김연수	한진	조중훈
4	개풍	이정림	신진	김창원
5	동아	이한원	쌍용	김성곤
6	락희	구인회	현대	정주영
7	대한	설경동	대한	설경동
8	동양	이양구	한국화약	김종희
9	화신	박흥식	극동	남궁련
10	한국유리	최태섭	대농	박용학

자료: 1964년 자료는 삼성경제연구소,「한국기업성장 50년의 재조명」, CEO Information(2005. 5. 11), p. 14; 1971년 자료는 이한구(2004), p. 218.

이 시기에는 기업의 성장이 빠를 수밖에 없었다. 그리고 대규모 기업이 출현하였다. 기업 규모의 증대와 더불어 재벌의 세 가지 기준을 모두 충족시키는 명실상부한 재벌이 본격적으로 출현하였다. 이 시기는 재벌 출현기라고 규정할 수 있는 시기이다.

재벌의 확장도 매우 빨랐다. 이와 더불어 재벌 문제가 새로운 경제 문제로 대두되고 재벌 비판이 경제 이슈뿐만 아니라 정치 · 사회적 이슈가 되었다. 이 때문에 1986년에는 공정거래법을 개정하여 이 법에 재벌 규제 조항을 정식으로 도입하였다. 즉, 1987년부터는 공정거래정책의 한 분야로 재벌정책이 본격적으로 실시되었다. 따라서 중화학공업 육성정책을 실시한 1973년부터 재벌정책이 정식으로 도입된 1987년까지는 재벌이 우리 경제의 주역으로 확실히 자리잡은 시기라고 할 수 있다.

〈표 1-10〉과 〈표 1-11〉을 비교하면 1974년도의 10대 재벌은 3년 전인 1971년의 10대 재벌과 큰 차이가 있다. 짧은 기간에 5개 그룹이 바뀌었다. 락희, 삼성, 현대, 한국화약, 대한만 10대 그룹에 남아 있고 나머지는 모두 새로운 그룹으로 대체되었

〈표 1-11〉 **중화학공업 육성시대의 10대 그룹(1974, 1985년)**

순위	1974년			1985년		
	그룹명	총수	상대 규모(%)[a]	그룹명	총수	상대 규모(%)
1	락희	구자경	3.26	삼성	이병철	5.98
2	삼성	이병철	3.13	현대	정주영	7.06
3	현대	정주영	3.46	럭키금성	구자경	4.83
4	한국화약	김종희	-	대우	김우중	5.93
5	동국	장상태	-	선경	최종현	1.94
5대 그룹 집중률			-	5대 그룹 집중률		25.74
6	대한	설원량	-	쌍용	김석원	2.15
7	효성	조홍제	-	한국화약	김승연	1.70
8	신동아	최성모	-	한진	조중훈	2.15
9	선경	최종현	-	효성	조석래	1.24
10	한일합섬	김한수	-	대림	이재준	1.18
10대 그룹 집중률			-	10대 그룹 집중률		34.16

주: 1) 상대 규모는 자산액 기준 규모. 1974년도 국내 기업의 총자산액은 5조 4,300억 원(한국은행, 『기업경영분석』, 1975)이기 때문에 이 금액에 대한 각 그룹 자산액의 상대적 비율로 1974년도의 상대 규모를 계산. 예컨대, 락희그룹의 자산액은 1,770억 원이기 때문에 상대 비율은 3.26%. 1985년도 국내 기업의 총자산액은 113조 원(한국은행, 『기업경영분석』, 1986)이기 때문에 이 금액에 대한 각 그룹 자산액의 상대적 비율로 1985년도의 상대 규모를 계산. 예컨대, 삼성그룹의 자산액은 6조 7,800억 원이기 때문에 상대 비율은 5.98%.

2) 그룹 순위는 매출액 기준 순위이기 때문에 자산액 기준의 상대 규모 순위와는 일치하지 않음.

자료: 삼성경제연구소, 「한국기업성장 50년의 재조명」, CEO Information(2005. 5. 11), p. 14; 한국일보사 경제부(1986), p. 13. 체계적으로 발표되는 각 그룹의 재무제표가 없기 때문에 각 그룹의 사사(社史)인 『LG50년사』, 『삼성60년사』, 『현대50년사』를 중심으로 상대 규모를 찾았으나 이마저도 락희, 삼성, 현대그룹만 가능하였다. 1970년대 이전에는 기업그룹별 자료가 체계적으로 정리 · 발표된 곳을 찾을 수 없다.

다. 불과 3년 사이의 일이다. 중화학공업 육성정책은 시행 초기부터 재벌 판도를 뒤흔들어 버렸다. 경공업 중심의 재벌은 중화학공업 중심 재벌에 의해 빠르게 대체되어 나갔다.

반면에 〈표 1-11〉에 의하면 1974~1985년 기간은 11년이라는 긴 기간이었는데도 6개 그룹이 10대 그룹에 그대로 남아 있고 4개 그룹만 새 그룹으로 대체되었다. 중화학공업 육성정책 이전에 비해 중화학공업 육성정책 시행기간 내에는 재벌 판도가 상대적으로 안정되어 있었다는 것을 알 수 있다. 중화학 분야로 재벌체제를 구축한 기업은 그 세를 계속 유지하고 있었다는 의미이다.

이 기간은 재벌이 그 모습을 확실히 드러낸 시기이다. 중화학공업 육성정책에 의해 기업의 규모가 급성장하면서 대규모 기업그룹이 재벌로 부상하였고, 그 재벌세를 계속 유지해 나갔다. 이때의 재벌은 본서에서 규정한 재벌의 세 가지 조건을 확실히 충족시키고 있다. 계열기업 수가 늘어나면서 다각화의 범위가 넓어졌고, 그룹의 규모도 커졌다. 경영의 가족화는 이미 오래 전부터 한국 기업의 변함없는 특징으로 자리잡고 있었다.

1974년의 상위 기업그룹은 자산액이 국내 전체 기업의 자산액에서 이미 3% 이상을 차지할 정도로 성장하였다. 1985년에 오면 7%에까지 이르는 기업그룹도 나타났다. 따라서 〈표 1-11〉의 기업그룹들은 거의 모두 이미 본서에서 규정한 재벌의 정의에 합치한다고 볼 수 있다. 적어도 1985년의 상위 그룹은 이미 재벌에 해당하는 기업그룹이다.

5위에 오른 선경은 아직 그 규모가 매우 크지 않았지만 4대 그룹은 그룹의 자산액이 국내 전체 기업자산액의 5% 또는 그 이상이었다. 계열기업도 많이 거느리고 있었다. 가족경영은 한국 사기업들의 공통된 특징이다. 따라서 이들은 이미 재벌 범주에 해당한다. 이 시기는 본격적인 재벌 출현기라고 볼 수 있다.

4. 재벌정책 도입 이후의 재벌(1987~1997년)-재벌 확장기

1987년부터는 공정거래법에 의해 매년 대규모 기업집단이 지정되고, 지정된 그룹에 대해서는 일정한 규제가 가해졌다. 재벌에 의한 과도한 경제력집중을 방지해 건강한 시장경제를 확립해 나가겠다는 것이 이 정책의 주된 목표이다. 재벌세의 과도한 확장과 소수 재벌군의 과도한 경제력집중이 독점 문제와 더불어 여러 가지 사회 · 경제적 폐해를 야기시킨다는 비판이 고조되었기 때문이다. 따라서 정부는 재벌 당사자들의 반대에도 불구하고 이 정책의 도입을 밀어부쳤다.

그러나 재벌세는 꺾이지 않았고 재벌 성장의 가속도는 끝을 볼 수 없었다. 그러다가 1997년 말에 외환위기를 맞았다. 재벌은 외환위기의 주범으로 몰렸으며 대대적인 재벌개혁정책이 몰아닥쳤다. 재벌정책이 도입된 1987년부터 외환위기가

〈표 1-12〉 **재벌정책 도입 이후의 10대 그룹(1987, 1996년)**

순위	1987년				1996년			
	그룹명	총수	계열기업 수	상대 규모(%)	그룹명	총수	계열기업 수	상대 규모(%)
1	현대	정주영	32	6.31	현대	정주영	46	7.11
2	대우	김우중	29	6.18	삼성	이건희	55	6.62
3	삼성	이병철	36	4.39	LG	구본무	48	5.10
4	럭키금성	구자경	57	4.32	대우	김우중	25	5.09
5	쌍용	김석원	22	2.21	선경	최종현	32	2.37
5대 그룹 집중률				23.41	5대 그룹 집중률			26.29
6	한진	조중훈	13	2.06	쌍용	김석원	23	2.26
7	선경	최종현	16	1.96	한진	조중훈	24	1.99
8	한국화약	김승연	22	1.41	기아	기아자동차	16	1.86
9	대림	이재준	14	1.40	한화	김승연	31	1.49
10	롯데	신격호	31	1.29	롯데	신격호	28	1.15
10대 그룹 집중률				31.53	10대 그룹 집중률			35.04

주: 1) 상대 규모는 각 그룹의 자산 총액이 국내 비금융기업의 자산 총액(한국은행, 『기업경영분석』)에서 차지하는 비중.
2) 그룹 순위는 자산액 기준(공정거래법 규정에 의거). 1986년은 국내 기업 자산 총액이 127조 원이고(한국은행, 『기업경영분석』, 1987), 1995년은 국내 기업 자산 총액이 615조 원(한국은행, 『기업경영분석』, 1998)이기 때문에 이 금액에 대한 각 그룹 자산액의 상대적 비율로 상대 규모를 계산함.

자료: 공정거래위원회, 대규모 기업집단 지정(각 연도). 공정위는 각 연도 4월에 대규모 기업집단을 지정하면서 재벌의 현황을 발표한다. 통계 자료는 발표 전 연도의 자료이기 때문에 계열기업 수와 자산액은 각각 1986년 및 1995년 말 자료임.

밀어닥친 1997년까지는 재벌의 전성기 또는 재벌의 확장기라고 볼 수 있다.

이 시기는 재벌의 위상이 매우 안정화되어 있었던 시기이다. 〈표 1-12〉에 의하면 이 기간에 10대 그룹에 랭크된 그룹은 거의 그대로 10대 그룹을 유지하고 있었다. 오직 한 그룹만이 다른 그룹으로 대체되었다. 대림그룹이 기아그룹으로 대체되었다. 따라서 이 시기는 재벌이 재벌로서 확고하게 그 틀을 잡아간 시기라고 볼 수 있다.

〈표 1-12〉에 열거된 그룹들은 모두가 본서에서 규정한 세 가지 재벌 조건을 확실히 충족시키고 있다. 우선 모든 그룹이 많은 계열기업을 거느리고 있다. 적게는 10여 개에서 많게는 50개가 넘는 계열기업을 거느리고 있다. 기업의 집단화라는 조건을 그대로 충족시키면서 폭넓은 다각화가 이루어져 있다.

경영의 가족화라는 조건은 한국 사기업의 변함없는 특성으로서 여전히 유효하다. 단지 기아그룹만은 예외이다. 기아그룹은 설립자의 경영 실패로 경영권이 전문경영인에게 넘어갔고, 소유와 경영의 분리가 실현되고 있었다. 따라서 기아는 본서에서 규정한 재벌에는 해당하지 않는다.[25]

규모의 비대화라는 조건은 상대적인 개념이라서 재벌로 규정할 수 있는 규모를 획일적으로 정할 수는 없다. 그러나 본서에서는 10대 그룹에 포함되면서 그룹의 자산 비중이 국내 전체 기업자산의 1% 선을 넘으면 재벌로 볼 수 있을 정도로 규모가 비대화되었다고 판단하고 있다. 따라서 〈표 1-12〉에 열거된 기업그룹들은 모두 재벌로 정의할 수 있다(기아그룹은 제외).

재벌의 범주를 10대 재벌 밖으로까지 확장하면 큰 재벌과 작은 재벌 사이에 크기 차이가 심해지기 때문에 작은 재벌에 대해서는 규모의 비대화라는 조건이 충족된다고 보기 어려워진다. 〈표 1-12〉에서 1위 재벌은 10위 재벌의 5배가 될 정도로 규모에 차이가 나는데, 그 이상 차이가 나는 그룹을 모두 재벌이라는 범주에 포함시켜야 하는 것은 일관성에 문제가 발생한다.

자산 비중이 국내 전체 기업자산의 1% 미만인 그룹은, 비록 10대 재벌 순위에 포함된다고 해도 국가경제 내에서 차지하는 비중이 상대적으로 낮기 때문에 재벌에 포함시킬 필요는 없다. 따라서 본서에서는 자산 비중이 국내 전체 기업자산의 1% 이상이면서 10대 그룹에 포함되는 그룹만을 재벌로 정의하고자 한다.

〈표 1-12〉는 한국 경제의 발전사에서 어떤 기업그룹이 재벌이었는지를 잘 보여 주는 자료이다. 그리고 재벌들은 한국 경제에서 어느 정도의 비중을 차지하고 있는지도 잘 보여 주고 있다. 5대 재벌이 한국 경제에서 차지하는 비중은 25% 전후이다. 말하자면, 한국 내 기업자산의 25% 정도는 5대 재벌의 자산이다. 10대 재벌은 30% 이상을 차지하고 있다. 한국 경제의 재벌 의존도는 매우 높은 편이다. 이를 경제력집중의 심화라고 말한다.

25 기아는 경영 부실로 나중에 부도 처리되었고, 현대자동차로 인수되어 다시 재벌의 한 부분이 되었다.

5. 외환위기 이후의 재벌(1997~)-재벌 변혁기

1997년에는 한국 경제에 엄청난 재난이 발생하였다. IMF 구제금융을 야기시킨 외환위기가 있었다. 외환위기는 한국 국민에게도 시련이었을 뿐만 아니라 한국 재벌에게도 큰 시련이었다. 재벌은 외환위기의 주범으로 지목되었고 대대적인 재벌 개혁정책이 추진되었다. 재벌끼리의 업종 교환을 목표로 하는 빅딜 정책이 추진되었고, 부실기업 정리와 기업구조조정이 있었다. 이 과정에서 퇴출된 재벌도 있었고 쪼개진 재벌도 있었다.

〈표 1-13〉은 외환위기 이후 10년 사이에 재벌 구도가 어떻게 변화하였는지를 보여 주고 있다. 외환위기 직전의 10대 재벌(1998년에 발표된 1997년의 자료) 중 2007년에도 10대 그룹(2007년에 발표된 2006년의 자료)으로 남아 있는 재벌은 삼성, SK, LG, 금호아시아나, 한진 등 5개뿐이다. 오랫동안 1위 재벌의 위상을 유지하였던 현대그룹은 핵심 계열기업이었던 현대건설이 부도나고, 상속 과정에서 현대자동차, 현대중공업 등이 떨어져 나가는 바람에 10대 재벌에도 들지 못하였다. 그 대신 떨어져 나간 현대자동차가 독립된 재벌로서 2007년의 10대 재벌에 올라 있다.

짧은 기간에 대재벌로 부상하였던 대우는 부도로 그룹이 해체되어 버렸다. 쌍용그룹과 동아그룹도 부실로 그룹이 해체되었다. 한화그룹은 10대 그룹 밖으로 밀려나 버렸다. 이와 같이 외환위기 자체와 그 이후 강력하게 추진되었던 재벌개혁정책 및 기업구조조정정책은 재벌 판도를 크게 뒤흔들어 버렸다. 이 기간은 한국 재벌의 대변혁기라고 볼 수 있다.

2007년에는 10대 그룹에 포스코와 KT가 포함되어 있다. 그런데 포스코와 KT는 민영화 과정에서 주식 소유가 광범위하게 분산되면서 소유와 경영이 분리되었기 때문에 이들은 재벌이라고 볼 수 없다. 이들은 소유와 경영이 분리된 전문경영인 지배기업이다. 이처럼 포스코와 KT는 재벌의 세 가지 조건 중 하나인 경영의 가족화라는 조건을 충족시키지 않기 때문에 재벌이라고 분류할 수는 없다.

〈표 1-13〉에서 동아그룹은 자산 비중이 0.99%로 1%보다 약간 아래일 뿐만 아니라 1위 재벌의 8분의 1밖에 되지 않는 규모이다. 본서에서 규정한 재벌의 세 가지 조건 중 규모의 비대화라는 조건에 해당한다고 보기는 어렵다.

〈표 1-13〉 외환위기 이후의 10대 그룹(1998, 2007년)

순위	1998년				2007년			
	그룹명	총수	계열기업 수	상대 규모(%)	그룹명	총수	계열기업 수	상대 규모(%)
1	현대	정주영	62	8.08	삼성	이건희	59	8.33
2	삼성	이건희	61	7.09	현대자동차	정몽구	36	4.27
3	대우	김우중	37	5.82	SK	최태원	57	3.90
4	LG	구본무	52	5.80	LG	구본무	31	3.38
5	SK	최종현	45	3.22	롯데	신격호	44	2.59
5대 그룹 집중률				30.01	5대 그룹 집중률			22.47
6	한진	조중훈	25	2.14	포스코	(주)포스코	23	2.11
7	쌍용	김석원	22	1.72	KT	(주)KT	19	1.77
8	한화	김승연	31	1.37	GS	허창수	48	1.62
9	금호	박성용	32	1.14	금호아시아나	박삼구	38	1.43
10	동아	최원석	22	0.99	한진	조양호	25	1.48
10대 그룹 집중률				37.37	10대 그룹 집중률			30.88

주: 1) 공정거래위원회의 2007년 자료에는 공기업도 포함되어 있으나 본 연구는 민간 기업만을 대상으로 하기 때문에 이들은 모두 제외시켰다. 그러나 민간 기업그룹인 (주)포스코와 (주)KT는 포함시켰다.
2) 그룹 순위는 자산액 기준임(공정거래법 규정에 의거). 1997년은 국내 기업 자산 총액이 910조 원이고(한국은행, 『기업경영분석』, 1998), 2006년은 국내기업 자산 총액이 1,550조 원(한국은행, 『기업경영분석』, 2007)이기 때문에 이 금액에 대한 각 그룹 자산액의 상대적 비율로 1998년 및 2007년의 상대 규모를 계산함.

자료: 공정거래위원회, 대규모 기업집단 지정 자료(각 연도). 공정위는 각 연도 4월에 대규모 기업집단 지정 현황을 발표하는데 계열기업 수, 자산액 등의 통계 자료는 그 전년도의 자료임.

이처럼 외환위기 이후의 시기는 재벌의 변혁기였다. 재벌들이 단기간에 큰 부침을 거친 기간이었다. 그리고 이 기간에는 공기업으로부터 민영화된 기업그룹이 재벌과 맞먹는 대규모 기업그룹으로 나서기도 하였다.[26] 이제부터는 한국의 대규모 기업그룹 판도에 재벌과 비재벌의 대비 구도가 출현하기 시작하였다.

26 소유와 경영이 분리된 기아그룹도 한때 재벌과 맞먹는 규모의 비재벌이었으나 부도가 난 후 현대자동차에 흡수됨으로써 다시 재벌로 환원되었다.

III 재벌과 한국 경제

1. 경제개발정책과 재벌

1) 경제개발정책

한국 경제는 정부 주도의 개발정책으로 특징되는데, 재벌은 정부의 경제개발정책과 불가분의 관계를 갖고 있다. 경제개발정책과 더불어 재벌이 출현하였기 때문이다. 경제개발정책 과정에서 정부가 의도적으로 재벌을 만들어 낸 것인지, 정부의 의도와는 상관없이 경제개발정책의 자연적인 부산물로 재벌이 출현하였는지, 한국의 정치 · 경제 · 사회 · 문화의 제반 특성상 정부의 경제정책과는 무관하게 재벌이 출현한 것인지는 분명하지 않다. 그러나 재벌이 출현한 시기에 정부가 경제개발정책을 적극적이고 본격적으로 추진하였다는 것은 사실이다.

본서에서는 1961~1973년 기간을 재벌의 맹아기로 보고, 1973~1987년 기간을 재벌의 출현기로 보았다. 이 기간은 정부에 의한 경제개발정책이 적극적이고 본격적으로 추진된 기간이다. 이 기간에 이루어진 정부의 대표적 경제개발정책은 제1차 경제개발5개년계획(1962~1966년), 제2차 경제개발5개년계획(1967~1971년), 중화학공업 육성정책(1973~1979년) 등이다.[27]

제1차 경제개발5개년계획은 수입대체산업의 육성을 주목적으로 하였고, 제2차 경제개발5개년계획은 자급자족 경제의 달성을 주목적으로 하였다. 중화학공업 육성정책은 고부가가치 산업을 지향한 산업구조의 고도화를 주목표로 하였다. 이 기간에 재벌은 맹아기를 거쳐 그 실체를 드러내기 시작하였다.

정부가 본격적으로 경제개발정책을 수행하였던 시기를 중심으로 국가경제와 재벌의 성장률을 정리해 보면 〈표 1-14〉와 같다. 제1차 5개년계획 기간에는 GNP의 연평균 실질성장률이 8.5%였고, 제2차 5개년계획 기간에는 GNP의 연평균 실질성장률이 9.7%였다.[28] 이 기간에 경상GDP는 1961년의 2,940억 원에서 1971년의 3조

27 이종원(2002), pp. 117, 478~481; 오원철(1995), pp. 15, 244; 이재희(1993).
28 이종원(2002), p. 117.

〈표 1-14〉 **본격적 경제개발정책 시기의 국가 및 재벌의 성장률**

구분 \ 기간		1961~1971년	1973~1979년
국가경제	경상GDP(원)	11.6배	5.8배
	수출액(달러)	26배	4.7배
삼성	매출액(원)	12.8배	14.3배
	수출액(달러)	356배	20.5배
LG	매출액(원)	-	10.7배
	수출액(달러)	-	5.5배
현대	매출액(원)	-	37.2배
	수출액(달러)	-	-
소비자물가			2.7배

자료: 한국은행, 『경제통계연보』; 『삼성60년사』; 『LG50년사』; 『현대50년사』.

4,199억 원으로 무려 11.6배 증가하였다(한국은행, 『경제통계연보』).

같은 기간에 삼성그룹의 매출액은 1961년의 36억 원에서 1971년의 464억 원으로 12.8배 증가하였다(『삼성60년사』, p. 560). 이 기간에 우리나라의 수출액은 1961년의 4,100만 달러에서 1971년의 10억 6,800만 달러로 26배 증가하였다(한국은행, 『경제통계연보』). 삼성그룹의 수출액은 1961년의 3만 8,000달러에서 1971년의 1,350만 달러로 무려 356배 증가하였다(『삼성60년사』, p. 56). 이와 같이 제1, 2차 경제개발5개년계획 기간인 10년은 국가경제와 재벌 모두 괄목할 만한 성장을 이룬 기간이었다.

중화학공업 육성정책이 선언된 1973년부터 이 정책의 부작용을 해소하기 위해 추진된 산업합리화 조치 직전인 1979년까지 한국 경제의 경상GDP는 5.8배 증가하였고(달러 가치로는 4.8배), 삼성, LG, 현대의 매출액은 각각 14.3배, 10.7배, 37.2배 증가하였다.[29] 이 기간에 한국의 수출액은 4.7배(32억 달러에서 151억 달러로) 증가하였고, 삼성과 LG의 수출액은 각각 20.5배(5,800만 달러에서 11억 9,400만 달러로) 및 5.5배(8,800만 달러에서 4억 8,300만 달러로) 증가하였다(한국은행, 『경제통계연보』; 『삼성60년사』; 『LG50년사』; 『현대50년사』). 이 기간에도 재벌의 성장은 국가경제의 성장보다 훨씬 앞서 갔다.

29 1980년의 신군부 집권세력은 중화학공업 육성정책의 부작용을 해결하기 위해 대대적인 산업합리화 조치를 시행하였다.

제1, 2차 경제개발5개년계획 및 중화학공업 육성정책은 모두 정부가 경제 활동을 주도한 것이 가장 큰 특징이다. 경제는 시장에 의해 굴러갔다기보다 정부의 설계에 의해 굴러갔다고 볼 수 있다. 정부가 산업구조를 디자인하고 자원배분도 디자인하였다. 따라서 기업가는 정부의 설계에 맞추어 적응해 가는 전략을 구사할 수밖에 없었다. 정부의 설계에 잘 적응해 간 기업가는 자기 기업을 빠르게 성장시키고, 그렇지 못한 기업가는 기업세계에서 도태되거나 뒤처질 수밖에 없었다. 이 과정에서 어떤 기업가는 재벌로 부상하고, 어떤 기업가는 준재벌에 머물거나 퇴장할 수밖에 없었다.

2) 기업지원정책

정부에 의한 경제개발정책의 핵심은 기업을 지원하는 정책이었다. 경제는 3대 경제주체인 가계(소비자), 기업(생산자), 정부(조정자)의 상호작용에 의해 성립되는 하나의 사회현상이다. 이 과정에서 조정자인 정부는 소비자인 가계와 생산자인 기업의 경제 활동에 직접 영향을 미치는 여러 가지 수단을 동원한다. 정부가 어떤 정책목표를 가지느냐에 따라 그 수단이 달라지고 가계와 기업에 미치는 효과도 달라진다.

1960~1970년대는 정부가 소비자(가계) 후생보다 생산자(기업)의 육성 발전에 더 큰 정책적 우선순위를 두었다. 기업은 생산요소를 결합시켜 생산물을 만들어 내는 기능을 수행하면서 이윤을 추구하는데, 생산요소를 결합시키는 과정에서는 비용이 발생하고 생산물을 판매하는 과정에서는 수입이 발생한다. 정부는 기업으로 하여금 생산비는 줄이고 판매수입은 늘릴 수 있도록 하는 경제개발정책을 추진하였다. 말하자면 경제개발정책의 기조는 기업 지원이었다.

생산비는 생산요소 가격을 낮추어야 줄어든다. 생산요소 가격을 낮추는 대표적 정책수단은 금융정책과 노동정책이다. 생산요소는 크게 자본과 노동으로 나눌 수 있기 때문이다. 정부는 기업에게 저리의 여러 가지 특혜금융을 제공하였다. 특히, 정책금융이라고 불리는 자금들은 금리가 매우 낮아 심지어는 물가상승률보다 낮았다. 이때는 실질금리가 마이너스가 되기도 하기 때문에 금융 그 자체가 돈벌이가 되었다. 〈표 1-15〉에는 수출기업에게 제공된 정책금융의 금리가 일반자금이나 사채의 금리에 비해 얼마나 낮았으며, 심지어는 물가상승률보다도 얼마나 낮았

〈표 1-15〉 **정책금융의 이자율**

연도	사채	일반은행		한국은행		물가 상승률(B)	실질 이자율(A-B)
		일반자금	수출자금(A)	일반자금	수출자금(AA)		
1961	–	13.9	13.9	10.2	10.2	15.5	–1.6
1962	–	13.9	9.1	10.2	6.9	13.4	–4.3
1963	52.5	13.9	8.0	10.2	4.4	28.2	–20.2
1964	59.4	14.0	8.0	11.5	3.5	32.0	–24.0
1965	58.9	24.0	6.5	24.5	3.5	7.6	–1.1
1966	58.7	24.0	6.5	24.5	3.5	12.9	–6.4
1967	56.4	24.0	6.0	24.5	3.5	10.5	–4.5
1968	56.0	26.0	6.0	23.0	3.5	12.0	–6.0
1969	51.3	24.0	6.0	22.0	3.5	12.1	–6.1
1970	49.8	24.0	6.0	20.3	3.5	14.2	–8.2
1971	46.8	22.0	6.0	16.0	3.5	13.3	–7.3
1972	42.5	17.5	6.0	12.0	3.5	16.8	–10.8
1973	48.0	15.5	6.7	11.0	3.5	13.4	–6.7
1974	45.6	15.5	9.0	11.0	3.5	29.5	–20.5
1975	48.0	16.4	7.0	11.8	3.5	25.7	–18.7
1976	41.3	19.0	7.0	15.0	3.5	20.7	–13.7
1977	41.3	19.0	7.0	15.0	3.5	15.7	–8.7
1978	41.3	19.0	7.0	15.0	4.0	21.9	–14.9
1979	41.3	19.0	7.0	15.0	4.0	21.2	–14.2
1980	30.6	22.7	15.0	19.6	10.0	25.6	–10.6

주: 물가상승률은 GNP deflator 상승률.
자료: Chung(1986), pp. 32, 38.

는지가 잘 나타나 있다. 이렇게 되면 금융을 배당받는 것 그 자체가 기업에게는 큰 혜택이 된다.

노동비용은 임금에 의해 정해진다. 그런데 1960~1970년대는 정부가 노동조합을 금지시켰다. 노동운동에 대한 정부의 입장은 매우 단호하였다. 따라서 임금이 사용자와 근로자의 교섭에 의해 정해지는 것이 아니라 사용자에 의해 일방적으로 정해졌다. 이런 상황에서 기업이 높은 임금을 책정할 리 없다. 거기다가 이 기간에는 잠재실업이 많이 존재하였기 때문에 노동시장의 원리에 의해서도 임금은 매우

〈표 1-16〉 **1960년대의 환율구조**

(단위: 원/달러)

연도	시장 환율	공정 환율	수입 환율
1961	131.2	130.0	127.7
1962	148.5	130.0	130.0
1963	190.8	130.0	138.2
1964	251.6	255.0	225.6
1965	265.4	271.0	265.4
1966	290.1	270.4	271.3
1967	320.8	274.2	270.6
1968	350.0	281.1	270.6
1969	371.4	303.7	290.6
1970	405.1	315.9	311.3
1971	447.3	372.5	350.0

자료: Chung(1986), p. 23.

낮을 수밖에 없었다. 기업들은 그만큼 혜택을 누렸다.

원자재를 수입하는 업체는 환율에서도 혜택을 받았다. 수입업체는 공정 환율이나 시장 환율보다 훨씬 낮은 환율로 달러를 제공받을 수 있었다. 1960년대의 환율구조를 살펴보면 〈표 1-16〉과 같다. 환율이 낮으면 원자재를 낮은 가격으로 수입할 수 있기 때문에 이것도 기업에게는 생산비를 낮출 수 있는 큰 혜택이었다.

기업들은 생산물을 판매하는 시장에서도 정부 정책의 혜택을 누렸다. 우선 독점력을 행사할 수 있었다. 수입금지정책이나 진입규제정책으로 기업들은 국내 시장에서 독점력을 확보할 수 있었다. 수입이 금지되었거나 관세가 높은 산업과 정부의 인허가 조건이 까다로운 산업에서는 기존 기업이 독점력을 확보하게 된다. 독점력은 판매가격을 높게 정할 수 있는 힘이기 때문에 기존 기업들은 쉽게 판매수입을 높일 수 있다.

정부는 재정 지원과 조세정책을 통해서도 기업들을 지원하였다. 이런 정책들의 대상이 되는 기업은 지원받은 만큼, 또 감세받은 만큼 기업의 수입이 증가한다. 이와 같이 경제개발정책의 기조는 기업을 직·간접적으로 지원하는 것이었다. 기업들은 정부의 지원하에 양 방향에서 독점력을 확보할 수 있었다. 생산요소시장에서는 구매독점력(monopsony power)을 확보하여 싼 가격으로 자본과 노동 등의 생산요소를 제공받았으며, 생산물시장에서는 판매독점력(monopoly power)을 확보하여 비싼 가격으로 생산물을 판매할 수 있었다.[30] 기업들에게는 그 이상 좋은 환경이 만들어질 수 없었고, 이런 환경은 정부에 의해 인위적으로 조성되었다.

3) 재벌과 국민

기업이 판매독점력과 구매독점력을 행사하면 기업은 많은 혜택을 누리지만 소비자와 근로자는 상대적으로 피해를 볼 수밖에 없다. 노동자는 저임금에 자기 노동력을 판매하기 때문에 근로소득이 낮아질 것이고, 소비자는 고가격에 상품을 구매하기 때문에 생계비 지출이 높아질 것이다. 재벌들이 정부의 경제개발정책으로 이런 혜택들을 누렸다면, 이것은 결국 소비자와 근로자인 대다수 국민들의 희생으로 가능하였던 것이다. 따라서 이것은 한국 재벌이 짊어지고 있는 하나의 원죄와 같은 것이다. 그리고 재벌 비판의 근원이 되는 것이기도 하다.

그런데 경제개발정책의 강도와 이 정책의 결과에 대해서는 학자에 따라 미묘한 견해 차이가 있기도 하다. 또 경제개발정책과 재벌의 관계에 대해서도 견해가 일치하는 것은 아니다. 그러나 기업 지원을 주축으로 하였던 경제개발정책이 본격적으로 추진되었던 1960년대와 1970년대에 오늘날의 재벌 판도가 구축되었다는 데는 별 이견이 없다. 정부의 경제개발정책에 성공적으로 편승한 기업들이 오늘날의 재벌로 부상한 것이다.

소수의 대규모 재벌들이 경제개발정책의 주된 수혜자라고 보기도 한다.[31] 정부의 정책 의도는 기업을 지원하는 것이었지만 결과적으로는 성공한 재벌에게로만 여러 가지 지원이 집중되었기 때문이다. 따라서 고도성장의 겉모습은 정부와 재벌이 주도한 것처럼 되어 버렸다. 말하자면, 재벌이 고도성장의 주역인 것처럼 인식되었다.

1973년에 시작된 중화학공업 육성정책은 재벌 출현을 가속화시켰다. 이 정책

30 Chung(1986)은 이런 과정에 더해 귀속재산 불하와 정부기업의 불하도 재벌의 자본 축적에 한 몫을 차지했다고 보았다. 1980년대까지 50대 재벌의 자기자본 축적은 약 100억 달러인데, 이 중 80% 정도가 이런 과정을 통해 이루어진 것이라고 추정하였다. 정구현(1987), pp. 68~75.

31 소병희(1994), 김영욱(1998), 강철규(1998).

〈표 1-17〉 **5대 재벌의 계열기업 수 변화 현황(1972~1981년)**

재벌/산업		1972년	1981년	증가율(%)
삼성	경공업	5	5	0
	중공업	4	11	275
현대	경공업	0	1	–
	중공업	4	26	650
LG	경공업	1	3	300
	중공업	15	24	160
대우	경공업	1	5	500
	중공업	0	12	–
SK	경공업	5	7	140
	중공업	0	6	–
합계	경공업	12	21	175
	중공업	23	79	343

자료: 이재희(1999), p. 125.

은 한국에서도 중후장대형의 대규모 기업을 출현시켰는데, 이 기업들은 대부분이 대재벌의 계열기업이었다. 따라서 중화학공업 육성정책의 지원 혜택은 재벌에게로 집중되었다. 〈표 1-17〉은 이 기간에 중공업 분야에서 대재벌이 계열기업을 얼마나 많이 늘려 나갔는지를 잘 보여 주고 있다. 5대 재벌 모두를 합하였을 때 중공업 분야의 계열기업은 23개에서 79개로 늘어났다. 중공업 분야는 산업특성상 기업 규모가 클 수밖에 없는데, 재벌들이 이 분야에서 계열기업을 이렇게 늘려 나가면 재벌 전체의 규모는 엄청나게 커질 수밖에 없다.

중화학공업 육성정책에 대한 연구들은, 1970년대의 중화학공업 육성정책이 얼마나 재벌에게 집중되고 있었으며 시장원리를 도외시한 정책이었는지를 보여 주고 있다.[32] 이 정책은 정부의 과도한 경제 개입으로 많은 부작용과 비용을 수반한 정책이 되고 말았다. 따라서 1979년에는 이 정책이 공식적으로 마무리되었고, 1980년에는 그 부작용을 정리하는 또 다른 정부 개입이 시작되었다. 이것이 소위 말하

32 이재희(1999), 노화준(2001), 이종찬(2003).

는 산업합리화 정책이었다.

1970년대의 중화학공업 육성정책을 집중적으로 분석한 박영구(2001a, 2001b)는 정부의 개입에 대해 약간 다른 시각을 주장하고 있다. 정부의 개입을 금융정책과 재정정책으로 구분해서 살펴본 결과, 정부의 역할이 그렇게 강력한 것은 아니었다는 주장이다. 중화학산업에 대한 정부의 지원이 과도한 것은 아니었고 정부의 역할은 시장 기능을 유인하는 정도를 넘지 않았다고 주장하고 있다.

어떤 주장을 받아들이든 자본주의 시장경제에서는 정부의 역할보다 시장의 역할이 더 중요하다. 가능한 한 정부 개입은 최소화시키고 정부는 경제가 시장을 통해 균형 있게 발전하도록 유도하는 수준에 머물러야 한다. 정부는 이제 기업 지원보다 성장의 과실을 모든 국민이 고르게 나눠 가질 수 있도록 하는 데 역점을 두어야 한다.

2. 재벌의 급팽창과 한국 경제

한국의 기업사에서 대표적인 10개 재벌은 〈표 1-18〉과 같이 정리할 수 있을 것이다. 여기에서는 재벌 출현기를 1973년 이후 중화학공업 육성 시기로 보았기 때문에 재벌의 성장 현황을 개괄하기 위해 그 전후의 재벌 현황을 비교해 보았다. 그리고 1997년의 외환위기 이후에는 재벌 개혁과 기업구조조정으로 재벌 판도에 큰 변화가 있었기 때문에 1997년까지의 변화 양상만 〈표 1-18〉에 정리되어 있다.

〈표 1-18〉의 10개 재벌은 1997년까지 많게는 60여 개, 적게는 20여 개의 계열기업을 거느릴 정도로 성장하였다. 그리고 자산 규모는 크게는 70조 원, 작게는 8조 원 규모까지 성장하였다. 이들의 1960, 1970년대 사정은 1997년과 비교하기 어려울 정도로 왜소하였다.

대우, 금호아시아나, 롯데는 1970년대까지 재벌로 보기 어려울 정도의 소규모였다. 대우그룹은 1967년에 창업되어 1972년까지 계열기업이 2개에 불과한 소규모 기업이었다. 금호아시아나도 1960년대까지만 해도 광주여객이라는 운수업이 주력 기업일 정도였고, 1972년에야 금호실업이라는 그룹의 주력 기업이 설립되었다. 일

〈표 1-18〉 **재벌의 급팽창 현황**

1997년 기준 10대 재벌	1960~1970년대 현황	1997년 현황	
		계열기업 수	자산 규모(십억 원)
1. 현대	1963년 자산 8억 원 1972년 계열기업 6개 1974년 매출액 690억 원	62	73,520
2. 삼성	1963년 자산 45억 원 1972년 계열기업 16개 1967년 삼성전자 설립 1974년 매출액 1,284억 원	61	64,536
3. 대우	1972년 계열기업 2개 1967년 대우실업 설립(자본금 500만 원) 1974년 매출액 533억 원	37	52,994
4. LG	1967년 매출액 60억 원 1972년 계열기업 18개 1974년 매출액 1,817억 원	52	52,773
5. SK	1972년 계열기업 5개 1974년 매출액 712억 원	45	29,267
6. 한진	1972년 계열기업 8개 1974년 매출액 1,025억 원	25	19,457
7. 쌍용	1972년 계열기업 6개 1974년 매출액 720억 원	22	15,645
8. 한화	1972년 계열기업 7개 1974년 매출액 536억 원	31	12,469
9. 금호아시아나	1960년대는 광주여객이 주력 1972년 금호실업 설립 1974년 매출액 367억 원	32	10,361
10. 롯데	1967년 롯데제과 설립 1974년 매출액 284억 원	28	8,862

자료: 1972년도 계열기업 수는 이한구(2004), p. 244; 1972년도 매출액은 정구현(1987), pp. 309~329; 1997년 현황은 공정거래위원회 자료.

본 기업이었던 롯데도 1967년에 롯데제과가 설립되면서 한국에서도 본격적인 기업 활동을 시작하였다. 1970년대 중반부터 재벌 반열에 들어선 SK도 1972년에는 계열기업 5개를 거느리는 소규모 기업그룹에 불과하였다.

〈표 1-19〉 **3대 재벌의 급팽창 현황(1967~2005년)**

지표	재벌	1967년	1970년	1975년	1980년	1985년	1990년	1995년	1996년
자산액 (억 원)	삼성	182	567	2,608	21,600	73,377	262,663	672,325	830,726
	LG	–	–	2,680	18,094	53,182	199,908	390,535	500,566
	현대	62	163	3,067	29,703	79,007	205,990	483,510	598,789
매출액 (억 원)	삼성	149	365	3,408	23,855	122,306	292,818	645,769	746,407
	LG	60	520	4,500	27,320	84,966	161,989	497,396	590,923
	현대	62	251	2,052	28,803	95,605	227,613	592,178	697,257
수출액 (백만 달러)	삼성	8	8	349	2,054	7,088	17,527	39,468	36,055
	LG	2	31	179	764	3,493	7,608	3,350	39,133
	현대	–	–	234	599	4,044	5,843	14,070	15,246

주: 1) 1997년부터는 외환위기로 대대적인 기업 구조조정과 재벌 개혁이 있었으며 이로 인해 재벌 구도에 커다란 변화가 있었기 때문에 1996년 이후의 재벌 자료는 추세 자료로 사용하기 곤란하여 여기서는 1996년까지의 자료만 제시하였음.

2) 개별 재벌의 통계 자료는 재벌 스스로가 사사(社史)를 통해 발표한 자료이기 때문에 각 재벌이 일관성 있는 기준에 의거해 작성된 자료는 아니다. 따라서 서로 비교하여 그 의미를 찾는 데는 어느 정도 한계가 있다. 그리고 3대 재벌 이외의 재벌에 대해서는 장기간에 걸친 추세 자료를 찾기 어려워 본 연구에 사용할 수 없었다. 그뿐만 아니라 3대 재벌에 대해서도 삼성 이외에는 1967년까지 소급된 자료는 발표되지 않고 있다.

자료: 『삼성60년사』(1998), 『LG50년사』(1997), 『현대50년사』(1997).

현대, 한진, 쌍용, 한화는 1970년대 이전부터 재벌의 모습을 갖추었다고 보지만 이들도 1972년에는 계열기업이 6개(현대), 8개(한진), 6개(쌍용), 7개(한화)에 불과하였다. 가장 먼저 재벌의 성을 구축하였다는 삼성과 LG도 1972년에는 계열기업 수가 각각 16개와 18개에 지나지 않았다.

이와 같이 1970년 전후에는 중소기업 수준에 불과하였거나 10개 내외의 계열기업만을 거느렸던 재벌들이 불과 30여 년 만에 국제적 수준의 대규모 기업그룹으로 급성장하였다. 재벌그룹의 성장은 경제성장을 훨씬 앞지른 것이었다. 그룹별 자료정리가 가능한 삼성, LG, 현대의 성장 속도를 정리해 보면 〈표 1-19〉와 같다. 자산액으로 볼 때 삼성은 1967년에서 1996년까지 4,600배 성장하였고, 현대그룹은 동기간에 9,700배 성장하였다. 매출액으로는 동기간에 삼성은 5,000배, LG는 9,800배, 현대는 11,200배 성장하였다. 한마디로 재벌들은 폭발적으로 급팽창하였다.

재벌 성장을 크게 뒷받침하였던 수출을 살펴보면, 삼성은 같은 기간에 4,500배, LG는 19,600배 증가하였다. 이와 같이 재벌은 1970, 1980, 1990년대에 걸쳐 처음의 모습을 짐작하기 어려울 정도로 급성장하였다. 이 기간에 한국 재벌은 일약 세계적 기업으로 부상하였다.

이러한 재벌의 급성장은 정부가 주도한 재벌 중심의 성장전략과 불가분의 관계가 있다. 고도성장의 결과로 재벌이 출현하였는지, 아니면 재벌의 활약으로 고도성장을 이룩한 것인지는 알기 어렵다. 그러나 정부가 특정 기업들을 중심으로 성장전략을 구사하였고, 그 과정에서 재벌이 출현하였다는 점은 분명하다. 말하자면, 정부가 지원한 기업 중 성공한 기업들이 재벌을 구축한 것이다. 결과적으로 한국의 경제성장정책은 재벌 중심의 성장전략이 되고 말았다.

재벌 중심의 성장전략은 1961년 군사정부가 발족시킨 '경제재건촉진회'에서 그 출발을 찾을 수 있다.[33] '경제재건촉진회'는 1961년 5.16쿠데타 이후 혁명정부가 부정축재자로 몰아 구금하였던 13인의 경제인이 43일 만에 풀려난 후 결성한 경제인 단체이다.[34] 이 단체는 혁명정부의 요청에 의해 발족되었는데 그 이후 더 많은 경제인이 참여하였고, 같은 해(1961)에 명칭도 '한국경제인협회'로 바뀌었다. 이 단체는 1968년 '전국경제인연합회'로 다시 명칭이 바뀌면서 오늘에 이르고 있다.

혁명정부는 기존 경제인들을 부정축재자로 처단하는 대신 경제개발의 선봉장으로 활용하기 위해 이들을 중심으로 '경제재건촉진회'를 설립시켰고, 이 단체에 속한 기업인들은 정부로부터 각종 지원과 혜택을 받으면서 정부의 경제개발정책에 적극적으로 호응하였다. 이병철(삼성)과 구인회(LG)는 일찍부터 이 조직에 참여하였으며, 곧이어 재벌로 부상하여 오늘날까지 최고의 재벌 위상을 유지하고 있다.[35]

정부의 지원을 받은 기업인 중 중간에 도태된 기업인도 많았으나 일부는 재벌세를 구축하는 데 성공하였다. 〈표 1-8〉에 나타난 것처럼 재벌로 부상한 시기에 다소 차이가 있고, 일부는 재벌세를 계속 유지시키지 못하기도 하였지만, 대부분의

33 이종재(1993), pp. 132~138. 경제인들은 그 이전에도 한때 '한국경제협의회'라는 단체를 만들었다. 이 단체는 1960년 4.19혁명 이후 장면 정부에 의해 부정축재자로 몰렸던 기업인들이 1961년 1월에 자구책을 위해 만들었던 경제인 조직이다. 이 조직은 1961년 5.16 이후 군사혁명위원회 포고령 6호에 의해 해체되었다.

34 13인은 이병철(삼성), 이정림(대한양회), 박흥식(화신), 설경동(대한산업), 정재호(삼호), 이한원(대한제분), 남궁연(극동해운), 홍재선(금성방직), 이양구(동양시멘트), 최태섭(한국유리), 김지태(조선견직), 함창희(동립산업), 조성철(중앙산업) 등이다. 이종재(1993), p. 134.

35 이 당시 이 조직에 참여하였던 기업가 중 재벌로 부상한 기업가는 많지 않다. 이들 중 대부분이 한때 부호로 불리긴 하였지만 재벌의 성을 쌓는 데 성공하지는 못하였다. 이종재(1992), pp. 127~138.

재벌이 그 출발은 정부의 경제개발정책과 궤를 같이하고 있다. 정부의 성장전략은 특정 기업인을 지원하는 전략이었고, 지원받은 기업인들이 재벌로 부상하였기 때문에 결과적으로 정부의 경제개발전략은 재벌 중심의 성장전략이 되고 말았다.

정부 지원의 핵심은 인·허가권과 특혜적 금융배분이었다. 정부가 계속 새 사업을 열어 나가는데 새 업종에서 인·허가를 받으면 선 진입의 이점과 더불어 독과점적 지위까지 확보하게 된다. 거기다가 금융까지 우선적으로 배정받고, 그것도 특혜적으로 배정받으면 그 이상 유리한 사업조건을 확보할 수 없다. 이러한 정부 시책에 성공적으로 부응한 유능한 기업가는 재벌로 부상하고 재벌세를 계속 확장시켜 나갈 수 있었다. 이와 더불어 국가경제도 고도성장을 구가하였다.

국가경제가 성장하면서 재벌도 팽창하였고, 재벌이 팽창하면서 국가경제도 성장하였다. 재벌은 국가경제보다 훨씬 더 빠른 속도로 급성장하였다. 따라서 한국 경제의 고도성장은 재벌 중심의 성장이라고 보지 않을 수 없다. 재벌이 고도성장의 견인차 역할을 수행하였는지, 고도성장이 재벌의 급팽창을 만들어 냈는지는 별도의 논의 주제이지만, 고도성장과 재벌 팽창이 함께 나타난 것은 하나의 팩트이다.

3. 경제의 고도성장과 재벌

한국 경제는 제2차 세계 대전 후 전 세계에서 가장 성공적으로 고도성장을 이룬 국가 중 하나로 꼽히고 있다. 경제개발5개년계획이 시작된 1962년 이후 1997년의 외환위기까지 한국 경제는 연평균 8% 이상의 실질성장을 이룩해 왔다. 그리고 1인당 GNP는 100달러 이하였던 1961년에서 1997년에는 1만 1,000달러를 돌파하였다.[36] 이 기간에 한국 경제는 무려 100배 이상 성장한 것이다.

GDP 추계제도가 체계화되고 각종 통계 자료가 일관성을 갖추기 시작한 1970년도 이후의 자료를 중심으로 한국 경제의 고도성장 현황을 개괄적으로 정리해 보

36 1960년대 초반까지는 환율이 원화의 구매력을 정확하게 평가해 주던 시기도 아니었을 뿐만 아니라 GNP 추계 시스템도 제대로 정착되지 않았던 시기였기 때문에 1인당 GNP의 정확한 측정이 매우 어려웠다. 그럼에도 불구하고 경제개발계획이 시작된 1962년 이전의 1인당 GNP는 100달러 이하였다는 데 별 이견이 없다.

〈표 1-20〉 한국 경제의 고도성장 현황(1970~2005년)

연도	GDP (명목, 억 원)	GDP (억 달러)	GDP 성장률(%)[a]	1인당 GDP (달러)	수출 (백만 달러)	수입 (백만 달러)
1970	27,639 (1.0)	81 (1.0)	11.49	282 (1.0)	835 (1.0)	1,984 (1.0)
1975	103,861 (3.8)	215 (2.7)	7.56	602 (2.1)	5,081 (6.1)	7,274 (3.7)
1980	387,749 (14.0)	638 (7.9)	7.04	1,646 (5.8)	17,505 (21.0)	22,292 (11.2)
1985	840,610 (30.4)	966 (11.9)	7.84	2,311 (8.2)	30,283 (36.3)	31,136 (15.7)
1990	1,866,909 (67.5)	2,637 (32.6)	9.64	6,149 (21.8)	65,016 (77.9)	69,844 (35.2)
1995	3,988,377 (144.3)	5,173 (63.9)	7.82	11,450 (40.6)	125,058 (149.8)	135,119 (68.1)
2000	5,786,645 (209.4)	5,118 (63.2)	4.56	10,890 (38.6)	172,268 (206.3)	160,481 (80.9)
2005	8,105,159 (293.3)	7,913 (97.7)	4.56	16,439 (58.3)	284,419 (340.6)	261,238 (131.7)

주: a) 5년간의 연평균 실질성장률.
자료: 통계청 Data Base.

면 〈표 1-20〉과 같다. 1970년에서 2005년까지 원화 기준 명목GDP는 무려 300배 가까이 증가하였다. 이 중에는 물가 상승이 포함되어 있기 때문에 달러 기준으로 계산해 보면 100배 증가하였고, 1인당 GDP 기준으로 계산해 보면 60배 증가하였다. 이와 같이 한국 경제는 짧은 기간에 괄목할 성장을 이룩하였다.

이러한 경제성장은 한국을 농업국에서 공업국가로 탈바꿈시켰다. 불과 30여 년 만에 한국은 산업화가 이루어진 셈이다. 산업화의 핵심 전략은 수출 주도 정책이었다. 따라서 이 기간에 수출액은 8억여 달러에서 3,000억 달러 가까이로 증가하였다. 수출액은 무려 340배 증가한 셈이다. 이를 통해 한국은 만성적인 무역적자국에서 무역흑자국으로 전환하였다.

이러한 고도성장은 재벌과 불가분의 관계를 가지고 있다. 성장의 한가운데 재벌이 자리잡고 있기 때문이다. 경제성장은 기업이 주도하는데 한국에서는 재벌이 바로 기업을 대표한다. 전체 기업의 핵심 부문이 바로 재벌이기 때문이다. 따라서 한국 경제의 고도성장에서 재벌의 역할은 결코 무시할 수 없다. 재벌은 고도성장을 주도한 선발대와 같은 역할을 수행하였다. 그 과정에서 나타난 많은 부작용은 별도의 논제이고, 재벌이 고도성장 과정에서 핵심적 역할을 수행하였다는 것은 부정할 수 없는 사실이다.

재벌의 세 가지 특성(기업의 집단화, 경영의 가족화, 규모의 비대화)은 고도성장에 유리한 요소도 가지고 있었다. 기업의 집단화라는 특성은 고도성장 과정에서 내부거래의 이점을 활용할 수 있었다. 아직 시장이 불완전한 후진국 단계에서는 기업그룹이라는 내부시장을 이용해 시장의 불완전성을 극복할 수 있었다. 내부시장에서 이루어지는 내부거래는 범위의 경제(economies of scope)를 활용할 수 있는 수단이었고, 시장의 불완전성을 극복할 수 있는 수단이었다.

경영의 가족화라는 특성에서는 소위 말하는 황제경영이 나타날 수 있었는데, 황제경영은 신속한 의사결정이라는 장점을 발휘하기도 하였다. 끊임없이 새로운 사업이 열리는 고도성장 과정에서는 신규 진입과 신규 투자 등에 대해 신속한 의사결정이 매우 중요하였다. 황제경영은 이때 큰 이점을 발휘할 수 있었다. 그리고 위험부담(risk)을 감수해야 하는 의사결정도 과감하게 내릴 수 있었다. 이런 측면에서 재벌은 고도성장에 기여한 바가 크다고 볼 수 있다.

규모의 비대화라는 특성에서는 규모의 경제(economies of scale)를 뺄 수 없다. 경제 활동이나 기업 경영에서는 규모에서 오는 이점이 많다. 경제개발의 초기에는 기업의 규모가 작았기 때문에 규모에서 누릴 수 있는 이점을 제대로 누리지 못하였다. 기업은 규모가 커지면 더 효율적이 된다. 재벌은 급성장하면서 규모의 경제를 최대로 활용하였으며, 이 과정에서 경제성장에 기여한 바가 크다.

이처럼 한국 경제의 고도성장에서 재벌은 나름대로 유리한 요소들을 가지고 있었다. 제2차 세계 대전 이후에 재벌 중심이 아니면서 고도성장을 이룬 국가는 일본과 대만이었다. 일본은 전문경영인 지배의 대기업 중심으로 고도성장을 달성하였고, 대만은 중소기업 중심으로 고도성장을 이룩하였다. 여기에 비해 한국은 재벌 중심으로 고도성장을 이룩한 나라였다.

4. 재벌 중심의 국가경제

한국 경제는 재벌 중심으로 짜여져 있고 재벌 중심으로 운영된다는 것이 중요한 특징이다. 말하자면, 한국 경제는 재벌 중심의 국가경제이다. 재벌을 빼고는 한국 경제를 논할 수 없다. 자료를 통해 살펴보면 국가경제에서 재벌이 차지하는 비중이 매우 높다는 것은 매우 분명해진다.

재벌이 우리나라 경제에서 어느 정도의 비중을 차지하는지 분석하는 방법은 여러 가지가 있으나 가장 대표적인 방법은 총괄집중률(aggregate concentration) 방법이다.[37] 총괄집중률은 일정 수의 대재벌이 국가경제에서 차지하는 비중이 어느 정도이냐를 살펴보는 방법이다. 자산액을 기준으로 대재벌이 차지하는 총괄집중률을 추정해 보면 〈표 1-21〉과 같다. 5대 재벌이 우리 경제 내 비금융 부문 기업자산의 1/4을 차지하고 있다. 10대 재벌로 확장하면 1/3 전후가 된다.

이런 수치는 대재벌에 의한 경제력집중이 매우 심각하다는 것을 분명히 보여주는 자료이다.[38] 5대 재벌이라면 불과 5명의 기업가 내지 그 가족이 지배하는 기업

〈표 1-21〉 **자산 기준 총괄집중률(1985~1998년)**

(단위: %)

연도	5대 재벌 집중률	10대 재벌 집중률
1985	23.51	31.32
1987	25.10	33.80
1989	25.48	33.69
1991	24.02	32.49
1993	24.45	33.04
1995	25.39	33.76
1997	28.68	35.35
1998	31.32	37.76

자료: 최정표(2003), p. 12.

37 총괄집중률의 의미와 중요성을 처음 제기한 학자는 마르크스(Karl Marx)이고, 이를 직접 측정하여 분석한 학자는 Berle and Means(1932)가 처음이다. 마르크스는 자본주의가 발달해 가면 총괄집중률이 점점 높아져 궁극적으로는 하나의 대자본가나 기업이 국가경제를 지배하는 독점경제가 될 것이라고 추정하였다. 벌리와 민즈는 미국에서 1929년에 비금융 부문의 200대 기업 총괄집중률이 49%나 된다는 것을 관찰하였다.

38 한국의 경제력집중에 대해서는 황인학(1997, 1999)에 종합적으로 분석 정리되어 있다.

〈표 1-22〉 **30대 재벌의 산업별 비중(1989년)**

(단위: %)

	매출	자산	부채	차입금	자본	불입금액
제조업	37.5	39.2	39.7	37.3	36.8	-
건설업	54.1	59.5	58.8	59.6	64.5	55.6
음식료품	39.2	41.1	41.6	41.3	38.8	34.8
화학섬유	54.8	49.4	49.6	51.3	48.6	47.8
비금속광물	34.4	42.2	42.7	47.5	40.9	36.3
제1차 금속	47.0	33.4	36.0	32.3	25.8	39.8

자료: 이성태(1991), pp. 71~72.

인데, 이들의 비중이 국가경제의 1/4이나 된다는 것은 매우 심각한 경제력집중 현상이라고 보지 않을 수 없다. 한국은 재벌 중심의 국가경제라는 것이 그대로 나타나 있다.

재벌은 우리나라의 주요 산업에서도 그 비중이 매우 높다. 30대 재벌의 계열기업들이 우리나라의 주요 산업에서 어느 정도의 비중을 차지하고 있는지가 〈표 1-22〉에 정리되어 있다. 특히, 건설업에서는 30대 재벌의 계열기업이 국내 전체 건설업의 거의 60% 가까이를 점하고 있다. 제조업에서는 이보다는 낮지만 40% 가까이를 30대 재벌이 차지하고 있다. 우리나라에 수많은 기업이 존재하지만(1989년 기준 제조업체만 3만 6,000여 개) 30대 재벌의 계열기업이 주요 산업의 경제 활동에서 절대적 비중을 점하고 있다.

제조업을 세분하여 중요 산업별로 재벌 비중을 살펴보아도 재벌집중 현상은 매우 높다. 〈표 1-22〉에서 보는 것처럼 세분된 중요 산업에서의 30대 재벌 비중은 제조업 전체에서의 30대 재벌 비중보다 더 높다. 예컨대, 음식료품에서는 30대 재벌이 40%, 화학섬유 분야에서는 50%, 비금속광물에서는 40%, 제1차 금속에서는 30% 정도의 비중을 차지하고 있다. 특히, 화학섬유에서는 재벌의 비중이 매우 높다.

재벌은 개별 계열기업 단위로 살펴보아도 국가경제에서 차지하는 비중이 매우 높다는 것을 알 수 있다. 금융업을 제외한 분야에서 매출액 기준으로 100대 기업을 선정하면 그 중 거의 절반 가까이가 5대 재벌의 계열기업이다. 〈표 1-23〉에 정리되어 있는 자료에 의하면, 삼성, LG, 현대는 각기 10개의 계열기업이 우리나라 100대

〈표 1-23〉 **5대 재벌의 대규모 계열기업(1990년)**

재벌명	매출액 기준 상위 100대 기업에 포함되는 계열기업 수
현대	10
대우	5
삼성	11
LG	10
SK	6
5대 재벌 합계	42(42%)
전체 기업 수	100

자료: 강철규 · 최정표 · 장지상(1991), p. 25.

〈표 1-24〉 **5대 재벌의 독과점 계열기업(1990년)**

재벌명	시장지배적 사업자로 지정된 계열기업 수
현대	9
대우	14
삼성	21
LG	32
SK	9
5대 재벌 합계	85(29.0%)
전체 기업 수	293(100%)

자료: 강철규 · 최정표 · 장지상(1991), p. 25.

기업 안에 들어가 있다.

거기다가 재벌의 계열기업은 독과점기업인 경우도 많다. 공정거래법에서는 시장 규모가 300억 원 이상인 업종에서 1위 회사의 시장점유율이 50% 이상이거나 3사 집중률이 70% 이상인 경우, 이런 사업자를 시장지배적 사업자로 지정 고시한 적이 있다.[39] 시장지배적 사업자는 독과점 사업자인데, 1990년도에는 독과점 품목이 127개였고, 시장지배적 사업자로 지정된 회사는 293개였다. 〈표 1-24〉에 의하면

39 이 규정은 개정되었고 독과점 사업자의 지정 고시제도는 폐지되었다.

293개 중 85개(29%)가 5대 재벌의 계열기업이었다. LG는 32개의 회사가 시장지배적 사업자였고, 삼성은 21개 회사가 시장지배적 사업자였다. 5대 재벌에서는 85개 계열회사가 국가의 감시를 받는 독과점 사업자였다. 5대 재벌의 대표적 계열회사는 거의 모두가 독과점기업이라고 보아야 할 정도이다.

이처럼 한국 경제는 소수의 대재벌이 국가경제에서 매우 높은 비중을 차지할 뿐만 아니라 재벌기업들은 자기가 참여하는 시장에서 독과점적 지위를 확보하고 있다. 재벌은 개별 시장에서는 독점력을 행사하는 독과점 사업자이고, 국가경제 전체에서는 경제지배력을 행사하는 거대기업이다. 한국 경제는 재벌 의존적 경제 구조가 되어 버렸다.

수출을 중심으로 재벌의 비중을 살펴보면 한국 경제가 재벌 의존형 경제라는 것이 더욱 분명해진다. 재벌의 비중이 커진 이유 중 하나는 수출주도형 성장전략이었다. 우리나라 성장전략의 핵심은 수출 주도의 산업화였다. 수출을 증대시키면서 공업국가를 만들고, 공업화를 통해 수출을 더욱 증대시키는 것이었다. 수출과 산업화는 상호 상승작용을 하는 구조가 되면서 경제성장을 촉진시켜 나갔다. 이 과정에서 재벌의 비중은 점점 커졌다. 국가경제 전체에서 차지하는 비중도 커졌고, 재벌 수출이 국가 전체 수출에서 차지하는 비중도 커졌다.

1960년대까지 일관성 있는 자료 추정이 가능한 삼성, LG, 현대(1970년대까지 가능)를 중심으로 재벌이 GNP와 수출에서 차지하는 비중을 살펴보면 〈표 1-25〉 및 〈표 1-26〉과 같다. 먼저 재벌 매출액의 GNP 대비 규모를 살펴보면 1970년까지 1%대에 머물던 개별 재벌의 규모가 외환위기 직전인 1996년에 오면 19%대까지 증가하고 있다(〈표 1-25〉 참조). 수출 비중은 더 빠른 속도로 증가하고 있다(〈표 1-26〉 참조). 재벌

〈표 1-25〉 **GNP 대비 3대 재벌 매출액의 비율(1967~1996년)**

(단위: %)

재벌 \ 연도	1967	1970	1975	1980	1985	1990	1995	1996
삼성	1.2	1.3	3.4	6.5	15.4	16.4	18.5	19.3
LG	0.5	1.9	4.9	7.4	10.7	9.1	14.2	15.3
현대	–	1.0	2.0	8.0	12.0	13.0	23.0	18.0

자료: 『삼성60년사』(1998), 『LG50년사』(1997), 『현대50년사』(1997).

〈표 1-26〉 **총수출 대비 3대 재벌 수출액의 비율(1967~1996년)**

(단위: %)

재벌＼연도	1967	1970	1975	1980	1985	1990	1995	1996
삼성	2.5	1.0	6.9	11.7	23.4	27.0	31.6	27.8
LG	0.6	3.7	3.5	4.4	11.5	11.7	27.5	30.2
현대	-	-	4.6	3.4	13.4	9.0	11.3	11.8

주: 각 재벌이 사사(社史)를 통해 독립적으로 발표한 수출액 자료에 기초를 두고 계산하였기 때문에 재벌별로 서로 비교하여 어떤 의미를 찾는 데는 한계가 있다.
자료: 『삼성60년사』(1998), 『LG50년사』(1997), 『현대50년사』(1997).

별로 다소 차이가 있긴 하지만 단일 재벌의 수출 비중이 국가 전체 수출의 30%에 이르는 재벌도 생겨났다. 한국 경제는 수출 의존형 경제인데, 수출은 재벌이 주도하였기 때문에 결과적으로 한국 경제는 재벌 중심의 경제구조가 되었다.

IV 재벌의 힘과 역할

1. 재벌과 정부의 역학관계

동서고금을 막론하고 가장 강력한 힘을 가진 조직체는 정부이다. 군주제나 독재체제하에서는 정부를 장악한 권력자가 절대적 힘을 소유하고 있었으며 여기에 대항할 수 있는 개인이나 조직체는 거의 존재하지 않았다. 기껏해야 종교 조직체 정도가 정부에 대항할 수 있는 힘이었다.

그러나 권력분산을 전제로 하는 민주주의 시대에 오면 정부나 권력자는 과거와 같은 무소불위의 힘을 행사하기 어렵다. 민주주의와 더불어 자본주의 시장경제가 성숙해 가고 있는 현대사회에서는 경제력이 사회를 지배하는 막강한 힘으로 등장하였다. 이제는 정치권력과 경제권력이 사회를 지배하는 쌍두마차가 되었다. 이

두 권력은 필요에 따라 서로 유착하기도 하고 대립하기도 하면서 현대사회를 이끌어 가고 있다.

우리나라에서 경제권력을 대표하는 집단은 재벌이다. 그리고 정치권력을 대표하는 조직체는 정부이다. 한국에서는 재벌과 정부가 특수한 역학관계를 유지하면서 국가를 운영해 왔는데 그 역학관계는 시대 상황에 따라 변해 왔다. 정치체제가 변하거나 집권세력이 변할 때는 재벌과 정부의 역학관계도 변하였다.

재벌체제가 그 골격을 갖추기 시작한 박정희 대통령 시절에는 재벌과 정부의 관계가 매우 명료하였다. 절대적인 정부 우위 시대였다. 박정희 집권기(1961-1979)는 정부가 거의 완벽하게 재벌을 통제할 수 있는 시대였다. 재벌들은 아직 자립할 수 없는 단계였고, 정부의 각종 특혜에 의존해 성장해 가던 단계였기 때문이다. 정부와 대립해서는 기업 활동 자체가 불가능하였다. 정부 우위하에서 정부와 재벌이 유착하였던 대표적 시기라고 볼 수 있다.[40]

이런 정부 우위 시대는 전두환 대통령 시대(재임 1980~1987년)에도 당분간 지속되었다. 특히, 신군부의 집권 초기에 단행된 대규모 산업합리화 조치하에서는 재벌의 흥망성쇠가 정부와 권력자의 손에 달려 있었다.

박정희 대통령 시절에 추진된 중화학공업 육성정책(1973~1979년)이 많은 부작용을 초래하였기 때문에 신군부는 이를 정리하고 넘어가지 않을 수 없었다. 중화학공업 분야의 산업구조조정을 목적으로 한 산업합리화 정책이 불가피하였는데, 중화학 분야는 재벌들의 업종이었고 이 분야의 구조조정은 많은 재벌의 운명을 좌우할 판국이었다. 이런 판국에서는 정부가 절대적으로 재벌의 우위에 설 수밖에 없었다. 권력과 불편한 관계를 가진 재벌은 해체되는 운명을 맞기도 하였다.[41]

그러나 제6공화국으로 넘어가면서 재벌과 정부의 관계는 많은 변화를 가져왔다. 이때쯤에는 재벌들이 정부의 지원 없이도 커갈 수 있을 정도로 자본축적을 이룩하였다. 한국 경제도 커지고 재벌들도 커졌다. 거기다가 노태우정권(재임

40 1950년대의 이승만정권 시대에는 재벌이 직접 정치에 참여하기도 하였다. 홍덕률(1992, pp. 22~23)에 의하면 삼양사의 창업주 김연수의 형 김성수가 1950년에 부통령을 지냈고, 대한전선의 설경동, 천우사의 전택보, 쌍용의 김성곤, 전방의 김용주, 한국생사의 김지태, 한국화약 김종희의 형 김종철, LG 창업주 구인회의 동생 구태회, 동아상사의 임운환 등은 모두 국회의원이나 장관으로 활동한 경력을 갖고 있다. 이들은 모두 1950년대의 내노라 하는 재벌이었다.

41 국제그룹의 총수는 국제그룹의 해체는 전두환정권에 밉보였기 때문이라고 주장하였다.

1988~1992년)은 독재정권도 아니고 민주정권도 아닌 어중간한 상태였다. 재벌들로부터 많은 정치자금을 요구하면서도 과거처럼 재벌들에게 드러나게 큰 혜택을 제공할 수도 없었다. 재벌들은 불만이 쌓여 갔다. 현대그룹의 정주영은 정권에 정면으로 도전하고 나섰다. 정당을 만들고 대통령에 입후보하였던 것이다.[42] 재벌의 만용이 극에 달한 시기였다. 정부에 대한 재벌 우위 시대라고까지는 할 수 없어도 재벌이 정부에 대항할 수 있는 상황은 되었다.[43]

재벌이 정치권력에 대항할 수 있었던 또 하나의 이유는 대통령이 5년 단임제라는 점이다. 박정희와 전두환은 대통령직이 언제 끝날지 아무도 몰랐다. 법적으로는 임기가 있었지만 독재자였던 만큼 국민들은 그들의 거취를 알 수 없었다. 재벌들도 그 힘이 언제 끝날지 모르기 때문에 섣불리 대항할 수 없었다.

그러나 노태우 대통령 이후 5년 단임제하에서는 재벌들이 5년만 꾹 참고 기다리면 새로운 시대에 새롭게 적응하면 된다는 기대를 가질 수 있었다. 따라서 과거처럼 현임 대통령에게 무조건 굴종할 이유가 없었다. 굴종하는 시늉만 하면서 5년간만 화를 면하면 된다는 생각이었다. 따라서 권력자가 더 이상 과거처럼 그렇게 무서운 존재가 아니었다.

1990년대 초에는 재벌이 금력을 바탕으로 정권까지 노리는 단계에 왔으니 재벌은 더 이상 정부에 예속된 관계라고 볼 수 없었다. 그러나 문민정부의 기치를 내걸고 정권을 장악한 김영삼 대통령(재임 1993~1998년)은 재벌을 더 이상 그대로 방치해 두려고 하지 않았다. 특히, 김영삼은 선거 과정에서 정주영으로부터 많은 괴로움을 당하였다. 그리고 정치권력까지 넘보는 재벌에 대해 국민들의 시선도 곱지 않았다. 김영삼 정부는 '신경제정책'으로 재벌 개혁을 추진하였다. 업종전문화 정책 등을 동원하여 재벌에 의한 경제력집중을 완화시키려는 정책을 추진하였다. 재벌은 움츠러들었다.

김영삼 대통령은 "재벌로부터 정치자금을 받지 않겠다"고 선언하는 등 재벌과

42 양길현(1992), 이성태(1992), 손학봉(1992), 김중배(1992)는 정주영 현대그룹 회장의 정치참여와 통일국민당 창당에 대해 심층적으로 분석하고 있다.

43 홍덕률(1992)은 재벌이 정부에 대해 적극적인 공세를 취하게 된 이유를 세 가지로 정리하고 있다. 첫째, 경제권력의 안정화와 재생산은 정치권력의 장악으로 완결되며, 둘째 재벌은 이제 정치권력의 지원 없이도 유지될 수 있다는 자신감을 가졌으며, 셋째 민주화와 더불어 정치권력도 누구나 경쟁을 통해 쟁취할 수 있는 대상이라는 생각을 가지게 되었다.

거리두기를 시작하였다. 그러자 재벌들도 반응하기 시작하였다. 재벌들은 신규 투자에 나서지 않았다. 현상유지전략으로 대응하였다. 한국 경제는 재벌의 비중이 높은 만큼 재벌이 나서지 않으면 경제는 위축되기 마련이다. 답답한 쪽은 국민과 정부였다. 김영삼정부는 취임 초에 경제가 잘 풀리지 않자 당황하기 시작하였다. 급기야는 재벌 달래기에 나섰다. 대재벌 총수들을 청와대로 불러 김영삼 대통령의 트레이드마크인 칼국수를 대접하면서 재벌들을 안심시키고 과감한 투자를 요청하였다.[44] 이 사건은 재벌과 권력의 관계가 역전되는 하나의 분수령이라고 볼 수 있다.

재벌 입장에서는 답답할 것이 없다. 5년만 기다리면 새 권력이 들어선다. 과거처럼 정권에 굴종할 이유가 없어졌다. 김영삼정부 내내 핍박을 받았던 현대그룹도 다음 정권에서는 다시 날개를 폈다. 이를 기점으로 민주화와 시장경제는 성숙되는 대신 정부에 대한 재벌 우위 시대가 도래하였다. 재벌은 정부를 거침없이 비판하는 일도 있었다.[45] 과거에는 상상하기 어려운 일이었다.[46] 재벌이 경제를 쥐고 있는 한 정부의 재벌 지배는 불가능하게 되었다.

정부에 대한 재벌 우위 시대로 가는 길목에서 재벌은 뜻하지 않은 강풍을 맞게 된다. 바로 1997년의 외환위기이다. 재벌은 외환위기의 주범으로 몰려 강력한 재벌 개혁정책에 직면하였다. 김대중 대통령(재임 1998~2002년)은 외환위기 극복을 기치로 집권한 권력이다. 따라서 집권하자마자 대대적인 재벌 개혁을 추진하였다.

외환위기 이전에 이미 30대 재벌 중 거의 반수가 도산하는 국면을 맞았다.[47] 살아남은 재벌도 뼈를 깎는 구조조정을 벗어날 수 없었다. 재벌은 잠시 동안 정부의 처분에 그 운명을 맡기지 않을 수 없었다. 그러나 이 기간은 그리 길지 않았다. 정부가 외환위기 극복의 완료를 선포하자 재벌들은 다시 고개를 치켜들었다. 김대중 정권은 임기 말로 치닫고 있었다. 정부의 힘이 재벌에 먹혀들 리 없었다.

예상과 달리 노무현 대통령(재임 2003~2007년)이 집권하자 재벌들은 깜짝 놀랐다. 또 다시 재벌 개혁의 폭풍이 휘몰아칠까 숨을 죽이고 있었다. 그러나 노무현정부

44 김영삼정부 초기의 재벌과 정부 사이의 역학관계 변화에 대해서는 공제욱(1995), 홍덕률(1996) 참조.
45 이건희 삼성 회장은 정치를 3류라고 비하하기도 하였다.
46 홍덕률(1996), pp. 234~235의 〈표 4〉에는 재벌과 정부 간의 관계가 사건 중심으로 잘 정리되어 있다.
47 최정표(2009a, 2009b).

는 재벌에 대한 철학과 비전이 없었다. 재벌에 대해서는 거의 아무런 손을 대지 못하였다. 오히려 정권 유지에 재벌의 조력이 필요하였을 정도였다. 재벌은 5년짜리 정권을 무서워할 리 없었다. 이제는 정부에 대한 재벌 우위 시대가 거의 정착되어 가는 형국이다.

친기업(business friendly)을 슬로건으로 당선된 이명박 대통령(재임 2008~2012년) 시대에는 재벌 우위 시대가 확실히 뿌리를 내리고 있었다. 출자총액제한제도를 위시해 주요한 재벌 규제가 폐지되었다. 거기다가 금산분리정책도 완화되어 재벌은 은행업까지 진출할 수 있게 되었다. 이명박은 재벌 회사 사장 출신이라 재벌에게는 한없이 약해졌다.

재벌의 힘은 정부를 조롱할 정도로 커졌다. 재벌이 사보타지하면 나라를 이끌어 갈 수 없을 정도로 재벌의 비중은 커지고 재벌의 힘은 비대해졌다. 재벌에게 투자를 늘려 달라고 정부가 애걸하는 단계까지 와버렸다.

2. 재벌의 사회지배

1) 현대판 귀족계층

재벌은 우리 사회의 최고 부자와 그 가족들이 지배하는 기업군을 의미한다. 따라서 재벌 가문은 우리나라의 최고 부자집단이고 대표적 기득권집단이다. 이들은 자기들의 기득권을 보호하고 유지하기 위해 여러 가지 제도적 장치를 이용하면서 새로운 신분계층으로 부상하고 있다.

구시대의 신분계급은 없어졌지만 재벌 가문들은 하나의 새로운 사회계층으로 부상하고 있다. 이를 현대판 귀족계층이라고 부르기도 한다.[48] 그 이유는 최고의 대자본가 집단인 재벌이 최고의 기득권 세력으로 자리잡았을 뿐만 아니라 이를 세습하고 있기 때문이다.

재벌들은 우선 다양한 인맥으로 배타적 보호망을 구축하고 있다. 한국 사회에

48 강철규 · 최정표 · 장지상(1991), pp. 87~89.

서 인맥 구축의 대표적 수단은 혈연 · 지연 · 학연이다. 혈연은 친인척관계를 의미하고, 지연은 같은 지역 출신의 동향관계를 의미하고, 학연은 같은 학교 출신의 동문관계를 의미한다. 한국 사회에서 이 세 가지 인연이 결합하면 매우 강력한 기득권 보호망이 구축될 수 있다.

혈연관계는 혼맥을 통해 구축된다. 동서고금을 막론하고 혼맥은 기득권 보호를 위해 사용된 가장 강력한 수단이었다. 왕족과 귀족이 복잡하게 혼인관계를 이루고 있는 것은 구시대의 대표적 혼맥 구도였다. 이런 현상은 동양이나 서양이나 마찬가지였다. 오늘날 우리나라에서 이런 현상이 나타나고 있는 대표적 집단이 재벌이다.

한국의 재벌 혼맥도에 대해서는 많은 연구가 있어 왔다.[49] 재벌의 혼맥을 추적한 연구들에 의하면 재벌들은 재벌끼리의 혼사뿐만 아니라 정치 실력자와의 혼사에도 매우 열성적이었다. 대통령과 국무총리 등 고관대작들은 재벌과 사돈 및 겹사돈으로 얽혀 있다. 이러다 보니 한국과 같은 전통사회에서는 상류층이 혼인을 통해 복잡하게 연결되어 있는 연고사회가 되지 않을 수 없고, 그 구심점에는 항상 재벌이 자리잡고 있다. 재벌이 그 중심에 자리잡고 있는 이유는 정치권력에 비해 재벌세력은 세습이 가능하기 때문이다. 말하자면, 재벌권력은 영원히 유지될 수 있기 때문이다.

지연과 학연은 재벌이라는 혈연에 직접 편입되지는 못할지라도 그들과 이해관계를 공유할 수 있는 보완세력 내지 협조세력으로 기능하는 인맥이 될 수 있다.[50] 우리나라 정서상 동향인은 쉽게 친해질 수 있고, 깊은 유대관계를 유지해 나갈 수 있다. 학연도 비슷한 성질을 가지고 있다. 같은 학교 출신의 선후배는 이해관계로 쉽게 뭉칠 수 있다. 따라서 재벌의 기득권은 학연과 지연으로 맺어진 인맥에 의해서도 더욱 강화되고 있다.

지연과 학연은 이중고리로 더 탄탄하게 얽혀 있을 수 있다. 우리나라는 각 지방별로 명문 고등학교가 지방의 인재를 집결시키는 역할을 하고 있는데, 이들이

49 한국 재벌의 혼맥도에 대해서는 강철규 · 최정표 · 장지상(1991), pp. 75~83 및 서울경제신문(1991) 참조.
50 재벌세력이 학연과 지연으로 얽힌 인맥에 의해 보완 강화될 수 있는 가능성은 실제 통계 자료로도 설명될 수 있다. 강철규 · 최정표 · 장지상(1991) p. 76; 이지훈(1994) pp. 133~136; 유태현 외 5인 공저(2005) 참조.

중앙 무대로 진출하면 학연으로도 연결되고 지연으로도 연결된다. 따라서 이들은 이중고리로 더 탄탄하게 서로 연결된다. 혈연으로 구축된 재벌에 이런 인맥까지 덧붙여져 하나의 기득권 세력이 만들어지면, 이 세력은 우리 사회의 최상류층 계급인 현대판 귀족집단으로 고착화될 수 있다.

재벌이라는 현대판 귀족집단은 우리 사회의 지배세력으로 군림한다. 부가 이들에게 집중되어 있고, 혈연 · 지연 · 학연으로 연결된 정치권력과 엘리트 세력으로부터 호위를 받으면서 세습까지 이루어지고 있기 때문이다. 이들의 기득권 보호와 사회지배 현상은 더욱 강화되고 있다.

2) 정치권력을 앞지른 금권세력

사회를 지배하는 대표적 권력은 정치권력(정권)과 경제권력(금권)이다. 한 사람이 이 두 권력을 동시에 가질 수도 있고, 각기 다른 사람이 따로따로 가질 수도 있다. 어쨌든 이 권력은 사회를 지배할 수 있는 힘이고, 인간은 이런 권력을 가지려고 끊임없이 노력하는 본능을 가지고 있다.

재벌은 이 두 권력 중 경제권력을 가진 세력이다. 말하자면, 금권을 가진 세력이 재벌이다. 반면에 정치권력을 가진 세력은 집권자이다. 독재정권하에서는 정치권력이 한 사람의 집권자에게 집중되고 이 권력이 오래 유지되는 특성을 가지고 있었다. 그러나 민주주의하에서는 선거를 통해 한시적으로 정치권력을 가지고 제한된 범위 내에서만 권력을 행사하는 것이 특징이다. 이처럼 민주주의하에서는 한 사람이 막강한 정치권력을 행사할 수도 없고, 오랜 기간 정치권력을 행사할 수도 없기 때문에 특정 정치권력자가 사회 지배계층으로 부상하기는 어렵다.

그러나 재벌은 막강한 금권을 가질 뿐만 아니라 이를 세습까지 하기 때문에 중추적인 사회 지배계층으로 부상할 수 있다. 특히, 소수의 재벌에게 경제력이 집중되어 있을 때는 이들에 의한 금권의 힘이 더 강력해지면서 새로운 사회 지배계층을 형성할 수 있다. 한국의 재벌은 바로 이런 특성을 가진 금권계층이다. 소수의 재벌이 국가 부의 매우 많은 몫을 차지하면서 이를 상속시킬 수 있기 때문에 이들은 우리 사회의 특수계층으로 자리잡으면서 사회 지배세력이 되고 있다.

민주화가 이루어지기 전의 권위주의 시대에는 정치권력이 막강하였기 때문에 재벌이 정치권력과 결탁하면서 두 집단이 동시에 사회 지배계층을 형성하였다. 그러나 민주화가 진행되면서 기존의 정치 권력자는 권력을 잃었기 때문에 사회 지배계층의 분류에서는 탈락하고 재벌의 변방에서 재벌과 이해관계를 같이하는 동반세력에 불과해졌다.

정치권력자가 사회 지배계층에서 탈락함에 따라 재벌은 단독으로 사회 지배계층을 형성하게 되었다. 특히, 대통령 임기가 5년 단임으로 제한되었을 뿐만 아니라 수평적 정권교체까지 이루어지는 제6공화국 시대부터는 정치권력자는 그야말로 한때의 권력자에 불과해졌고 재벌과 같은 반열에 설 수도 없어졌다. 재임 중에는 재벌이 일시적으로 정치권력자에게 굴종하는 모습을 보이지만 그 임기가 끝나면 정치권력자는 평민으로 복귀하고, 재벌은 여전히 재벌이다. 따라서 금권은 정권을 앞서는 확고한 사회 지배세력이 되고 있다.

경제성장과 더불어 재벌의 규모도 커지고 자본의 위력도 강화되어 금권의 위세는 더욱 막강해졌다. 시장이 사회를 지배하고 재벌이 시장을 지배하게 됨에 따라 재벌은 한국 최고의 사회 지배세력으로 부상하였다. 거기다가 재벌은 자기들의 이익을 보호하기 위해 전국경제인연합회(전경련)라는 조직까지 만들어 적극적으로 자기들의 이익을 옹호하고 있다.

전경련은 재벌을 중심으로 한 금권세력의 헤드쿼터이다. 대재벌은 개별적으로도 커다란 금권세력인데, 전경련이라는 조직체까지 만들어 공동으로 자기들의 이익을 보호하고 확장하고 있는바, 재벌은 명실공히 우리 사회의 확실한 지배계층으로서 그 실체가 분명할 뿐만 아니라 그 힘도 막강하다.

전경련의 출발은 1961년 1월에 결성된 '한국경제협의회'로 거슬러 올라갈 수 있다.[51] 이때는 물론 우리나라에 오늘날과 같은 재벌이 출현할 것이라는 것을 예측하기 어려운 시기였다. 1960년 4.19혁명 이후의 혼란기였던 1961년 경제인들은 '한국경제협의회'를 발족시켰다.[52] 일본의 '경제단체연합회'(경단련)을 모방한 단체였다.

1961년 5.16쿠데타가 발생하자 이 단체는 해체되고 대신 혁명정부의 요청으로

51 전경련의 출범 역사에 대해서는 이종재(1993) pp. 132~138; 홍덕률(1992) pp. 61~68; 홍덕률(2005) 참조.
52 한국경제협의회의 회장은 김연수(삼양사)였고, 부회장은 전택보(천우사)와 이한원(동아상사)이었다.

13명의 기업인에 의해 1961년 7월 17일 '경제재건촉진회'가 만들어졌다.[53] 이 모임은 같은 해 8월 16일 '한국경제인협회'로 이름을 바꾸고 초대 회장에 이병철을, 부회장에는 조성철과 남궁련을 선출하였다. '한국경제인협회'는 1968년 17회 임시총회에서 '전국경제인연합회'로 개칭하여 오늘에 이르고 있다.

이와 같이 전경련은 처음부터 우리나라의 대표적 기업인들이 주도하여 만든 조직체로서 철저하게 그들의 이익을 대변하는 이익단체로 역할을 해 왔다.[54] 전경련은 재벌들의 대정부 창구로서 각종 정부 정책에 자기들의 이익을 반영시키는 활동에 주력해 왔다.[55] 그리고 권위주의 시대까지는 정부와 철저하게 밀월과 협조의 관계를 유지해 왔다. 말하자면, 금권과 정권이 쌍두마차로 한국의 지배세력으로 군림해 왔던 것이다.

그러나 독재정권이 무너지고 민주화가 달성됨에 따라 정치권력은 과거와 같이 재벌을 통제할 수 있는 우월적 힘을 유지하지 못하였다. 최고권력자가 계속 바뀔 뿐만 아니라 정권교체까지 이루어지는 민주화 시대에는 정치권력의 구심점도 존재할 수 없고 더 이상 정치권력이 금권을 통제할 수 없게 되었다.

이제부터는 금권의 독무대 시대가 되었다. 재벌의 이익단체인 전경련은 이제 정치적 영향력 확대보다 이데올로기적 영향력 확대에 더 적극적으로 나서고 있다. 재벌은 재벌 이데올로기의 홍보와 확산을 통해 국민들의 지지를 획득하면 자기들의 목표를 더 용이하게 실현시킬 수 있기 때문이다.[56]

전경련은 부설연구원(한국경제연구원, 자유기업원)과 우호적인 학자들을 동원하여 재벌 옹호 논리를 개발하고 각종 언론매체를 통해 이를 홍보하고 있다. 재벌 논리는 부지불식간에 국민들을 세뇌시켜 재벌에 대한 거부감을 약화시켜 나가고 있다.

53 13인은 이병철(삼성), 이정림(대한양회), 박홍식(화신), 설경동(대한산업), 정재호(삼호), 이한원(대한제분), 남궁연(극동해운), 홍재선(금성방직), 이양구(동양시멘트), 최태섭(한국유리), 김지태(조선견직), 함창희(동립산업), 조성철(중앙산업)이었다. 당초 회장은 최태섭이 선출되었으나 고사하는 관계로 이정림이 회장을, 조성철이 부회장을 맡았다. 이종재(1993), p. 134 참조.

54 강철규 · 최정표 · 장지상(1991), pp. 72~75 참조.

55 홍덕률(1997) 참조.

56 전경련이 재벌 이데올로기의 홍보와 확산을 위해 어떤 제도를 활용하고 어떤 노력을 경주하고 있는지에 대해서는 홍덕률(1997, 2007), 백욱인(1992) 참조.

금권은 회사가 도산하지 않는 한 세습까지 하면서 항구적으로 유지 · 확대되기 때문에 사회 지배세력의 구심점이 되고 있다. 재벌은 이제 한국 사회의 독자적 지배계층으로 군림하고 있다.

재벌 간에라도 경쟁과 견제가 강력하게 작동하면 재벌의 영향력은 자체적으로 어느 정도 억제될 수 있다. 만약 비슷한 규모의 재벌이 수없이 많이 생겨나고 이들끼리 치열하게 경쟁하는 재벌의 다극화가 이루어지면 재벌의 결속력은 약화되고 소수 대재벌로의 경제력집중은 어느 정도 완화될 수도 있다. 재벌을 없앨 수 없는 한 재벌에 의한 재벌의 통제로 재벌의 힘을 약화시키는 것도 경제민주화로 나아갈 수 있는 하나의 방법이다. 그러나 우리나라의 재벌 판도는 아직 이런 가능성을 보이지 않고 있다.

3) 사회갈등과 재벌

어느 사회나 계층 간에는 갈등이 있기 마련이다. 물질적인 이해관계의 충돌 때문일 수도 있고, 정신적인 이념의 차이 때문일 수도 있다. 우리나라도 이러한 사회갈등이 심각한 수준을 넘나들고 있다. 해방과 한국전쟁 공간에서는 '좌'와 '우'의 이념적 대립이 국가를 분할시키는 수준에까지 이르렀고, 그 이후에는 주로 물질적 이해관계의 충돌에 기인한 계층 간의 갈등이 사회갈등의 주종을 이루어 왔다.

연속된 군부쿠데타와 군부독재정권하에서는 '민'과 '군' 사이의 미묘한 갈등, '민주세력'과 '비민주세력' 사이의 첨예한 갈등이 우리 사회를 매우 혼란스럽게 만들었다. 민주화 시대로 이행된 이후에는 경제성장의 과실이 공평하게 분배되지 못한데서 나타나는 '가진 자'와 '못 가진 자' 사이의 갈등, 노동운동의 등장과 더불어 나타난 '노동자'와 '사용자' 사이의 갈등, 부문 간 불균형 성장의 결과로 나타난 '도시'와 '농촌' 사이의 갈등, 지역감정에 기인한 '지역'과 '지역' 사이의 갈등, 그리고 '배운 자'와 '못 배운 자' 사이의 갈등 등 우리 사회는 물질적 이해관계의 대척점에서 자기의 이익을 옹호하고 확대하기 위한 사회적 갈등이 국민들을 매우 피곤하게 해 왔다.[57]

57 강철규 · 최정표 · 장지상(1991), pp. 247~250.

물질적 이해관계의 충돌을 풀기 위한 방법론의 차이에서는 '진보'와 '보수'의 대립이 또 하나의 사회갈등이 되고 있다. 거기다가 남북한 대립이라는 우리나라의 특수성에 기인한 '좌파'와 '우파' 논쟁도 우리 사회의 특수한 사회갈등 현상이다. 이미 냉전구도는 해체되었는데도 우리 사회에서는 아직 '좌파-우파' 논쟁이 사회를 어지럽히고 있다. '진보-보수' 논쟁이나 '좌파-우파' 논쟁은 겉으로는 이념적 대립같이 보이지만 실질적으로는 분배라는 물질적 이해관계의 충돌이 빚어 낸 또 다른 모습의 사회갈등이다.

이러한 여러 형태의 사회갈등에서 재벌도 초연한 입장에 서 있지 못하고 있다. 재벌이야말로 우리 사회 최고의 가진 자이기 때문이다. 사회갈등의 기본 구도가 물질적 이해관계의 대립이기 때문에 우리 사회의 최고 기득권자인 재벌이 이러한 사회갈등에서 결코 자유로울 수는 없다. 이러한 사회갈등에서 재벌은 자신들과 이해관계를 같이 하는 계층과 함께 하고 있으며, 그 계층에서는 구심점이 되지 않을 수 없다. 따라서 우리나라의 사회갈등에서 재벌은 항상 한쪽 축의 중심에 서 있다.

재벌은 반대쪽의 주된 공격 대상이 된다. 그 이유는 재벌의 힘이 강하기 때문일 뿐만 아니라 재벌은 부에 대해 청렴성과 정당성을 인정받고 있지 못하기 때문이다. 너무 많이 가졌다는 점과 축재 과정의 정당성은 별개의 문제이다. 단순히 너무 많이 가졌다는 것만으로는 비판의 대상이 될 수 없다. 정당한 수단과 방법으로 축적한 부는 시기와 부러움의 대상은 될 수 있어도 비판의 대상이 될 수는 없다. 그 부를 어떻게 사용할 것인지는 그들의 선택일 뿐이다. 그러나 축재 과정에 대해 사회가 정당성을 인정해 주지 않으면 갈등의 소지는 클 수밖에 없다. 재벌과 관련된 사회갈등은 대부분이 축재 과정의 정당성에 기인하고 있다.

3. 재벌의 언론지배

1) 재벌의 언론사 소유

언론은 여론을 만들고 유포하는 핵심적 수단이다. 오늘날 주요 언론매체는 TV와 신문이지만 최근에는 인터넷 언론도 매우 중요한 비중을 차지하고 있다. 이런 언론들이 여론을 주도하는데, 재벌은 여론에 매우 민감하다. 특히, 비판적 여론은 재벌의 사업에 막대한 영향을 미친다. 따라서 재벌은 언론을 결코 등한시할 수 없다. 언론을 통해 친재벌 여론과 친재벌 정서를 유도해 나가려고 한다.

이런 노력은 전경련 등을 통해 공동으로 추진되기도 하고 개별적으로 추진되기도 한다. 이를 위한 가장 강력하고 확실한 방법은 언론사를 직접 소유하는 것이다. 재벌은 공동으로 언론매체를 소유하기도 하고, 개별적으로 언론매체를 소유하기도 한다. 「정기간행물의 등록에 관한 법률」에서는 재벌이 신문 등 언론사의 주식을 50% 이상 소유할 수 없게 하고 있지만, 여러 가지 편법을 동원해서 재벌은 언론사의 경영권을 직접 장악하는 경우가 많다.

지금은 중앙일보그룹이 삼성으로부터 분리되어 있지만 한때는 중앙일보가 삼성의 계열사였다. 중앙일보 산하의 경제지, 주간지, 월간지 등도 당연히 삼성의 지배하에 있을 수밖에 없었다. 동양라디오 · TV는 1960년부터 언론 통폐합이 이루어진 1980년까지 삼성그룹 소속이었다.[58] 지금도 중앙일보그룹은 삼성그룹과 특수관계에 있다.

한국경제신문과 문화일보는 현대그룹의 대규모 출자로 출발하였다. LG그룹도 한때(1964~1980년) 부산의 국제신문과 부산MBC(1970~1980년), 진주MBC(1971~1980년) 등을 소유하고 있었다. 현재 한국경제신문은 전경련의 회원사가 분산 소유하면서 지배하는 회사이다(현대자동차가 최대주주). 이들은 재벌의 대변지라고 볼 수 있다. 이처럼 재벌은 언론사를 직접 소유하면서 사업에 활용하기도 한다.

2) 광고와 촌지

재벌은 자기들을 적극적으로 홍보하는 것도 중요시하지만 비판적 기사를 막는 데도 큰 비중을 두고 있다. 예컨대, 재벌의 비자금사건이 터졌을 때 그 재벌은 가능한 한 관련 기사를 최소화시키거나 삭제해 버리기 위해 혼신의 노력을 기울인다. 언론사의 협조 없이는 그 목적을 이룰 수 없다. 이때 동원하는 강력한 수단이 광고와 촌지이다.

58 홍덕률(1991), p. 88.

재벌은 언론사와 우호적 협조관계를 만들어 언론을 이용하고 있다. 그 수단은 광고와 촌지 등이다. 촌지는 주로 기자를 대상으로 하지만 광고는 회사를 대상으로 하기 때문에 단위도 크고 효과도 크다. 오늘날 언론사는 광고 없이는 유지될 수 없다. 그 중에서도 재벌 광고는 절대적 비중을 차지하고 있다.

특히, 신문사들은 매출액 중 광고료 수입이 매우 큰 비중을 차지하고 있다. 구독료 수입이 미미하기 때문이다. 광고 수입 비중이 미국은 20~30%, 일본은 40%, 독일은 36% 정도로 보는데, 한국은 무려 70%에 달한다.[59] 광고 없이는 언론사의 사업 자체가 불가능하다. 언론사는 회사를 유지하기 위해 광고에 매달리지 않을 수 없다. 따라서 우리나라의 광고는 광고주의 필요에 의한 것보다 언론사의 강요에 의해 억지로 이루어지는 경우도 많다.

한국에서 광고의 최대 수요자는 재벌이다. 따라서 재벌은 언론사의 목줄을 쥐고 있다고 해도 과언이 아니다. 재벌의 광고 제공 없이는 언론사가 유지될 수 없기 때문이다. 1975년에 있었던 동아일보에 대한 광고 탄압은 언론사의 광고 의존성을 적나라하게 보여 준 예이다.[60] 특정 재벌을 비판한 책이 그 재벌의 압력으로 신문에 광고를 내지 못한 사례들도 많았다.[61] 이처럼 광고를 무기로 재벌이 언론사에 압력을 가하면 언론은 속수무책이다.

재벌은 직접 광고대행사를 운영하면서 광고의 힘을 더 효율적으로 활용하고 있다. 삼성그룹의 제일기획은 광고기획사의 효시이고, LG, 현대자동차, 한화 등 대부분의 대재벌이 광고기획사를 거느리고 있다. 광고사업을 영위하면서 자기들의 광고도 운영하는 일석이조의 사업전략이다.

재벌은 비공식적인 언론통제 방법도 이용하고 있다. 소위 말하는 기자에 대한 촌지이다. 촌지는 향응까지도 포함되는 개념인데 이것은 일종의 뇌물이다. 광고는 회사를 통제하는 수단이지만 개별 기자가 협조하지 않으면 언론사의 협조에 한계가 있을 수 있다. 기사를 직접 작성하는 사람은 기자이기 때문이다. 기자가 우호적인 기사를 쓰고, 비판적인 기사는 쓰지 않아야 확실하게 언론의 협조를 받을 수 있

59 유정석(2005), p. 334.

60 유신독재 시절 동아일보가 독재정권에 항거하자 동아일보에 광고를 내지 못하도록 정부가 기업에게 압력을 행사하였다. 동아일보는 한동안 국민들의 성금으로 유지해 갔으나 결국은 광고 탄압에 굴복하고 말았다.

61 홍덕률(1991), p. 89.

다. 이를 위해서는 자연인인 기자를 우호인사로 만들어야 한다. 촌지는 명절이나 특정 이벤트에 맞추어 정기적으로 제공되기도 하고, 사안에 맞추어 비정기적으로 제공되기도 한다. 이것은 한국적 문화의 특수성이라고 할 수 있다.

회사 경영진과 기자가 같은 방향으로 움직이면 재벌의 의도는 달성될 수 있다. 재벌은 불법적이거나 비윤리적인 사건에 휘말렸을 때, 특히 언론의 협조가 중요하다. 광고와 촌지는 이때 크게 위력을 발휘할 수 있다. 결국 돈의 힘이다. 자본주의가 고도화되고 돈의 유용성이 높아짐에 따라, 광고와 촌지의 위력은 언론을 더욱 무력화시켜 나갈 것이 틀림없다.

4. 재벌과 공익사업

1) 재벌과 공익법인

재벌들은 공익법인을 가지고 있다. 공익법인은 문화재단이라고도 하는데, 말 그대로 공익사업이나 문화사업을 하기 위해 만들어진 비영리법인이다. 재벌 총수 개인이나 계열회사가 기금을 출연하여 법인을 만들고 그 법인이 여러 가지 공익사업을 수행하고 있다. 법인 이사장은 재벌 총수가 직접 맡기도 하지만 대부분의 경우 명망가를 영입하고 있다.

공정위가 발표한 대재벌의 공익법인 현황은 〈표 1-27〉과 같다. 현대와 SK는 한 개의 공익법인을 운영하고 있다. 반면에 대우, 삼성, LG는 여러 개의 공익법인을 운영하고 있다. 공익법인의 수가 재벌의 크기와 어떤 상관관계를 가지고 있는 것 같지는 않고 각자 필요에 따라 공익법인을 운영하고 있는 것으로 보인다.

공익법인이 역점을 두는 사업은 법인의 이름에서 보듯이 교육이나 장학사업, 언론지원사업, 의료지원사업, 과학기술지원사업, 복지사업, 문화사업 등이다. 이런 분야는 영리사업을 하기 어려운 분야이기 때문에 비영리단체가 참여하는 것이 당연하고 바람직하다. 그리고 긍정적인 효과도 많다.

공익법인의 기금조성 방법은 자료가 제시되지 않아 구체적인 내용을 알기는 어려우나 각 그룹의 계열사들이 각기 나누어서 일정 금액씩 출연하는 것으로 알려

〈표 1-27〉 **대재벌의 공익법인과 공익법인의 계열사 소유 현황(1994. 4)**

재벌명	공익법인명	공익법인이 주식 지분을 소유한 계열회사
현대	아산사회복지재단	현대건설
대우	대우재단 대우학원 서울언론재단 대우의료재단 고등기술연구원 지성학원	대우, 대우중공업, 대우전자, 오리온전기, 대우통신, 대우증권, 대우정밀
삼성	삼성공제회 삼성복지재단 삼성문화재단	삼성물산, 제일모직, 삼성전자, 삼성전관, 삼성생명보험, 삼성화재해상, 삼성증권, 삼성에버랜드, 호텔신라, 중앙개발
LG	LG연암학원 LG연암문화재단 LG복지재단 LG상남언론재단 연암상록재단	LG화학, LG전자, LG산전, LG전선, LG상사, LG화재, LG증권
SK	한국고등교육재단	SK상사, SK케미칼, SKC, 워커힐, SK임업, SK건설

자료: 공정거래위원회.

져 있다. 총수나 대주주의 개인자금이 출연된 비중은 극히 적다. 이 점은 미국 등의 선진국과는 차이가 나는 점이다.

미국의 부호나 자선사업가는 회사자금이 아닌 개인자금으로 공익재단을 만들어 공익사업을 하고 있다. 회사자금은 궁극적으로 주주들의 돈이기 때문에 이를 주주들의 동의 없이 출연하는 데는 한계가 있다. 그러나 우리나라는 재벌 총수가 대주주이면서 실제로 경영권을 행사하고 있기 때문에 회사자금의 출연이 비교적 용이하고 실제로도 회사자금을 출연하고 있다. 총수가 결정하면 그대로 집행되기 때문이다.

회사자금으로 수행되는 공익사업인데도 총수가 자기 명의로 생색내는 것이 일반적이다. 이것이 타당하냐 하는 문제는 별도의 논의가 필요한 또 다른 주제이다. 이론적으로는 개인 명의로 수행되면 개인자금이 출연되는 것이 원칙이다. 그러나

〈표 1-28〉 **재벌의 주요 문화재단(2011년)**

(단위: 백만 원)

재벌명	자산 총액	출연기업	사업비	설립연도	설립시 자산
아산사회복지재단	1,653,979	현대	1,579,483	1977	5,000
삼성생명공익재단	1,652,300	삼성생명	1,031,710	1982	3,700
삼성문화재단	663,400	삼성	37,095	1965	11,500
LG연암문화재단	165,558	LG전자 외	12,248	1969	784
롯데장학재단	158,680	롯데쇼핑 외	5,263	1983	500

자료: 사회공헌백서(2012).

우리나라 재벌에서는 주로 회사자금이 투입된다. 이 문제는 재벌기업에서 앞으로 해결해야 할 하나의 과제이다.

중요 문화재단의 자산 운용 규모는 〈표 1-28〉과 같다. 현대와 삼성은 재벌의 규모가 말하듯 문화재단의 규모도 월등히 크다. 공익사업은 총수의 개인자금이 아닌 회사자금으로 수행될지라도 하지 않는 것보다는 하는 편이 사회적으로 이로울 수 있다. 그러나 회사자금은 주주 모두의 재산이기 때문에 너무 과하면 주주의 이익을 침해할 우려도 있다. 그러므로 회사자금으로 수행되는 사회공헌 활동은 그 정도와 크기의 정당성에 추가적인 논의가 필요하다. 개인자금이라면 그 개인이 동의하는 한 타인이 왈가왈부할 사항이 아니다.

공익법인은 공익사업을 위한 조직인데 재벌의 공익법인은 총수가 계열회사를 소유, 지배하는 수단으로 악용된다고 비판받는다. 〈표 1-27〉에서 보는 것처럼 각 그룹의 공익법인은 계열사들의 주식을 소유하고 있다. 계열회사 주식을 소유하면서 그 배당금으로 공익사업을 수행한다는 취지라고 볼 수 있다. 겉으로는 전혀 문제될 것이 없다. 그러나 한 꺼풀만 파고들면 다른 속셈이 드러난다.

공익사업을 위한 기금 마련만이 목적이라면 굳이 계열사 주식을 소유하기보다는 배당이 높고 장래성이 유망한 다른 회사들의 주식을 소유하는 것이 더 타당할 것이다. 처음에 계열회사 주식이 출연되었을지라도 수익성이 더 높은 회사의 주식으로 교체할 수 있다. 그러나 배당이 적고 주가의 전망도 좋지 않은 계열사 주식을 꼭 소유해야 하는 이유가 있다. 공익법인을 통해 계열사의 의결권을 확보하여 총수로 하여금 그 계열사의 경영권을 확보할 수 있도록 하기 때문이다. 즉, 계열사를 지배하는 수단으로 공익법인을 악용한다는 비판을 받는다.

총수는 법적으로 공익재단의 경영에 간섭할 수 없지만 실제로는 총수가 재단을 지배한다. 대부분의 경우 재단 이사진은 사회명망가를 영입하고 있다. 그러나 재단 운영을 실질적으로 지배하는 사람은 그룹 총수이다. 따라서 공익법인이 소유한 계열사 주식 지분은 총수의 우호 지분으로서 총수의 계열사 지배에 활용된다. 말하자면, 공익법인이 지주회사(holding company)와 같은 역할을 한다. 이런 경우는 공익법인이 총수에게 일거양득의 효과를 가져다주는 셈이다. 기업 이윤의 사회 환원이라는 명목으로 기업 이미지 제고 효과가 있고, 총수의 계열사 지배를 강화시키는 효과도 있다.

공익법인의 계열사 지분은 경영권 세습이나 상속·증여세의 탈세에도 악용된다. 예컨대, 총수 A가 주식을 출연해 문화재단을 설립하고 이사장에 취임한 뒤, 자녀 B에게 이사장직을 승계하면 B는 상속·증여세를 내지 않고도 A가 출연한 지분의 권리를 승계할 수 있다. 이 방법도 경영권의 세습에 일조하는 것으로 알려져 있다.

재벌이 운영하는 공익법인에는 학교법인도 있다. 학교를 직접 운영하는 재벌도 많기 때문이다. 중고등학교에서 대학까지 소유하는 재벌도 있다.[62] 재벌이 학교를 소유하는 이유는 여러 가지일 수 있다. 순수한 공익사업으로 학교를 소유하기도 하지만 더러는 학교를 소유함으로써 계열사의 수익사업에 여러 가지 도움이 되기 때문이기도 하다. 병원을 운영하는 재벌은 의과대학이 있는 대학을 직접 소유함으로써 병원 운영에 여러 가지 혜택을 누릴 수 있다.

재벌이 대학에 더 많은 혜택을 주느냐 대학으로부터 오히려 더 많은 혜택을 받느냐는 자료로 입증할 수 있는 문제가 아니다. 재벌들이 공익에 대한 의무감이 강하지도 않을 뿐만 아니라 재벌 소유의 대학이라고 자금 사정이 특별히 더 좋은 것도 아니라는 점 때문에 이런 의문이 제기되고 있는 것이다.

62 삼성은 성균관대학교, 현대는 울산대학교, 대우는 아주대학교, LG는 연암공업대학교, 쌍용은 국민대학교, 한진은 인하대학교 등 많은 재벌이 대학을 운영하고 있다.

2) 재벌과 문화예술

문화예술 분야는 인간의 정신을 풍요롭게 하는 분야로서 물질적 욕구와 더불어 인간이 반드시 추구할 수밖에 없는 영역이다. 궁극적으로 인간은 정신적인 행복을 추구한다. 물질문명뿐만 아니라 정신문화도 풍요로워야 인간은 행복하게 살아갈 수 있다. 그런데 문화예술 분야는 수익성이 낮기 때문에 지원 없이는 자체적으로 발전하기 어렵다. 따라서 정부가 여러 가지 지원정책을 추진하는데, 민간 기업 부문에서도 여러 가지 형태로 문화예술을 지원하고 나선다.

우리나라에서 문화예술에 대한 지원은 재벌의 역할이 매우 크다. 재벌은 그럴 능력을 가지고 있기 때문에 문학, 음악, 미술, 국악, 영화, 연극, 공연, 무용, 건축, 전시 등 제반 문화 활동을 지원한다. 지원하는 형태는 매우 다양하다. 문화예술 분야의 인재 양성과 그들의 창작 활동을 지원한다. 개인을 후원할 뿐만 아니라 단체도 지원한다.

문화시설을 건립하여 도움을 제공하기도 하고 문화예술의 장기적 발전을 위한 인프라 구축에도 나선다. 문화예술의 정보화와 국민들의 문화의식 제고 등은 문화예술의 중요한 인프라이다. 문화예술 교육 프로그램의 개발과 운영 등도 국민들의 문화적 역량을 키우고 문화적 삶을 영위할 수 있도록 하는 매우 중요한 인프라이다. 한국 문화의 정체성 확립과 세계화를 위해서도 재벌들은 여러 가지 지원을 한다.

재벌의 지원은 직접적일 수도 있고 간접적일 수도 있다. 문화예술 관련 인프라를 직접 설립하고 운영하는 것은 직접적인 지원이고, 이런 활동에 자금을 기부하고 필요한 시설과 장비를 기증하는 것 등은 간접적인 지원이다. 재벌들은 여러 가지 방법으로 메세나 활동을 한다.

한국은 메세나에서 재벌의 역할과 비중이 매우 높다. 자금력이 풍부한 재벌이라야 그런 일을 할 수 있기 때문이다. 통계로 정확히 잡히지는 않지만 문화예술 지원에서 재벌이 차지하는 비중은 거의 절대적이다. 우리 경제 전체에서 재벌이 차지하는 비중 이상일 것이다. 이런 이유 때문에 자칫 문화예술이 재벌에게 예속될 위험성도 있다. 재벌의 지원을 받아 내기 위해 문화예술 활동이 재벌에 아첨하거나 재벌의 눈치를 본다면 문화예술의 생명인 창의성이 훼손받을 가능성이 있다. 과도한 집중현상은 항상 부작용을 우려할 수밖에 없는 것이다.

재벌은 이윤을 가장 중시하는 조직인 만큼 순수한 의도에서 메세나 활동에 나서기보다 사업의 일환으로 메세나 활동에 나서기 마련이다. 기업 이미지 제고를 우선시하면서 문화예술 지원에 나서면 이것도 예상치 못한 부작용을 가져올 수 있다. 그리고 이윤추구를 목적으로 문화예술사업에 직접 진출하는 것도 문화예술 본연의 역할을 훼손시킬 수 있다.

3) 재벌과 스포츠

스포츠에서도 재벌의 비중은 결코 가벼이 할 수 없다. 한국에서는 프로 스포츠조차도 아직은 수익성이 낮아 기업의 지원 없이는 유지하기 어렵다. 아마추어팀들은 모두 기업의 후원으로 운영된다.

〈표 1-29〉에서 보는 것처럼 프로 스포츠는 대재벌이 모두 구단을 운영하고 있다. 특히, 야구 · 축구 · 농구 등 인기가 있는 스포츠에는 대재벌이 모두 참여하고 있다. 재벌은 아마추어 스포츠도 회사에 직접 팀을 만들어 지원하고 있다.

재벌들의 스포츠 운영과 지원은 국가적으로 긍정적인 효과가 많다. 우리나라는 이제 스포츠 강국으로 등장하여 올림픽에서는 꾸준히 10위권 이내를 유지하고 있다. 이런 스포츠 강국의 저변에는 재벌의 지원이 큰 역할을 하였다. 스포츠의 활성화는 궁극적으로 국민들의 건강증진으로 연결된다. 스포츠는 육체건강과 정신건강 모두를 증진시킨다. 이처럼 스포츠의 활성화는 국위선양과 국민의 건강증진에 큰 역할을 하였고, 여기에는 재벌의 지원이 큰 힘이 되었다.

스포츠 지원은 재벌 스스로에게도 긍정적인 효과가 많다. 공익사업 지원이라는 명분에다 광고효과도 매우 크다. 오늘날 스포츠는 대중성이 매우 높고 매스컴과 직접 연결되어 있다. 따라서 스포츠와 함께 나오는 지원기업의 이름은 바로 그 기업의 광고로 연결된다.

이처럼 재벌들의 스포츠 운영과 지원은 일거양득의 효과를 가진다. 회계학적으로는 적자가 될지라도 전체적으로는 흑자가 되는 사업이 스포츠 지원이다. 기업 이미지 제고에 매우 큰 역할을 하기 때문이다.

그런데 과도한 집중은 항상 부작용을 초래한다. 한국은 스포츠도 재벌 의존적이고 궁극적으로 스포츠까지도 재벌이 지배하는 결과를 가져왔다. 중요 스포츠가

〈표 1-29〉 **주요 재벌의 스포츠 지원 현황**

스포츠 종류	삼성	LG	SK	현대자동차
야구	삼성라이온즈(1982)	LG트윈스(1982)	와이번스(2000)	기아타이거즈(2001)
농구	썬더스(1978) 블루밍스(1977)	세이커스(1994)	SK나이츠(1997)	모비스피비스(1997)
축구	수원삼성(1995)	FC서울(1983)	제주유나이티드FC(1982)	현대모터스(1994) 레드엔젤스(1993)
배구	블루팡스(1995)	그레이터스(1976) GS칼텍스(1970)	–	스카이워커스(1983) 힐스테이트(1977)
씨름	–	황소(1984)	–	–
럭비	삼성중공업럭비단(1995)	–	–	–
배드민턴	삼성전기배드민턴단(1996)	–	–	–
테니스	삼성증권테니스단(1992)	–	–	–
탁구	삼성생명탁구단(1978)	–	–	–
레슬링	삼성생명레슬링단(1983)	–	–	–
태권도	삼성에스원태권도단(1997)	–	–	–
승마	삼성전자승마단(1988)	–	–	–
육상	삼성전자육상단(2000)	–	–	–

주: ( ) 안은 창단연도.

소수 대재벌에 과도하게 집중되어 있기 때문에 재벌의 부침에 따라 스포츠도 그 운명이 결정된다. 거의 대부분의 스포츠가 재벌에 의존해서 그 명맥을 유지하는 데서 나타나는 불가피한 부작용이 아닐 수 없다.

스포츠도 자생력을 갖추어야 건전하게 발전하고 국민의 스포츠가 될 수 있다. 스포츠가 재벌의 스포츠로 전락해서는 건전하게 발전하기 어렵다. 재벌이 아닌 기업까지도 포함에서 수많은 기업들이 스포츠를 후원하는 체제가 오히려 더 바람직하다. 그런데 경제 자체를 재벌이 오로지하고 있는 상황에서는 결코 쉬운 일이 아니다.

Chapter 2

재벌 출현의 한국적 요인

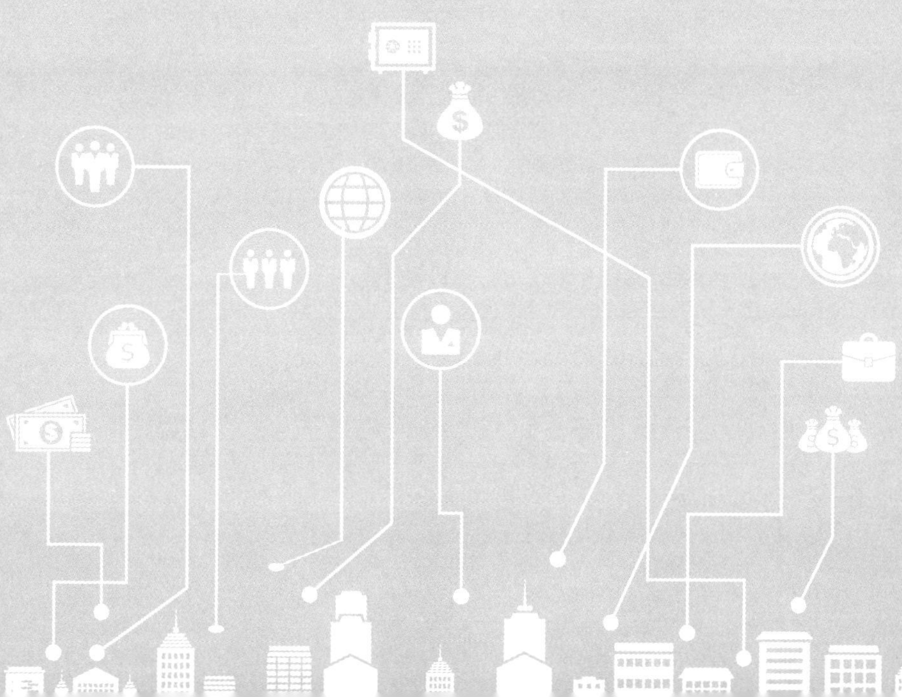

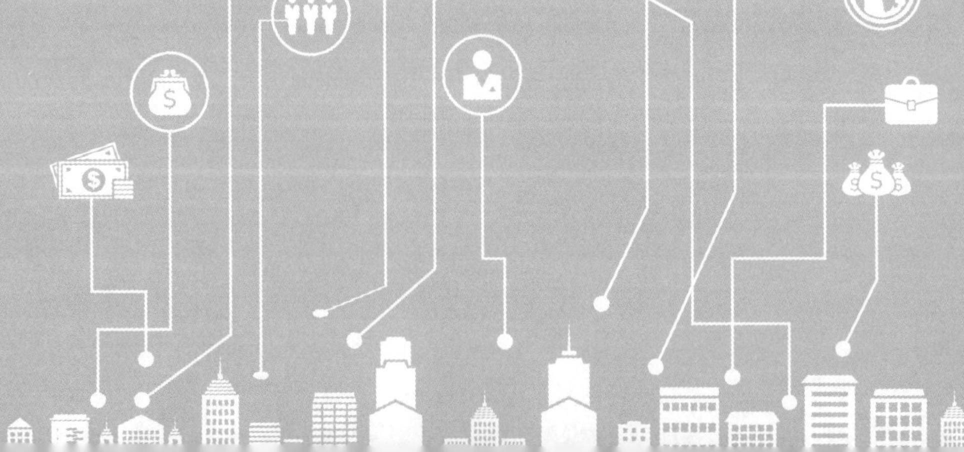

재벌 출현의 한국적 요인

I 기업의 재벌화와 국가경제의 재벌화

1. 재벌화의 개념

한국 재벌의 연원을 찾는 일은 한국 경제가 왜 재벌화되었느냐는 질문에 대한 답을 찾는 일이어야 한다. 국가경제의 재벌화는 개별 기업의 재벌화와는 구분되는 개념이다. 개별 기업의 재벌화란 삼성, LG 등이 왜 재벌기업화하였느냐는 의미인데 반해 국가경제의 재벌화란 나라 경제를 주도하는 거의 모든 대기업이 왜 재벌이냐는 의미이다. 국가경제가 재벌경제화된 이유를 찾는 것이 여기서 재벌의 연원을 찾는 일이다.

삼성과 LG 등 개별 기업이 재벌화한 이유는 개별 재벌별로 그 요인을 찾을 수 있다. 즉, 미시적 접근으로 그 이유를 찾을 수 있다. 그러나 국가경제가 재벌화된 이유는 개별 기업이 재벌화된 이유를 포괄하는 논리로 설명되어야 한다. 말하자면, 한국 경제가 왜 재벌경제화되었는지를 설명할 수 있는 거시적 접근으로 재벌화의 원인을 찾아야 한다.

재벌은 세 가지 조건이 충족되는 기업으로 정의되었다. 기업 조직의 집단화,

기업 경영의 가족화, 기업 규모의 비대화가 그것이다. 이 세 가지 조건이 모두 충족되는 기업을 재벌이라고 규정하였다.[1] 개별 재벌은 이 세 가지 조건이 충족되도록 기업제도를 구축한 나름대로의 이유를 가지고 있고, 그 이유는 재벌별로 각기 다를 수 있다.

어떤 재벌은 해방 후 귀속재산의 불하시 특별히 행운을 잡아 오늘날의 재벌로 커올 수 있는 결정적 계기를 마련하였고, 또 어떤 재벌은 한국전쟁 이후 미군이 발주하는 관급공사를 집중적으로 발주받는 행운으로 오늘날의 재벌을 구축할 수 있었다. 이와 같이 각 재벌은 나름대로 재벌을 구축할 수 있는 계기가 있었다. 그렇지만 이런 요인들을 재벌 출현의 원인이나 한국 재벌의 연원으로 보는 것은 매우 협량한 접근이다.

재벌의 연원이란 모든 재벌에게 공통적으로 적용될 수 있는 재벌화의 요인이 되어야 한다. 한국 경제의 대표적 민간 기업은 거의 모두가 재벌인데 왜 이런 현상이 나타났는지를 설명할 수 있는 논리가 재벌의 연원이 될 수 있다. 다시 말해, 이것은 한국의 대표적 민간 기업은 왜 위의 세 가지 조건이 모두 충족되는 재벌로 발전할 수밖에 없었는지를 설명할 수 있는 논리이어야 한다.

재벌의 형성을 미군정의 귀속재산 불하, 한국전쟁 후의 대외원조와 대대적 복구사업 등에서 찾는 학자도 있다.[2] 이한구(2007)는 귀속재산을 불하받은 기업가가 이를 바탕으로 재벌을 구축할 수 있었다고 보았으며, 공제욱(2000)은 한국전쟁 후의 미국 원조와 전쟁 복구사업에서 특정 기업가들이 정부로부터 많은 특혜를 받았고, 이 과정에서 재벌이 구축될 수 있었다고 보았다. 개별 재벌에 따라서는 이런 논리가 성립될 수도 있을 것이다. 그러나 오늘날 한국 경제가 재벌 중심으로 유지되는 재벌식 경제구조가 된 이유를 설명하기에는 부족하다.

여기에서는 재벌의 연원을 먼저 자연적 요인과 인위적 요인으로 구분해서 살펴보았다. 경제현상은 정부와 불가분의 관계를 가지고 있다. 재벌도 정부의 영향으로부터 벗어날 수 없다. 따라서 정부가 재벌 출현의 원인제공자일 수 있다. 반면에 우리 민족의 본성과 문화도 정부의 통제와는 관계없이 재벌 출현을 야기시킬

1 본서 제1장 제1절 참조.
2 이한구(2007), 공제욱(2000).

수밖에 없는 요소를 내재하고 있다. 여기서는 그런 요소들을 재벌 출현의 자연적 요인으로 구분하였다. 반면에 정부의 역할로부터 나오는 요소들은 재벌 출현의 인위적 요인으로 구분하였다.

재벌 출현의 자연적 요인으로는 한국인의 역동적인 기업가정신(entrepreneurship)과 유교 전통의 혈연주의 문화 등을 꼽을 수 있다. 이런 요소들은 한국에 재벌이 자리잡게 되는 매우 중요한 정신적 요소라고 볼 수 있다. 인위적 요인으로는 한국 경제의 고도성장을 이끌어 낸 정부의 압축적인 성장정책, 권력과 재력의 공생을 유지시켜 온 정경유착 등을 꼽을 수 있다.

이런 요인들 중 어느 하나만이 재벌 경제를 만들어 낸 것은 아니다. 이 요인들 모두가 복합적으로 작용하면서 한국 경제를 재벌 중심 경제로 만들어 낸 것이다. 기업가정신, 혈연주의 문화, 압축성장정책, 정경유착 등이 서로 맞물리면서 한국의 대표 기업들은 모두가 가족 중심으로 경영하는 대규모의 기업집단으로 발전하였다. 그리고 한국 경제는 소수의 대규모 재벌이 국가경제를 이끌어 가는 재벌 중심의 경제구조가 된 것이다.

2. 재벌식 기업제도의 대안

한국은 대표적인 민간 기업이 모두 재벌이다. 그리고 제2차 세계 대전 후 가장 성공적으로 경제성장을 이룩한 나라로 인정받고 있다. 그렇다면 한국은 재벌로 성공적인 경제성장을 이룩한 나라라고도 말할 수 있을까? 재벌이 아니었다면 오늘날과 같은 경제성장을 이루지 못하였을까? 이런 질문에 대한 답은 간단하지 않다. 논쟁의 여지가 많은 질문이기 때문이다.

질문을 조금 바꾸면 위의 질문에 간접적인 답이 도출될지 모른다. 재벌식 기업제도가 아니었다면 우리나라에 이를 대체할 수 있는 기업제도로는 어떤 것이 가능할까? 몇 가지 답이 가능할 수 있다. 먼저 공기업제도를 들 수 있다. 현재도 재벌보다 규모가 큰 공기업이 많다.

2009년 4월 1일 기준으로 공정거래위원회가 발표한 자료에 의하면, 공기업인 한국전력공사는 재계 순위 2위이다. 1위는 삼성이고, 3위는 현대자동차인 것과 대비할 때 공기업의 규모도 만만치 않다는 것을 알 수 있다. 대한주택공사는 6위이고, 한국도로공사는 9위, 한국토지공사는 10위이다. 이처럼 공기업도 그 규모는 재벌에 못지않다.

재벌의 폐해 때문에 규모가 큰 기업을 모두 국유화시킨다면 재벌식 기업제도의 대안은 공기업이라고 할 수 있다. 제2차 세계 대전 후에 일본을 점령한 미군은 재벌해체정책을 추진하면서 당시의 재벌을 국유화시키는 방안도 한때 고려하였다.[3] 국가의 주요 대기업을 국영기업으로 유지하는 나라도 많다. 만약 우리나라가 규모가 큰 기업은 공기업으로 유지시키는 기업정책을 추구하였다면 그 성과는 어땠을까? 오늘날과 같은 경제성장을 이룩할 수 있었을까? 논쟁의 여지가 많은 질문이 아닐 수 없다.

처음부터 재벌의 출현을 억제하고 중소기업 위주의 기업정책을 추구할 수도 있었다. 대만은 재벌의 규모도 크지 않고 수도 많지 않다. 국가경제의 중추 기능은 중소기업이 떠맡고 있다. 그런데 대만도 성공적으로 경제성장을 이룩한 나라로 인정받고 있다. 그렇다면 우리나라도 재벌의 출현을 최대한 억제하고 중소기업 중심의 경제정책을 추구하였다면 어땠을까? 이 질문 역시 논쟁의 여지가 많은 질문이 아닐 수 없다.

재벌을 소유와 경영이 분리된 전문경영인 기업으로 만든다면 이것도 재벌제도의 대안이 될 수 있다. 거의 모든 선진국의 대기업은 소유와 경영이 분리되어 있다. 소유권이 광범위하게 분산되어 있고, 대주주의 지분이 높지 않기 때문이다. 이런 기업에서는 주식을 소유하지 않은 전문경영인이 경영권을 행사한다.

미국에서는 이미 100년 전에 이런 기업들이 출현하였다.[4] 그리고 오늘날은 대부분의 대기업들이 이런 체제를 유지하고 있다. 일본에서도 제2차 세계 대전 후 재벌이 해체되면서 거의 모든 대규모 민간 기업들이 소유와 경영을 분리시키고 있다. 따라서 전문경영인 지배기업은 실질적으로 재벌체제의 강력한 대안이라고 볼

3 실제로는 재벌을 모두 해체시켰다. 그 이후 일본에는 재벌이 사라지고 케이레츠(系列)라는 새로운 기업제도가 과거의 재벌을 대체하였다.
4 Berle and Means(1932), 최정표(1996b).

수 있다. 미국도 1900년대 초까지는 재벌이 대세를 이루었으나 기업이 성장하고 상속이 이루어지면서 재벌식 기업제도는 퇴조하고 전문경영인 지배기업이 대세로 자리잡았다.

3. 전문경영인 지배기업과 재벌

재벌의 현실적 대안은 전문경영인 지배기업이다. 선진국 경제가 재벌화되지 않는 이유는 전문경영인 기업이 보편화되어 있기 때문이다. 우리나라도 선진국처럼 전문경영인 기업의 비중이 점점 높아지면 재벌 문제는 소리 없이 해결될 수 있다. 전문경영인 기업이 대세로 자리잡기 위해서는 기업이 성장하면서 소유가 분산되고 소유와 경영이 분리되어야 한다.

기업의 규모가 커지면 주식은 수많은 주주에게 광범위하게 분산될 수밖에 없다. 한 사람이 큰 기업을 배타적으로 지배할 만큼 많은 지분을 소유하려면 엄청난 자금이 소요되기 때문이다. 한 개인이 이런 자금을 마련하는 것은 결코 쉬운 일이 아니다.

Berle and Means(1932)는 주식이 이렇게 분산되면 '지배하지 못하는 소유권과 소유권 없는 지배현상'(ownership of wealth without appreciable control and control of wealth without appreciable ownership)이 필연적으로 나타날 수밖에 없다고 하였다. 소유자는 지배권이 없고 지배자는 소유권이 없어지는 현상이다. 벌리와 민즈는 이런 현상을 '소유와 지배의 분리'(separation of ownership and control)라고 하였고, 이때의 기업지배 모습을 경영자지배(management control)라고 하였다.

경영자지배는 어느 주주도 이사회의 구성에 개별적으로 영향력을 행사할 수 없을 때 나타나는 지배 유형이다.[5] 주식이 수많은 주주들에게 완전히 분산되어 있고, 대주주의 지분이 매우 낮으면 어느 주주도 자기 지분을 이용하여 이사회의 구성을 주도할 수 없다. 그리고 의결권의 과반수를 움직이려는 주도적 역할도 할 수 없다.

5 최정표(1996b)에서 주요 내용 인용.

이렇게 되면 소유자가 아닌 제3자가 지배권을 행사할 수밖에 없는데, 제3자는 그 회사의 기존 경영자가 될 수밖에 없다. 기존 경영자가 회사 경영에 대해 분명한 업적이 있으면서 회사의 이해관계자들로부터 신뢰가 확보되어 있으면, 주식을 소유하지 않고서도 이사회 구성을 주도하여 그 회사를 지배할 수 있다. 이러한 지배 유형을 경영자지배라고 하는데, 벌리와 민즈는 어느 개인이나 집단도 20% 이상의 주식을 소유하지 못할 정도로 주식 소유가 분산되어 있으면 이러한 지배 형태가 나타난다고 보았다.

미국에서는 이미 1900년대 초에 이런 회사들이 나타났다. 미국의 최대 철도회사인 펜실베이니아철도회사(Pennsylvania Railroad)는 제1주주의 지분이 0.34%에 불과하였고, 제2주주의 지분이 0.2%였다. 그리고 20명의 대주주 지분을 합쳐도 2.7%에 불과하였다. 236명의 대주주 지분을 모두 합쳐도 5% 미만이었다. 이런 상황에서는 어느 누구도 소유를 기초로 회사를 지배하기는 불가능하다. 더 특징적인 것은 이사나 임원 중에는 어느 누구도 20대 주주에 들어가는 사람이 없었다는 점이다. 이사들의 지분을 모두 합쳐도 0.7%가 되지 못하였다. 그 당시 이미 AT&T와 US 철강회사 등도 사정은 마찬가지였다.

그렇다면 이런 회사에서는 누가 회사를 지배할 수 있을까? 누가 이사회의 구성에 영향력을 행사할 수 있을까? 주주들의 의결권 행사 과정을 살펴보면, 이 질문에 대한 해답을 구할 수 있다. 의결권 행사에 대한 주주들의 선택은 세 가지이다. 첫째는 기권하여 의결권 자체를 행사하지 않는 것이고, 둘째는 직접 주주총회에 참석하여 투표함으로써 의결권을 적극적으로 행사하는 것이고, 셋째는 회사가 구성한 대리인단(proxy committee)에게 의결권을 위임하는 것이다.

주식이 완전히 분산되어 개개인의 지분이 매우 미미하면 주주들은 주주총회에 직접 참석하지 않고 첫 번째와 세 번째 중 하나를 선택하는 것이 보통이다. 매우 미미한 주식 지분의 의결권을 행사하기 위해 주주총회에 직접 참석하는 주주는 별로 없다. 아예 의결권 행사를 포기해 버리거나 아니면 회사가 구성한 대리인단의 요청에 따라 모든 결정권을 대리인단에게 위임해 버린다.

회사의 기존 경영진은 의결권을 확보하기 위해 대리인단을 구성해 적극적으로 주주들로부터 의결권을 위임받아 주주총회를 개최한다. 이때 의결권을 위임받은 대리인단은 위임한 주주의 의사와는 상관없이 독립적으로 의결권을 행사하며, 대리인단은 보통 과반수 이상의 의결권을 확보하여 경영권을 계속 유지시켜 나간다.[6] 그러므로 이사회 구성은 대리인단이 좌우한다고 볼 수 있다.

그런데 대리인단은 회사의 기존 경영진이 구성하기 때문에 결국 이사회의 구성도 기존 경영진이 좌우하는 셈이 된다. 말하자면, 기존의 최고경영자가 다음 최고경영자를 정하는 것이다. 이 과정에서 최고경영자는 주식을 소유하고 있지 않으면서도 자기가 자기를 선임하거나 후계자를 선입한다. 이런 과정을 통해 기업으로 그 조직을 영속화시켜 나갈 수 있는 자기영생조직(self-perpetuating body)이 된다. 이러한 지배 유형을 경영자지배라고 한다.

경영자지배는 바로 소유와 지배의 분리를 의미하는데, 이러한 지배 유형은 주식이 광범위하게 분산되었을 때 나타난다. 그런데 이러한 지배체제하에서도 현 경영진이 경영을 잘못하여 다수 주주들의 분노를 사게 되면 많은 주주들에게 뭉칠 수 있는 계기를 만들어 준다. 비록 미미한 비율의 주식을 소유한 주주들이라도 이들이 과반수 의결권을 확보할 수 있을 정도로 많이 뭉치게 되면 기존 경영진을 교체시킬 수 있다. 흔한 일은 아니지만 이런 일이 일어나기도 한다.

기존 경영진이 계속 신임을 받고 있을 때는 주주들이 의결권을 대리인단이라는 기존 경영진에게 위임하기 때문에 소유와 경영의 분리 형태는 계속 유지될 수 있다. 소유가 분산되면 이처럼 경영자지배가 나타날 수밖에 없다. 벌리와 민즈는 기업의 규모가 커지면 이러한 지배 형태가 나타나는 것은 필연적이라고 보았다.

일본의 대기업은 제2차 세계 대전 후 재벌 해체를 거치면서 소유자 지배체제에서 경영자 지배체제로 탈바꿈하였다. 일본에서 나타난 소유와 지배의 분리 정도는 아마도 선진국 중에서도 가장 높은 수준일 것이다. 〈표 2-1〉에서 보는 것처럼 일본의 대기업은 90% 정도가 소유와 경영을 분리시키고 있다. 대부분의 대기업은 소유와 경영이 분리되었다고 볼 수 있다.

소유와 경영이 분리된 기업에서는 주주 대표자가 이사회에 포함되지 않는다. 일본의 대기업에서는 이사회의 구성원들이 대부분 회사 내부 인사이다. 이들은 주

6 기존 경영진이 주주들로부터 확실한 신뢰를 확보하고 있을 때만 가능한 일이고, 기존 경영진이 경영 실패로 교체의 대상이 되고 있을 때는 제3의 대리인단이 나타나 기존 경영진을 퇴출시키고 새 경영진을 영입한다.

〈표 2-1〉 **일본 대기업에서의 소유와 경영의 분리**

지배 형태	회사 수(개)	비율(%)
완전소유지배	0	0
다수소유지배	3	2
소수소유지배	17	8
경영자지배	169	90
합계	189	100

자료: 최정표(1996b), p. 152.

식을 가졌기 때문에 이사가 되는 것이 아니라 능력이 우수하여 승진을 통해 이사가 된 것이다. 이들은 소유자의 영향력으로 승진되는 것이 아니기 때문에 소유자를 대표하는 이사도 아니다. 그리고 외부 인사는 별로 없다.

일본의 대기업에는 이사 수가 매우 많은 편이다. 이사라는 명칭은 사회적으로 인정받는 것을 의미하기 때문에 많은 이사들이 회사 내의 특정 부서에서 자기의 고유 업무를 수행하면서도 이사라는 명칭을 쓸 수 있도록 승진된다. 그러므로 이사회는 별 권한이 없고 소수의 선임이사들로 구성된 경영위원회가 실질적으로 경영권을 행사한다.

이사회의 구성이나 경영위원회의 구성에 개인주주는 영향력을 행사하지 못한다. 대기업의 대주주는 대부분 법인이기 때문에 주주 법인의 최고경영자들이 합의를 거쳐 이사회의 구성이나 경영위원회의 구성에 영향력을 행사한다. 그런데 대주주 법인 그 자체의 이사회 구성이나 경영위원회 구성도 이런 과정을 거친다. 예컨대, 기업 A의 대주주는 기업 B, C, D 등이고, 기업 B의 대주주는 기업 A, C, D 등이라고 하면 A의 이사회 구성이나 경영위원회 구성에는 B, C, D 등의 최고경영자들이 영향력을 행사할 수 있고, B에 대해서는 A, C, D 등의 최고경영자들이 영향력을 행사할 수 있다.

일본의 대기업들은 이러한 지배고리로 서로 연결되어 있다. 그런데 개별 기업의 최고경영자들은 주식을 소유하고 있지 않기 때문에 결과적으로 모든 기업들은 소유와 경영이 분리된다. 그리고 개인주주는 소유 지분이 매우 적고 이러한 지배고리에 거의 참여하지 못하고 있다. 그러므로 일본의 대기업에서는 소유와 지배가 완벽히 분리된다.

제2차 세계 대전 이전의 재벌 구조에서는 최고경영자들이 오너인 재벌 가족에 충성하였고, 재벌 가족이 최고경영자를 임명하였다. 그러나 재벌이 해체된 후의 일본 대기업에서는 최고경영자가 특정 개인이나 가족에 충성하는 것이 아니라 회사라는 조직체에 충성한다. 그 회사의 대주주는 개인이 아니라 다른 회사들인데, 이들 회사의 최고경영자도 마찬가지로 각자 자기 회사에 충성한다. 그리고 이 최고경영자들은 대주주가 아니면서 스스로의 경영 능력과 자기 회사에 대한 공로로부터 얻은 권위로 최고경영자라는 자리를 지켜 나간다. 이들을 전문경영인이라고 한다. 그리고 회사는 소유자라는 특정인을 위해 운영되는 것이 아니라 회사 그 자체를 위해 운영된다.

이처럼 선진국의 대기업에서는 소유와 경영이 분리되어 있기 때문에 국가경제가 재벌화되지 않는다. 오너 중심인 우리나라 재벌의 미래는 아직 미지수이다. 현재와 같은 재벌체제가 계속 유지될 것인지, 조만간 변화의 움직임이 나타날지 가늠하기 어렵다. 어쨌든 지금까지는 나라 경제가 재벌 중심인 것이 사실인데, 이렇게 될 수밖에 없었던 요인은 문화적 측면에서도 찾을 수 있고, 제도적 측면에서도 찾을 수 있다.

II 재벌 출현의 자연적 요인

1. 기업가정신

기업가정신(企業家精神)은 영어 표현인 'entrepreneurship'을 번역한 용어이다. 그 의미는 매우 관념적이며 합의된 개념을 찾아 내기는 어렵다. 학자에 따라 나름대로의 독자적인 논리로 그 개념을 정의하고 있을 뿐이다. 배종태 · 차민석(2009)은 한자로 起業家精神이 이 개념에 가장 합당하다고 하였다.[7] 그들은 창업가정신, 벤처

정신, 창업 활동 등이 기업가정신에 가까운 개념이라고 설명하고 있다.

재벌과 관련해서는 박유영(1997)이 기업가정신을 비교적 심층적으로 분석하고 있다.[8] 그는 기업가정신을 기업 성장의 중요 요인으로 들었으며, 리더십, 도전정신, 진취성, 혁신 의지, 창조성, 미래에 대한 안목, 환경적응력, 개척정신 등에 의해 결정되는 경영자의 능력을 기업가정신이라고 보았다. 이런 경영자의 능력에 의해 기업이 성장한다는 것이다.

슘페터(Joseph Schumpeter)가 말한 기업을 움직이는 추동력도 기업가정신으로 볼 수 있을 것이다. 슘페터는 인간의 본성에 내재해 있는 세 가지의 추동력을 열거하였는데, 첫째는 나만의 제국을 건설하겠다는 충동과 의지, 둘째는 지배하고 투쟁하고 남들로부터 존경받겠다는 욕망, 셋째는 자신의 에너지와 독창성을 발산하는 기쁨이 기업을 만들고 움직이는 추동력이라고 보았다.[9] 이런 힘이 바로 기업가정신의 원류이며, 재벌 창업자의 이런 힘이 한국 재벌의 원천이 되었다.

그 원천이 무엇이든 궁극적으로는 사업을 성공시킬 수 있는 사업가의 경영 능력이 기업가정신이다. 창업자들의 이런 능력이 재벌 출현의 중요 요인이었다. 즉, 창업자들 고유의 기업가정신이 재벌을 출현시켰다. 특히, 재벌에서는 새 사업을 개척하고, 그 사업을 성공시키는 창업자의 능력이 기업가정신이고, 이 기업가정신으로 창업자는 재벌이라는 성을 쌓아 나갈 수 있었다.

재벌이 본격적으로 출현하기 시작한 1960년대와 1970년대에는 급속한 경제성장과 더불어 새로운 사업 분야가 끊임없이 열리고 있었다. 이 과정에서 유능한 기업가는 참여 업종을 계속 넓혀 가면서 사업을 성공시켜 나갔다. 기존의 성공 업종을 바탕으로 끊임없이 새 사업에 진출하였으며 새 사업도 성공시켜 나갔다. 이런 능력이 재벌의 기업가정신이었다.

그러므로 재벌의 기업가정신은 사업다각화 전략과 궤를 같이한다. 한 사업에서 성공하면 그것을 바탕으로 새 사업에 진출하는 것이다. 이런 과정이 계속되면 기업가는 수많은 업종으로 사업 범위를 넓혀 나간다. 기업가들은 정부의 경제개발

7 배종태 · 차민석(2009)은 여러 각도에서 기업가정신을 분석하였다.
8 박유영(1997)은 한국 재벌에서 기업가정신이 큰 역할을 하였다고 보았다.
9 Schumpeter(1942), p. 132.

〈표 2-2〉 **대재벌의 계열기업 수(1987년)**

재벌명	삼성	LG	현대	대우	SK
계열회사 수	36	57	32	29	16

자료: 공정거래위원회 대규모 기업집단 지정 자료(1987).

정책과 당시의 외부 환경 등을 충분히 활용하면서 끊임없이 경영다각화(diversification)를 추구하였다. 그리고 재벌이라는 성을 쌓아 나갔다. 창업자들의 이러한 능력이 바로 기업가정신이었다.

재벌의 세 가지 특징(조직의 집단화, 경영의 가족화, 규모의 비대화) 중 조직의 집단화는 바로 재벌 총수의 이러한 기업가정신의 산물이라고 볼 수 있다. 재벌이 수많은 업종으로 다각화하면서 창출해 낸 기업 조직이 계열기업이었다. 재벌은 많은 계열기업을 거느리면서 기업그룹을 만들어 나갔다.

말하자면, 하나의 재벌은 수많은 기업으로 구성된 기업집단이다. 〈표 2-2〉에서 보는 것처럼 공정위가 재벌 규제를 시작한 1987년에 발표한 자료에 의하면 그 당시 이미 LG는 무려 57개의 계열기업을 거느리는 대규모 기업집단이었다. 다른 재벌들도 수십 개씩의 계열기업을 거느리는 기업집단을 구축하고 있었다.

재벌 총수들은 새 업종에 진출하는 수단으로 새 계열기업을 만들었다. 새 계열기업으로 새 업종에 참여하였던 것이다. 계열기업이 늘어난다는 것은 적어도 그만큼 참여 업종이 늘어난다는 의미이다. 이렇게 계열기업을 확장해 나가면서 대규모 기업그룹을 만들었다. 이런 현상은 중화학공업 육성정책이 시행된 1970년대에 본격화되었다. 재벌 총수들은 이런 기업가정신을 마음껏 발휘하면서 대규모 기업집단이라는 기업의 성을 쌓아 나갔다.

기업의 집단화가 심화되면 재벌의 또 하나 특징인 규모의 비대화는 따라올 수밖에 없다. 그리고 비대화된 기업집단을 총수와 그 가족이 소유하고 경영하면서 그룹을 세습시키면 경영의 가족화라는 특징도 계속될 수밖에 없다. 결국 재벌이 나타날 수밖에 없는 요인의 첫 출발은 사업을 끊임없이 확장해 가는 창업자의 기업가정신이다.

한국 재벌사에서 삼성, 현대, LG, 대우, SK는 대표적인 5대 재벌로 꼽히며, 이

〈표 2-3〉 **재벌별 창업자 현황**

	삼성	LG	현대	대우	SK
창업자	이병철	구인회	정주영	김우중	최종건
창업자 생몰연도	1910~1987	1907~1969	1915~2001	1936~	1926~1973
창업자 고향	경남 의령	경남 진주	강원도 홍천	대구	경기도 수원
창업자 학력	와세다대학 중퇴	중앙고보 수료	송전소학교 졸업	연세대 졸업	경성공립직업학교 졸업
창업연도	1948	1947	1947	1967	1953
창업 기업명	삼성 물산공사	락희화학공업사	현대토건사	대우실업	선경직물
창업 업종	무역업	포목업	건설업	무역업	직물업
승계자	이건희(3남)	구자경(장남)	정몽구(2남)	–	최종현(동생)

주: 창업연도는 홍덕률(1989)의 견해에 따랐다.

재벌들의 창업 총수는 〈표 2-3〉과 같다. 이들은 대표적 상위 재벌을 창업한 인물로 한국기업사에서 기업가정신이 출중한 인물로 평가되고 있다. 삼성, 현대, 대우는 창업 총수에 의해 상위 재벌로 발돋움하였고, LG와 SK는 창업 총수가 일찍 작고하는 바람에 승계한 2대 총수가 재벌의 면모를 갖추어 나갔다. LG는 창업 총수의 장남에게 승계되었고, SK는 창업 총수의 동생에게 승계되었다. 두 재벌은 승계 총수도 창업 총수에 뒤지지 않는 기업가정신을 발휘한 기업가라고 평가받고 있다.

삼성의 이병철과 현대의 정주영은 한국기업사에서 기업가정신의 표본으로 받아들여지고 있다. 이들의 사업에 대한 동물적 감각이나 능력은 동시대에서 타의 추종을 불허하였다. 그런 능력으로 그들은 당대에 한국 최고의 재벌을 구축하였다.

그런데 두 사람은 몇 가지 대조적인 특징을 가지고 있다. 우선 이병철은 비교적 유복한 환경에서 신식 교육을 받은 인텔리 사업가였던 반면, 정주영은 빈농 출신으로 소학교만 졸업한 자수성가형 기업가였다. 따라서 사업 확장 과정에서도 이런 바탕에서 나오는 차이가 있었다. 말하자면, 기업가정신의 출현 방식에도 차이가 있었다. 이병철은 치밀한 계획을 중시하는 분별형 기업가정신이었던 반면, 정주영은 개척과 도전을 중시하는 야전형 기업가정신이었다고 할 수 있다.

뒤늦게 출발하여서도 1세대 재벌가들에게 맞먹는 재벌을 축성한 대우그룹의 김우중도 한국형 기업가정신으로 많은 연구의 대상이 되었다. 그의 사업 확장은 그야말로 초단시일에 전 세계를 향한 최고 속도의 사업 확장이었다. 그러나 아쉽게도 당대에 그룹이 해체되는 비운을 맞아 한국형 기업가정신의 실패 사례로 남고 말았다. 그러나 대우그룹에서 분리된 기업의 일부는 그 이후 성공하여 나름대로 한국의 중요 대기업으로 부상하였기 때문에 김우중의 기업가정신도 그 그림자는 길게 드리워지고 있다.[10]

이처럼 한국 재벌의 역사에는 기업가들이 가지고 있는 그 고유한 기업가정신이 분명히 한 자리를 차지하고 있다. 특히, 위험부담(risk)을 감내하면서 끊임없이 새로운 사업을 열어 가는 기업가정신이 재벌그룹을 구축한 원동력의 하나였다.

이런 기업가정신의 지향점은 그 끝을 알 수 없다. 끝없는 부의 축적일 수도 있고, 끝없는 탐욕의 구현이라고도 볼 수 있다. 말하자면, 탐욕과 부의 추구가 기업가정신의 근저를 이루고 있다는 것도 부인하기 어렵다.

재벌의 끝없는 탐욕과 부의 추구를 기업가의 무한한 성취욕이라고 미화하기도 한다. 그런데 인간 본성에는 누구든 탐욕이 자리잡고 있다. 이 탐욕을 성취욕이라는 자아실현으로 승화시켜 나간 것이 한국 재벌의 기업가정신이라고 볼 수 있다.

단순히 탐욕이나 부의 추구가 기업가정신의 핵심이었다고 하면 거기에는 한계가 있기 마련이다. 인간은 어느 정도의 부를 일구고 나면 이를 즐기고 관리하는 데 탐닉할 수도 있다. 그것 자체로도 바쁜 일거리가 되기 때문이다. 그런데 재벌의 기업가정신은 이런 인간의 하부적 욕구만으로는 설명할 수 없는 무한성이 있었다. 그것이 바로 성취욕이라는 자아실현이었다고 볼 수 있다.

인간은 무엇인가를 무한히 추구하려는 내재적 본성을 가지고 있다. 재벌 총수들은 부의 추구와 탐욕의 구현이라는 하부적 인간 욕구를 가졌는데, 이들의 기업가정신이 이를 성취욕이라는 상부적 욕구로 승화시켰고, 이것이 한국 경제가 재벌경제로 가게 되는 주요 요인 중 하나였다.

10 대우조선해양, 대우건설 등은 독립기업으로 회생하여 한국의 대표적 대기업의 위치를 유지하고 있다.

2. 혈연주의 문화

1) 가족 중심의 기업 경영

혈연주의란 혈연을 중시하는 인간 행위로서 정도에 다소 차이가 있을 뿐이지 동서고금을 막론하고 인간사회를 지배하였던 문화이다. 혈연관계란 동족관계로서 특히 유교문화에서 그 중요성이 부각되는 인간관계이다. 유교문화가 오랫동안 우리의 정신세계를 지배해 왔던 만큼 우리 사회는 혈연주의 문화가 오랫동안, 그리고 뼛속 깊이 뿌리박고 있다.[11] 모든 인간관계에서 혈연관계를 최우선시하는 양식을 소위 혈연주의 문화라고 할 수 있다.

기업 운영에서의 대표적인 혈연주의 문화는 가족경영체제라고 할 수 있다. 대부분의 나라가 창업 초기에는 창업자를 중심으로 가족경영을 하는 것이 일반적이다. 기업자금도 가족으로부터 조달하고 기업 운영도 가족들과 함께 하고 있다. 그러나 사업이 번창하고 기업 규모가 커지면 상황이 달라질 수 있다. 이때는 기업 운영이 가족의 범위를 넘어설 수밖에 없다. 선진국의 대기업에서 가족경영이 더 이상 유지되지 않는 것이 이를 증명한다.

중소기업은 거의 모든 나라에서 가족경영으로 유지되고 있다. 그러나 기업의 규모가 커지면 상황은 달라진다. 그런데 우리나라는 변화가 없다. 규모가 커져도 경영 형태는 가족경영이다. 기업 규모가 국가적 대기업, 더 나아가 세계적 대기업이 되어도 가족경영 형태를 유지하고 있다. 기업 규모가 커져도 변함없이 가족경영 형태를 유지하는 이유는 우리나라의 정신문화에 뿌리 깊게 자리잡고 있는 혈연주의 문화 때문이다.

재벌의 세 가지 특징(조직의 집단화, 경영의 가족화, 규모의 비대화) 중 재벌을 더욱 재벌답게 하는 요소는 경영의 가족화인데, 이 특징은 바로 이 혈연주의 문화에 바탕을 두고 있다. 경영의 가족화란 소유와 경영이 분리되지 않으면서 가족 구성원들이 함께 경영에 참여할 뿐만 아니라 이런 경영체제가 세습된다는 의미인데, 이러한 재벌의 특징은 혈연주의 문화에 크게 기인하고 있다.

11 기업과 유교문화의 관계에 대해서는 김일곤(1984), 유태수(1988) 참조.

재벌에서 가족경영이라는 특성이 사라지면 그 기업은 더 이상 재벌이 아니다. 일본이나 구미 선진국에서 재벌이 존재하지 않는 이유는 대기업들이 경영의 가족화에서 벗어나 있기 때문이다. 조직의 집단화와 규모의 비대화라는 특성은 그 나라에도 존재하지만, 경영의 가족화라는 특성이 존재하지 않기 때문에 일본과 구미의 대기업들은 재벌이라고 부르지 않는다. 그러므로 우리나라의 독특한 혈연주의 문화는 한국 경제가 재벌화되는 중요 요인 중 하나가 아닐 수 없다.

혈연주의에 기초한 한국의 재벌과 그렇지 않은 미국의 대기업을 비교하면 혈연주의 문화가 한국 재벌의 연원이 된다는 것을 더욱 분명히 알 수 있다. 미국에서는 기업의 규모가 커지면서 가족을 중심으로 한 기업지배는 퇴조해 갔고, 이것이 자연적인 현상으로 받아들여졌다.[12]

미국의 기업들은 우리나라와는 달리 회사의 이름을 창업자의 이름에서 따오는 경우가 많은데, 이름과는 달리 창업자의 후손들이 지배하는 기업은 많지 않다. 500대 기업에 들어가는 대기업들 중에서는 창업자의 이름을 붙였으면서, 여전히 창업자나 그 후손이 지배하는 기업은 14% 정도밖에 되지 않는다. 예컨대, 창업자 이름을 붙인 회사로 널리 알려져 있는 Campbell Soup, Peabody Coal, Ward Foods 등은 이미 Campbell, Peabody, Ward 가족이 지배하는 회사가 아니다.

버치(Burch, 1972)는 벌리와 민즈(Berle and Means), 라너(Larner), 허만(Herman) 등의 경영자지배론을 반박하면서 대기업에서도 가족의 영향력이 여전히 매우 크다고 주장하였다.[13] 그는 200대 기업 중 39.5%가 어떤 형태로든 가족의 영향력을 받는다고 보았다. 이것은 매우 높은 수치이다. 그러나 버치는 실질적으로 가족이 지배하는 기업을 이렇게 본 것은 아니고, 가족이 기업지배에 영향력을 행사할 수 있는 소지가 있는 기업을 이렇게 본 것이다.

그의 기준에 의하면 한 가족, 한 가문, 또는 몇몇 부자들이 의결권 주식의 4~5% 정도를 소유한 기업, 기존 출판물에서 가족지배라고 언급된 적이 있는 기업, 가족 구성원의 일부가 일정 기간 동안 내부 이사나 외부 이사로 참여하고 있는 기업 등을 모두 포괄할 때, 200대 기업 중 39.5%가 이런 기업에 해당한다. 그러나 이런 기업

12 최정표(1996b)에서 주요 내용 인용.
13 Burch(1972), Berle and Means(1932), Herman(1981), Larner(1970).

이 모두 가족지배기업이라고 볼 수는 없다. 가족지배와 가족이 어떤 형태로든 회사와 인연을 맺고 있는 것은 별개의 개념이다. 미국의 기업 풍토에서는 특정 가족이 그 기업과 인연이 있다고 해서 그 기업을 지배할 수 있는 것은 아니다. 창업자 가족들은 경영 일선에서 이미 물러나 있는 경우가 대부분이다.

기업의 규모가 커지면서도 가족경영체제를 유지하려면 기업의 그룹화가 불가피하다. 재벌처럼 광범위한 다각화를 추구하면서 급성장하는 기업에서 총수와 그 가족이 직접 과반수 의결권을 장악할 수 있는 소유 지분을 계속 확보하는 것은 쉽지 않다. 그래서 동원된 전략이 계열기업이고 기업의 그룹화이다.

계열기업체제에서 총수는 중핵기업만 장악하고 나머지는 중핵기업이 회사 자금으로 계열기업들을 거느리는 시스템이다. 이렇게 되면 총수는 적은 자금으로 수많은 기업을 지배할 수 있다. 총수와 그 가족은 몇 개의 중핵기업만 직접 소유하고 나머지는 중핵기업이 회사 자금으로 소유하는 형식이다. 이러한 계열기업식 모형을 추구하면 재벌 총수는 많지 않은 자금으로도 지금과 같은 재벌의 성을 쌓을 수 있다. 만약 삼성그룹이 그룹화 전략을 택하지 않고 계열기업들을 모두 합해 단일 기업으로 만든다면 총수와 그 가족이 직접 절반의 소유 지분을 확보하는 것은 거의 불가능하다. 엄청난 자금이 소요되기 때문이다.

따라서 혈연주의는 가족경영의 이념적 원류이고, 계열식 기업제도는 가족경영의 실천적 원류이다. 이런 과정을 거쳐 한국의 대규모 기업은 재벌로 갈 수밖에 없는 필연성을 가지고 있다. 그리고 한국 경제는 재벌경제가 되었다.

2) 소유와 경영의 일원화

미국에서도 산업화가 급속히 이루어지던 1800년대 후반에는 대부호들이 대기업을 소유하면서 이를 지배하였고 경영도 이들이 직접 담당하였다. 록펠러(Rockefeller), 밴더빌트(Vanderbilt), 멜론(Mellon) 등의 가문이 그 예가 된다고 볼 수 있다. 그러나 20세기에 들어와서는 이들도 직접적인 기업 경영에서는 손을 떼기 시작하였고, 더 나아가서는 기업을 지배하려고 들지도 않았다. 기업을 둘러싼 여러 가지 여건의 변화가 이를 불가피하게 만들었다.

첫째, 기업 규모의 성장과 더불어 대주주의 지분이 점점 낮아졌기 때문이다.

기업이 급속도로 성장함에 따라 기업들은 많은 외부 자금을 필요로 하였고, 이 과정에서 가족을 중심으로 한 기존 대주주의 지분은 점점 줄어들었다. 둘째, 기업이 창업세대에서 2세대로 넘어갈 때 많은 상속세가 부과되기 때문에 가족 지분은 점점 줄어들 수밖에 없었다. 게다가 많은 자녀들에게 골고루 상속이 이루어지기 때문에 가족 지분은 이들에게 분산되었고 1인 대주주의 지분은 더욱 줄어들 수밖에 없었다.

이와 같이 1900년대 초에 이미 미국의 대기업에서는 가족지배 및 가족경영이 퇴조하기 시작하였다. 그리고 이런 경향이 미국의 기업문화로 자리잡아 나갔다. 그러므로 오늘날 미국의 대기업에서는 가족을 중심으로 한 기업 경영은 거의 관찰하기 어렵고, 거의 모든 대기업이 전문경영인에 의해 경영되고 있다.

미국은 전문경영인의 나라이다. 여기서 전문경영인이란 소유 지분이 없으면서도 기업을 실질적으로 경영하는 사람을 의미한다. 또 아주 소액의 주식 지분을 가지고 있더라도 그 소유 지분이 바탕이 된 것이 아니라 자기의 경영 능력이 바탕이 되어 현재의 경영직을 가지게 된 사람을 전문경영인이라고 한다. 이때 그는 회사의 경영자가 되었기 때문에 회사의 주식을 소유하게 된 것이지, 그 주식을 소유하였기 때문에 그러한 경영직을 가지게 된 것은 아니다. 미국의 대기업들에서는 이러한 전문경영인이 실질적인 최고경영자이고 이들의 역할이 절대적으로 중요하다.

전문경영인도 두 가지 유형으로 나누어 논의해 볼 수 있다. 하나는 경영자지배 기업에서의 전문경영인이고, 다른 하나는 소유자지배 기업에서의 전문경영인이다. 경영자지배 기업이란 주주총회를 통해 이사회를 구성하고 임원을 선임하는 권한까지 경영자가 행사하는 기업이다. 그러므로 이러한 기업의 전문경영인은 자기 스스로 자기 자신을 최고경영자로 선임할 수 있는 권한까지 가진 명실상부한 최고경영자이다. 예컨대, 현 대표이사가 주주총회를 좌우하여 자기를 다시 차기 대표이사로 선임하는 것이다. 이 사람은 자기가 직접 주식을 소유하지 않고서도 이런 권한을 행사하기 때문에 완벽한 전문경영인이다.

엄격한 의미의 전문경영인이란 이런 경영자를 지칭한다. 그리고 미국에는 이러한 전문경영인이 많이 활동하고 있다. 그런데 미국에서는 소유자지배 기업의 최고경영자도 전문경영인이라고 볼 수 있다. 그것은 미국의 기업문화가 바로 그렇게 만들기 때문이다.

주주총회에서 이사회를 구성하고 임원을 선임하는 권한은 대주주들이 행사하고 있지만, 일단 임원으로 선임된 사람은 더 이상 대주주들의 간섭 없이 경영권을 행사하는 곳이 미국이다. 그러므로 대표이사로 선임된 최고경영자가 주주 중의 한 사람이 아니라고 하면 이 사람도 전문경영인이라고 할 수 있다. 이 사람은 자기 자신을 다시 대표이사로 선임할 수 있는 기업의 지배권은 갖지 못하지만, 일단 대표이사로 선임되고 나면 기업 경영에 대해서는 대주주의 간섭 없이 전권을 행사할 수 있기 때문이다. 이것이 미국의 기업문화이다.

이 점은 한국과 미국의 가장 중요한 차이라고 할 수 있다. 한국의 재벌기업에서도 형식적으로는 주식을 소유하지 않은 사람이 대표이사가 되어 있기 때문에 겉으로는 전문경영인체제가 갖추어져 있는 것처럼 보인다. 비록 대주주인 총수가 주주총회를 좌우하여 대표이사를 선임한다고 할지라도 자기가 직접 대표이사가 되는 것은 아니고 제3자를 대표이사로 앉히기 때문에 소유자지배 기업이면서도 전문경영인체제를 갖추고 있는 것처럼 보인다.

그러나 이것은 겉모양일 뿐이다. 내부적으로 들여다보면 대표이사는 최고경영권을 행사하지 못한다. 회사 경영에 관계된 중요 사항에 대해서는 대주주인 총수가 실질적인 경영권을 행사하고, 대표이사는 총수가 위임한 사항에 대해서만 경영권을 행사할 수 있을 뿐이다. 그러므로 재벌기업의 전문경영인은 실세 전문경영인이 아니고 겉모양만 전문경영인이다.

이러한 한국 재벌과는 달리 미국의 대기업에서는 대주주라도 대표이사의 경영권을 제한할 수 없다. 대표이사는 대주주가 아닐지라도 법대로 최고경영권을 그대로 행사할 수 있다. 그러므로 미국에서는 경영자지배 기업은 물론이거니와 소유자지배 기업에서도 대표이사는 전문경영인이라고 할 수 있다. 대표이사는 자기가 직접 주식을 소유하고 있지 않으면서 실질적으로 그 회사의 최고경영권을 행사할 수 있기 때문이다.

미국에서도 중소기업은 여전히 소유자가 기업을 지배하고 직접 경영을 담당한다. 이것은 불가피한 현상일 뿐만 아니라 사회적으로도 수용되고 있는 현상이다. 그러나 세계적으로 그 명성이 알려질 정도의 대규모 기업에서는 전문경영인이 기업을 운영한다.

우리나라에서는 소유와 경영의 분리라는 선진국의 경영모형이 전혀 뿌리내리지 못하고 있다. 대규모 기업은 공기업이 아니면 재벌이다. 말하자면, 한국의 대규모 민간 기업은 모두 재벌이다. 소수의 민영화된 공기업이 있으나 이들은 민영화된 이후에도 여전히 정부의 입김에서 벗어나지 못하고 있다. 관치경영이지 전문경영인 기업은 아니다.

소유와 경영이 분리되지 못하고 혈연주의라는 편집증에서 벗어나지 못하는 한 한국에서 재벌이 사라지기는 어렵다. 대주주가 실질적인 경영권자이고, 이를 세습하는 데 집착하는 한 한국 경제의 재벌화는 지속될 수밖에 없다. 이런 관점에서 볼 때 한국에서 재벌 문제를 해결할 수 있는 이상적인 치유책은 소유와 경영의 분리라고 할 수도 있다.

3) 경영권의 세습

혈연주의의 하이라이트는 세습이다. 창업 총수 단계에서 가족경영이 끝나면 이는 더 이상 재벌일 수 없다. 미국과 같은 선진자본주의 국가에서도 산업화 초기에는 창업 총수에 의한 재벌이 존재하였었다. 록펠러재벌 등은 대표적 사례이다. 그러나 2세, 또는 3세로의 승계 단계에서 재벌체제는 거의 사라지고 소유와 경영이 분리된 전문경영체제로 전환되었다. 심지어는 같은 유교문화권인 일본에서도 이런 현상이 나타났다. 그러나 우리나라에는 아직 그런 현상이 나타나지 않았고, 앞으로 그런 현상이 나타날 징후도 보이지 않고 있다.

〈표 2-3〉에서 보는 것처럼 우리나라의 대표 재벌은 창업 총수에서 이미 재벌의 성을 구축하였고, 이를 그대로 친족에게로 승계하였다. 삼성은 창업 총수인 이병철에서 3남인 이건희에게 승계되었고, LG는 창업 총수인 구인회에서 장남 구자경을 거쳐 다시 손자 구본무에게로 승계되었다. 현대는 창업 총수인 정주영에서 2남인 정몽구에게 승계되었고, SK는 창업 총수인 최종건에서 동생 최종현을 거쳐 다시 최종현의 장남인 최태원에게 승계되었다. 대우는 창업 총수 단계에서 그룹이 해체되었기 때문에 더 이상 승계를 논할 수 없다.

승계 과정에서는 재산의 분할상속으로 원재벌이 분리되어 새로운 친족재벌이 형성되는 현상도 나타났다.[14] 삼성에서 분리된 CJ, 신세계, 한솔 등이 그 예이고, 현대에서 분리된 현대자동차, 현대중공업 등이 그 예이다. 이처럼 한국 기업의 경영권 승계는 철저하게 세습으로 이루어지고 있다. 이러한 혈연주의가 바로 한국 경제를 재벌 중심 경제로 만들 수밖에 없는 핵심적 이유이다.

경영권이 세습되면 재벌의 세 가지 특징(조직의 집단화, 경영의 가족화, 규모의 비대화) 중 경영의 가족화라는 특성이 대를 이어 계속되고 재벌식 기업 조직도 그대로 이어진다. 재벌은 대주주인 총수와 그 가족이 경영권을 장악하고 이를 다시 후손에게 승계하는 기업체제인데, 경영권의 세습이 이를 가능하게 하는 것이다. 경영권의 세습은 혈연주의의 핵심적 요소이다.

III 재벌 출현의 인위적 요인

1. 압축성장정책

한국의 기업들이 본격적으로 재벌체제를 구축하기 시작한 1970, 1980년대의 한국 경제는 고도성장이 그 특징이다. 고도성장은 정부의 압축적인 성장정책의 결과물이다. 압축적인 성장정책은 정부가 높은 성장률을 목표로 특정 산업과 특정 기업을 집중적으로 지원한 정책으로 대변된다.

정부는 경제개발5개년계획을 만들어 각 연도의 성장 목표를 설정해 두고 이를 초과 달성시킬 수 있도록 모든 수단을 총동원하였다. 이 과정에서 주로 사용된 정책은 각종 지원정책이었다.

정부 정책의 기조는 수출 주도 공업화 정책과 중화학공업 육성정책이었다. 1973년에 시작된 중화학공업 육성정책 이전까지는 경공업에 의존한 수출 주도 정책이었고, 1973년부터는 중화학공업을 통한 수출 주도 정책이었다. 따라서 농업 위주였던 한국 경제는 급속도로 공업화가 진행되었다. 그리고 한국은 농업국가에서

14 최정표(2011a) 참조.

공업국가로 탈바꿈하였다.

정부 지원의 방법은 금융 지원과 세제 지원이 핵심이었다. 정책금융을 통한 장기저리자금이 대출되었고, 각종 감세 조치가 이루어졌다. 거기다가 정부가 직접 나서서 각종 SOC를 확충시켜 나갔다.

이 과정에서 정부 지원을 많이 받아 이를 잘 활용한 소수의 기업가는 사업을 급속히 팽창시켜 나갔고, 정부는 효율성을 증대시키기 위해 이런 기업가에게 지원을 집중시켜 나갔다. 따라서 정부의 집중 지원을 받으면서 이를 잘 활용한 소수의 기업가는 재벌의 성을 쌓을 수 있었다.

이처럼 정부의 압축적인 성장정책은 한국 경제의 재벌화와 불가분의 관계를 가지고 있다. 이런 정책하에서는 한국 경제가 재벌경제로 나아갈 수밖에 없었다.

고도성장과 재벌의 관계는 〈표 2-4〉에 구체적 수치로 요약, 정리되어 있다. 1970, 1980년대의 20년간 한국의 명목GDP는 50배 이상 성장하였다. 1971년 3조 원 정도에 불과하였던 GDP는 1990년에는 180조 원이 넘어섰다. 박정희 대통령 서거 이후 신군부의 쿠데타로 정정이 매우 불안하였던 1980년도의 마이너스 성장을 제외하면 거의 매년 10% 가까운 실질성장률을 기록하였다. 이 기간 동안 7년간은 10% 이상의 성장률을 기록하였다. 그런데 이러한 고도성장 과정에서 재벌은 이를 훨씬 앞질러 더 빠르게 성장해 갔다.

1971년부터 일관성 있는 자료 정리가 가능한 삼성, 현대, LG 재벌의 매출액 성장률이 〈표 2-4〉에 정리되어 있다. 매출액으로 보면 1971년부터 1990년까지 삼성은 630배 성장하고, 현대는 950배, LG는 210배 성장하였다. 삼성은 GDP 성장보다 10배, 현대는 20배, LG는 4배 더 많이 성장하였다. 국가경제의 압축성장과 재벌의 급성장은 한국 경제의 뚜렷한 특징으로 나타났다.

1970년대에 오면 대기업들은 재벌체제를 확실히 구축하고 있었는데, 이때의 대표적 경제정책은 제3차(1972~1976년) 및 제4차(1977~1981년) 경제개발5개년계획과 중화학공업 육성정책(1973~1978년)이었다.[15] 이 기간에 중화학공업 육성을 통한 수

15 제1차(1962~1966년) 및 2차(1967~1971년) 경제개발5개년계획 기간은 우리나라 기업들이 아직 재벌이라고 볼 정도의 장대한 규모라고는 하기 어렵다. 중화학공업 육성정책에 대해서는 박영구(2008)에 세밀하게 정리되어 있으며, 박영구는 정책기간을 1973~1978년으로 설정하고 있다.

〈표 2-4〉 **경제성장과 재벌 성장**

연도	명목GDP (억 원)	재벌 매출액(억 원)			실질경제 성장률(%)		물가 상승률(%)	
		삼성	현대	LG				
1971	34,199(1.0)	464(1.0)	239(1.0)	760(1.0)	8.2		13.5	
1972	42,179(1.2)	665(1.4)	300(1.3)	980(1.3)	4.5		11.7	
1973	54,536(1.6)	1,036(2.2)	498(2.1)	1,530(2.0)	12.0	7.6	3.2	15.6
1974	77,777(2.3)	1,545(3.3)	1,204(5.0)	3,040(4.0)	7.2		24.3	
1975	103,861(3.0)	3,408(7.3)	2,052(8.6)	4,500(5.9)	5.9		25.3	
1976	143,045(4.2)	4,553(9.8)	3,947(16.5)	6,360(8.4)	10.6		15.3	
1977	183,564(5.4)	6,292(13.6)	13,278(55.6)	8,490(11.2)	10.0		10.1	
1978	247,447(7.2)	9,663(20.8)	17,005(71.2)	12,280(16.2)	9.3	7.0	14.5	17.4
1979	317,319(9.3)	14,861(32.0)	18,506(77.4)	16,357(21.5)	6.8		18.3	
1980	387,749(11.3)	23,855(51.4)	28,803(120.1)	27,320(35.9)	-1.5		28.7	
1981	486,727(14.2)	34,875(75.0)	45,218(189.2)	36,085(47.5)	6.2		21.4	
1982	557,217(16.3)	43,627(94.0)	53,875(225.4)	39,925(52.5)	7.3		7.2	
1983	655,590(19.2)	55,629(119.9)	67,904(280.7)	55,567(73.1)	10.8	7.8	3.4	7.4
1984	751,263(22.0)	83,378(179.7)	73,594(307.9)	72,265(95.1)	8.1		2.3	
1985	840,610(24.6)	122,306(263.6)	95,605(400.0)	84,966(111.8)	6.8		2.5	
1986	981,102(28.7)	146,157(315.0)	120,199(502.9)	101,141(133.1)	10.6		2.8	
1987	1,151,643(33.7)	173,957(374.9)	144,122(603.0)	119,165(156.8)	11.1		3.0	
1988	1,371,115(40.1)	201,225(433.7)	161,235(674.6)	132,114(173.8)	10.6	9.6	7.1	5.4
1989	1,547,534(45.3)	232,748(501.6)	176,123(736.9)	134,609(177.1)	6.7		5.7	
1990	1,866,909(54.6)	292,818(631.1)	227,613(952.4)	161,989(213.1)	9.2		8.6	

주: ( ) 속의 값은 1971년도 값을 1로 두었을 때의 상대적인 값.
자료: 통계청, 『삼성60년사』, 『현대50년사』, 『LG50년사』.

출 주도 성장전략은 확실한 성과를 보이는데, 1977년에는 수출 100억 달러와 1인당 GNP 1,000달러를 달성시켰다.

수출지상주의는 거의 신앙으로 승화되었고, 1975년에는 삼성물산이 종합무역상사 제1호로 지정받았고, 그 이후 계속해서 많은 재벌이 종합무역상사를 계열사로 거느렸다. 종합무역상사는 수출입을 전담하는 회사로 수출 증대를 위해 정부가 적극 육성한 회사이다. 수출 증대에 힘입어 1976년부터는 3년 연속 10% 내외의 경제성장을 기록하였다.[16]

이 기간에 또 하나 특기할 성장 원동력은 중동 건설 붐이었다. 중동 국가들은 제1차 석유파동 이후의 고유가로 달러가 넘쳐났는데, 이 달러를 건설에 투자하였다. 한국 재벌들은 앞다투어 건설업에 진출하였고, 많은 건설업체가 중동으로 진출하여 달러를 벌어들였다.

중동 건설 수주액은 1975년 8.3억 달러, 1977년 35.7억 달러, 1978년 80억 달러로 급격히 신장하였다. 과열을 방지하기 위해 정부가 규제에 나서야 할 정도였다. 건설 수주액은 1979년에는 잠시 65억 달러로 감소하였지만 1980년에는 82억 달러로 다시 증가하였고, 1981년에는 100억 달러를 돌파하였다.[17] 현대그룹 계열사인 현대건설은 세계적인 명성을 낼 정도로 중동 건설의 신화가 되었다. 당연히 중동 건설 붐도 1970년대 재벌 축성의 한 요인이었다.

이러한 과정을 거치면서 1970년대에 재벌은 계열사 수를 급속히 증가시켜 나갔을 뿐만 아니라 참여 업종도 중화학공업 분야로 급속히 이동시켜 나갔다. 〈표 2-5〉에서 보는 것처럼 삼성은 1972년에는 제조업 분야에서 9개의 계열기업을 가지고 있었으나, 10년 후인 1981년에는 16개로 늘어나고 있다. 그런데 경공업 분야에서는 아무 변화가 없는 반면 중화학공업 분야에서는 7개의 계열기업이 추가되었다.

현대는 그 변화가 더 심하다. 1972년에는 경공업 분야에 하나의 계열기업도 없이 중공업 분야에서만 4개의 계열기업을 가지고 있었는데, 1981년에는 경공업에서는 1개의 계열기업만 거느린 반면 중공업 분야에서는 무려 26개의 계열기업을 거

〈표 2-5〉 **주요 재벌의 계열기업 수 증가(1972~1981년)**

재벌명	삼성		현대		LG		대우		SK	
연도	1972	1981	1972	1981	1972	1981	1972	1981	1972	1981
경공업	5	5	0	1	1	3	1	5	5	7
중화학공업	4	11	4	26	15	24	0	12	0	6
합계	9	16	4	27	16	27	1	17	5	13

자료: 이재희(1999), p. 125.

16 대우그룹은 이 기간에 '대우신화'라고 불릴 정도로 수출을 증대시키면서 재벌의 성을 쌓았고, 오래 가지 않아 도산의 운명을 맞긴 하였지만 율산, 제세, 대봉그룹 등도 대우를 흉내내면서 젊은 기업가들이 재벌의 꿈을 꾸었다.

17 榊原芳雄(1984), p. 176.

느리고 있었다. 이런 추세는 LG, 대우, SK도 마찬가지였는데, 이들도 이 기간에 계열기업 수를 크게 확대시켰다. 주로 중공업 분야에서이다.

한국 경제의 재벌화와 관련하여 1980년대에 있었던 주목할 변화는 중화학 부문 투자조정과 이를 위한 산업합리화이다. 1979년의 제2차 석유파동, 박정희 대통령의 서거, 1980년의 신군부 집권 등은 한국 경제에 큰 회오리를 가져왔다. 거기다가 1970년대에 역점적으로 추진하였던 중화학공업 육성정책은 과잉 중복투자 등에 의한 비효율성으로 1976년부터 이미 중화학공업 투자조정 작업에 들어갔다.

지지부진하던 중화학공업 구조조정 작업은 1980년에 집권한 신군부에 의해 3차에 걸쳐 본격적으로 시행되었다. 제1차 조치는 1980년 8월 20일 발표된 '중화학투자조정조치'이고, 제2차 조치는 1980년 10월 7일 발표하였고, 다음 해인 1981년 2월 28일에는 '자동차공업 합리화계획'이라는 제3차 조정 조치를 발표하였다.[18]

중화학공업 투자조정 등은 궁극적으로 재벌 간의 업종 조정을 통해 부실기업을 정리하면서 중복 과잉투자를 해소하여 기업의 수익성을 제고시키는 것이었다. 말하자면, 재벌들의 산업 영역을 재조정하는 것이었다. 결국 재벌은 중복투자 등의 투자 실패를 정부로부터 보상받는 결과를 가져왔다. 한국 경제는 이제 완벽하게 재벌 중심 체제로 구축되었다. 재벌의 집중률은 증가할 수밖에 없었다. 1981년에 이미 5대 재벌의 매출액 집중률은 20%를 넘어섰다.[19] 그리고 제조업의 산업구조는 〈표 2-6〉에서처럼 중화학공업 중심 구조로 변모되었다.

이러한 산업합리화 조치는 압축성장정책의 결과이면서 다시 압축성장을 추진하는 전략이었다. 이 과정에서 재벌들은 확실히 한국 경제의 중심 세력으로 자리 잡았다. 한국 경제는 재벌경제로 갈 수밖에 없는 필연성을 가지고 있었다. 모든 정책은 재벌 중심으로 추진되었기 때문이다. 재벌을 뺀 성장정책은 더 이상 생각할 수 없게 되었다. 한국 경제는 본격적으로 재벌경제로 접어들었다. 그리고 이때 구축된 재벌 판도가 그 이후 오랫동안 그대로 지속되었다.

18 중화학공업 구조조정의 자세한 내용에 대해서는 박영구(2008), 제9장 참조.
19 박영구(2008), p. 391.

〈표 2-6〉 **중화학공업 부문의 성장 현황(1975~1990년)**

	생산액(억 원)		수출액(백만 달러)	
	1975년	1990년	1975년	1990년
경공업	67,056(1.0)	231,072(3.4)	2,661(1.0)	7,305(2.7)
중화학공업	47,643(0.7)	246,626(3.7)	1,692(0.6)	7,948(3.0)
합계	114,700(1.7)	477,698(7.1)	4,354(1.6)	15,253(5.7)

주: ( ) 안의 값은 상대적 크기 비교.
자료: 이재희(1999), pp. 121~122.

2. 정경유착

1) 정경유착의 개념

재벌을 논할 때 빠지지 않고 따라붙는 주제가 '정경유착'이다. 그런데 정경유착이 무엇이며 그 현황이 어떠한지는 편린으로만 논의되고 있을 뿐이지 체계적이고 종합적인 연구는 찾기 어렵다.[20] 거기다가 정경유착은 학술적 용어라기보다 저널리즘 용어로 사용되고 있기 때문에, 그 용어가 갖는 중요성에 비해 분석적 연구는 거의 행해져 있지 않은 실정이다.

정경유착의 기원은 일본의 정상(政商)에서부터 찾아볼 수 있다. 정상은 메이지(明治) 초기 정치권력에 밀착되었던 일본의 상인들을 의미한다. 일본의 재벌 연구가들은 일본 재벌의 출발을 정상에서부터 찾고 있다.[21] 이들은 부자 상인들로서 정치권력과 밀착하면서 사업을 확장시켜 나중에 일본의 대재벌로 부상하였다. 일본에서는 이들을 '정치에 밀착하여 단물을 빨아먹은 상인'이라고 표현할 정도로 정치권력에 밀착하여 많은 혜택을 누렸던 기업인으로 지칭하고 있다.[22] 이처럼 일본의 재벌도 정경유착의 결과물이다.

한국에서는 정상이라는 표현은 쓰지 않지만 대부분의 재벌들이 정치권력과 밀

20 정경유착에 관한 학술적 분석에 대해서는 권오승(1996), 박인규(1992), 김영대(1999), 유재현(1998), 유정식(2005) 참조.
21 武田晴人(1995), pp. 18~37.
22 武田晴人(1995), p. 19.

접한 관계를 유지하면서 사업을 키워 나갔다. 밀접한 관계가 구체적으로 어떤 형태였는지에 대해서는 학자에 따라 견해를 달리할 수도 있고, 한국과 일본에 차이가 있을 수도 있지만, 기업가가 정치권력과 호혜적인 관계를 유지하면서 그 힘으로 사업을 확장해 간 것은 틀림없다.

호혜적인 관계란 서로 혜택을 주고받는 관계인데, 기업가가 권력자로부터 받을 수 있는 혜택은 사업상의 이권이고, 권력자가 기업가로부터 받을 수 있는 혜택은 돈이다. 따라서 정경유착이란 기업가가 정치권력자에게 돈을 제공하고, 그 대가로 사업상 특혜를 제공받는 관계라고 규정할 수 있다.

재벌의 정경유착은 공무원의 부정부패와도 관련되어 있지만 동일 개념은 아니다. 부정부패는 매우 넓은 개념이다. 공무원이 저지른 금전적 비리는 모두 부정부패일 수 있다. 반면에 정경유착은 부정부패에 해당되긴 하지만 최고권력자(대통령)와 재벌이 연계된 특정 계층에서의 부정부패를 지칭한다. 대통령이 연관되기 때문에 대통령을 배출한 집권여당은 자연적으로 정경유착의 중요 당사자가 될 수밖에 없다. 요약하면 재벌과 권력 상층부 간의 유착관계를 정경유착이라고 정의할 수 있다.

정경유착은 불법 내지 탈법을 전제로 한 개념이다. 권력자가 기업가에게 제공하는 사업상의 혜택은 그것이 특혜라고 할지라도 공개적으로 제공될 수밖에 없기 때문에 형식상으로는 법에 맞추어 이루어진다. 말하자면, 권력자 쪽에서 기업가 쪽으로 행해지는 조치는 법의 테두리를 벗어날 수 없다. 그러나 기업가가 권력자에게 자금을 제공하는 것은 법에 맞추기가 어렵다. 따라서 이 행위는 거의 불법으로 이루어진다고 볼 수 있다. 그리고 이 자금은 정치자금이나 권력자의 치부로 쓰인다.

기업가 쪽에서 권력자 쪽으로 넘어가는 혜택은 법의 범주를 벗어난 불법행위가 대부분이다. 권력자로부터 기업가에게로 행해진 특혜도 형식상으로는 합법적인 절차를 밟았다고 할지라도 기업가로부터 권력자에게로 행해진 행위가 불법이기 때문에 불법행위에 기초를 둔 위장된 합법행위도 불법이라고 볼 수밖에 없다. 따라서 정경유착은 전체적으로 불법 내지 탈법일 수밖에 없다.

정경유착에는 적극적 방식의 정경유착이 있을 수 있고, 소극적 방식의 정경유착이 있을 수 있다. 적극적 유착은 기업가가 정치권력으로부터 구체적 특혜를 받아 내기 위해 적극적으로 권력자와 유착하는 관계이고, 소극적 유착은 기업가가 정치 권력자로부터 불이익을 당하지 않기 위해 보험적 성격으로(소극적으로) 권력자와 유착하는 관계이다.

대부분의 정경유착은 두 가지 성격을 동시에 가졌다고 볼 수 있는데, 민주화 이후에는 적극적 유착은 줄어들고 소극적 유착이 대세로 자리잡았다. 민주화의 진행과 더불어 정부의 정책집행 과정이 점점 투명화되고, 권력자의 독단적 재량권이 점점 약화되었기 때문에, 권력자가 과거처럼 특정 기업가에게 자의적으로 눈에 띄는 특혜를 부여하기는 어렵게 되었다. 따라서 적극적 정경유착은 줄어들 수밖에 없었다. 그러나 정책이나 규제라는 이름하에 특정 기업에게 불이익을 제공하는 것은 여전히 가능하다. 따라서 재벌은 불이익을 당하지 않기 위해 정치권력과 가까이하려고 하는 소극적 정경유착은 여전하다.

정경유착에는 반드시 비자금이 전제가 된다. 기업가로부터 권력자에게로 넘어가는 돈이 불법인 만큼 그 돈은 합법적인 과정으로 마련될 수 없다. 이 돈은 불법적인 과정으로 조성되는 소위 말하는 비자금이다. 비자금은 기업 또는 업종에 따라 다양한 방법을 통해 조성된다.[23] 그리고 그 금액도 매우 크다.

조호성(1997, pp. 257~258)은 경제질서의 파괴, 부정부패의 원인, 기업에 대한 부정적 국민 인식, 정부권력의 재벌 예속화 등을 정경유착의 폐해로 들고 있다. 정경유착의 가장 큰 폐해는 국가 기능의 무력화와 시장질서의 파괴이다. 경제 활동은 시장을 통해 의사결정이 이루어지는 것이 원칙인데 정경유착이 횡행하면 권력자가 시장 위에 군림하는 기현상이 벌어진다. 이렇게 되면 기업가가 금력으로 권력자를 조종하여 자기의 욕구를 충족시키려 하기 때문에 국가조직도 제 기능을 발휘할 수 없다.

정경유착 현상을 더욱 구체적으로 살펴보기 위해서는 한국의 근대정치사를 이승만 대통령부터 노태우 대통령까지의 권위주의 시대와 그 이후의 민주화 시대로 구분할 필요가 있다. 그 이유는 두 시대에 걸쳐 정경유착의 양태와 규모가 판이하게 달라졌기 때문이다.

23 비자금 조성방법은 200여 가지에 달한다고 한다. 서울경제신문 산업부 편(1995), p. 148.

권위주의 시대에는 대통령의 권한이 막강하면서 재벌의 비자금 조성이 비교적 용이한 시절이었고, 민주화 시대에는 대통령의 권한이 예전 같지 못하고 금융실명제와 회계 투명성의 확대 등으로 비자금 조성이 용이하지 못하였다. 따라서 권위주의 시대에는 정경유착이 관행화되고 만성화되었던 반면, 민주화 시대에는 정경유착이 신중화되고 특수화되었다. 그리고 권위주의 시대의 정경유착은 적극적 방식의 유착이었고 민주화 시대의 정경유착은 소극적 방식의 유착이었다.

2) 정경유착의 역사

정경유착은 해방 후 정국 혼란기부터 시작되었다. 해방 후 권력의 향방이 불확실할 때도 기업가들은 나름대로의 판단에 의해 정치권력에 줄을 댔다. 당시 대표적 부호로 손꼽혔던 인사들 중 경성방직의 김연수는 한민당에, 금광으로 노다지를 캔 최창학은 김구에게, 태창그룹의 백낙승은 이승만에게 줄을 섰다.[24]

백낙승은 이승만에게 정치자금과 생활비를 제공하였다. 정부 수립과 더불어 이승만이 집권함에 따라 백낙승은 승승장구하였다. 정부로부터 사업상 많은 특혜를 제공받았다. 그러나 이승만정권의 종식과 더불어 태창그룹도 종말을 고하였다. 4.19 이후 부정축재 처리 과정에서 태창방직의 전 재산은 국가에 귀속되었다(이종재, 1993, pp. 63~64).

이승만정권 시절의 정경유착은 귀속재산 불하, 달러 배정, 차관 제공, 정부 주도 사업권 획득, 은행주 불하 등을 둘러싸고 이루어진 정경유착이 대표적 형태이다. 이들 모두가 기업에게는 엄청난 특혜였기 때문에 이를 얻어 내기 위해 기업가들은 정치권력과 유착하였다. 이 혜택의 일부가 정치권력으로 되돌아가는 형태의 정경유착이었다. 이 과정에서 일부 기업가들은 훗날 재벌이 될 기초를 닦아 나갔다(이종재, 1993, pp. 85~115).

박정희 대통령과 전두환 대통령 시절에는 수차례에 걸쳐 시행된 산업합리화와 부실기업 정리가 정경유착의 가장 큰 미끼가 되었다. 이 과정에서 몇몇 기업가들은 부실기업을 인수하면서 여러 가지 특혜를 동시에 부여받아 재벌의 성을 쌓아 나갔다. 그런데 기업들이 받은 특혜는 구체적으로 열거될 수 있으나 기업으로부터

24 이종재(1993), pp. 57~64.

〈표 2-7〉 **주요 재벌이 제공한 비공식적 정치자금(1988~1992년)**

재벌	정치자금 상납금액(억 원)
삼성	250
현대	250
대우	240
LG	210
한진	170
동아	160
롯데	140

자료: 문상호(1996), p.196(동아일보, 1995. 11. 23~24로부터 작성).

정치권력자에게로 넘어간 자금은 구체적 통계로 밝힐 수 없는 한계가 있다.

한때 한국의 대표적 재벌이었던 현대그룹의 정주영 회장이 1992년 정치 참여를 공식화하면서 정치자금의 편린을 이야기한 적이 있다.[25] 5공 청문회와 국세청의 발표로 드러난 5공 시대의 각종 기부금은 규모가 1,045억 원이었고, 제공한 기업은 357개였다. 현대는 105억 원, 삼성은 85억 원, 대우는 53억 원, 한진은 39억 원, 럭키금성은 38억 원, 선경은 38억 원을 냈다(이종재, 1993, p. 335). 그룹 순위와 기부금 순위가 거의 일치한다.

5공 시절의 비공식적 정치자금 상납액은 〈표 2-7〉과 같다. 그 금액은 결코 적지 않았다. 이런 돈이 권력자에게 갈 때는 거기에 반대급부가 있을 것이 자명하다. 이와 같이 정경유착은 그 실체가 분명하다. 단지 그 크기를 정확한 자료로 입증할 수 없는 것이 정경유착 관련 연구의 한계라고 할 수 있다. 언론 지상에 보도되는 편린으로부터 짐작할 수 있을 뿐이다.

민주화 시대 이후부터는 정경유착의 스케일과 양태가 그전과는 달라졌다. 여기서 민주화 시대는 김영삼정부부터를 의미한다. 이 시기에는 최고권력자(대통령)와 재벌이 직접 유착된 증거는 거의 드러나고 있지 않지만, 권력자 주위의 실세들

25 이종재(1993, p. 334). 정주영 회장은 이런 말을 하였다. "박 대통령 때는 한 번에 5억 원씩 내다 마지막에는 20억 원씩 냈고, 전두환 대통령 때는 추석 때 20억 원, 연말에 30억 원을 냈다. 6공 들어서는 처음에는 5공 때와 같이 20억 원 내지 30억 원씩으로 올렸고 이후 50억 원을 낸 뒤 1990년 말에는 마지막으로 100억 원을 냈다."

과 재벌이 유착한 증거는 여러 곳에서 발견되었다. 특히, 대통령 선거를 둘러싸고는 후보와 재벌 간의 자금거래가 선거 후에 큰 논쟁거리가 되었다.

민주화 시대의 대표적 정경유착 사례는 김영삼정부와 한보그룹 사이의 유착이라고 볼 수 있다(『신동아』, 538호, 2004. 7). 정태수는 1992년의 대통령 선거시 김영삼캠프에 150억 원을 제공하였다고 말하였다. 그리고 한보는 김영삼정부 시절 정부로부터 많은 특혜를 받았다.

김대중정부 시절에는 외환위기 수습 과정에서 대대적인 산업합리화와 기업구조조정이 있었다. 거기다가 금융구조조정까지 있었다. 이 과정에서 이런 저런 특혜를 누린 재벌들이 있었지만 당시는 국가 비상상태라 정경유착의 문제는 크게 부각되지 않았다. 그렇지만 권력자 주변 인사들은 여러 가지 비리에 연루되어 처벌받는 일이 비일비재하였다.

노무현정부 시절은 정경유착이 크게 이슈화되지 않았다. 정치와 경제가 점점 투명화되었기 때문이다. 그러나 정경유착의 흔적은 여전히 발견되고 있다. 2002년 대선을 앞두고 삼성은 800억 원 가량의 무기명 채권을 구입하였으며 이 중 300억 원 규모는 이회창 후보에게, 150억 원은 노무현 후보에게, 15억 4,000만 원은 김종필 자민련 총재에게 전달되었다. 그 밖의 LG그룹도 현금을 자동차에 실어 이회창 후보에게 제공하였다. 그래서 차떼기라는 말까지 나왔다. 이회창 후보가 패하긴 하였지만 이런 형태의 불법 선거자금 전달도 재벌이 미래를 위해 미리 정치권력과 유착하려는 정경유착의 한 형태이다.

재벌사는 정경유착사라고 할 정도로 재벌과 정치권력은 불가분의 관계를 유지하였다. 이런 상황에서 정경유착에 성공한 사업가가 급부상하고 재벌로 등극하였다. 그리고 이런 재벌들이 한국 경제를 주도하는 상황으로 갔기 때문에 한국 경제는 재벌경제화되지 않을 수 없었다.

IV 주요 재벌의 재벌화 과정

1. 삼성의 재벌화 과정

한국에서 삼성은 재벌의 대명사로 불리는 기업집단이다. 삼성그룹은 조직과 규모면에서 가장 먼저 재벌의 면모를 갖춘 기업이고 가장 큰 재벌이기 때문이다. 삼성은 1950년대 말에 이미 재벌체제를 갖추었다고 보고 있다.[26] 이 당시에 이미 여러 업종에 진출하면서 그룹식 기업 조직을 갖추었고, 국가경제에서 차지하는 삼성그룹의 비중도 매우 컸다. 그리고 소유 지분을 바탕으로 철저하게 가족경영체제를 구축하고 있었다.

이처럼 삼성그룹은 일찍부터 재벌의 3가지 요소(기업의 집단화, 경영의 가족화, 규모의 비대화)를 모두 갖추었다고 볼 수 있다. 학계에서는 삼성그룹이 회장 비서실을 운영하기 시작한 1957년을 재벌의 모습을 완벽하게 갖춘 첫 해로 보기도 한다.[27] 회장 비서실은 그룹 전체의 경영을 총괄하는 총수의 사조직이다. 이때부터 재벌이라는 말이 보편적으로 사용되기 시작하였다.

해방 이후 시류를 관망하던 삼성의 창업자 이병철은 서울로 가서 1948년 삼성물산공사를 설립하여 수입업에 종사하였다. 이로부터 채 10년도 되지 않아 삼성은 재벌의 성을 구축하였던 것이다.

창업자 이병철이 사업을 시작한 것은 그보다 훨씬 이전이다. 이병철은 1936년에 고향 마산에서 동업으로 정미업을 시작하였다. 그리고 1938년에는 대구에서 삼성상회를 설립하여 무역업을 시작하였다. 이 회사는 1941년 주식회사라는 이름을 붙여 일본의 주식회사를 모방한 근대식 경영체제를 도입하였다. 1945년 해방까지 이병철은 운수업, 부동산업, 무역업, 정미업, 양조업 등과 같은 업종으로 소규모 사업을 영위해 갔다. 일제 치하에서 한국인 소규모 자본가가 할 수 있는 전형적인 사업 영역이었다.

26 김인영(1998), p. 281; 김병화(1999), p. 14.
27 회장 비서실이 정식 출범한 것은 1959년 5월이다(김병화, 1999, p. 14).

이병철은 1948년 서울에서 수입업을 시작하였는데, 수입업은 변변한 국산 제품이 없었던 당시로서는 초기 산업자본이 할 수 있는 최고의 업종이었다. 그러나 1950년 한국전쟁으로 이병철의 사업 기반은 완전히 파괴되고 부산으로 피난을 가야만 하였다. 1951년 부산에서 다시 삼성물산을 세워 설탕, 비료, 종이, 양모, 나일론, 알루미늄, 의약품 등을 수입하였고, 일본과 동남아에 고철, 오징어, 쌀 등을 수출하였다. 이때부터 삼성은 자본 축적의 기반을 마련하였다.

1953년 전쟁이 끝나고 한국 사회가 전후 복구사업과 수입대체산업을 절실히 필요로 하자, 이병철은 수입대체산업에 관심을 가지기 시작하였다. 이에 따라 이병철은 1953년 제일제당을 설립하고, 1954년 제일모직을 설립하였다. 이 두 회사는 제품을 생산하자마자 삼성에 엄청난 부를 축적시켜 주었다. 두 회사는 수요의 급증으로 끊임없이 시설을 확충시켜 나가야 하였다. 두 회사는 삼성이 재벌로 가는 출발점이 될 정도로 대성공을 거두었다.

이승만정부는 1950년대 말에 은행 민영화를 단행하였다. 삼성은 그 동안 축적한 자본으로 국내 은행의 거의 절반을 인수하였다. 1957년 2월에는 흥업은행을, 1958년 10월에는 상업은행을, 1959년에는 조흥은행을 인수하였다. 은행을 장악한 삼성은 풍부한 자금력으로 재정적 어려움을 겪고 있는 국내 회사들을 본격적으로 인수해 나갔다. 1957년에는 천일증권을, 1958년에는 한국타이어, 동일방적, 호남비료, 안국화재 등을 새롭게 인수하였다. 삼성은 1950년대에 이미 제2차 세계 대전 이전의 일본 재벌과 비슷한 기업 조직을 갖추어 나갔다.[28] 17개 계열사를 거느리면서 이를 총괄 경영할 회장 비서실을 1957년에 정식 출범시켰다. 비서실은 일본 재벌의 본사와 같은 기업 조직이었다.

삼성은 이때 이미 오늘날의 재벌과도 큰 차이가 없는 재벌식 경영체제를 구축하였다. 이처럼 삼성의 재벌화는 1950년대 말에 이미 실현되었다고 볼 수 있다. 이런 재벌화의 원동력으로는 창업자 이병철의 기업가정신(entrepreneurship)을 가장 우선적으로 꼽을 수 있다. 앞에서 논의한 재벌화의 요인 중 혈연주의 문화는 아직 논의할 단계에 와 있지 않았다. 창업자 나이 50 이전에 이루어진 일이고, 가족에게 의존한 사업도 아니었고, 아직 경영권 세습을 논의할 시기도 아니었기 때문이다.

28 김인영(1998), pp. 281~282.

정부의 압축성장정책도 이때까지의 삼성에는 해당되지 않았다. 압축성장정책은 그 이후에 시행된 정책이기 때문이다. 그러나 정경유착은 어느 정도 역할이 있었다. 이승만 대통령은 이병철의 선친과 친분이 있었을 뿐만 아니라 삼성과 자유당정권은 음양으로 호혜적인 관계를 유지하였기 때문이다.[29]

1950년대에 삼성은 이미 재벌식 경영체제를 구축하였지만, 1960년대 초의 정치적 격변기에는 한바탕 시련을 겪었다. 1960년의 4.19혁명과 1961년의 5.16쿠데타는 당시 기업가들을 부정축재자로 몰아갔다. 그러나 한때는 시련이었던 것이 나중에는 기회로 전환되었다.

4.19혁명 후의 과도정부와 민주당 정부는 기업의 부정축재 조사에 착수하였고, 삼성 등 13개 기업이 그 대상이었다.[30] 그러나 민주당정부의 부정축재자 처리 문제는 5.16쿠데타의 발발로 다시 원점으로 돌아갔다. 혁명정부는 먼저 부정축재 기업인을 구속하였다. 이병철은 이때 일본 방문 중이라 구속은 면하였으나 얼마 후 귀국하여 구금되고 혁명정부의 조사를 받았다.

나중에 혁명정부는 부정축재 혐의로 구금된 기업인을 석방하여 경제 재건의 선발대로 내세우기로 하였다. 이병철은 이때 만들어진 한국경제인협회(전국경제인연합회의 전신)의 회장으로 선출되어 군사정부와 협조하면서 다시 활발한 기업 활동에 나섰다.

삼성은 1960년대에 들어 사업 영역을 더욱 확장해 나갔다. 이미 참여하고 있던 제당업, 모직업, 보험업, 수출업에 주력하면서 비료산업에도 관심을 가졌다. 그러나 1964년 설립된 한국비료는 공장이 완료되기도 전에 '사카린 밀수사건'에 휘말려 회사를 국가에 헌납하는 시련을 겪었다. 이런 과정을 거치면서도 삼성은 〈표 2-8〉에서와 같이 끊임없이 사세를 확장시켜 나갔다. 이미 1960년대에 유통업, 언론, 학교, 병원, 전자산업에까지 진출하고 있었다.

〈표 2-8〉은 삼성의 발전사를 네 시기로 구분하여 정리한 것이다. 한국에서 중화학공업정책이 본격적으로 시행된 1970년대 초 이전까지의 기간, 그 이후 재벌 비판이 고조되어 공정거래법에 재벌정책이 정식 도입된 1987년까지의 기간, 이때부

29 이병철(1986).
30 이종재(1993), p. 129.

〈표 2-8〉 **삼성그룹의 계열사 역사**

편입 연도	신규 진입 계열사
~ 1970	삼성상회(1938), 삼성물산(1952), 제일제당(1953), 제일모직(1954), 안국화재해상보험(1958), 동방생명보험(1963), 신세계백화점(1963), 중앙개발(1963), 한국비료(1964), 동양라디오 · TV(1964), 전주제지(1965), 삼성미술문화재단(1965), 중앙일보(1965), 성균관대학교(1965), 고려병원(1966), 삼성전자(1969), 삼성전기(1969), 삼성전관(1970)
1970~ 1987	제일합섬, 삼성코닝, 삼성석유화학, 삼성중공업, 삼성종합건설, 삼성항공산업, 호텔신라, 삼성반도체통신, 코리아엔지니어링, 삼성시계, 제일기획, 고려진흥, 연포레저개발, 중앙SVP, 삼성라이온즈, 삼성휴렛-팩커드, 제일산업, 삼성유나이티드항공, 삼성데이타시스템, 한국알라스카개발, 제일냉동식품, 한국전산, 삼성클라크
1987~ 2000	노비타, 삼성경제연구소, 에스원, HTH, 올앳, 무진개발, 삼성광주전자, 삼성상용차, 삼성생명서비스, 삼성에버랜드, 삼성SDI, 삼성SDS, 삼성엔지니어링, 삼성자동차, 삼성전자서비스, 삼성정밀화학, 삼성종합화학, 삼성코닝정밀유리, 삼성테크윈, 삼성톰슨CSF, 삼성화재손해사정서비스, 서울통신기술, 테스코, 시큐아이닷컴, 유니텔, 한국DNS, 삼성벤처투자, 삼성생명보험, 삼성생명투자신탁운용, 삼성선물, 삼성증권, 삼성카드, 삼성캐피탈, 삼성투자신탁증권, 삼성화재해상보험
2000~ 2011	가치네트, 레이, 메디슨, 메디슨엑스레이, 메디슨헬스케어, 미라콤아이앤씨, 보나비, 소도솔류션, 씨브이네트, CSL, 아이마켓코리아, 에이스디지텍, 오픈타이스코리아, 이삼성인터내셔널, 크레듀, 프로소닉, 휴민TSS, 개미플러스유통, 글로벌텍, 리빙플라자, 삼성모바일디스플레이, 삼성LED, 삼성전자로지텍, 삼성전자축구단, 삼성코닝정밀소재, 삼성탈레스, 삼성토탈, 삼육오홈케어, 세베스, 세크롤, 송도랜드마크시티, SD플렉스, 에스비티모티브, 에스엔플, SLCD, 에스원CRM, 에스크어, SEHF코리아, 오픈핸즈, 월드사이버게임즈, EXECNT, GES, 케어캠프, 한국EXE테크놀로지, 한덕화학, 생보부동산신탁, 삼성자산운용, 애니카자동차손해사정서비스

주: 회사명에 밑줄 처리된 회사는 2011년에도 삼성그룹의 계열회사임. 회사명이 변경된 기업은 변경된 연도의 신규 진입으로 처리되었음.
자료: 1970년 이전 자료는 榊原芳雄(1984), p. 231에서 정리하였고, 그 이후 자료는 공정거래위원회의 대규모 기업집단 지정 자료에서 정리하였음.

터 1997년 발생한 외환위기와 이의 수습 과정에서 시행된 재벌개혁정책이 마무리된 2000년까지의 기간, 그 이후의 기간 등 네 기간으로 구분하여 삼성그룹의 계열회사 현황을 정리한 것이 〈표 2-8〉이다.

회사명이 밑줄로 처리된 회사는 2011년 현재 공정거래위원회에 의해 발표된 삼성그룹의 계열회사에 포함된 회사이다. 각 기간마다 삼성의 계열사로 새롭게 편입되었던 회사들도 나열되어 있다. 이 회사들 중 상호가 바뀌었거나, 타 회사와 결합되었거나, 삼성으로부터 분리해 나간 회사들은 2011년 기준의 삼성 계열사 명단에서 빠졌다. 그리고 삼성의 계열사로 들어왔다가 그 기간에 다시 빠져나간 회사들도 〈표 2-8〉에 기록되지 못하였다. 그렇더라도 〈표 2-8〉에는 그 동안 삼성의 계열사에 편입된 적이 있는 회사들은 거의 나열되었다고 볼 수 있다.

2011년 기준으로 삼성그룹의 핵심 회사는 1969년 창립된 삼성전자와 1963년 삼성으로 편입되었다가(동방생명보험) 상호가 변경된 삼성생명보험이다. 1970년대 까지는 그룹의 모기업이라고 할 수 있었던 삼성물산, 제일제당, 제일모직 등이 삼성그룹의 중심 기업이었다. 삼성은 1970년대 이전에 이미 완벽하게 재벌체제를 구축하였다.

2. LG의 재벌화 과정

LG그룹은 창업자 구인회(1907~1969년)에 의해 시작된 기업그룹이다. 구인회는 최초의 재벌로 꼽히는 삼성의 창업자인 이병철(1910~1987년)보다 3살 위로 LG가 삼성보다 사업의 출발이 빨랐다. 구인회는 1931년 경남 진주에 구인회상점(뒤에 구인상회로 변경)이라는 포목상으로 사업을 시작하였다. 1945년 해방과 더불어 구인회는 구인상회를 접고 부산에서 조선흥업사를 설립하여 새롭게 사업을 시작하였다.[31]

조선흥업사는 당시 인기 화장품이었던 '아마쓰 구리무'(홍아화학공업사 제품)의 판매에 치중하다가 1947년 '락희화학공업사'를 설립하여 화장품을 직접 생산 · 판매하는 일에 나섰다. 이 사업이 LG그룹을 탄생하게 한 원천이라고 볼 수 있다. 그리고 이 회사가 LG그룹의 실질적 모태가 된 것이다.

1952년에는 동양전기화학공업사를 설립하여 플라스틱사업에 진출하였다. 1953년에는 화장품사업을 끝내고 이 회사를 락희화학에 흡수시켜 플라스틱사업에 본격적으로 진출하였다. 이와 동시에 제품의 판매와 원료 수입을 목적으로 락희산업주식회사(나중에 반도상사로 개명)를 설립하였다. 1954년에는 치약산업에 진출하여 이후 30여 년 동안 한국의 치약시장을 독점하는 계기를 마련하였다. LG는 플라스틱류 제품과 치약 관련 상품에 집중하면서 사업을 계속 확장시켜 나갔다.

31 이한구(2004), p. 161.

1958년에는 재벌로 도약할 수 있는 직접적 계기가 된 금성사를 설립하였다. 금성사는 전자기기 회사로서 LG는 이때 벌써 전자산업에 진출한 셈이다. 이 당시 금성사가 만든 라디오는 모든 사람들이 가지고 싶어하는 선망의 제품이었다. LG는 락희화학과 금성사를 쌍두마차로 하여 급성장하였다. 이 기간에 두 회사 관련 제품을 생산하는 계열회사가 많이 만들어지면서 수직계열화가 이루어졌다.[32] 1964년에는 부산의 국제신보를 인수하면서 비관련 다각화로까지 발을 뻗쳐 나갔다.

1967년에는 미국의 칼텍스와 50:50의 합작으로 호남정유주식회사를 설립하여 LG도 재벌로 대접받는 데 손색이 없는 위치까지 올랐으며, 재벌의 세 가지 특징을 모두 갖추었다. 많은 계열기업으로 그룹식 기업 조직을 구축하였고, 가족경영은 당연한 현상이었고, 그 규모도 매우 커서 국가경제에서 차지하는 비중도 매우 높았다. 특히, LG는 구씨와 허씨에 의한 가족경영이 매우 확고하였다. 1969년에는 창업주 구인회가 사망하고 장남 구자경에게로 경영권이 승계되었는데, 이 당시 이미 11개 계열기업을 갖춘 손색없는 재벌이 되었다.[33]

LG그룹은 1970년대에도 빠르게 성장하였다. 1970년대에는 2세 경영자인 구자경이 그룹을 주도하면서 사업을 급속히 확대시키고 있었다. 〈표 2-9〉에서 보는 것처럼 1970년대에서 1987년까지는 각 분야에 걸쳐 폭넓은 사업다각화를 추진하면서 계열기업을 늘려 나가고 있었다.

LG그룹은 GS그룹, LS그룹 등이 분리되어 나가기 직전에 그룹 규모는 최절정에 이르렀다. 그리고 상호를 모두 LG로 변경 통일시키고 있었다. LG그룹은 명실공히 한국의 대재벌로 자리잡았다.

3. 현대의 재벌화 과정

현대그룹의 창업자는 정주영이다. 그는 해방 이전에도 서울에서 이런저런 사

32 락희유지공업(1959), 락희비니루공업(1962), 한국케이블공업(1962), 한국미공(1963), 한국석유화학공업(1965), 한국콘티넨탈카본(1968), 금성전선(1969) 등이 수직체계화의 대표적 기업이다.

33 이한구(2004), p. 475.

〈표 2-9〉 **LG그룹의 계열사 역사**

편입 연도	신규 진입 계열사
~ 1970	락희화학공업사(1947), 한국콘티넨탈카본(1968), 센방석유(1970), 호남정유(1967), 금성사(1958), 금성통신(1969), 금성전기(1970), 금성알프스전자(1970), 금성전선(1969), 반도상사(1956), 락희개발(1969), 범한해상화재보험(1970), 연암문화재단(1969)
1970~ 1987	럭키, 금성산전, 럭키디씨실리콘, 금성마그네태크, 금성알프스전자, 금성팩토링, 금성포스타, 성요사, 금성마이크로닉스, 금성하니웰, 럭키금성상사, 반도스포츠, 금성포장, 삼우특수금속, 금성광통신, 럭키소재, 금성부품, 금성통신공사, 금성자판기, 럭키석유화학, 금성의료기, 금성정밀, 희성산업, 금성계전, 럭키엔지니어링, 금성기전, 금성반도체, 금성소프트웨어, 한국광업제련, 국제전선, 럭키금성스포츠, 엘지애드, 희성금속공업, 한국엥겔하드, 신정유업, 대한유조선, 성호기업, 호남탱카, 삼경석유, 여수에너지, 금성히다찌시스템, 금성로토렉스, 럭키경제연구소, 강남가스, STM, 럭키증권, 금성투자금융, 부산투자금융, 부민상호신용금고
1987~ 2000	데이콤, 데이콤멀티미디어인터넷, 데이콤새틀라이트멀티미디어시스템, 실트론, 심마니, 아워홈, LG경영개발원, LG백화점, LG상사, LG스포츠, LG애드, LG유통, LG EDS시스템, LG인터넷, LG텔레콤, LG홈쇼핑, LG화학, 코코넛, 극동도시가스, 데이콤시스템테크놀로지, 데이콤인터내셔날, LG · 필립스엘시디, LG건설, LG니꼬동제련, LG다우폴리카보네이트, LG마이크론, LG산전, LG석유화학, LG에너지, LG MMA, LG전선, LG전자, LG정밀, LG정보통신, LG칼텍스가스, LG칼텍스정유, LG히다찌, 한무개발, LG선물, LG캐피탈, LG투자신탁운용, LG투자증권

주: 회사명에 밑줄 처리된 회사는 2000년에도 LG그룹의 계열회사임. 회사명이 변경된 기업은 변경된 연도의 신규 진입으로 처리되었음.
자료: 1970년 이전 자료는 『LG50년사』로부터 정리하였고, 그 이후 자료는 공정거래위원회의 대규모 기업집단 지정 자료에서 정리하였음. 2000년 이후에는 GS의 분리를 위해 회사명 변화가 많았기 때문에 2000년까지만 정리.

업을 수행하였으나 본격적인 사업은 1945년에 현대자동차공업사를 설립하면서부터라고 할 수 있다. 정주영은 서울시 중구 초동 106번지에 있는 적산 대지를 불하받아 이 회사를 설립하였고, 여기서 자동차수리업을 시작하였다.[34] 그 다음 해인 1947년에는 같은 장소에서 현대토건사를 설립하여 건설업에 참여하였다. 자동차수리업보다 토건업이 일로 번창하자 1950년에는 두 회사를 합병하여 현대건설주식회사를 설립하였는데, 이 회사가 현대그룹의 실질적인 모태가 되었다.

한국전쟁이 터지자 정주영은 부산으로 피난한 후 전쟁 중 많은 미군 공사를 수주하여 큰 돈을 벌었다. 현대건설은 미군 공사뿐만 아니라 한국 정부 발주공사도 많이 참여하였다. 전쟁이 끝난 후에도 정부와 미군의 전후 복구사업에 적극 참여

34 이한구(2004), p. 197.

하여 현대건설은 급성장하였다. 현대건설은 설립 10여 년 만에 국내 최대 건설회사로 부상하였다.[35]

1960년대에는 정부의 경제개발계획에 의해 추진된 대규모 토목사업에 적극 참여함으로써 현대건설은 장차 재벌로 부상할 수 있는 발판을 만들어 가고 있었다. 사업다각화도 본격적으로 추진하였다. 현대상운(1950), 금강스레트(1958), 단양시멘트(1962), 현대양행(1962) 등의 계열회사들이 착착 설립되었다. 현대건설은 1965년 태국의 파티니 나라티왓 고속도로 건설을 시작으로 해외에까지 진출하였다. 1966년에는 월남에도 진출하였다.

정주영은 1967년 현대자동차주식회사를 설립하여 자동차 생산에도 진출하였다. 그리고 1967년에는 박정희 대통령이 역점적으로 추진하였던 경부고속도로 건설에 참여하였다. 경부고속도로 건설에는 여러 건설 회사들이 참여하였으나 현대건설이 최대 구간을 떠맡았다. 현대는 건설업 분야의 관련 다각화에 더해 중화학 분야에까지 진출하는 비관련 다각화에도 나섰다. 1973년에는 현대조선중공업을 설립하여 조선업에까지 진출함으로써 현대그룹은 손색없는 재벌의 면모를 갖추었다.[36]

이때에 오면 현대는 재벌의 3대 조건이 모두 충족된다. 다각화를 추진하면서 여러 계열기업을 설립하여 조직의 집단화가 달성되었고, 정주영은 창업자로서 소유경영자이었을 뿐만 아니라 동생들과 함께 가족 중심 경영을 추구하였고, 현대그룹은 한국 경제에서 큰 비중을 차지하는 거대 규모가 되었다. 현대가 재벌화를 이룬 이후의 계열기업 현황은 〈표 2-10〉과 같다.

4. 대우의 재벌화 과정

대우그룹은 김우중이 설립한 재벌로서 한국기업사에서 신기루와 같은 재벌이었다. 갑자기 나타나서 최단기간에 2위 재벌에까지 올랐다가 갑자기 사라진 재벌

35 이한구(2004), pp. 199~200. 당시 주요 건설회사는 대동건설, 조흥토건, 주동건설, 대림산업, 삼부토건으로서 이들은 소위 말하는 '건설 5인조'로 선두그룹을 형성하고 있었다.

36 김병하(1990, p. 16)는 1967년을 현대그룹의 재벌 생성년으로 보고 있다.

〈표 2-10〉 **현대그룹의 계열사 역사**

편입 연도	신규 진입 계열사
~ 1970	현대건설(1950), 현대자동차(1967), 현대양행(1962), 금강스레트공업(1958)
1970~ 1987	현대중공업, 현대종합건설, 인천제철, 현대산업개발, 현대상선, 현대미포조선소, 현대중전기, 현대엔진공업, 현대정공, 현대강관, 현대종합목재산업, 현대자동차써비스, 동서산업, 금강개발산업, 현대전자산업, 대한알미늄공업, 현대엔지니어링, 현대엘리베이터, 고려산업개발, 현대마그네틱스, 한국알라스카개발, 선일상선, 한국전동기산업, 한국산업써비스, 고려해운, 현대경제사회연구원, 현대해상화재보험, 국제종합금융, 현대증권, 강원은행
1987~ 2000	삼표제작소, 티존코리아, 현대아산, 현대오토넷, 현대유니콘스, 강원궤도, 기아자동차, 현대석유화학, 현대에너지, 현대우주항공, 현대정보기술, 현대종합상사, 현대택배, 울산종합금융, 현대기술투자, 현대기업금융, 현대생명보험, 현대선물, 현대캐피탈, 현대투자신탁운용, 현대투자신탁증권

주: 회사명에 밑줄 처리된 회사는 2000년에도 현재 현대그룹의 계열회사임. 회사명이 변경된 기업은 변경된 연도의 신규 진입으로 처리되었음.
자료: 1970년 이전 자료는 『현대50년사』로부터 정리하였고, 그 이후 자료는 공정거래위원회의 대규모 기업집단지정 자료에서 정리하였음. 2000년 이후에는 분할상속으로 인해 회사명에 많은 변화가 있었기 때문에 2000년까지만 정리.

이기 때문이다. 1967년에 설립되었다가 1999년에 해체됨으로써 불과 30여 년의 역사 속에서 최고 재벌의 반열에까지 올라선 신데렐라 같은 재벌이었다.

대우그룹은 1967년 김우중이 설립한 대우실업이 그 모태였다. 당시 대우는 수출의 상징이었다. 국가의 수출 주도 정책에 호응하여 수출업에 매진하였다. 대우실업은 1974년 종합무역상사로 지정되었고, 1979년에는 한국 기업으로는 처음으로 수출액 10억 달러를 달성하였다.[37] 당시 수출 품목은 의류와 신발류 등 거의 경공업 제품이었다.

대우는 수출을 통해 번 돈으로 급속히 사업다각화를 추진하였다. 다각화는 기업의 설립보다 주로 기업인수를 통해 이루어졌다. 부실기업과 정부 기업을 대대적으로 인수하였던 것이다. 1969년에는 세창직물을, 1970년에는 동남섬유를 인수하였다. 1972년에는 고려피혁을, 1973년에는 쌍미섬유, 동국정밀, 신성통상, 동양증권, 한국투자회사(나중에 동양투자금융으로 개명), 영진토건(나중에 대우건설로 개명), 동남전기, 삼주빌딩 등을 인수하였다. 그리고 정부로부터 교통빌딩을 인수하였다(대

37 榊原芳雄(1984), p. 240.

〈표 2-11〉 **대우그룹의 계열사 역사**

편입 연도	신규 진입 계열사
~ 1987	대우, 대우엔지니어링, 대우전자, 오리온전기, 대우전자부품, 대우캐리어, 대우통신, 대우자동차, 대우정밀공업, 대우자동차부품, 대우 H.M.S.공업, KORAM프라스틱, 동흥전기, 대우중공업, 대우조선공업, 신아조선공업, 대우ITT, 제철화학, 풍국정유공업, 동우개발, 설악개발, 한국투자, 대우경제연구소, 경남기업, 경남금속, 대우시코스커항공, 대우증권, 동양투자금융, 충북은행
1987~ 1999	대우개발, 대우레저, 대우자팜, 대우제우스, 한국자동차연료시스템, 경우정화기술, 대우기전공업, 대우모터공업, 대우에스티반도체설계, 대우전자서비스, 대우정보시스템, 쌍용자동차, 오리온전기부품, 유화개발, 한국전기초자, 한일 · 대우시멘트, 다이너스클럽코리아, 대우선물, 대우창업투자, 대우투자자문, 대우할부금융

주: 회사명에 밑줄 처리된 회사는 1999년에도 대우그룹의 계열회사임. 회사명이 변경된 기업은 변경된 연도의 신규 진입으로 처리되었음.
자료: 공정거래위원회의 대규모 기업집단 지정 자료.

가로 삼주빌딩 처분).[38]

대우는 기업인수의 대명사가 되었다. 이처럼 대우그룹은 수출과 기업인수로 커온 재벌이었다. 1976년에는 한국기계를 인수하여 대우중공업으로 개명하였다. 1977년에는 제철화학을 인수하였고, 1978년에는 새한자동차를 인수하여 대우자동차를 출범시켰다. 또 같은 해에 옥포조선소를 인수하여 대우조선공업주식회사를 출범시켰다.

이러한 대대적인 기업인수 과정을 거쳐 대우는 설립 10여 년 만에 재벌로 등극하였다. 재벌의 세 가지 조건을 거의 갖추었다. 〈표 2-11〉에 나열된 대우의 주요 계열사들이 이 기간에 대우의 구성원이 되면서 대우재벌을 만들었던 것이다.

대우는 기업가정신, 압축성장정책, 정경유착 등이 재벌화의 큰 동력이었다. 특히, 중화학공업 육성정책 기간에는 기업인수를 통해 중화학 분야에 진출하면서 정부로부터 많은 특혜를 받기도 하였다. 거기다가 박정희와의 특수관계가 기업 확장에 큰 힘이 되었다고도 한다.[39]

38 이한구(2004), pp. 251~252.
39 김우중의 아버지가 대구사범 선생이었는데, 이때 박정희가 이 학교의 학생이었다.

5. SK의 재벌화 과정

SK그룹의 출발은 일제시대의 기업인 선경직물이다. 선경직물은 수원에 있는 일본인 기업이었고, SK그룹의 창업자인 최종건이 선경직물의 공장기사로 이 회사와 인연을 갖기 시작하였다. 최종건은 해방 후까지 여러 고리로 인연을 이어가다가, 1953년 적산 불하 과정에서 이 회사를 손에 넣었다.[40]

이후 선경직물은 최종건에 의해 운영되면서 1956년 선경직물주식회사로 등기되었다. 선경직물은 박정희정부의 수출 주도 정책에 동승하여 1962년부터 수출을 시작하면서 수출에 주력하였다. 1962년에는 선경산업주식회사와 선경화섬주식회사를 설립하여 관련 다각화를 추구해 나갔다. 1969년에는 선경합섬주식회사를 설립하였다.

1970년대에 들어서서는 다각화 범위를 더욱 넓혀 나갔다. 1973년에는 선경개발(관광), 서해개발(조림), 스카이메리트(봉제), 선경유화(DMT공장), 선경석유(정유공장) 등을 설립하였다.[41] 1973년 창업주 최종건이 사망하자 최종현이 SK그룹 회장에 취임하였다. 정부의 수출 주도 정책에 힘입어 1976년에는 주식회사선경(선경직물의 후신)이 종합무역상사로 지정되었다. 이 해에는 또 선경기계, 쉐라톤워커힐, 선경금속, 선경매그내틱, 선경스마트 등을 설립 또는 인수하였다. 1977년에는 건설업에 진출하였고, 1978년에는 경성고무를 인수하고 선경머린(주)를 설립하였다.

이렇게 하여 재벌을 향한 기반이 마련되었다. 그러나 아직 재벌이라 할 정도의 기업이라고는 볼 수 없었다. 선경이 재벌 대열에 합류하는 결정적 계기는 석유공사의 인수였다. 1980년 정부는 한국 정유산업의 개척자인 석유공사를 민영화시켰는데, 선경그룹이 이를 인수하는 데 성공하였다. 이때부터 선경그룹은 그 위상이 달라졌고, 재벌로서의 면모를 갖추기 시작하였다.

선경은 1982년 석유공사를 유공으로 상호를 변경하였다. 그 이후 유공은 SK(주)로 다시 상호가 바뀌었다. 그 이후에도 SK그룹은 계속 확장되었는데, 계열사가 어떻게 확장되어 나갔는지 〈표 2-12〉에 정리되어 있다. 그때까지 사용되고 있던

40 자세한 과정은 이한구(2004), pp. 298~301.
41 이한구(2004), p. 304.

〈표 2-12〉 SK그룹의 계열사 역사

편입 연도	신규 진입 계열사
~ 1970	선경직물(1956), 선경산업(1962), 선경화섬(1966), 선경합섬(1969), 해외섬유(1966), 선산섬유, 용산직물
1970~ 1987	선경, SKC, 유공, 선경마그네틱, 선경건설, 워커힐, 흥국상사, 유공해운, 선경창고, 화인, 서래개발, 선경사이클, 유공가스, 경성고무, 동서금속
1987~ 2000	부산도시가스, 아이윙즈, 충남도시가스, 강원도시가스, 구미도시가스, 대구전력, 대한도시가스, 대한도시가스엔지니어링, 부산도시가스개발, 스텔라해운, SK, SK가스, SK건설, SK상사, SKC, SKC&C, SK에너지판매, SK엔론, SK NJC, SK옥세케미칼, SK UCB, SK임업, SK제약, SK케미칼, SK텔레콤, SK텔레텍, SK텔링크, SK해운, 이리듐코리아, 익산도시가스, 익산에너지, 전남도시가스, 청주도시가스, 포항도시가스, SK생명보험, SK증권, SK캐피탈, SK투자신탁운용
2000~ 2011	그린IS, 남원사랑발전소, 대한송유관공사, 로엔엔터네인먼트, 섬레이코퍼레이션, 에버헬스케어, 엔트리버소프트, 여수엑스포환경, 유비케어, 인디펜던스, 지코스, 충남도시가스, 커머스플래닛, TSK워터, 크레듀, 파나블루, 팍스넷, 강원도시가스, 광주맑은물, 그린바이로, 내트럭, 내트럭프랜즈, 네트워오앤에스, 대전맑은물, 대한도시가스, WS통상, 리얼베스트, 브로드밴드D&M, 브로드밴드미디어, 브로드밴드CS, 서비스에이스, 서비스탑, 아로케미, 앤츠개발, SK네트웍스, SK네트웍스서비스, SK네트웍스인터넷, SKW, SKD&D, SK루브리컨츠, SK마케팅앤컴퍼니, SK모바일에너지, SK브로드밴드, SK사이텍, SK신텍, SK솔믹스, SKC에어가스, SK미디어, SK에너지, SK와이번스, SK유화, SK이노베이션, SK ENS, SK임업, SK종합화학, SK커뮤니케이션즈, SK텔레시스, SK핀크스, F&U신용정보, 엔카네트워크, MRO코리아, 엠앤서비스, MKS개런티, 영남에너지서비스, 유베이스메뉴팩처링아시아, 인싸이트, 인포섹, 전북에너지서비스, 제주유나이티드FC, 충청에너지서비스, K파워, 텔레비젼미디어코리아, 평택에너지서비스, PS&마케팅, 한국수면네트워크

주: 회사명에 밑줄 처리된 회사는 2011년에도 SK그룹의 계열회사임. 회사명이 변경된 기업은 변경된 연도의 신규 진입으로 처리되었음.
자료: 1970년 이전 자료는 『선경40년사』에서 정리하였고, 그 이후 자료는 공정거래위원회의 대규모 기업집단 지정 자료에서 정리하였음.

선경이라는 상호를 SK로 바꾸면서 SK그룹은 상위 재벌로 확실히 자리잡아 나갔다.

V 2군 재벌의 재벌화 과정

1. 2군 재벌

〈표 2-13〉에는 공정거래위원회가 공식적으로 대규모 기업집단을 지정하기 시작한 1987년부터의 10대 재벌이 정리되어 있다. 이 자료에 의하면 현대, 삼성, LG, 대우, SK를 재벌이라고 규정하는 데는 이의가 없을 것 같다. 이들은 1997년의 외환위기시까지 거의 매년 5대 재벌에 명단을 올리고 있다. 본서에서 규정한 재벌의 세 가지 조건이 어느 재벌까지 충족되고 있는지 단정적으로 규정할 수는 없지만 현대, 삼성, LG, 대우, SK는 장기간에 걸쳐 이 세 조건을 확실히 충족시킨 재벌이라고 볼 수 있다.

그렇다면 이들 다음의 2군 재벌은 어떤 재벌일까? 5대 재벌 이외 재벌로서 10대 재벌에 꾸준히 들었던 재벌을 2군 재벌로 정의한다면, 〈표 2-14〉에 정리된 한진, 쌍용, 한화, 롯데 등을 꼽을 수 있을 것이다. 그런데 기아그룹은 제외시켰다. 기아그룹은 가족기업으로 출발하였지만 나중에는 소유와 경영이 분리된 기업으로 운영되었고, 재벌의 세 가지 조건 중 경영의 가족화라는 조건이 충족되지 않았기 때문이다.

한진과 쌍용은 한때 5위권에까지 진입하였고, 한화는 2008년까지 10위권 밖으로 벗어난 적이 한 번도 없었다. 롯데는 1998년 외에는 언제나 10위권에 들어 있었다. 여기에서는 한진, 쌍용, 한화, 롯데 등을 2군 재벌로 구분하여 이들의 재벌화 과정에 대해서도 간략히 살펴보았다.

1) 한진그룹

한진그룹은 조중훈(1920~2002년)이 창업자이다. 조중훈은 1942년 인천에서 이연공업사를 설립하여 처음 사업을 시작하였으나 본격적인 사업은 해방 후 1945년 11월 인천에서 합자회사 한진상사를 설립하면서부터이다.[42] 업종은 수송업이었다.

42 이한구(2004), p. 174.

〈표 2-13〉 **10대 재벌(1987~2011년)**

연도 \ 순위	1	2	3	4	5	6	7	8	9	10
1987	현대	대우	삼성	럭키금성	쌍용	한진	선경	한국화약	대림	롯데
1988	현대	대우	럭키금성	삼성	한진	쌍용	선경	한국화약	롯데	기아
1989	현대	대우	럭키금성	삼성	한진	선경	쌍용	롯데	한국화약	기아
1990	현대	대우	럭키금성	삼성	한진	선경	쌍용	롯데	기아	한국화약
1991	현대	럭키금성	대우	삼성	선경	한진	쌍용	한국화약	기아	롯데
1992	현대	삼성	대우	럭키금성	선경	한진	쌍용	기아	한국화약	롯데
1993	현대	삼성	대우	럭키금성	선경	한진	쌍용	기아	한화	롯데
1994	현대	대우	삼성	럭키금성	선경	한진	쌍용	기아	한화	롯데
1995	현대	삼성	대우	LG	선경	쌍용	한진	기아	한화	롯데
1996	현대	삼성	LG	대우	선경	쌍용	한진	기아	한화	롯데
1997	현대	삼성	LG	대우	선경	쌍용	한진	기아	한화	롯데
1998	현대	삼성	대우	LG	SK	한진	쌍용	한화	금호	동아
1999	현대	대우	삼성	LG	SK	한진	쌍용	한화	금호	롯데
2000	현대	삼성	LG	SK	한진	롯데	대우	금호	한화	쌍용
2001	삼성	현대	LG	SK	현대자동차	한진	롯데	금호	한화	두산
2002	삼성	LG	SK	현대자동차	한진	롯데	현대	금호	현대중공업	한화
2003	삼성	LG	SK	현대자동차	한진	롯데	한화	현대중공업	현대	금호아시아나
2004	삼성	LG	현대자동차	SK	한진	롯데	한화	현대중공업	금호아시아나	두산
2005	삼성	현대자동차	LG	SK	롯데	한진	GS	한화	현대중공업	금호아시아나
2006	삼성	현대자동차	SK	LG	롯데	GS	한진	현대중공업	한화	두산
2007	삼성	현대자동차	SK	LG	롯데	GS	금호아시아나	한진	현대중공업	한화
2008	삼성	현대자동차	SK	LG	롯데	GS	현대중공업	금호아시아나	한진	한화
2009	삼성	현대자동차	SK	LG	롯데	현대중공업	GS	금호아시아나	한진	두산
2010	삼성	현대자동차	SK	LG	롯데	GS	현대중공업	금호아시아나	한진	두산
2011	삼성	현대자동차	SK	LG	롯데	현대중공업	GS	한진	한화	두산

주: 공정위 지정 기업집단 중에서 공기업과 공기업이었던 기업집단은 제외시켰다.
자료: 공정거래위원회의 대규모 기업집단 지정 자료(각 연도).

처음에는 트럭 한 대로 시작하였다.

사업은 점점 확대되어 갔으나 한국전쟁으로 다시 원점에서 시작하였다. 1956년부터 미국 군수물자 수송 용역을 맡으면서 한진상사는 본격적인 성장의 길로 들어섰다. 1957년에는 한진상사주식회사로 확대 개편하면서 본사를 인천에서 서울

〈표 2-14〉 **2군 재벌의 창업자 현황**

	한진	쌍용	한화	롯데
창업자	조중훈	김성곤	김종희	신격호
창업자 생몰연도	1920~2002	1913~1975	1922~1981	1922~
창업자 고향	서울	경북 달성	충남 천안	경남 울주
창업자 학력	휘문고보 중퇴	보성전문	메이지대학 중퇴	와세다공고
창업연도	1945	1948	1952	1947
창업 기업명	한진상사	금성방직	한국화약	(주)롯데
창업 업종	수송업	방직업	화약제조업	껌 제조
승계자	조양호(장남)	김석원(장남)	김승연(장남)	-

로 옮겼다. 미군 사업의 수주액은 해를 거듭할수록 점점 커져 1960년에는 220만 달러를 넘어섰다.

조중훈은 1966년 월남에도 진출하였다. 월남에서 대규모의 미국 군수품 수송계약을 따내면서 장차 재벌이 될 발판을 마련해 갔다. 월남에서는 계속 달러를 벌어들였다. 이 자금으로 1967년 동양화재보험을 인수하였다. 그리고 1968년에는 공기업이었던 대한항공공사(KAL)를 인수함으로써 한진은 재벌화의 기틀을 마련하였다. 특기할 것은 한진그룹은 수송 부문 전문업체로 관련 다각화를 추진하였다는 사실이다. 말하자면 한진은 수송 전문 재벌이다.

경인고속도로의 준공 및 경부고속도로의 부분 준공과 더불어 1968년부터 한진은 고속버스사업에서도 일약 사업을 확대시켜 나갔다. 1968년에는 한국공항, 한일개발 등을 설립하고 인하대학교도 인수하였다. 1972년에는 8개의 계열회사를 거느리면서 삼성, LG에 이어 재벌 순위 3위에까지 오르기도 하였다.[43] 한진도 재벌의 세 가지 조건을 충족시키는 재벌이 되었다.

2) 쌍용그룹

쌍용그룹은 김성곤(1913~1975년)에 의해 만들어졌다. 김성곤은 중농 집안 출신으로 보성전문까지 나온 인텔리 사업가였다. 사업의 시작은 1939년 삼공유지합자

43 이한구(2004), p. 183.

회사를 시작하면서부터이다. 이 회사는 비누를 만드는 회사였다.

김성곤은 해방 후 정치 활동에 몰두하다가 사업으로 관심을 돌린 것은 1948년 고려화재보험을 설립하면서부터이다. 그러나 쌍용그룹의 모체는 1948년 설립한 금성방직주식회사이다.[44] 삼공유지는 1949년 처분하여 금성방직의 운영자금으로 보탰다. 1952년에는 아주방적을 설립하였다.

김성곤은 정치에 관심이 많았던 인텔리 사업가였던 만큼 언론사업에 본격 진출하였다. 1952년에는 동양통신을 설립하였고, 1954년에는 연합신문을 인수하였다. 김성곤은 두 언론사를 소유하면서 언론계의 실력자가 되었다.

1954년에는 금성산업이라는 무역회사를 설립하였다. 1956년에는 태평방직주식회사를 인수하였다. 쌍용은 금성방직과 태평방직을 중심으로 방직업을 확고히 다져나갔다.

1962년에는 쌍용양회주식회사를 설립하면서 사업을 폭넓게 다각화시켜 나갔다. 1965년에는 성곡문화재단을 설립하였고, 1967년에는 삼화제지를 설립하였다. 삼화제지는 두산그룹, 삼화실업, 한국아트지 등과 공동으로 설립하였으나, 1975년 쌍용이 주식 전량을 인수하면서 쌍용제지로 상호를 바꾸었다. 1967년에는 금성해운도 설립하였고, 모기업인 금성방직과 태평방직을 대농그룹에 매각하면서 구조조정을 시행하기도 하였다.

쌍용그룹의 설립자 김성곤은 공화당 국회의원으로 활동하면서 거물 정치인으로 성장하였으나, 권력다툼 과정에서 박정희에 의해 정치를 떠나야 하는 운명을 맞았다. 쌍용그룹은 거물 정치인이 만든 재벌이었다. 창업자에 의해 1970년대에 이미 재벌 반열에 들어섰으며, 창업자의 사망 이후에는 장남 김석원(1945~)에게 승계되어 한때 재벌 순위 5위에까지 올랐다.

3) 한화그룹

한화그룹은 김종희(1922~1981년)에 의해 설립되었다. 김종희는 일제시대에 일본인 회사인 조선화약공판에서 근무하였다. 김종희는 1952년 한국화약을 설립하였고 1953년에는 귀속 재산인 조선유지를 불하받았다.[45] 한국화약은 화약 독점사업

44 이한구(2004), p. 186.

자로 정부에 납품하면서 빠르게 성장하였다.

한화는 1964년 신한베아링을 인수하고 1960년대 말에는 경인에너지를 설립하는 등 사업다각화를 추진하였다. 1981년 창업자 김종희가 사망하고 장남 김승연이 경영권을 승계하면서 사업을 본격적으로 확장시켜 나갔다. 1982년에 한양화학과 한국다우케미칼을 인수하였다. 같은 해에 프로야구단 이글스를 창단하였다.

한화그룹이 재벌화되는 결정적 계기는 1985년 정아그룹(구 명성그룹)과 한양그룹을 인수하면서이다. 1980년의 재계 11위에서 1985년에는 7위로 급부상하였다.

4) 롯데그룹

롯데는 일본에서 사업을 성공시킨 후 국내로 들어와서 재벌을 구축한 특이한 경력의 재벌이다. 창업자 신격호(1922~)는 일찍 일본으로 건너가 여러 가지 사업을 하다가 1948년 (주)롯데를 설립하였는데, 이것이 롯데그룹의 모체가 되었다. 롯데는 껌사업이 주력이었고 나중에 제과사업에까지 뛰어들었다. 1952년 롯데상사를 설립하여 롯데제품의 유통을 담당하였다.

1965년 한일국교정상화가 이루어지자 신격호는 사업을 국내로 옮겨 왔다. 1967년 롯데제과주식회사를 설립하여 국내에서 본격적으로 사업을 시작하였다. 이후 롯데는 제과업을 석권하면서 국내에서 승승장구하였다. 1970년대에는 광범위한 다각화를 시도하였다.

1970년에는 롯데알미늄을 설립하였고, 1973년에는 롯데기공과 롯데파이오니아를 설립하였다. 1974년에는 롯데산업과 롯데상사를 설립하였다. 그리고 롯데칠성음료를 인수하였다. 1978년에는 한일향료, 롯데삼강, 롯데햄우유, 롯데크리스탈호텔, 롯데건설을 설립하였다. 1979년에는 호텔롯데를 완공하였다. 그리고 호남석유화학을 인수하였다. 같은 해에 롯데쇼핑, 롯데리아를 설립하였다. 이로써 한국 진출 10여 년 만인 1970년대 말에 10대 재벌에 진입하였다.

45 이한구(2004), p. 417.

2. 재벌 이전 시대의 재벌

1) 1950년대의 재벌

해방 후에는 재벌이라고 규정할 정도의 기업그룹은 없었고, 재벌로 불렸던 부호들만 더러 있었다. 이들은 일제시대 때 사업으로 이미 많은 돈을 벌었거나, 해방 후 혼란기에 적산을 불하받거나 투기적 사업으로 많은 돈을 번 사람들이었다. 대표적인 기업과 창업자는 〈표 2-15〉와 같다.

2) 화신그룹

창업자는 박흥식(1903~1994년)이다. 박흥식은 1903년 평안남도 용강군에서 태어났다. 용강공립보통학교를 졸업할 무렵인 1915년 아버지가 돌아가시고, 다음 해인 1916년 형이 죽자 상급학교에 진학하지 못하고 사업을 시작하였다. 1930년대에 이미 큰 회사를 운영할 정도로 성공한 기업가였고, 일제시대의 대표적 한국인 부자였다. 광복 후에도 재벌로 불릴 정도로 사업을 번창시켰으나 1970년대에 들어서 파산하고 말았다.

박흥식은 1919년 17세 때 미곡상으로 사업을 시작하였고, 1926년 서울로 올라와서 본격적으로 사업 세계에 뛰어들었다. 상경한 다음 해에 을지로에서 선일지물주식회사를 설립하였고, 이를 발판으로 선광인쇄주식회사도 설립하였다.

1931년 종로에 있는 금은보석상인 '화신상회'를 인수하면서 '화신기업'으로 커갈 수 있는 발판을 마련하였다. 1934년 화신상회에 대화재가 발생하여 큰 손실을 보았지만 동아백화점을 인수하여 사업을 더욱 확장시켰다. 동아백화점은 전국적으로 350여 개 연쇄점을 일제히 개점하였다.

1937년에는 '화신백화점'의 사옥을 7층 현대식 건물로 신축하고 평양에도 화신

〈표 2-15〉 **1950년대의 부호**

기업명	화신	태창	개풍	삼호	천우사
창업자	박흥식	백락승	이정림	정재호	전택보
창업자 생몰연도	1903~1994	1886~1960	1913~1990	1913~2005	1901~1980

백화점을 개설하였다. 1939년에는 '화신무역'을 설립하여 중국 천진에 무역 창구를 개설하였고 방콕, 사이공과도 무역을 실시하였다. 1939년에는 또 협성실업학교를 인수하여 이사장에 취임하였다. 조선석유와 분선제지를 인수하는 등 사업은 확장일로를 달렸다. 1943년에는 일제의 강압으로 6억 원을 투입하여 안양에 조선비행기제작공장을 건립하기 시작하였는데 광복으로 공사가 중단되었다.

광복 후에는 북한의 재산압류로 막대한 손실을 보았으며, 1949년에는 친일 행위로 반민족행위특별조사위원회에 붙들려가서 옥고를 치렀다. 다시 기업 활동을 본격화시켜 1950년에 화신산업을, 1954년에 흥한방적을 설립·가동하였고, 흥한피복, 흥한화섬 등도 건립하여 재벌로 불리는 사업가가 되었다.

5.16쿠데타 후에는 부정축재자로 몰려 또 한 번 옥고를 치렀고, 출감 후 1962년 흥한화학섬유를 설립하여 동양 최대의 인견사 공장을 설립하였으나, 1968년 경영부실로 한국산업은행에 경영권 일체를 인계하고 박흥식은 경영에서 퇴진하였다. 1972년 화신전기, 1973년 화신쏘니를 운영하였으나, 일본 소니사와 합작한 '화신산업'이 1980년 부도를 낸 이후부터는 경제 활동을 멈춘 채 신병을 치유하며 지내다가 1994년 5월 92세를 일기로 타계하였다.

화신은 부도 이후 다른 기업으로 인수되지 않고 대부분 파산되었다. 그러나 박흥식이 설립한 광신고등학교는 박흥식의 아들이 이사장이 되었다. 1973년 일본 소니사와 합작한 화신산업은 동부그룹에 인수되어 아남전자로 이어지고 있다. 박흥식이 일군 화신그룹 중 광신고등학교와 화신산업을 제외한 기업은 파산한 것으로 조사되었으며, 현재 '화신'이라는 명칭을 가진 회사는 있지만 박흥식의 화신기업과는 관련이 없다.

3) 삼호그룹

삼호그룹의 창업자는 정재호(1913~2005년)이다. 정재호는 1913년 11월 27일 경북 예천군 풍양면 삼강리에서 가난한 농부의 아들로 태어나 빈곤과 싸우며 어린 시절을 보냈다. 소학교를 나온 정재호는 대구로 나와 3년여 동안 양말 행상으로 목돈을 모아 삼호공업이라는 공장을 만들었다. 이 공장은 나중에 삼호를 낳게 한 모체가 되었다.

메리야스, 양말 등을 부지런히 만들면서 품질 향상에 주력한 덕분에 삼호공업은 눈에 띄게 발전할 수 있었다. 정재호가 섬유직물에 착안한 것은 섬유가 생필품으로 시장 개척이 어느 업종보다 용이하다는 점 때문이었다. 그는 섬유공업을 보다 알차게 꾸며 나가고 싶었다. 그래서 25세 때 일본에 건너가 무사시노공업학교에서 섬유공업에 대해 공부를 하였다.

일본에서 배운 섬유 지식을 토대로 삼호방직을 설립하였다. 1953년 설립된 삼호방직은 팽창일로를 거듭, 대전방직과 조선방직을 인수, 3두마차로서 국내 최대의 면방공장을 갖기에 이르렀다. 이어 정재호는 제일화재, 삼양흥업, 유창물산, 원양수산을 계속 설립하여 재계의 실력자로 등장하였다. 그러나 4.19를 기점으로 정재호는 슬럼프에 빠지기 시작, 조선방직과 제일화재 등을 처분할 수밖에 없었다. 조선방직의 매각은 실로 예기치 못하였던 중대한 사건이었으며, 이때부터 정재호의 위상은 위축되었다.

삼호의 주요 기업군은 삼호무역, 삼호방직, 삼호공업, 경북메리야스염색가공, 원양수산, 동화통신, 대한가스, 의양언론문화 등이었다. 당시로서는 재벌로 불릴 정도로 사업을 확장하고 있었다. 삼호그룹은 1964년 무리한 면방시설 확장으로 사세가 기울기 시작하였다. 1950년대에 삼성과 함께 쌍벽을 이루었던 삼호그룹의 몰락에는 '정치적인 배경'이 작용하였다는 풀이도 있다. 정재호 회장은 자유당 시절 재계 정상을 다투었으나 5.16 이후 도산의 비운을 맞았기 때문이다.

정재호 회장은 은퇴 이후에 다시 방계기업인 대한와사(가스업), 동화전통사(동화빌딩 관리업), 범진가스, 제주축산 등 3남이 경영하는 회사를 총괄 경영하였다고 알려져 있다. 방계기업을 포함해 삼호그룹이 완전히 몰락한 이후 재창업 사실은 없었다.

4) 태창그룹

태창그룹은 백낙승(1886~1960년)을 창업자로 보고 있지만 사업은 선대부터 시작되었다. 백낙승은 서울 종로의 육의전에서 포목점을 경영하여 거상이 된 백윤수의 막내아들로 태어났다. 비디오 아티스트로 유명한 백남준의 아버지이기도 하다. 일본의 메이지대학 법률과와 니혼대학 상과를 졸업하였다.

백낙승은 1924년 아버지가 창업한 대창무역주식회사의 취체역(이사)에 취임함으로써 회사 경영을 시작하였다. 주력 사업이었던 청국산 견직물에 대한 수입관세가 대폭 인상되어 수입이 어렵게 되자 바로 대창무역 직물가공부를 독립시켜 태창직물을 새로 창립하였다. 1926년에는 금전대부업을 목적으로 하는 애국합명회사, 1935년에는 삼화제약주식회사를 설립하였다.

백씨가의 회사들은 1930년대 말에 이르기까지 백윤수의 장남 백낙원이 취체역 사장으로 회사를 총괄 운영하고 있었으나, 백낙원이 사망한 후 그의 아우 백낙승이 그 뒤를 이어받았던 것이다. 대창직물이 별개의 인견직물을 생산하기 위해 태창직물을 설립한 시기는 1935년이고, 백낙원의 사망연대도 이 당시로 추정되고 있다. 제2차 세계 대전 중에는 일본 관동군사령부 헌병대와 결탁하여 직물을 중국으로 밀수출하여 큰 이득을 보았다. 또 박흥식 등과 함께 비행기 제조회사를 만들고 일제에 비행기 1대와 거액의 국방비를 헌납하였다.

광복 후에는 이승만에게 정치자금을 헌납하였으며, 고려방직 등 귀속재산을 불하받고 홍삼전매권까지 얻는 등 특혜를 받았다. 1946년 반민족행위처벌법의 피의자로 체포되었으나 곧 보석으로 풀려났다. 그 후 태창공업주식회사 사장, 대전흥아직포회사 사장, 태창직물주식회사 사장 등을 겸임하는 등 많은 사업체를 거느려 우리나라에서 최초로 '재벌'로 불리기까지 하였다. 또 한국전쟁 후에는 이승만 정권과 유착하여 외화 부정대부사건 등을 일으키기도 하였다.

가장 중요한 업종으로는 섬유산업을 꼽을 수 있지만, 주력 업종인 섬유업 외에도 기업을 계속 확장하여 태창공업주식회사, 해전직물공업주식회사, 조선기계주식회사, 태창직물주식회사 등을 거느렸다. 승승장구하던 백낙승의 사업은 자유당 정권과의 지나친 유착으로 잦은 스캔들을 양산하다가 5.16쿠데타 후 완전히 파산하고 말았다.

태창그룹은 창업주 백낙승이 사망하자 그의 아들 백남일이 회사를 이어받았으나 5.16쿠데타 직후, 백남일이 전 재산을 국가에 헌납하고 일본에 귀화하면서 태창그룹은 사라졌다. 처음부터 타인자본의 의존도가 높았던 태창은 1962년 9월 정부가 「부정축재환수절차법」에 의거, 전 시설을 압류하여 정부 소유화시킨 후 은행관리에 두었는데 약간의 회복세를 보이다가 끝내 불운에서 벗어나지 못하였다.

1962년 12월에는 정부가 전 시설을 공매 처분하자 산업은행이 이를 매수하였고, 곧이어 1963년 1월에는 한국산업은행으로부터 서갑호가 매입, 판본방직으로 회사 이름을 바꿨다. 서갑호는 일본에서 판본방직을 운영하던 재일교포 사업가였다.

5) 개풍그룹

개풍그룹의 창업자는 이정림(1913~1990년)으로 개성상인의 대표 주자였다. 이정림은 개성에서 출생하여 개성 송도보통학교를 졸업하고 16세 때 가게 점원으로 출발하였다. 이정림은 21살이 되던 해인 1934년 개성에서 친구인 강병덕과 함께 소규모로 고무신 중개업을 시작하였다. 이 당시 이정림은 여수 천일고무의 김영준 사장과 친분을 쌓게 되고, 그의 신임을 얻게 되어 황해도 일대의 고무신 대리점을 맡게 되었다.

해방 후에는 1951년 개풍상사의 창업을 시작으로 대한탄광, 대한양회, 호양산업, 동방화재 등을 설립하였다. 1953년에는 호양산업을 설립하였다. 호양산업은 얼음 제조업체로 주한미군에 얼음을 납품하기 위한 사업이었다. 그는 미국에서 제빙기계를 도입하여 얼음을 생산한 후 본격적으로 주한미군에 납품하였다. 그 결과 호양산업은 호황을 지속하였고 장차 재벌화의 길을 도모하였다.

1955년에는 대한탄광을 설립하여 신규로 광업에 진출하였으며, 1956년 10월에는 대한양회를 설립하여 본격적인 다각화에 착수하였다. 당시 정부는 한국전쟁 후 수입대체산업 중심의 공업화에 박차를 가하였는데, 그 중에서도 특히 UNKRA 원조자금을 이용한 충주비료, 한국유리, 문경시멘트 등 3대 기간산업의 건설은 매우 중요하였다. 이정림은 문경시멘트를 1,300만 달러에 구입하여 대한양회를 설립하였다. 이로써 개풍그룹은 국내 굴지의 시멘트공장을 거느리게 되었다.

그 결과 1959년 개풍그룹은 모기업인 개풍상사를 비롯하여 대한양회, 호양산업, 배아산업, 대한탄광, 삼화제철, 동방화재, 대한철강 등을 거느리며 삼성, 삼호에 이어 재계 서열 3위의 대기업 집단으로 급부상하였다. 또한 1959년에는 은행주 불하에 참여하여 서울은행의 최대 주주로 부상하였다. 대한양회는 개풍그룹의 주력 업종이었다.

5.16쿠데타 직후 이정림은 전국경제인연합회 회장으로 있으면서 울산공업단

지 건설을 추진하였다. 1963년 3.1문화재단을 설립, 3.1문화상을 제정하기도 하였다. 1967년 대한유화(주)를 설립하였으며, 대한광학(주) 회장, 한일시멘트공업(주) 회장을 겸하였다.

경제개발계획이 본격화되자 개풍그룹은 오히려 시련기를 맞았다. 1965년 6월 회사가 기울게 되자 동업자 이동준과 이회림은 결별하였으며 사업은 파경을 맞았다. 1968년으로 접어들면서 불황으로 많은 임원진들이 회사를 떠났으며, 결국 1971년 대한양회는 원풍산업의 이상순에게로 운영권이 넘어갔다. 이후 대한양회가 쌍용그룹에 매각되면서 개풍그룹은 사실상 해체가 이루어졌다고 볼 수 있다.

VI 재벌 구축의 주요 수단

1. 내부출자

재벌은 한편으로는 계열기업의 수를 늘리고 또 한편으로는 계열기업의 규모를 키워 나가면서 만들어진 대규모 기업그룹이다. 이때 계열기업의 수를 늘리는 방법은 내부출자라는 방식이었고, 계열기업의 규모를 키우는 방법은 내부거래라는 방식이었다. 따라서 내부출자와 내부거래는 재벌을 만드는 2개의 핵심 수단이다.

내부출자는 기존 계열기업이 다른 기업에 출자하여 그 기업도 계열기업으로 만드는 방식이다. 처음에는 총수가 하나의 기업만으로 사업을 시작하지만 그 기업이 성공을 거두면, 그 기업의 자금으로 다른 기업을 사들인다. 이 기업이 성공하면 이 기업도 또 회사자금으로 다른 기업을 사들인다. 이렇게 되면 총수는 처음의 기업만 소유해도 다른 기업들을 모두 소유할 수 있다.

대부분의 재벌들이 이런 과정을 거치면서 계열기업의 수를 늘려 나갔다. 그러므로 총수는 개인자금이 없어도 소유 기업을 계속 늘려 나갈 수 있었다. 바로 그룹 내부의 기업들이 계속 타 기업에 출자하기 때문에 가능한 것이다. 이런 출자는 그룹 내부에서 일어나는 출자이기 때문에 이런 출자를 내부출자라고 한다. 재벌들은 자기 돈 없이도 내부출자 방식으로 기업의 수를 계속 늘려 나가면서 재벌의 성을 구축할 수 있었다.

재벌그룹의 계열사 지분은 모두 내부출자에 의한 지분이다. 내부출자를 전략적으로 잘 구사하면 최소 자금으로 많은 수의 기업을 거느릴 수 있다. 회사가 회사를 지배할 때 지배하는 회사를 지주회사라고 하는데, 타 회사의 지배를 주목적으로 운영되는 회사를 순수지주회사라고 하고, 본연의 사업을 영위하면서 타 회사 지배 사업도 영위하는 회사를 사업지주회사라고 한다. 모든 재벌의 주요 계열사는 사업지주회사의 역할을 하고 있다. 순수지주회사 체제를 운영하고 있는 재벌도 점점 늘어나고 있다.

오늘날은 출자기법이 고도로 발달하고 있어서 재벌 총수는 내부출자를 최대로 활용하면서 재벌의 규모를 키워 나가고 재벌의 지배권도 공고히하고 있다. 따라서 재벌에 의한 경제력집중을 해소하기 위해서는 내부출자를 통제하는 정책이 불가피하다. 그래서 공정위가 도입하였던 정책이 출자총액제한제도, 지주회사의 금지와 규제, 상호출자의 금지 등이다. 재벌들은 재벌을 키워 나가는 데 이런 규제가 가장 불편한 규제였기 때문에 그 동안 이런 규제에 대해 가장 강하게 저항해 왔던 것이다.

2. 내부거래

재벌은 계열기업 수만 늘려서는 재벌이 될 수 없다. 그 계열기업을 키우는 것이 오히려 더 중요하다. 계열기업을 키우는 중요 수단이 내부거래였다. 그룹 내에서 필요로 하는 상품은 거의 계열기업으로부터 구매한다. 말하자면, 물량 몰아주기 거래를 한다. 이런 거래는 그룹 내부에서 이루어지는 거래이기 때문에 이를 내부거래라고 부른다.

재벌은 규모가 크고 계열기업이 많기 때문에 그룹에서 필요로 하는 상품이 많고 그 규모도 크다. 이때 이런 상품을 내부에서 구매하는 전략을 구사하는 것은 당연한 일이다. 이런 상품을 공급할 회사가 내부에 없을 때는 새롭게 이런 회사를 내부에 만들어서라도 내부구매전략을 구사한다. 실제로 재벌의 많은 계열기업이 이런 거래를 통해 중소규모에서 일약 대기업으로 부상할 수 있었다.

재벌은 이런 전략을 구사하기 위해 계열회사를 늘려 나갔다. 재벌이 어느 수준 이상의 규모에 이르면 자기가 필요로 하는 상품이 많아지고 양도 크기 때문에 이런 상품을 공급해 줄 회사를 그룹 내부에 만들어 이를 또 다른 계열회사로 삼았다. 재벌식 기업 조직을 만드는 이유가 바로 이런 데 있다. 재벌들이 MRO 회사를 만들어 이를 빠르게 성장시킨 것이 바로 그 예이다.

삼성그룹쯤 되면 이제 어떤 제품의 회사를 만들어도 단시일에 그 회사를 크게 성공시킬 수 있다. 삼성그룹이 필요로 하는 수요만으로도 기본 수요는 충족되기 때문에 그 회사는 그 사업에서 하등의 위험부담 없이 성공할 수 있다. 다른 대재벌도 마찬가지이다. 재벌이 빵집을 하면 그 재벌의 수요만으로도 빵집은 운영될 수 있다. 대재벌은 한국에서 어떤 업종을 시작해도 내부거래로 기본적인 시장은 확보할 수 있다. 그러므로 재벌은 승승장구할 수밖에 없다.

대부분의 재벌이 내부거래전략으로 그룹을 키웠다. 더 나아가서는 이 전략으로 상속세를 내지 않는 편법 상속도 해낼 수 있었다. 소규모 계열사를 만들어 2세에게 대주주 자리를 만들어 준 후 내부거래로 이 회사를 집중적으로 밀어 주면, 이 회사는 단시일에 대기업으로 성장하고 2세는 대기업의 대주주가 된다. 따라서 대주주인 2세는 손쉽게 큰 부자가 된다. 세금도 내지 않은 채 큰 부를 물려받는 셈이 된다. 재벌들은 공공연하게 이런 방법을 사용하여 많은 비판을 받고 있다.

이처럼 내부거래는 그룹을 손쉽게 키우는 전략일 뿐만 아니라 편법 상속의 유효한 수단이 되기도 한다. 재벌식 기업 조직을 만드는 이유가 바로 이런 전략을 구사하기 위해서이기도 하다.

Chapter 3

시대 상황의 변화와 재벌의 흥망성쇠

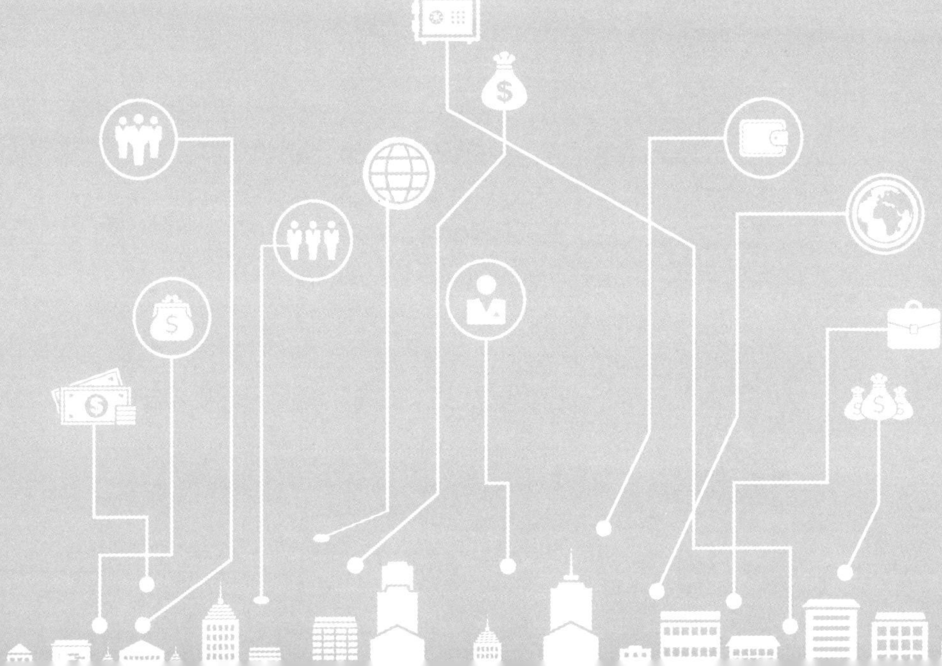

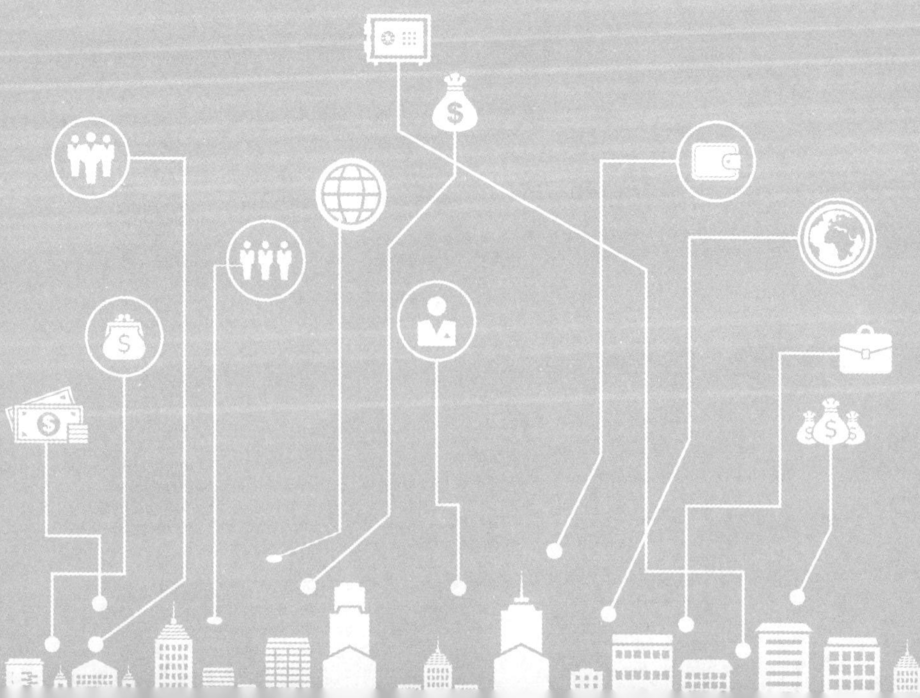

시대 상황의 변화와 재벌의 흥망성쇠

I 정치권력과 재벌의 부침

1. 사카린 밀수사건과 삼성그룹의 시련

1) 삼성 발전사에서의 한국비료

삼성은 1950년대 말에 이미 재벌의 면모를 갖춘 기업그룹이고, 한국 최초의 재벌이면서 최대의 재벌이라고 할 수 있는 기업그룹이다. 그런데 삼성은 한 가지 콤플렉스가 있었다. 삼성은 소비재 산업으로 재벌이 되었다는 지적이다. 이것은 삼성을 비판할 때 단골로 이용되는 메뉴이다. 삼성을 재벌로 만들어 준 기반은 1952년에 설립된 제일제당과 1954년에 설립된 제일모직이기 때문이다. 이 회사들은 소위 말하는 삼백산업(제당, 제분, 면방직)의 대표 기업이고, 삼성에 폭포수처럼 돈을 쏟아부어 준 기업이었다. 삼성은 이 회사들을 통해 산업자본을 축적하였다.

일반적으로 기계공업이나 중화학공업은 생산재 산업이라고 해서 경제성장의 원동력이 되는 산업이라고 본다. 반면에 소비재 산업은 1회성 소비 상품을 생산하는 산업으로서 수익성은 높지만 자본축적을 가져오는 효과는 약하다고 본다. 그러나 1950년대는 의식주조차 해결되지 않는 상황에서 소비재 산업이 불가피하였던 시기이다. 소비재 산업은 수입대체산업으로서 나름대로 국가경제에 공헌한 측면이 강하다. 그렇지만 한국 최고 재벌인 삼성이 소비재 산업에만 치중한다는 지적이 삼성으로서는 결코 유쾌한 일일 수 없었다. 어찌되었든 이병철은 중화학공업에도 관심을 가졌는데 그것이 바로 '한국비료'의 설립이었다.

재벌의 면모를 갖춘 삼성이 1950년대에 영위하였던 주력 업종은 제당, 제분, 면방직 이외에 무역, 보험, 은행 등이었다. 따라서 중화학 업종의 기업인 한국비료는 국가적으로뿐만 아니라 삼성으로서도 매우 의미 있는 사업이 아닐 수 없었다. 당시 절대적 농업국가였던 한국에서 비료공장은 농업생산성을 획기적으로 개선시켜 줄 국가 기간산업이었을 뿐만 아니라 산업보국이라는 삼성의 기업 슬로건도 실현시켜 줄 수 있는 간판 사업이었다. 국가경제에도 공헌하고 돈도 벌 수 있는 사업이라면 기업가에게는 그 이상 매력 있는 사업일 수 없다.

이병철은 비교적 일찍 비료공장에 관심을 가졌다. 그리고 그것을 매우 중요시한 것으로 보인다. 설립 과정에서 온갖 우여곡절이 있어서인지 이병철은 자서전 『호암자전』에서 한국비료와 관련된 이야기를 무려 38쪽에 걸쳐 서술하고 있다. 『호암자전』 총 273쪽의 14%에 해당하는 내용이다.[1] 총 58개의 장(章) 중 7개의 장을 한국비료 관련 이야기에 할애하고 있다. 그만큼 한국비료는 이병철의 사업 일생에서 의미도 있었고, 회한도 있었던 사업으로 보인다.

이병철은 1958년 '한국경제재건연구소'를 설립하면서부터 비료공장 건설을 생각한 것으로 보인다.[2] 이병철이 공장 건설을 위해 차관 교섭을 나선 것은 1960년이다. 서독, 이탈리아, 일본, 미국 등을 여행하면서 차관 교섭을 하였다.[3] 그런데 4.19 혁명과 5.16쿠데타가 연달아 발생하면서 비료공장 건설은 당분간 추진되지 못하였다.

대통령이 된 박정희도 비료공장 건설에 큰 관심을 가졌다. 박정희로서는 당시 절대적 비중을 차지하였던 농촌의 표를 의식해서뿐만 아니라 산업화의 발판을 마련하기 위해서도 절대로 필요하였던 프로젝트였다. 전체 인구의 60%가 농업 인구

1 이병철(1986), pp. 91~103, 142~166.
2 이병철(1986), p. 92. 한국경제연구소는 이병철이 소장이고 이기붕 등 유력 정치인들이 참여하였는데, 연구기관이라기보다 한국 경제의 현황과 미래에 대해 의견을 나누는 오늘날의 포럼과 같은 것으로 보인다.
3 이병철(1986), pp. 96~103.

였을 뿐만 아니라 당시 원조자금 2억 5,000만 달러 중 1억 달러 가까이가 비료 수입에 사용되었다. 따라서 비료공장은 한국에 절실히 필요하였던 사업이었다.

이병철은 박정희 대통령의 도움을 전제로 비료공장 건설을 구체화해 나갔다. 이병철은 미쓰이물산(三井物産)과 차관 교섭을 벌여 미쓰이로부터 4,190만 달러의 차관으로 울산에 연간 33만 톤 규모의 요소비료공장을 짓기로 계약을 체결하였다. 1964년 8월 20일이었다. 이것은 외국에서 도입된 한국의 민간 차관 제1호로 기록되고 있다.[4]

이어서 같은 해 8월 27일에는 수권자본금 2억 원의 '한국비료공업주식회사'를 설립하고 이병철이 사장에 취임하였다. 차관 도입이 경제기획원의 승인을 받은 것은 1965년 9월이었다. 금액은 차관 계약 당시보다 늘어난 4,390만 달러였다. 공장 규모도 3만 톤을 늘려 36만 톤이 되었다.

1965년 12월 10일 울산에서 기공식과 더불어 공장 건설이 시작되었다. 구상에서부터 공사 시작까지 무려 7년의 세월이 걸렸다. 건설은 순조롭게 진행되어 1966년부터는 일본으로부터 기계류가 반입되기 시작하였다. 공장장은 제일제당 건설 때부터 공장장을 맡았던 김재명이었다.

그런데 건설공정이 80% 정도 진행된 상황에서 뜻밖의 사건이 터졌다. 소위 '한국비료의 사카린 밀수사건'이다. 1966년 9월 16일의 일이었다. 한국비료가 일본으로부터 비료공장 자재를 들여오면서 거기에 사카린의 원료인 OTSA를 불법으로 함께 들여와 국내에서 비밀리에 판매하였다는 사건이었다. 국내 최대 재벌이 밀수를 하였다는 이유로 국내 여론은 들끓었다. 비료공장의 건설은 차질을 빚을 수밖에 없었다.

우여곡절을 거치면서도 1967년 4월 20일 비료공장은 준공식을 가졌다. 그러나 사카린 밀수사건의 수습 과정에서 이병철은 한국비료의 국가 헌납과 재계 은퇴를 선언하였다. 한국비료의 주식 51%는 국가로 넘어갔고 한국비료는 국가 기업이 되었다.

한국비료가 삼성의 계열기업이 되느냐 되지 못하느냐는 것은 삼성의 기업사에서 큰 차이가 있다. 일차적으로 그룹의 규모가 엄청난 차이를 나타낸다. 그리고 소

4 이병철(1986), pp. 149~152.

비재 산업이나 금융업으로 돈을 번 재벌이라는 비판에서도 어느 정도 자유로울 수 있는 계기가 될 수 있었다. 그만큼 한국비료는 삼성에게는 매우 중요한 사업이었다.

2) 사카린 밀수사건의 전말에 대한 복합적 견해

사카린 밀수사건의 내용은 간단하다. 한국비료가 일본으로부터 비료공장 기자재를 도입하면서 여러 가지 밀수품을 섞어 들여온 사건이고, 이 밀수품 중에 사카린의 원료인 OTSA 2,400부대가 들어 있었던 사건이다. 그런데 이 사건이 정치권의 권력암투와 결부되면서 매우 복잡한 사건으로 변질되었다. 그리고 당시 대한민국 사회를 뒤흔든 사건이 되었다.

이 사건은 1966년 5월에 정부와 정치권에 의해 인지되었으나 2,220만 원의 벌금을 추징하면서 조용히 해결되었다. 그러다가 1966년 9월 15일 신문에 폭로되면서 매일 언론과 국회에서 삼성을 맹공격하는 사건이 되었다. 삼성은 밀수재벌이라는 딱지를 받았다. 9월 16일 재무부 국세청장이 이 사건에 대해 공식적으로 진상 발표를 하였다. 한국비료가 밀수한 OTSA를 외부에 판매하려다가 부산 세관에 적발되어 벌금을 추징받았다는 내용이었다.

이 사건은 이어 수개월간 언론과 국회가 삼성을 끈질기게 공격함으로써 삼성의 역사에 커다란 오점으로 남는 사건이 되었다. 급기야는 9월 22일 국회의원 김두한이 국회의사당의 국무위원석에 오물(똥물)을 투척하는 사건으로 이어졌다. 9월 24일에는 국회와 국회의장을 모독하였다는 죄목으로 김두한 의원이 서대문 교도소에 수감되었다. 정일권 내각은 총사퇴하였다. 그리고 이병철의 차남인 이창희와 한국비료의 이일섭 상무가 구속되었다. 삼성은 한국비료를 국가에 헌납하고 이병철은 재계에서 은퇴한다고 발표하였다.

이처럼 이 사건은 1966년 가을 한국 사회를 온통 뒤흔든 대사건이었다. 그런데 이 사건은 겉으로는 경제범죄였지만 내부적으로는 정치권력과 밀접하게 연관되어 있는 정치사건이기도 하였다. 우연히도 1993년과 1994년 1년 사이로 이 사건에 대한 두 가지 상반된 비화가 공개되었다. 하나는 이병철의 장남 이맹희가 자서전을 통해 밝힌 내용이고, 다른 하나는 당시 경제부총리였던 장기영의 비서가 증언한 내용을 한 언론인이 기고한 내용이다. 전자는 업체측 당사자가 밝힌 내용이고, 후자는 정부측 관련 인사가 밝힌 내용이다.

이맹희는 이 사건을 박정희 대통령이 주도 내지 방조한 사건으로 기술하고 있다.[5] 일본에서는 비료공장과 같은 대형 플랜트를 수출할 때 리베이트가 따라붙는다는 것이다. 미쓰이물산은 4,200만 달러의 차관 대부분을 공장에 필요한 기계와 기자재로 제공하면서 이를 판매하는 대가로 100만 달러의 리베이트를 제공하였다.

그런데 리베이트는 불법이기 때문에 100만 달러를 현금으로 국내에 들여오는 것은 쉬운 일이 아니었다. 이 사실을 안 박정희 대통령이 "현금 대신 현물로 들여와서 이를 국내에서 판매하여 현금화하는 것이 어떻겠느냐"고 하였다는 것이 이맹희의 주장이다. 그렇게 하면 금액을 4배로 늘릴 수 있는데, 이를 3등분하여 1/3은 정치자금으로, 1/3은 부족한 공장건설 대금으로, 1/3은 한국비료의 운영자금으로 하라는 안까지 박정희 대통령이 제시하였다는 것이다.

이처럼 대통령의 묵인하에 100만 달러 상당의 밀수품이 변기, 냉장고, 에어컨, 전화기, 스테인리스판, OTSA 등의 형태로 반입되었다는 것이다. 이들을 시중에 판매하는 과정에서 사카린의 원료인 OTSA 밀수건이 노출되고, 소위 말하는 삼성의 사카린 밀수사건으로 비화되었다는 것이다.

그런데 이 사건이 노출된 이유는 정치인 김종필과의 악연 때문이라고 기술하고 있다.[6] 당시 김종필은 공화당의 실력자이면서도 박정희 대통령, 이후락, 김형욱 등과는 대립관계에 있었고, 삼성에 정치자금을 요구하였으나 삼성이 이를 거절하였다는 것이다. 이런 과정에서 사카린 밀수가 김종필의 정보망에 걸려들고, 김종필이 정치적 입지를 강화하기 위해 언론과 연대하여 삼성을 몰아부친 것이 사카린 밀수사건의 전말이라는 것이 이맹희의 주장이다. 언론은 삼성이 당시에 중앙일보 설립을 앞두고 있었기 때문에 경쟁언론사를 공격하기 위해서도 이 사건을 부각시킬 필요가 있었다는 것이다. 그리고 여론의 비판이 거세지자 박정희가 모든 책임을 이병철에게로 덮어씌워 버린 사건이라고 하였다. 말하자면, 박정희의 배신이

5 이맹희(1993).

6 이맹희의 자서전에서는 김씨와 그의 형이라고 기술하고 있지만 당시의 시대 상황과 정치적 역학관계로 볼 때 김씨는 김종필을 지칭한다고 볼 수 있다.

이 사건의 핵심이라고 하였다.

반면에 당시 경제기획원 장관이었던 장기영의 비서는 다른 각도에서 이 사건을 조명하고 있다.[7] 그는 한국비료의 시나리오는 장기영에 의해 쓰여졌고, 이병철은 하수인이라고 하였다. 장기영은 미쓰이물산으로부터 밀가루를 들여와 박정희의 대통령 선거에 크게 공을 세운 이력이 있는데, 그 연장선에서 대규모 정치자금 조달을 위해 미쓰이를 또 한 번 이용한 것이 한국비료의 사카린 밀수사건으로 귀결되었다고 주장하고 있다.

이병철은 비료공장 건설비용을 2,200만 달러 정도로 생각하였는데, 미쓰이물산은 두 배가 넘는 4,500만 달러를 요구하였기 때문에 더 이상 차관 교섭을 진행시키지 않았다는 것이다. 그런데 장기영과의 밀담 후에 어쩐 일인지 4,390만 달러에 차관 교섭을 마무리지었다고 한다. 장기영과 미쓰이물산 사이에 사전 밀약이 있었을 가능성을 제기하고 있는 것이다.

장기영은 초과된 차관에서 리베이트를 받아 정치자금을 조달할 뿐만 아니라 삼성의 비자금 조달에도 이용할 수 있도록 이병철에게 밀수를 제안하였다고 보고 있다. OTSA뿐만 아니라 다양한 품목에 걸쳐 엄청난 규모의 밀수였던 것이다. 박정희의 정치자금 조달책이었던 장기영에게는 이 방식이 정치자금 구성의 한 방법이 될 수 있었던 것이다.

어떤 연유로 한국비료가 밀수를 하였건, 이 사건은 단순 경제범죄라기보다 정치적 사건임에 틀림없다. 정치권력과 비밀스럽게 연계되어 이루어진 사건이다. 재벌 구축 과정에서 이루어졌던 다양한 정경유착의 한 형태인 것이다.

2. 권력과의 불화와 국제그룹의 해체

1) 국제그룹의 재벌화와 해체 당시의 그룹 실상

국제그룹은 양정모(1921~2009년)가 1948년에 설립한 '국제고무공업사'에서부터 출발한 재벌그룹이다. 출발 당시 주상품은 고무신이었다. 양정모는 부산 태생이며

7 전영준(1994), pp. 152~157.

1937년 부산공립공업학교를 졸업하였고, 부산에서 사업을 시작하였다. 부친 양태진이 정미업 등으로 상당한 부를 쌓았기 때문에 아버지의 자본이 양정모의 사업에 큰 힘이 되었다. 양정모는 1949년 국제고무를 국제화학주식회사로 확대 개편하면서 사업을 확장시켜 나갔다. 당시 국제화학이 생산한 '왕자표' 신발은 소비자들로부터 많은 인기가 있었다.[8]

1960년대에 들어서는 수출까지 하는 회사로 성장해 갔다. 양정모는 신발사업 성공을 바탕으로 사업영역을 여러 분야로 다각화시켜 나갔다. 1970년대 들어서는 금융, 의류, 무역, 해운, 철강, 기계, 타이어, 건설, 관광업 등으로 문어발식 확장을 추구하면서 급기야는 재벌 반열에 올랐고, 1975년에는 국제상사가 국내에서 네 번째로 종합무역상사에 지정되었다.

그룹 확장의 결정적 계기는 1977년의 연합철강그룹 인수와 1978년의 원풍그룹 인수이다.[9] 두 그룹을 인수함으로써 사업 범위도 확장되고 기업 규모도 커졌다. 국제그룹은 1980년대 초에 재벌 순위 7위에까지 올라섰다. 1983년의 재벌 순위는 현대, 삼성, LG, SK, 대우, 쌍용, 국제 순이었는데, 당시 1위였던 현대그룹의 매출액은 7조 원이었고, 국제그룹의 매출액은 2조 원이었다.[10] 계열회사는 23개였고, 종업원은 4만여 명이었다. 수출액도 9억 달러에 달하였다.

승승장구하던 국제그룹은 부실기업의 대거 인수와 과도한 다각화 경영 등으로 결국 발목이 잡히고 말았다. 국제그룹은 1985년 2월 21일 해체되었다. 1984년 기준으로 부채 총액이 1조 4,000여억 원이었고, 부채 비율은 무려 914%였다. 당시 10대 재벌의 평균 부채 비율이 526%였던 것에 비하면 국제그룹의 부실 현황은 심각한 수준이었다.[11] 당기순이익은 200억 원 이상 결손이었다.

국제그룹의 해체 후 계열사들은 한일그룹이 5개를 인수하고, 동국제강이 3개, 우성건설이 2개를 인수하였다. 그리고 극동, 동방, 아세아시멘트, 동양고무 등도 하나씩 가져갔다. 국제그룹의 주요 계열사를 인수한 한일합섬그룹, 우성그룹 등은 일약 상위 재벌로 도약하는 계기가 되었다.

8 이한구(2004), p. 291.
9 이한구(2004), p. 295.
10 한국일보사 경제부(1986), p. 15.
11 한국일보사 경제부(1986), p. 14.

재계 7위였던 국제그룹의 갑작스러운 해체를 두고는 탈도 많고 말도 많았다. 특히, 해체 이유를 두고 설왕설래하였다.

2) 국제그룹의 해체에 대한 상반된 견해

1984년 당시 국제그룹이 부실화된 것은 틀림없었다. 타 그룹에 비해 부채 비율도 높았고 수익성도 낮았다. 거기다가 당시 중화학공업 육성정책이 마무리되면서 부실화된 대기업들이 대량 출현하여 정부에 의한 산업구조조정이 불가피한 상황이었다. 이때 이루어진 부실기업 정리 중 최대 규모의 부실기업 정리가 국제그룹의 해체였다.

그런데 이러한 국제그룹의 해체에 대해서는, 경영 부실의 결과라는 견해와 전두환정권에 밉보여 초래된 정치적 타살이라는 견해가 오랫동안 대립되어 헌법소원이 제기되는 상황에까지 이르렀다. 전자의 견해는 정부측 인사의 주장이고, 후자의 견해는 당연히 창업주 양정모를 비롯한 국제측 인사들의 주장이다. 두 견해의 대립은 전두환정권이 끝나고 6공이 들어선 후 5공 청산 청문회가 열리면서 양정모가 억울함을 호소함에 따라 본격적으로 제기되었다.

경영 부실의 결과라는 입장에서는 당시 국제그룹의 심각한 재무 상태를 들고 있다. 당시 부채 규모가 1조 4,000억 원 수준(매출액은 1조 8,000억 원)이었고, 이 중 절반 가까이(5,500억 원)가 제2금융권 차입이라 이자 부담이 매우 높다. 거기다가 주력 업종인 신발과 무역업이 적자였을 뿐만 아니라 건설 부문까지 사업 부진으로 막대한 적자가 누적되고 있었다.[12]

그뿐만 아니라 사위들이 대거 경영에 참여함으로써 나타난 족벌경영도 경영 부실의 원인으로 지적받고 있었다. 당시 국제의 주거래은행이었던 제일은행의 이필선 행장은 해체 전 4개월 동안에 이미 2,000억 원 이상의 구제금융을 지원하였지만 매일 수백억 원의 어음이 돌아와 희망이 없었다고 하였다.

급기야 1984년 12월 27일에는 어음 78매 432억 원을 제일은행이 1차로 부도처리하였다. 이 어음은 다음 날까지 모두 결제되었으나 국제그룹의 신용은 치명타를

12 용산의 대규모 신사옥 건설, 제주도와 부산의 초대형 하얏트호텔 건설, 통도사 골프장 건설, 호주 알루미늄 제련소의 과다한 투자 등은 국제그룹의 자금사정을 옥죄는 주 요인이었다.

받았다. 1985년 1월 23일에는 제2금융권으로부터 2,012억 원의 여신을 회수당해 국제그룹은 회복 불능 상태로 빠져들었다.[13] 이런 일련의 과정을 거쳐 국제그룹은 해체되었으며, 해체가 불가피한 상황이었다는 것이 경영 부실의 결과라는 입장에 있는 사람들의 견해이다.

반면에 양정모는 정권에 의해 의도된 해체라는 주장이다. 그룹에 일부 부실한 기업들이 있긴 하였지만 그룹을 통째로 해체해서 해결할 상황은 아니라는 것이다. 전두환 대통령에게 밉보여서 정권의 지시에 의해 정부가 의도를 가지고 추진한 결과라는 주장이다. 국제그룹의 해체는 괘씸죄의 결과라는 것이다.

그 근거로 양정모는 여러 가지를 제시하고 있다. 첫째, 정치자금을 적게 냈다는 이유를 들고 있다. 당시 전두환은 새마을 성금, 심장재단 성금, 일해재단 성금 등으로 재벌로부터 많은 돈을 걷어들였는데, 이 과정에서 국제그룹은 턱없이 적은 금액을 내서 괘씸죄를 샀다는 주장이다.[14] 둘째, 일해재단 성금이 너무 많다고 불평하고, 부산 새마을운동 지부장을 사임하고, 청와대 만찬에 지각하고, 총선을 앞둔 1982년 2월 전두환의 부산 방문시 자리를 지키지 못한 일 등이 대통령에 대한 불경죄로 보였다는 것이 양정모의 주장이다.

어찌됐건 국제그룹은 1985년 2월 21일 해체되었고, 전두환 대통령은 1988년 퇴진하였다. 양정모는 전두환의 퇴진 후 국제그룹의 해체에 대해 재무부 장관을 상대로 헌법소원을 제기하였다. 공권력이 개인의 재산권을 침해하였다는 이유이다. 1993년 헌법재판소는 5공 정부의 국제그룹 해체는 위헌이라는 결정을 내렸다.[15] 그러나 양정모는 여러 차례 소송을 제기하였지만 회사를 되찾는 데는 실패하였다.

국제그룹의 해체는 10여 년 이후 있었던 쌍용그룹, 기아그룹, 대우그룹의 해체와 더불어 한국재벌사에서 10위 이내의 재벌이 해체된 대표적인 사례로 꼽히고 있다. 특히, 국제그룹의 해체는 정치권력과의 불화가 원인이라는 이유가 덧붙여져 시중의 관심을 크게 받았던 재벌 해체 사건이었다.

국제그룹이 부실화되었던 것도 사실이었고, 정권과의 관계가 좋지 않았던 것

13 이종재(1993), p. 314.

14 1983년 새마을 성금은 재계 7위인 국제가 3억 원을 내면서 성금 순위 30위가 되었고, 해체 후에 국제계열사인 연합철강을 인수해 간 동국그룹은 새마을 성금과 심장재단 기부금을 합쳐 30억 원을 냈다.

15 헌재 1993. 7. 29. 89헌마31. 공권력 행사로 인한 재산권 침해에 대한 헌법소원, 판례집 5-2, 87.

도 사실이었다. 그 당시 정 · 재계의 실정으로 볼 때, 부실재벌을 어떻게 처리할 것인지는 정부의 재량이었다. 부실의 정도에 따라 정부가 선택할 수 있는 방법은 여러 가지일 수 있었다. 부분적인 해체일 수도 있고, 전체 해체일 수도 있다. 그리고 강력한 지원으로 그룹 전체를 회생시킬 수도 있었다. 그러나 국제그룹이 자력으로 회생하지 못하는 한 정부가 끝없이 지원할 수는 없는 것이다.

3. 총수의 정치 외도와 현대그룹의 시련

1) 정주영 현대그룹 회장의 정치 참여

공정거래위원회가 공식적으로 재벌규제정책을 시행한 1987년 이래 현대그룹은 줄곧 재계 서열 1위였다. 정주영 회장이 통일국민당을 만들어 정치에 참여하는 1992년에는 43개의 계열회사를 거느리면서 총자산 규모가 23조 원이었다. 이때 재계 순위 2위였던 삼성그룹은 계열회사 52개에 자산 규모 21조 원이었다. 현대그룹은 삼성그룹과 더불어 최고 재벌의 위상을 확보하고 있었다.

이러한 재력을 바탕으로 정주영은 1992년 통일국민당을 만들어 제14대 국회의원 선거에 뛰어들면서 본격적으로 정치에도 진출하였다.[16] 3월에 있었던 국회의원 선거에서 통일국민당은 지역구 24명, 전국구 7명(정주영 포함) 등 총 31명의 국회의원을 당선시키면서 확실한 정치적 기반을 마련하였다.

정주영은 1992년 12월 급기야 통일국민당 후보로 15대 대통령 선거에 입후보하면서 경제권력을 바탕으로 정치권력까지 넘보는 일에 나섰다. 그러나 16.36%(388만표) 득표에 그치면서 3위로 대패하였다. 김영삼은 42% 득표로 당선되고, 김대중은 34% 득표로 2위에 머물렀다.

정주영의 정치 참여와 대통령 출마는 재벌이 궁극적으로 추구하는 것이 무엇인가를 말해 주는 적나라한 사례라고 볼 수 있다. 인간의 욕심은 무한하고 그 귀결점은 권력이라는 것을 말해 준다. 권력의 양대 축은 경제권력과 정치권력이다. 재벌은 경제권력에 만족하지 못하고 또 하나의 권력인 정치권력까지 확보하려고 한

16 정주영은 김동길이 창당을 추진하던 새한당을 흡수하여 함께 통일국민당을 만들었다.

다. 반대로 정치권력을 쥐면 이것을 바탕으로 경제력까지 장악하려는 것이 인간의 권력욕에 대한 본성이다. 정주영의 정치 참여는 이러한 인간의 본성을 잘 보여 준 것이다.

정주영은 왜 정치에 진출하였는지에 대해 자서전(『이 땅에 태어나서』)이나 기자회견 등에서 나름대로 솔직하게 고백하고 있다. 전두환 대통령과 노태우 대통령에게 엄청난 액수의 정치자금을 내면서 느낀 굴욕감이 직·간접적인 이유였다는 것이다. 또 정주영은 1988년 국회의 5공 청문회에 증인으로 불려 나가면서 국회의원들에게 당한 수모도 그를 정치에 나가게 한 이유라고 하였다. 그의 이러한 심경은 여러 곳에서 피력되었다. 정치자금에 대해서는 "내고 싶어서 낸 것도 있고, 내야 할 것 같아서 낸 것도 있고, 안 내면 혼날 것 같아 낸 것도 있고, 노골적으로 내라고 해서 낸 것도 있다"라고 한 말은 그의 솔직한 심경이라고 볼 수 있다.

정치자금이란 결코 일방적으로 내는 돈만은 아니다. 반대급부를 노리고 내는 돈이다. 반대급부는 적극적인 혜택이 될 수도 있고, 피해를 보지 않으려는 보험적인 성격이 될 수도 있다. 그렇지만 을의 입장에서는 불만이고 자존심 상하는 일이다. 이를 극복하기 위해서는 직접 정치권력을 장악해야겠다는 생각을 할 수 있다. 정주영은 "노태우 대통령의 세무사찰과 과도한 과세를 참을 수 없었다"라고 말한 적도 있고, 신군부의 산업합리화 조치와 1990년 5.18 부동산 투기 억제책에 대해서도 불만이 많았다고 한다. 이런 것들이 결국은 정주영을 정치로까지 끌어들였다.

어쨌든 정주영은 재력보다는 권력이 상위라는 것을 체득하였고 권력까지 장악해야겠다는 결심을 하였다. 그리고 재력을 바탕으로 권력에 도전한 것이다. 이것은 인간의 본능이고 본성이다. 정주영은 그러한 본능과 본성에 충실하였다.

2) 정주영의 과욕과 시련

정주영의 정치 참여는 그의 재계 활동과는 달리 참패로 끝났고 그 후유증도 컸다. 첫째는 개인이 받은 정신적 충격이고, 그 다음은 회사가 감수해야 하는 제반 불이익이었다.

정주영은 대통령 선거에 엄청난 물량공세와 더불어 현대그룹의 인력을 총동원하였다. 그러나 결과는 참담하였다. 400만 표도 득표하지 못한 3위였다. 그는 "당원

이 1,000만 명인데 당원 표도 안 나오느냐" 또는 "울산 지역에서의 득표는 현대그룹 임직원의 수보다 적으냐"는 등의 이야기를 하였다고 한다. 이것은 그가 받은 정신적 충격도 대단하였다는 것을 의미한다.

정주영은 이러한 정신적 상처에도 불구하고 정치를 계속하려고 하였다. 가족과 측근들의 만류에도 정치 활동의 의지를 접지 않고 통일국민당 대표로서의 활동을 계속하려고 하였다. 그러나 경제와 달리 정치에서는 그의 의지가 먹혀들지 않았다.

선거기간 동안 끈질기게 괴롭힘을 당하였던 김영삼 당선자는 정주영의 정치 행보를 방치하지 않았다. 인적 보복과 물적 보복이 동시에 가해졌다. 정주영 본인을 포함한 가족들과 현대그룹의 사람들이 각종 법률위반 혐의로 법의 심판대에 서게 되었고, 현대그룹의 각종 사업이 순탄하게 진행되지 않았다.

대통령선거법 위반 혐의로 100여 명이 넘는 현대그룹의 임직원들이 검찰조사를 받았다. 정주영 본인도 비자금사건 등으로 검찰의 소환을 받았다.[17] 법률적 압박이 옥죄어 오자 정주영은 결국 정계 은퇴를 선언하고, 이어서 국민당을 탈당하였다.[18] 그리고 국회의원직까지 사직하면서 공식적으로 정치 활동을 청산하였다.

정계를 은퇴하였지만 정주영은 대통령선거법 위반 혐의로 결국 3년의 실형이 선고되었다.[19] 경제 분야에서의 공로와 고령을 고려하여 집행유예를 받았다. 1995년 광복절 특사로 자유인이 될 때까지 정주영은 경제 활동에 실질적으로 많은 제약을 받았다.

현대그룹은 김영삼정부로부터 여러 가지 금융제재를 받았다. 산업은행으로부터의 시설자금 지원이 동결되었고, 해외증권 발행을 통한 해외자금 조달이 봉쇄되었고, 기업공개 유상증자 등을 통한 직접금융이 봉쇄되었다. 현대그룹은 자금조달에 극심한 어려움을 겪었다. 자금줄이 끊어진 동안 현대그룹은 새로운 사업을 시

17 1993년 1월 13일 정주영은 검찰 소환을 피해 일본으로 출국하려다 저지당하였는데, 이 사건은 언론에 대서특필되었다. 1월 15일 결국 검찰조사를 받았고, 2월 6일 대통령선거법 위반 및 특정경제범죄가중처벌법상의 횡령혐의 등으로 불구속 기소되었다.

18 정주영은 1993년 2월 9일 정계 진출 1년 만에 정계 은퇴를 선언하고, 이어서 국민당에 대한 모든 물질적 지원을 중단하고 탈당하였다.

19 서산간척지 견학 등 선거 목적의 각종 기부행위, 현대그룹 임직원들의 선거운동 동원, 한국은행이 3,000억 원을 찍어 민자당 선거자금으로 쓴다는 허위사실 유포, 현대중공업에서 430억 원의 비자금을 만들어 선거자금으로 유출한 것 등의 불법행위로 실형선고를 받았다.

작하지도 못하고, 기존 사업을 늘리기도 어려웠다. 기업에게는 큰 시련이 아닐 수 없었다.

정주영 회장의 정치 참여라는 재벌의 과욕이 빚은 후유증은 매우 컸다. 기업에게는 시련이었지만 국가적으로는 큰 손해였다. 국가 자원이 잘못 사용됨으로써 초래된 피해는 국민 모두의 몫이고 그 총량은 매우 클 수밖에 없다. 재벌이 비대해지면 궁극적으로 어떤 일이 벌어질 수 있는지를 실감 있게 보여 준 사례였다.

정주영은 김대중정부가 들어서고 나서야 옛날의 활기를 되찾을 수 있었다. 그러나 이미 너무 늙었다. 김대중 대통령과 함께 대북 사업에 열정을 쏟았으나 정주영이 그 결실을 향유하기에는 너무 늙어 있었다. 정치에 쏟은 열정을 진작 대북 사업에 쏟았으면 국가를 위해 더 큰 결실을 가져왔을지도 모른다.

II 경제 상황의 변화와 재벌의 부침

1. 사채동결 조치와 재벌의 기사회생

1) 기업과 사채

제2차 경제개발5개년계획이 마무리되어 가던 1960년대 말은 나중에 재벌로 부상하는 많은 기업들이 급성장하던 시기이다. 그런데 1970년대에 접어들면서 경제성장 속도가 잠시 주춤하고 그때까지의 고성장에 대한 후유증이 부각되기 시작하였다.[20] 그 중 대표적인 후유증이 기업부채의 증가와 사채 의존도의 증가였다. 특히, 기업들의 사채 의존도는 매우 심각한 문제로 대두되었다.

당시 국내 기업들의 자본축적은 매우 빈약한 실정이었다. 증권시장이 활성화

20 이 당시 경제성장률은 13.3%(1968), 13.8%(1969), 7.6%(1970), 8.8%(1971)로 1970년대에 들면서 성장속도가 점점 둔화되어 갔다. 수출증가율도 42.2%(1968), 36.7%(1969), 34.2%(1970), 27.8%(1971)로 비슷한 추세를 보였다.

되지 못하였기 때문에 직접금융을 통한 자기자본 확충도 어려웠을 뿐만 아니라 회사채를 이용한 자금조달도 쉽지가 않았다. 따라서 기업들은 은행의 단기자금을 차입하거나 개인의 사채에 의존할 수밖에 없었다.

또한 1970년대 들어와서는 1960년대에 외국으로부터 들여온 사업 차관의 원리금 상환이 시작되었는데, 수출 촉진을 위해 환율을 18% 이상 인상시키는 바람에 차관기업들의 원리금 부담이 가중되었다. 정부의 중화학공업 육성정책에 부응하여 대규모 자본투자도 불가피하였다. 이래저래 기업들은 자금압박이 가중되고 사채시장으로 내몰리게 되었다. 기업의 사채 의존도는 점점 높아지고 높은 사채이자는 기업들의 자금압박을 가중시켜 많은 기업들을 부도위기로 내몰았다.

당시 사채업자는 기업의 형태를 갖춘 것도 있었지만 전화상, 달러상, 국공채상인 등과 같은 개인사채꾼도 많았다. 51% 가량이 개인사채꾼으로 추정되었다. 개인사채의 공급원은 퇴직금, 계돈, 친목단체의 기금, 개별 부자의 돈 등이었다. 사채시장의 공급원은 다양하였고, 사채는 은행융자처럼 담보나 복잡한 절차가 필요 없었기 때문에 많은 기업들이 손쉽게 사채에 의존하였다.

당시 국세청의 추계 자료에 의하면 기업이 빌려 쓴 사채 규모는 월평균 1,000억 원 상당이고, 이에 대한 월평균 이자는 25억 원에 이르렀다. 연간 이자는 300억 원 이상이었다. 이러한 사채 규모는 당시 화폐발행액 1,600억 원의 65%에 해당하고, 통화량 3,600억 원의 30%에 해당하는 규모였다. 기업이 전체 금융기관으로부터 빌려 쓰는 대출금이 1조 원 정도였으니 사채는 제도권 금융의 10%에 해당하는 규모였다.[21]

이처럼 1970년대 초에 오면 기업들의 사채 의존도는 급속도로 증가하고, 사채 때문에 많은 기업들이 연쇄도산할 형편이었다. 거기다가 경기까지 위축되었다. 기업의 사채 문제를 해결하지 않고는 경제를 풀어나갈 수 없는 심각한 상황에 이르렀다.

21 실제 사채 신고를 받았을 때의 사채 규모는 이보다 3배 이상 많았다.

2) 8.3 긴급조치

사채로 인한 경제의 붕괴위기에서 박정희 대통령이 선택한 비상수단이 소위 '8.3 긴급조치'라고 불리는 대통령 긴급명령이었다. 1972년 8월 2일 밤 11시 40분 대통령이 주재한 임시국무회의에서 대통령 긴급명령 제15호 '경제의 안정과 성장에 관한 긴급명령'이 의결 공표되었다.[22] 그 다음 날인 8월 3일 세상에 알려지고 시행에 들어갔기 때문에 이를 통상 '8.3 긴급조치'라고 부르고 있다.

이 조치는 대통령의 지시로 1971년 9월 실무팀이 만들어져 제반 준비에 들어갔으며, 1972년 1월 15일 시행될 예정이었으나 정국의 불안정으로 연기되었다가 같은 해 8월 3일 시행되었다. 이 조치로 기업의 사채는 8월 3일 기준으로 모두 무효화되었다. 모든 기업 사채는 신고해야 하였으며, 신고된 사채는 3년 거치 5년 분할상환 조건으로 상환하되 이자율은 월 1.35%로 낮추도록 하였다. 당시 사채의 월평균 이자율이 3.84%였으니 긴급조치로 기업의 사채이자 부담은 3분의 1로 줄어들었다. 기업에게는 엄청난 혜택이 아닐 수 없었다.

처음에는 기업들의 사채 신고 실적이 매우 저조하였다. 갑작스러운 조치라 기업들은 유·불리를 당장 파악할 수 없었기 때문이다. 사채 신고 실적이 저조하자 박정희 대통령은 "신고된 사채에 대해서는 일체 그 출처를 묻지 말라"고 국세청에 특별지시를 내렸다. 자금원 노출을 우려해 사채 신고를 주저하였기 때문이다.

8월 9일 전국 92개 세무서와 각 은행 창구에서 사채 신고를 마감하였을 때 총신고액은 무려 3,456억 원에 이르렀다. 당시 통화량의 80%에 달하는 금액이고, 국내 여신 잔액의 34%에 이르는 금액이었다. 전경련이 예상하였던 1,800억 원의 두 배가 넘었다. 신고건수는 4만 677건이고, 해당된 기업은 3만 9,676개였다. 웬만한 기업은 거의 모두 사채에 의존하고 있었다. 1억 원 이상의 사채를 쓴 기업도 543개였다. 이들이 전체 사채금액의 53%를 차지하고 있었다. 300만 원 미만의 소액 신고건수는 전체 신고건수의 90%였지만 금액은 32%에 불과하였다.

사채 동결 조치는 기업에게는 엄청난 혜택이었다. 이 조치로 도산 직전의 기업들이 회생할 수 있었으며, 이들 중 많은 기업들이 나중에 재벌의 반열에 들어섰다.

---

22 긴급명령은 총 7장, 73조로 구성되어 있으며, 사채의 조정, 특별금융조치, 신용보증제도의 확충, 산업의 합리화, 재정 운용의 효율화 및 금리 인하 조치 등의 내용을 담고 있다.

결과적으로 재벌에 대한 엄청난 특혜조치가 되고 만 셈이었다. 8.3조치는 정부 지원이 재벌 축성의 커다란 원동력이었다는 주장을 강하게 뒷받침해 주는 사건이었다.

거기다가 일부 사채는 기업 오너들의 개인 재산으로 밝혀지기도 하였다. 오너가 회사 돈을 개인 재산으로 빼돌려 사채놀이를 해서 개인의 부를 증대시켰던 것이다. 그 대가로 회사는 부실해졌다. 이 조치로 사채놀이를 하였던 기업가의 개인 부는 타격을 받았지만 회사는 살아났기 때문에 결과적으로 기업가는 손해를 본 것이 없었다. 그러나 기업가의 도덕성은 엄청난 타격을 받았다. 이것이 재벌 비난의 한 빌미가 되기도 하였다.

8.3 긴급조치로 사채를 빌려 준 사람은 타격을 받았지만 사채를 쓴 기업은 회생하는 계기를 마련하였다. 기업의 자금난이 해소되면서 수출도 되살아나기 시작하였다. 1973년 상반기 중에는 수출이 전년 동기 대비 91%나 증가하고 경상수지도 전년 동기의 적자에서 1억 2,400만 달러 흑자로 돌아서는 회복세를 나타냈다. 기업의 재무구조가 개선되어 1973년부터 몰아닥친 제1 · 2차 오일쇼크를 극복하고, 중화학공업 육성정책을 추진할 수 있는 기반을 마련하였다.

2. 대규모 건설공사와 현대그룹의 도약

1) 경부고속도로 건설과 현대그룹

경부고속도로의 건설은 대한민국 산업화의 상징적 사업이고 박정희 대통령의 산업화 의지를 대표하는 사업이다. 경부고속도로는 1967년 4월 박정희 대통령이 건설 구상을 처음 발표한 후 준비 과정을 거쳐 1968년 2월 착공되었다. 착공 후 2년 5개월 만인 1970년 6월 전 구간이 개통되었다. 총길이는 428km이고, 총사업비는 430억 원이었다. 1km당 1억 원의 사업비가 들어간 셈이다.

경부고속도로 건설과 관련해서는 많은 이야기들이 회자되고 있다. 대표적인 이야기는 많은 반대에도 불구하고 끝까지 자기 뜻을 관철시켜 고속도로를 완성해 낸 박정희의 의지와 집념에 관한 이야기이고, 그 다음은 박정희와 의기투합해 고속도로 건설에 큰 공을 세운 정주영 현대그룹 회장에 관한 이야기이다.

박정희 대통령은 1964년 서독을 방문하였을 때 서독의 고속도로인 아우토반을 달려 본 후 고속도로에 큰 관심을 가졌다고 알려져 있다. 박 대통령은 이때부터 경제성장을 위해서는 고속도로와 같은 사회간접자본이 필수적이라는 확신을 가졌다. 드디어 1967년 대통령 선거 유세기간 중 경부고속도로 건설을 공약으로 발표하였다.[23]

건설비용으로는 180억 원을 추정한 기관(서울시)에서부터 650억 원을 추정한 기관(건설부)까지 있었다. 일본에서는 1km당 건설비용이 8억 원이었으니 이것을 경부고속도로에 그대로 대입시키면 3,600억 원이 나온다. 이 당시 한국의 1년 예산이 1,500억 원이었다. 따라서 그 당시 실정으로는 반대할 만도 하였다. 잘못하면 국가재정이 파탄날 수도 있는 사업이었다.

거기다가 고속도로보다 시급한 사업이 줄줄이 대기하고 있었다. 이런 상황에서 야당의 반대는 격렬하였다. 이런 반대를 묵살하고 건설을 추진하였으니 박정희와 경부고속도로는 특별한 관계로 역사에 기록되지 않을 수 없었다.

결과적으로 고속도로는 건설되었고 산업화의 대동맥으로 경제발전에 지대하게 공헌한 긍정적인 역할이 많았다. 그러나 부정적인 측면도 없을 수 없었다. 우선 무리한 공기 단축으로 인한 부실시공으로 공사 중 안전사고와 공사 후의 유지 · 보수비도 국민과 국가에 많은 부담을 안겼다. 건설 과정에서는 77명이나 되는 귀중한 인명손실이 있었다. 개통 후 한동안의 보수 · 유지비는 애초 공사비의 4배를 넘어섰을 정도였다.[24]

경부고속도로 건설은 현대그룹이 최대 재벌로 부상하는 초석이 된 사업이기도 하였다. 정주영이 창업한 현대그룹은 한때 재계 서열 1위까지 올라선 한국의 최대 재벌이었다. 현대그룹이 재계 서열 1위까지 올라선 데는 그룹의 모기업이면서 중핵기업이었던 현대건설의 역할이 지대하였다. 그 현대건설이 경부고속도로 건설에서 중심적 역할을 수행하였고, 이를 계기로 현대그룹이 급성장할 수 있었다. 나중에는 현대자동차가 그룹의 중핵기업이 되었으나 초창기에는 건설업에서 최고의 자리를 차지하였던 현대건설이 그룹의 돈줄이었고 중심 기업이었다.

23 최광승(2010).
24 고명섭(2006).

현대건설은 1947년 정주영이 직원 10여 명으로 시작한 작은 토목회사에 불과하였으나 한국전쟁 이후, 국가와 미군이 발주하는 건설 복구사업에 적극 참여하면서 급성장하였다. 1960년대에는 해외건설에까지 진출하는 대기업으로 성장하였다. 1965년에는 태국의 파타니나라티왓(Pattani-Narathiwat) 고속도로 건설을 맡으면서 한국 최초로 해외 진출의 기록을 세웠다. 이어서 1966년부터는 전쟁 중인 월남에도 진출하여 여러 가지 공사를 맡았다. 이어서 괌, 알래스카, 오스트리아, 파푸아뉴기니, 인도네시아 등에도 진출하였고, 나중에는 석유 달러가 넘치는 중동에까지 진출하여 현대그룹의 재벌화에 가속도를 부쳤다.

외국에서의 고속도로 건설 경험은 현대건설이 경부고속도로 건설을 주도하는 밑거름이 되었다. 현대건설은 경부고속도로 총공정의 40%를 수주하였다. 나머지는 15개 건설업체와 육군 건설공병단 3개 대대가 담당하였다. 정주영은 박정희와 의기투합하여 밤낮없이 고속도로 건설에 매진하여 완공에 큰 공을 세웠다.

이 공사에서는 손해를 본 건설업체도 많았으나 현대건설은 이익을 남겼다. 거기다가 박정희로부터의 신임은 앞으로 수많은 국내 건설공사를 수주하는 데 큰 힘이 되었다. 이후 박정희와 정주영은 정경유착이라고 불릴 정도로 밀착되었고 현대그룹은 승승장구하였다. 그리고 국내 최고의 재벌그룹으로 성장하였다.

2) 중동 건설 붐과 현대그룹

1970년대 중동에서 일어난 건설 붐은 재벌의 진로에 많은 영향을 미쳤다. 삼환기업이 1972년 사우디아라비아에서 발주한 알울라와 카이바 사이의 164km 고속도로 공사를 2,400만 달러에 수주한 것이 한국 건설업체들의 중동 진출 서막이었다.

그런데 1973년 이스라엘과 아랍 국가 사이에 제4차 중동전이 발발하자 아랍 산유국들은 석유를 무기화하였다. 이스라엘과 국교를 맺고 있는 나라에는 원유 판매를 금지하였고 유가는 4배나 뛰어올랐다. 전 세계는 중동발 오일쇼크에 휘말렸다. 원유가와 더불어 각종 원자재 가격이 폭등하면서 물가가 급상승하였다.

한국 경제에도 엄청난 충격을 안겨 주었다. 1973년에는 우리나라의 원유도입비가 3억 516만 달러였는데, 1974년에는 11억 78만 달러로 급증하였다. 경상수지도 1973년에는 3억 88만 달러가 적자였는데, 1974년에는 무려 20억 2,270만 달러 적자를 기록하였다. 이에 정부는 1974년 1월 긴급조치 제3호를 선포하여 석유위기 수습에 나섰다.

이런 상황에서 역설적으로 한국 건설업체에게는 중동 진출 붐이 일어났다. 원유가 상승으로 중동에 달러가 넘쳐나면서 건설업 발주가 급증하였기 때문이다. 한국 경제에는 구세주와 같은 것이었고, 중동의 오일 달러 덕택으로 석유위기를 극복할 수 있었다.

1973년부터 한국의 건설업체들은 경쟁적으로 중동으로 몰려갔다. 초기에는 도로공사가 주를 이루다가 이어서 항만공사, 건축 등으로 공사 수주가 이어졌다. 건축은 영빈관, 백화점, 호텔, 학교, 병원, 신시가지 건설 등의 분야로 확대되어 갔다.

1975년에는 6,000여 명, 1976년에는 1만 8,700여 명, 1978년에는 무려 9만여 명의 건설근로자가 중동 건설 현장으로 진출하였다. 이들이 송금하는 외화는 1977년 2억 7,000만 달러에서 1978년에는 4억 달러를 넘어섰다. 1981년에는 연간 해외건설 수주액이 137억 달러를 돌파하기도 하였다.

중동 건설 현장은 작업 환경이 매우 열악하였다. 사막 특유의 고온과 바람, 술과 여자를 금지하는 이슬람 문화의 특성, 도박과 오락의 금지 등 작업조건은 매우 나빴다. 이런 열악한 작업 환경 속에서도 근로자들은 한국인 특유의 근성을 발휘하면서 산업역군의 역할을 성공적으로 수행하였다. 1970년대 고도성장의 받침돌 역할을 하였다.

1972년부터 1983년까지 10여 년간 지속된 중동 건설 붐은 한국 경제의 돌파구였을 뿐만 아니라 재벌 성장의 추진체였다. 많은 재벌들이 건설업체를 거느리면서 재벌의 성을 점점 더 크게 쌓아 나갔다. 이 와중에 가장 큰 재벌로 부상한 재벌이 현대건설을 기반으로 한 현대재벌이었다.

현대건설이 중동에서 수주한 건설공사의 꽃은 1976년 사우디아라비아에서 수주한 주베일 항만공사였다. 전체 공사금액은 9억 6,000만 달러로 당시 우리 정부 예산의 25%에 달하는 초대형 공사였다. 현대건설이 중동에서 수주한 대표적인 공사는 〈표 3-1〉과 같다. 현대건설은 중동의 여러 나라에서 대형 공사들을 계속 수주하면서 세계적 규모의 종합건설회사로 성장해 나갔다. 이처럼 현대건설의 중동 진출은 현대그룹이 1980년대에 최고 재벌로 부상하는 데 결정적 역할을 수행하였다.

〈표 3-1〉 **중동에서 수주한 현대건설의 대표적 공사**

(단위: 1,000달러)

국가	공사명	공사금액
사우디아라비아	주베일 해군기지 해상시설	220,000
	주베일 해군기지 Mob.Camp 증설	220,000
	주베일 해군기지 육상시설	360,920
	주베일 산업항	960,000
이라크	바그다드 의료단지	319,000
	요시고속도로	330,000
	사마라 활주자 주택단지	760,000
	전력사업	100,000
바레인	아랍조선수리소	160,000
쿠웨이트	슈아이바항 확장	190,400
카타르	뉴도하 호텔	118,600
오만	정유공장	18,700
북예멘	고입모전선로 확장	32,230
리비아	라스라수프 항만	–
	미수라타발전소 및 담수화 플랜트	576,000

자료: 『현대건설 60년사』.

1980년까지 현대그룹의 주력 계열사는 현대건설이었다. 현대건설은 한국전쟁 이후 미군과 우리 정부가 발주하는 각종 건설사업에 참여하면서 기반을 다진 후 동남아 등 해외건설에까지 진출하는 국제적 기업으로 성장하였다. 그리고 현대그룹의 캐쉬카우 역할을 하였다. 이런 현대건설이 마침내 중동 붐에 편승하면서 물 만난 고기처럼 중동에서 그 역량을 한껏 발휘하였다. 그리고 현대그룹을 한국 최고의 재벌로 만들었다.

OPEC의 석유 카르텔이 무너지자 국제유가는 더 이상 그 위력을 발휘할 수 없었다. 국제유가가 떨어지자 중동 건설 붐도 시들기 시작하였다. 우리나라의 해외건설 수주액은 1981년의 137억 달러를 정점으로 1982년에는 114억 달러, 1983년에는 104억 달러, 1988년에는 16억 달러로 크게 하락하였다.

3. 부실기업 인수와 대우의 급팽창

1) 산업합리화 정책

한국의 경제성장전략은 정부 주도의 성장정책이 그 특징이다. 특히, 1960년대와 1970년대는 정부의 직접적인 설계하에 산업별로 각종 지원정책이 시행되었고, 이 과정에서 많은 기업들이 새롭게 만들어졌다. 이에 따라 기업들의 자금수요는 급증하였는데, 자본시장의 미성숙으로 기업의 자금수요를 시장에서 뒷받침해 주지 못하는 자금의 초과수요가 만성화되었다.

거기다가 중복과잉 투자로 실물시장에서는 초과공급이 만성화되었다. 기업은 부실화될 수밖에 없었다. 정부는 부실기업의 정리 문제가 경제정책의 새로운 과제가 되었다. 1969년 정부는 여러 차례에 걸쳐 부실기업을 강제로 정리해야 하는 상황에까지 이르렀다.

1970년대 말과 1980년대 초에는 중화학공업 육성정책의 후유증으로 인해 산업구조조정이 또 불가피해졌다. 산업별로 중복과잉 투자와 과잉경쟁으로 인해 많은 기업이 부실해졌다. 부실기업의 통폐합 없이는 기업과 산업이 경쟁력을 제고시킬 수 없었다. 정부는 6개 산업을 지정하여 기업정리, 기업합병, 카르텔 허용 등으로 산업합리화를 추진하였다.[25] 이에 따라 각 산업에서 기업들이 경쟁력을 갖출 수 있도록 부실기업들을 통폐합시켜 나갔다.

이러한 산업합리화 정책은 필연적으로 재벌 판도를 변화시킬 수밖에 없었다. 부실기업을 인수하고 그 대가로 정부로부터 여러 가지 지원 혜택을 받은 재벌은 더 큰 재벌로 부상할 수 있었고, 인수당한 기업들의 오너는 재벌 문턱에서 탈락할 수밖에 없었다. 특히, 1980년대 초 전두환의 신군부에서 시행한 산업합리화 조치는 미래의 재벌 판도에 크게 영향을 미쳤다.

2) 대우그룹의 급팽창

대우그룹은 1967년 청년실업가 김우중이 설립하여 10여 년 만에 재벌 서열로 끌어 올린 신생 재벌이었다. 이 과정에서 김우중이 구사한 핵심 전략은 부실기업

25 6개 산업은 비료, 해운, 자동차, 석탄, 조선, 발전설비 산업 등이다.

인수였다. 정부가 추진한 부실기업 정리와 산업합리화 정책 과정에서 시장에 나온 부실기업들을 인수하여 이를 정상화시키는 전략을 구사하였다. 특히, 정부의 과도한 중화학공업 육성정책 과정에서 초래된 부실기업들은 김우중의 기업사냥에서 좋은 먹잇감이었다.

부실기업의 인수는 정부로부터의 많은 특혜조치와 병행해서 이루어졌다. 그러므로 부실기업 인수는 일종의 특혜조치라고도 할 수 있었다.[26] 지원 형태는 여러 가지이다. 부실기업을 인수한 기업에게 부채의 이자 지급을 일정 기간 유예해 주거나 대출원금을 탕감해 주기도 하였다. 대출원금의 상환유예도 이루어졌다. 손실보상을 위해 연리 10%로 신규 대출을 함으로써 종잣돈을 마련할 수 있도록 해 주기도 하였다. 부동산 양도차익에 대한 양도세는 물론 취득세와 등록세도 감면해 주었다. 원리금 상환유예에 따른 은행 손실을 보전해 주기 위해 3%의 한국은행 특별융자도 시행되었다.

이러한 지원 조치로 인수재벌은 자기 돈을 들이지 않고 부실기업을 인수할 수 있었다. 어떤 재벌은 부실기업을 정상화시킨다는 명분으로 신규 대출까지 받아 다른 기업을 추가로 인수하거나 기존 계열기업을 확장하는 데 사용하기도 하였다.

이러한 특혜조치하에서 김우중은 부실기업을 계속 인수하였고, 대우그룹은 단기간에 급성장할 수 있었다. 대우그룹의 주력 기업들조차도 이러한 과정을 거쳐 인수한 기업들이었다.

대우그룹의 주요 계열사 인수 현황은 〈표 3-2〉와 같다. 대우자동차는 새한자동차를 인수해서 만들었고, 대우조선은 옥포조선을, 대우중공업은 한국기계공업을, 대우전자는 대한전선의 가전 부문을 인수해서 만든 주력 계열사였다. 끊임없는 기업 인수를 거쳐 1987년에 오면 대우그룹은 무역, 건설, 기계, 전자, 통신, 자동차, 조선, 화학, 금융 등 12개 산업에서 29개 계열사를 거느리면서 현대에 이어 재계 서열 2위의 재벌이 된다.

대우그룹은 세계경영을 기회로 국제무대에 뛰어들어 대우 브랜드를 세계화시

26 김우중이 부실기업 인수 과정에서 정부로부터 많은 혜택을 받은 이유를 박정희 대통령과의 개인적인 관계에서 찾는 학자도 있다. 김우중의 아버지가 박정희의 대구사범 은사인 관계로 김우중은 박정희의 특별 배려를 받았다는 주장이 많다.

〈표 3-2〉 **대우그룹의 주요 계열사 인수 현황**

(단위: 1,000달러)

계열사명	인수 전 기업명	인수연도
대우증권	동양증권	1973
대우중공업	한국기계공업	1976
대우조선	옥포조선	1978
대우자동차	새한자동차	1978
대우정밀	국방부 조병창	1981
대우전자	대한전선	1983
대우통신	대한통신	1983
경남기업	경남기업	1984
쌍용자동차	쌍용자동차	1998

자료: 대우그룹 내부 자료.

〈표 3-3〉 **대우그룹의 세계 진출 현황(1998년)**

(단위: 개(명))

종류 \ 국가	아시아	중동	CIS	유럽	미주	합계
법인	159(42,669)	25(6,700)	49(27,952)	113(49,793)	50(9,957)	396(137,071)
지사	63(592)	29(177)	12(234)	12(53)	18(150)	134(1,206)
연구소	4(45)	–	2(46)	5(920)	4(39)	15(1,050)
건설현장	21(2,432)	22(10,016)	–	1(2)	–	44(12,450)
합계	247(45,783)	76(16,893)	63(28,232)	63(50,768)	72(10,450)	589(151,777)

주: ( )안은 인원.
자료: 대우그룹 내부 자료.

키는 데 성공하였다. 그런데 세계경영 과정에서도 세계 각국에서 기업의 M&A로 대우의 규모를 키워 나갔다. 대우는 세계의 M&A시장에서도 그 능력을 유감없이 발휘하였다. 특히, 1990년대 들어서는 공산권이 무너지면서 동유럽이 자본주의화함에 따라 동유럽 각국에서 많은 유수기업을 인수할 수 있었다. 급기야 1998년에 오면 대우그룹은 전 세계에 법인 396개, 지사 134개, 연구소 15개 등 무려 589개의 기업 네트워크를 구축하기에 이른다. 대우그룹의 세계경영 현황은 〈표 3-3〉과 같다. 대우는 국내외를 막론하고 기업 인수에 나섰으며, 이를 통해 대재벌을 구축하였던 것이다.

4. 공기업 인수와 SK의 재벌화

1) 공기업 민영화 정책

공기업은 소유권과 경영권이 국가기관에 기속되어 있는 기업이다. 우리나라의 공기업은 일본인 소유 기업들을 해방 후 국가에 귀속시킨 기업과 해방 후 한국 정부가 직접 설립한 기업으로 나눌 수 있다. 어쨌든 공기업은 국가가 소유하고 경영한다는 점에서 민간 기업보다 효율성이 떨어진다는 문제점이 지적되고 있다.

효율성이 낮은 이유로는 이윤극대화에 대한 동기 결여, 관료주의적 경영 행태, 새로운 경영 환경에 대한 적응성 미비, 책임소재의 불분명 등이다. 자본주의 시장경제체제에서는 특별한 이유와 명분이 없는 한 민간 기업이 원칙이다. 따라서 공기업 본래의 목적이 완료되었거나 공기업으로서의 부작용이 클 때는 민영화가 불가피하다.

우리나라에서도 이러한 이유로 1968년 처음으로 공기업 민영화 정책이 추진되었다. 민영화는 소유권과 경영권을 정부 부문에서 민간 부문으로 넘기는 것이다. 그 구체적 방법으로는 여러 가지가 이용되었다.

1968년부터 1978년까지 시행된 제1차 공기업 민영화에서는 〈표 3-4〉에서 보는 것처럼 총 12개 공기업이 민영화되었다. 최초의 공기업 민영화 대상 기관은 대한통운(주)이었다. 이 기간에 1개의 은행도 민영화되었다.

민영화되는 공기업은 자금 여유가 있거나 정부와 우호관계에 있었던 기업가들

〈표 3-4〉 **제1차 공기업 민영화 실적**

민영화 연도	공기업 수	민영화된 공기업명
1968	7	한국기계공업(주), 대한통운(주), 대한해운(주), 대한항공공사, 대한조선공사, 인천중공업, 대한철강개발(주)
1971	2	대한광업제련공사, 대한염업주식회사
1972	1	한국산업은행
1973	1	한국수산개발공사
1978	1	대한재보험공사

자료: 경제기획원(1988), p. 67.

이 인수하였다. 공기업의 인수는 기업가에게는 하나의 특혜였다. 공기업을 인수한 기업가는 이를 통해 재벌로 도약하기도 하였다. 이미 재벌 반열에 들어 있었던 기업가는 인수를 통해 상위 재벌로 부상하였다.

이처럼 민영화되는 공기업의 인수는 초기의 재벌 판도에 크게 영향을 미쳤다. 1차 공기업 민영화에서는 대우그룹이 한국기계공업(주)를 인수하고, 한진그룹이 대한해운공사, 대한조선공사, 대한항공공사를 인수하여 대재벌로 도약하는 발판을 마련하였다. 동아그룹도 대한통운(주)를 인수함으로써 재벌의 위상을 높여 나갔다. 현대그룹은 인천중공업(주)를 인수하였다.

공기업의 민영화는 경제정책의 대세로 자리잡았다. 그러나 민영화 작업은 결코 쉬운 일이 아니었다. 공기업의 인수 자체가 큰 이권이기 때문이다. 그러므로 민영화되는 공기업을 누가 인수하느냐에 따라 수많은 잡음이 뒤따랐다. 인수 과정에서는 특혜 논란이 그치지 않았다.

큰 공기업은 어지간한 자금력이 아니고는 인수할 수 없는데, 우리나라에서 공기업을 인수할 만한 자본가는 재벌뿐이다. 실제로 많은 우수 공기업이 재벌에게로 넘어갔다. 재벌 비판이 비등하던 시기에 공기업을 재벌에 불하한다는 것은 정부나 정권 입장에서는 매우 힘겨운 일이 아닐 수 없었다. 여러 가지 오해를 받지 않을 수 없기 때문이다.

특히, 재벌의 경제력집중이 계속 공격받고 있는 상황에서 대규모 공기업을 재벌에게 인수시킨다는 것은 정책적 명분도 없었다. 그런데 재벌의 자금이 아니고는 그런 공기업을 인수할 자본이 없다. 아니면 외국 자본에 팔 수밖에 없다. 시장경제를 지향하는 한 이런 딜레마 속에서도 공기업 민영화는 계속될 수밖에 없다.

1980년대에 와서도 공기업의 민영화는 계속 추진되었다. 정부 소유의 4대 은행(한일은행, 제일은행, 서울신탁은행, 조흥은행)이 민영화되었고, 대한석유공사(선경재벌이 인수)가 민영화되었다. 한국전기통신공사가 체신부로부터 분리 독립되어 주식회사 체제를 갖추었고 나중에 민영화되었다(선경재벌이 인수). 공기업의 자회사들도 민영화되었다.

1990년대에 와서도 공기업의 민영화는 새 정권 경제정책의 단골 메뉴였다. 김영삼정부에서도 야심찬 민영화 계획을 추진하였으며, 김대중정부에서는 외환위기 극복의 한 수단으로 민영화 정책이 강력하게 추진되었다. 이러한 민영화 정책 과정에서 공기업을 인수한 재벌들은 재계 위상을 크게 부각시키기도 하고, 인수한 기업의 부실화로 인수한 재벌이 타격을 받기도 하였다. 이처럼 공기업 민영화 정책은 재벌 판도를 바꾸는 큰 요인으로 작용하였다.

2) 공기업 인수와 SK그룹의 팽창

SK그룹은 선경이라는 중소기업에서 출발하여 재계 서열 3위까지 성장하였는데, 이러한 성장 과정에는 공기업의 인수가 주된 역할을 하였다. SK그룹의 주력 기업은 SK에너지와 SK텔레콤으로 두 회사 모두 공기업을 인수해서 만든 기업이다. 대우그룹은 산업구조조정 과정에서 부실기업을 인수하여 대재벌을 구축하였는데, SK그룹은 정부가 민영화시키는 우수 공기업을 인수하여 대재벌을 구축하였다.

SK에너지는 정부가 건설한 우리나라 첫 정유회사인 대한석유공사를 인수하여 만든 기업이다. 대한석유공사(유공)는 정부가 미국 걸프사의 자본으로 만든 정유회사였는데, 1980년 8월 걸프사가 철수함에 따라 정부는 민영화를 추진하였다. 당시 유공은 매출액 1조 원 이상으로 국내 최대 기업이었다. 인수자는 걸프사가 내놓은 유공 주식 50%를 사기 위해 1억 달러를 조달해야 하였기 때문에 당시 중소기업 수준에 머물렀던 선경이 유공을 인수하리라고는 누구도 생각하지 못하였다.

선경그룹의 최종현 회장은 일찍이 정유공장 건설을 염두에 두었기 때문에 여러 경로를 이용해 10여 년 동안 사우디의 왕가와 돈독한 관계를 유지하고 있었다. 이런 인연으로 사우디 은행으로부터 1억 달러의 장기차관을 얻을 수 있었다. 거기다가 선경은 정유사업자의 필수요건인 원유의 안정적인 확보를 보장받을 수 있는 유일한 기업으로 인정받았다. 이런 노력의 결과로 선경이 유공의 인수자로 최종 결정되고, 유공을 계열기업으로 확보하여 SK그룹이 도약하는 발판을 마련하였다.

유공 인수 다음 해에 선경그룹은 매출액 1조 원, 순익 600억 원을 기록하면서 재계 서열 4위로 올라섰다. 공기업 인수는 SK그룹의 재벌화에 결정적 역할을 하였다.

1994년에는 공기업이었던 '한국이동통신'을 SK그룹이 인수함으로써 상위 재벌의 입지를 확실하게 굳혀 나갔다. 이동통신은 통신기술의 급속한 발전과 더불어 새롭게 나타난 산업이었기 때문에 처음에는 정부가 이 산업을 주도하였다. 한국이동통신은 당시 유선 통신업을 영위하고 있던 공기업인 '한국통신'의 자회사였다. 정부는 1984년 3월 '한국전기통신공사'(나중에 한국통신)의 자회사로 이동통신을 전담하는 '한국이동통신'을 설립하였던 것이다.

한국이동통신을 인수하기 이전 SK그룹은 1992년 8월 '대한텔레콤'이라는 회사명으로 제2이동전화 사업자로 선정되어 곧 이동통신사업에 진출하도록 되어 있었다. 그러나 당시 정치적 이유로 사업자 선정이 취소되었다.[27] 이런 와중에 김영삼 대통령이 새로 취임한 후 1994년 이동통신 사업자 선정이 새롭게 진행되면서 제2이동통신 사업자로 '신세기통신'(포항제철이 1대 주주, 코오롱이 2대 주주)이 지정되었다. 선경은 이동통신사업과는 인연이 없는가 하였는데, 이때 제1이동통신인 한국이동통신의 민영화가 추진되었다. 선경그룹은 제2이동통신 사업자가 되는 대신 민영화되는 '한국이동통신'을 인수하였다.

제2이동통신 사업자를 포기하였던 선경은 제1이동통신 사업자를 인수함으로써 전화위복의 기회를 잡았다. 민영화된 한국이동통신은 1997년 SK텔레콤으로 사명을 변경하면서 SK그룹의 또 하나 주력 기업으로 성장하였다.

이처럼 SK그룹은 14년 간격으로(1980년 유공 인수, 1994년 SK텔레콤 인수) 두 개의 거대 공기업을 인수함으로써 상위 재벌의 위치를 확실하게 다졌다. 두 회사는 수익성이 확실히 보장되는 성장 산업의 공기업이었다. SK그룹은 공기업의 인수로 재벌을 일구었다는 냉소적인 비판을 피할 수 없었다.

민영화되는 공기업의 인수, 그것도 유망 업종에 있는 거대 공기업을 인수하는 것은 한국의 정치 사정으로 볼 때 정치권력의 특별한 배려 없이는 어려운 일이다. 이 때문에 SK는 정경유착으로 급속히 성장한 재벌이라는 비판을 받아 왔다.

27 대통령(노태우)의 사돈(최종현)에게 제2이동통신을 허가해서는 안 된다는 대통령 후보(김영삼)의 주장으로 SK에게 주어졌던 제2이동통신 사업자 허가가 취소되었다.

III 중화학공업 육성정책과 재벌 시대의 도래

1. 중화학공업 육성정책 개요

1) 중화학공업 육성정책의 배경

중화학공업 육성정책은 한국의 경제성장사에서 매우 중요한 의미를 갖는 정부 정책이다. 박정희 대통령이 1973년 1월 한국 경제의 중화학공업화를 선언하면서 중화학공업 육성정책이 본격적으로 시행되었는데, 이 정책이 시행되면서 한국 경제는 구조와 체질이 바뀌었을 뿐만 아니라 기업들의 사업 내용과 형태도 바뀌었다. 이때부터 한국에 중후장대형 산업이 출현하였고 국제적 수준의 대규모 기업이 출현하였다. 그리고 이런 산업에서 이런 기업들을 개인이 지배하면서 소위 말하는 재벌이 본격적으로 그 모습을 드러내기 시작하였다.

이때까지 박정희 대통령이 추진한 제1 · 2차 경제개발5개년계획은 경공업의 육성에 큰 비중을 두고 있었다. 국민들의 의식주 문제 해결이 시급하였기 때문이다. 농업 중심에서 공업 중심으로 전환해 가는 시기였지만 경공업 수준을 크게 넘어서지 못하였다. 그렇지만 정부가 추진하는 공업화 전략과 지속적인 경제성장을 위해서는 중화학공업의 육성이 불가피하였다. 특히, 정부가 설정한 1,000달러 소득과 100억 달러 수출이라는 정책목표를 달성하기 위해서는 국가경제의 중화학공업화가 절대적으로 필요하였다.

거기다가 1970년대 들어와서는 미국과 소련 사이의 냉전체제에 변화가 일기 시작하였다. 세계적인 데탕트 분위기와 더불어 1970~1971년 사이에 주한 미군 6만 명 중 2만 명 정도가 감축되었다. 당시의 군부정권은 이런 상황을 심각한 안보상의 위기로 받아들였다. 자주국방의 필요성을 절감하였으며, 이를 위해서는 방위산업의 육성이 절대적으로 필요하였다. 결국은 방위산업체제로의 전환이 가능한 기계, 제철, 비철금속 등의 중화학공업 육성이 불가피하게 되었다.

그뿐만 아니라 수출 주도의 성장전략은 경공업 중심의 수출로는 한계가 있었다. 경공업 제품은 수입국의 보호무역정책을 피하기 어려웠고, 경공업 제품은 세계시장에서 경쟁이 점점 심화되고 있었다. 경공업 제품의 생산을 위해서는 중화학 제품을 수입해야 하기 때문에 국제수지가 악화되고 외화 부족이 누적되었다. 중화학공업을 육성시키지 않고는 수출 주도의 성장정책을 계속 추진하기 어려웠다. 이러한 사정으로 볼 때 중화학공업 육성정책은 시대적 요청이었다.

정치적으로도 돌파구가 필요하였다. 무리하게 개헌까지 하면서 1971년 3선 대통령이 된 박정희는 국민들에게 경제개발의 새로운 의지를 보일 필요가 있었다. 거기다가 1972년 10월에는 영구집권을 위해 유신까지 단행하였기 때문에 국민들에게 어떤 명분 있는 새로운 정책이 필요하였다. 이처럼 이 당시의 정치적 상황이나 경제적 상황으로 볼 때 중화학공업 육성정책은 위정자로서 꺼내들 수 있는 매우 매력 있는 카드가 아닐 수 없었다.

2) 중화학공업 육성정책의 내용

박정희 대통령의 중화학공업 육성 선언은 1973년에 있었지만 이미 그 이전부터 중화학공업화 정책은 꾸준히 준비되고 있었다. 정부는 제2차 경제개발5개년계획에서 철강, 석유화학, 기계공업을 3대 전략 부문으로 설정하였다. 특히, 기계공업 분야에서는 기계공업진흥법을 제정하여(1967년 3월) 1968년 7월 98개 기계류에 대해 수입금지 조치를 취하면서 국내 산업의 보호를 시작하였다. 개별 산업별로도 육성법을 제정하여 여러 가지 지원정책을 모색하였다.[28]

정부의 지원정책은 재정지원, 금융지원, 세제지원, 해외 관련 지원 등으로 나누어 살펴볼 수 있다. 재정지원의 대표적 형태는 공단 조성과 공단에 필요한 각종 사회기반시설을 정부가 직접 담당하는 지원정책이었다. 사회간접자본 확충은 공업화의 필수적 조건이기 때문이다. 그리고 정부는 재정 투융자를 지속적으로 확대해 나갔다.

재정 투융자만으로는 방대한 투자재원을 충당할 수 없었기 때문에 정부는 산업지원자금 형식의 금융지원에도 적극 나섰다. 산업은행 등 정책금융기관은 물론 시중은행까지 동원하여 정책금융을 중화학공업 부문에 집중 배정하였다. 주식시

28 1960년대의 개별 산업별 육성법으로는 「섬유공업시설에 관한 임시조치법」(1967. 3. 3), 「기계공업진흥법」(1967. 3. 30), 「조선공업진흥법」(1967. 3. 30), 「전자공업진흥법」(1969. 1. 28) 등이 있다.

장도 지속적으로 활성화시켜 중화학 분야 기업들의 직접금융이 용이하도록 하였다.

세제지원정책도 매우 중요하였다. 정부는 투자공제제도를 확충하고, 종합소득세와 법인세를 감면하고, 감가상각률을 인상하는 등 세제상의 지원도 확대시켰다. 중화학 제품의 수출에서 발생하는 소득에는 소득세와 법인세를 대폭 감면하였다. 이처럼 중화학 분야의 사업체는 세제상의 혜택이 매우 컸다.

해외 부문에 관련해서도 정부의 지원정책은 아낌이 없었다. 우선 중화학공업 분야에서는 외국 제품과의 경쟁을 억제하기 위해 제품 수입을 강력히 규제하였다. 이 결과 이 분야의 수입자유화율은 다른 산업 제품에 비해 현저히 낮았다. 그리고 투자자금 조달을 위한 해외 자본 도입을 쉽게 하였다. 기술 도입을 지원하고 차관 도입을 용이하게 하였다.

이처럼 정부의 지원정책은 전방위적으로 이루어졌다. 이 과정에서 중화학공업 부문에서 성공한 기업들은 재벌로 부상하였다. 주로 상위 대재벌들은 이런 과정에서 출현한 재벌이다.

중화학공업 지원정책은 결국 과잉지원으로 귀결되어 많은 부작용을 내기도 하였다. 1978년 이후에 가면 이 분야의 과잉 · 중복 투자가 심각한 경제 문제로 대두하였다. 수요에 비해 공급능력이 턱없이 커져 많은 기업들이 부실화되었다. 국가의 자원이 비효율적으로 사용되고 이로 인한 피해가 매우 커졌다. 정부는 이제 역으로 투자조정정책이 필요해졌다.

3차에 걸쳐 중화학공업 투자조정정책이 시행되었다. 제1차 투자조정정책은 1979년 5월, 제2차는 1980년 8월, 제3차는 1980년 9월에 이루어졌다. 그런데 투자조정정책도 성공적으로 마무리되지 못하였다. 투자조정은 투자촉진보다 오히려 더 어려운 정책이기 때문이다. 투자촉진은 지원정책이지만 투자조정은 민간 기업들의 이해관계를 조정해야 하는 정책이다. 이해관계의 조정은 결코 쉬운 일이 아니었다.

중화학공업 육성정책은 결국 많은 국가 자원을 낭비하면서 시행된 정책이 되고 말았다. 그만큼 비용이 많이 투입된 국가 정책이었다고 볼 수 있다. 경제 규모가 커지면서 민간 경제를 정부가 직접 관리하는 것은 점점 어려워졌다는 것을 역설적으로 말해 주는 사례이다.

드디어 1981년 8월 정부는 제5차 경제사회 발전 5개년계획을 발표하면서 경제 운용을 국가 주도에서 민간 주도로 전환하겠다고 선언하였다. 그리고 1983년 5월 정부는 이제 정부 개입을 통한 산업 육성은 지양하고 민간 자율과 경쟁을 통한 균형 있는 산업발전을 추구하겠다고 발표하였다. 이로써 정부의 중화학공업 육성정책은 사실상 끝을 찾았다고 볼 수 있다.

중화학공업 육성정책은 한국 경제에서 대규모 재벌의 출현을 초래하였고, 본격적인 재벌 시대를 열게 하였다. 중후장대형 중화학산업에서 대규모 기업이 만들어지고 이들을 개인과 그 가족이 지배하면서 재벌화가 심화되었고, 이때부터 한국 경제는 이들이 국가경제를 좌우하는 재벌 중심의 경제가 되었다. 한국 경제는 국가 주도에서 재벌 주도로 넘어가고 만 것이다.

2. 기계공업의 성장과 현대의 도약

재계 서열 1위까지 올랐던 현대그룹의 1980년대 주력 계열사는 현대자동차, 현대건설, 현대중공업, 현대미포조선, 현대정공(나중에 현대모비스) 등이었다. 현대건설 이외에는 모두 기계공업 분야의 기업이다. 이것은 기계공업이 현대그룹을 재벌로 부상시키는 중심 업종이었다는 것을 말해 준다.

기계공업은 중화학공업 육성정책 과정에서 정부가 선정한 6대 전략산업 중 하나이다. 그런 만큼 기계공업은 정부의 집중적인 지원하에서 성장하였다. 이 과정에서 현대는 기계공업 분야에 여러 개의 계열사를 만들고 이들을 중핵 계열사로 키웠다. 말하자면, 현대는 정부의 중화학공업 육성정책에 편승하여 현대자동차, 현대중공업, 현대정공 등을 주력 계열사로 키웠고, 이들은 한국 경제에서 기계공업 분야의 선두 기업으로 성장하였다. 이처럼 현대그룹은 중화학공업 육성정책으로 도약의 계기를 마련하고 재벌로 부상할 수 있었다.

현대자동차는 1967년 설립되어 1968년부터 미국의 포드사와 기술제휴를 맺어 부품을 수입하여 완성차를 조립하는 방식으로 영업을 해 왔다. 그런 와중에 1973년 정부는 '자동차공업진흥장기계획'으로 국산차를 개발하여 수출하려는 목표를 세웠다. 이에 부응하여 현대는 포드사와의 기술제휴를 중단하고 한국 최초의 고유 모델인 포니를 개발하였다. 드디어 1976년 포니는 시장에 출시되어 자동차 국산화의 첫 결실을 맺었다. 이어서 수출에까지 성공함으로써 한국의 자동차산업은 세계적 수준으로 올라섰다. 그리고 현대자동차는 세계적 자동차회사로 성장하였다.

현대중공업은 1973년 출범한 현대조선중공업에서 발전한 회사인데, 이 회사는 1970년 현대그룹이 4대 핵심 공장 건설사업에서 조선 부문의 주체로 선정됨으로써 출범한 회사이다. 현대중공업은 처음부터 수출시장을 겨냥하여 울산에 대형조선소 건설에 나섰고, 1974년 조선소의 완공과 더불어 2척의 유조선을 발주하면서 성장의 기틀을 마련하였다. 이렇게 시작한 현대중공업은 나중에 세계적인 조선회사로 성장하였다.

현대정공은 1970년대에 와서 현대그룹이 기계공업 중심으로 나아가게 됨에 따라 소재와 부품의 국산화를 위해 출범한 회사이다. 처음에는 수출신장에 편승해 컨테이너사업으로 호황을 누렸다. 나중에는 자동차부품사업에 특화해 현대모비스로 성장하였다.

이처럼 현대그룹은 재벌화 과정에서 기계공업에 역량을 집중하였는데, 정부의 중화학공업 육성정책이 큰 계기가 되었고 큰 역할을 하였다. 정부 정책을 잘 활용한 기업가가 성공적으로 재벌을 구축할 수 있었다는 것을 잘 보여 주고 있다.

3. 전자산업의 성장과 삼성의 도약

현대그룹과 더불어 재계 서열 1, 2위를 다투었던 삼성그룹도 정부의 중화학공업 육성정책이 재벌의 위상을 확실하게 굳혀 나가는 데 큰 역할을 하였다. 삼성은 전자산업에 진출하면서 그룹의 핵심 역량을 경공업에서 중공업 부문으로 옮겨 가는 전략을 구사하였는데, 이때 마침 정부도 중화학공업 육성정책을 시행함으로써 민과 관이 보조를 맞추는 결과가 초래되었다. 전자산업도 중화학공업 육성정책하에서 정부가 선정한 6대 전략산업 중 하나가 됨으로써 삼성그룹의 전자산업 진출은 가속도가 붙을 수 있었다.[29]

삼성은 1969년 삼성전자를 설립하면서 본격적인 전자산업에 진출하였다. 삼성전자는 삼성전기, 삼성전관(나중에 삼성SDI), 삼성코닝(나중에 삼성코닝정밀유리) 등과 더불어 전자산업의 수직계열화를 구축하였다. 드디어 1974년 삼성은 전자산업의 꽃이라고 할 수 있는 반도체산업에까지 진출하여 전자산업의 함대를 만들었다.[30] 삼성은 전자산업 중심의 재벌그룹으로 완벽하게 변모하였다.

삼성이 재계 서열 1위로 도약하고 1위를 계속 유지할 수 있었던 것은 전자산업에서의 성공 때문이었다. 그리고 삼성의 성공 스토리 뒤에는 정부의 중화학공업 육성정책이 있었다. 삼성도 정부의 지원정책에 편승하여 성공적으로 사업을 이끈 기업가는 상위 재벌로 도약할 수 있었다는 것을 확실히 보여 주었다. 특히, 1970년대에는 기업가가 정부 정책을 어떻게 활용하느냐가 사업의 성공을 좌우하고 재벌로 부상할 수 있는 원천이었다.

4. 화학산업의 성장과 LG의 도약

LG그룹은 초기부터 화학과 전자업종을 주력으로 성장해 온 재벌이다. 화학업종에서는 (주)럭키가 전자업종에서는 (주)금성사가 LG그룹의 주력 기업이었다. 두 기업 모두 이미 1947년과 1958년에 설립된 한국의 대표 기업이었다. LG그룹의 상표명에서 L은 럭키에서 G는 금성사(Gold Star)에서 따올 정도로 두 기업은 그룹의 핵심 기업이었다.

특히, 화학업종에서는 LG가 타 재벌에 비해 절대적 우위를 확보하고 있었는데, 1970년대 정부의 중화학공업 육성정책에 힘입어 (주)럭키는 명실 공히 LG의 핵심 기업이었을 뿐만 아니라 한국 최고의 화학기업으로 자리잡았다. 그리고 LG그룹을 상위 재벌로 자리잡게 한 기업이었다.

화학업종에서는 (주)럭키(나중에 LG화학)와 호남정유(나중에 GS칼텍스)가 LG그룹

29 6대 전략산업은 철강, 비철금속, 조선, 기계, 화학, 전자 등이다.

30 삼성은 1974년 12월 6일 한국반도체의 주식 50%를 인수하였고 3년 후 1977년에는 나머지 50% 지분까지 인수하여 삼성반도체를 출범시켰다.

의 주력 기업이었고, 정부의 중화학공업 육성정책과 더불어 급성장하면서 LG그룹을 상위 재벌로 만드는 중요 역할을 수행하였다. 호남정유는 나중에 LG그룹으로부터 분리된 GS그룹의 핵심 기업이 되지만 (주)럭키가 화학업종에서 필요로 하는 각종 석유화학 원료를 제공하면서 수직계열 관계를 형성하고 있었다.

호남정유는 미국의 칼텍스와 합작으로 만들어진 한국의 제2정유회사로서 1969년부터 가동을 시작한 회사이다.[31] LG그룹이 화학산업을 주도할 수 있는 원천이 되는 회사이다. (주)럭키가 석유화학 원료를 안정적으로 확보할 수 있도록 해 주었기 때문이다. 한국에서 석유화학산업이 급성장하면서 자동적으로 LG그룹도 재계의 선두그룹으로 발돋움할 수 있었다.

IV 재벌의 번성과 재벌 판도의 변화

1. 재벌 판도의 변화

재벌은 1980년대에 와서 재벌로서의 면모를 확실히 갖추었는데, 그 이후 30여 년 동안 많은 우여곡절을 거치면서 변화와 변화를 거듭해 왔다.[32] 한국에서 재벌이 본격적으로 출현하면서 재벌에 대한 자료가 일관성 있게 작성되기 시작한 1980년도를 기준으로 30대 재벌을 선정하여, 이들이 2007년까지 어떤 모습으로 변모되어 왔는지를 정리해 보면 〈표 3-5〉와 같다.[33] 〈표 3-6〉에는 2007년도의 30대 재벌이 정리되어 있다.[34] 〈표 3-5〉와 〈표 3-6〉에서 공기업, 전문경영인 지배기업 등은 모두 제

31 제1정유회사는 대한석유공사였는데, 이 회사는 (주)유공이라는 이름으로 민영화되었다가 SK에너지로 사명이 바뀌었다.

32 최정표(2009b)에서 분석된 내용을 수정・보완하여 종합적으로 재정리하였다.

33 1950, 1960, 1970년대에 한때 재벌이라고 불렸던 삼호그룹(정재호), 개풍그룹(이정림), 화신그룹(박흥식), 한국유리(최태섭), 신진(김창원), 신동아(최성모) 등은 본격적인 재벌 출현기 이전의 재벌일 뿐만 아니라 재벌로 정의할 정도로 그 규모가 매우 컸던 것도 아니었기 때문에 본 연구의 분석 대상으로 삼지 않았다.

34 1980년과 2007년에는 30대 재벌 명단에 들지 못하였지만 그 사이 기간에는 30대 재벌 명단에 잠시 들락날락하였던 재벌도 있다. 그러나 이들은 자료 처리의 한계상 본 연구의 분석 대상에서 제외하였다.

〈표 3-5〉 1980년도 이후 30대 재벌의 변화된 모습(매출액 기준, 금융업 포함)

재벌명	1980년		2007년			참고사항
	총수[a] (설립연도)	매출액 (10억 원)	새 명칭 (순위)	새 총수(승계연도/해체연도)	매출액 (10억 원)	
1. 현대	정주영(1947)	3,262	현대(18)	현정은(2003)	8,367	현대자동차, 현대중공업 등으로 분할 상속
2. 럭키금성	구자경(1947)	2,971	LG(3)	구본무(1995)	72,315	창업자 구인회, GS, LS 등으로 분할
3. 삼성	이병철(1938)	2,905	삼성(1)	이건희(1987)	160,541	CJ, 신세계, 한솔 등으로 분할 상속
4. 선경	최종현(1953)	2,669	SK(4)	최태원(1998)	48,510	최종건→최종현→(손길승)→최태원
5. 대우	김우중(1967)	1,613	해체	1999	–	창업 당대 해체
6. 쌍용	김석원(1939)	1,323	해체	1997	–	창업자 김성곤
7. 효성	조홍제(1957)	1,192	효성(19)	조석래(1982)	7,434	한국타이어 등으로 분할 상속
8. 국제	양정모(1962)	920	해체	1985	–	창업 당대 해체
9. 한진	조중훈(1945)	894	한진(10)	조양호(2002)	17,278	한진중공업 등으로 분할 상속
10. 대림산업	이재준(1939)	786	대림(17)	이준용(1996)	9,141	
11. 한국화약	김종희(1952)	735	한화(7)	김승연(1981)	22,946	
12. 동아건설	최준문(1947)	640	해체	2001	–	최원석으로 상속 후 해체
13. 롯데	신격호(1967)	565	롯데(6)	신격호(창업자)	31,494	
14. 코오롱	이동찬(1954)	446	코오롱(24)	이웅렬(1996)	4,990	창업자 이원만
15. 금호	박인천(1946)	445	금호아시아나(18)	박삼구(2002)	21,672	박인천→박성용→박정구→박삼구
16. 대한전선	설원량(1955)	403	탈락	설윤석(2004)	2,766	창업자 설경동
17. 삼미	김현철(1954)	398	해체	1997	–	창업자 김두식
18. 두산	박용곤(1896)	385	두산(12)	박용성(2005)	18,088	창업자 박승직, 3세까지 승계
19. 동국제강	장상태(1929)	385	동국제강(22)	장세주(2001)	5,514	창업자 장경호, 3세까지 승계
20. 한일합섬	김한수(1964)	384	해체	1998	–	김중원으로 승계 후 해체
21. 기아	김상문(1944)	351	해체	1997	–	창업자 김철호
22. 한양	배종렬(1973)	344	해체	1993	–	창업 당대 해체
23. 미원	임대홍(1956)	261	탈락	임창욱(1987)	–	
24. 해태	박병규(1945)	253	해체	1997	–	박건배로 승계 후 해체
25. 동양시멘트	이양구(1957)	230	동양(25)	현재현(1989)	4,568	사위에게 승계
26. 대농	박용학(1955)	226	해체	1997	–	창업 당대 해체
27. 삼양사	김상홍(1924)	220	탈락	김 윤(2004)	3,182	창업자 김연수
28. 삼환기업	최종환(1946)	214	탈락	최용권(1996)	–	
29. 태광산업	이임용(1954)	206	태광산업(23)	이호진(2004)	5,257	
30. 동부	김준기(1969)	203	동부(14)	김준기(창업자)	11,779	

주: a) 1980년 당시의 총수.
자료: 최정표(2009b), pp. 239~240.

〈표 3-6〉 **2007년도의 30대 재벌(매출액 기준, 금융업 포함)**

재벌명	총수(창업연대)	매출액(10억 원)	1980년 순위	참고사항
1. 삼성	이건희(1938)	160,541	3	
2. 현대자동차	정몽구(1967)	84,243	–	현대에서 분리
3. LG	구본무(1947)	72,315	2	
4. SK	최태원(1943)	48,510	4	
5. GS	허창수(2004)	34,299	–	LG에서 분리
6. 롯데	신격호(1967)	31,494	13	
7. 한화	김승연(1952)	22,946	11	
8. 금호아시아나	박삼구(1946)	21,672	15	
9. 현대중공업	정몽준(1972)	21,035	–	현대에서 분리
10. 한진	조양호(1945)	17,278	9	
11. LS	구태회(2003)	14,939	–	LG에서 분리
12. 두산	박용곤(1896)	14,088	18	
13. 교보생명	신창재(1958)	12,858	–	창업자 신용호, 신규 재벌
14. 동부	김준기(1969)	11,779	30	
15. STX	강덕수(2001)	11,754	–	창업자 강덕수, 신규 재벌
16. 신세계	이명희(1998)	11,546	–	삼성에서 분리
17. 대림	이준용(1939)	9,141	10	
18. 현대	현정은(1947)	8,367	1	
19. 효성	조석래(1957)	7,434	7	
20. CJ	이재현(1953)	6,466	–	삼성에서 분리
21. 영풍	장형진(1949)	5,726	–	창업자 장병희, 신규 재벌
22. 동국제강	장세주(1929)	5,514	19	
23. 태광산업	이호진(1950)	5,257	29	
24. 코오롱	이웅렬(1954)	4,990	14	
25. 동양	현재현(1957)	4,568	25	
26. 이랜드	박성수(1980)	4,432	–	창업자 박성수, 신규 재벌
27. 세아	이운형(1960)	3,862	–	창업자 이종석, 신규 재벌
28. 웅진	윤석금(1980)	3,483	–	창업자 윤석금, 신규 재벌
29. 동양화학	이수영(1959)	3,479	–	창업자 이회림, 신규 재벌
30. 현대산업개발	정몽규(1977)	3,259	–	현대에서 분리

자료: 최정표(2009b), p. 241.

외되었다.

1980년도의 30대 재벌 중 2007년에도 30대 재벌 명단에 그대로 남아 있는 재벌은 〈표 3-6〉에서 보듯이 16개에 불과하다. 탈락한 14개 중 10개는 해체되었고, 4개는 30대 밖으로 쇠락하였다(구체적 재벌 내용은 〈표 3-6〉 참조). 이 자료로 볼 때 27년 사이에 30대 재벌 잔존율은 50% 정도라고 볼 수 있다. 재벌도 부침이 매우 심한 편이었다.

이 기간 동안 앞 순위를 계속 유지하고 있었던 대표적 재벌은 삼성, LG, SK이다. 삼성은 1980년도의 매출액 규모가 2조 9,000억 원이었는데, 2007년에는 160조 5,000억 원으로 무려 55배 성장하였다. LG는 24배, SK는 18배 성장하였다.

반면에 대우, 쌍용, 국제, 동아건설, 대한전선, 삼미, 한일합섬, 기아, 한양, 미원, 해태, 대농, 삼양사, 삼환기업 등은 이 기간에 해체되거나 하위 재벌로 밀리는 운명을 맞았다. 규모가 큰 10대 재벌로 한정해서 살펴보아도 이 중 3개 재벌은 이 기간에 해체되었고, 2개는 10대 재벌 밖으로 순위가 밀려났다. 이와 같이 30여 년간에도 재벌에게는 폭넓은 흥망성쇠가 있었다.

2. 지속적으로 성장한 기존 재벌과 새 재벌 판도

1980년에서 2007년까지 30대 재벌에 그 이름을 계속 올리고 있는 재벌 중 대부분이 창업세대에서 다음 세대로 세습이 이루어졌다. 상속은 기업의 모습을 바꾸어 놓는 경우가 많다. 이 기간에 계속 30대 재벌에 남아 있는 재벌이 16개인데, 이들은 세습과 관련하여 세 가지 유형으로 구분해 정리해 볼 수 있다. 첫째는 창업세대 지배하에서 계속 성장하고 있는 재벌, 둘째는 그룹이 거의 통째로 다음 세대로 일괄 상속된 후 지속적으로 성장하고 있는 재벌, 셋째는 그룹이 분할되어 상속된 후에도 지속적으로 성장하고 있는 재벌이다.

1) 창업세대에서 계속 성장한 재벌

1980년도의 30대 재벌 중 상속이 이루어지지 않고 2007년까지도 창업자의 경영하에 지속적으로 성장하고 있는 재벌은 롯데그룹과 동부그룹이다. 롯데그룹은

1980년에 5,700억 원의 매출액에 13위의 재벌이었는데, 2007년에는 31조 원의 매출액에 6위 재벌로 부상하였다. 무려 56배나 성장하였고 순위도 껑충 뛰어올랐다. 창업자 신격호(1922~)는 1967년 창업 후 계속 경영권을 행사하면서 기업을 빠르게 성장시켜 왔다.

동부그룹은 1980년에는 2,000억 원의 매출액에 30위 재벌이었는데, 2007년에는 12조 원의 매출액에 14위 재벌로 뛰어올랐다. 매출액은 이 기간에 무려 58배 성장하였다. 그리고 창업자 김준기(1944~)는 1969년 창업 이후 계속 경영권을 행사하고 있다.

롯데와 동부는 모두 신흥 재벌이다. 롯데는 일본에서 일찍 크게 성공한 기업이었지만 한국에서는 1967년부터 사업을 시작하였고, 동부는 1969년부터 사업을 시작하였다. 창업자의 주도하에 꾸준히 성장해 온 재벌인데, 상속이 이루어지면 어떤 모습으로 탈바꿈할지 아직은 미지수이다.

2) 일괄 상속 후 지속적으로 성장한 재벌

창업자가 연로하거나 타계하였을 때는 재산이나 경영권의 처리가 재벌의 핵심 문제로 등장한다. 한국의 재벌은 거의 모든 경우에 재산을 상속하면서 경영권을 세습시키고 있다. 그런데 그룹의 승계 양상은 크게 두 가지로 나눌 수 있다. 하나는 그룹이 분할되는 것이고, 다른 하나는 그룹 전체가 일괄 승계되는 것이다.

재산이 여러 자손에게 비교적 고르게 상속될 때는 그룹의 분할이 불가피하다. 그러나 그룹 전체 또는 그룹의 주요 부문이 한 사람에게로 집중 상속될 때는 그룹이 분할되지 않은 채 경영권이 세습된다. 경영권이 승계된 재벌 중 SK, 대림, 코오롱, 금호아시아나, 두산, 동국제강, 태광 등은 그룹의 전부 또는 핵심 부분이 그대로 유지되면서 경영권이 승계된 재벌이다. 이들은 기존 그룹의 정체성이 그대로 이어지면서 지속적으로 성장해 왔다.

SK그룹은 1953년 최종건(1926~1973년)이 설립한 선경직물로부터 출발하였으며, 최종건의 타계 후에는 1973년부터 동생 최종현(1929~1998년)이 경영권을 승계하였고, 최종현의 타계 후에는 1998년부터 아들 최태원(1960~)이 경영권을 승계하여 오늘에 이르고 있다. 최종현 타계 직후에는 전문경영인이었던 손길승에 의해 잠시 최고경영권이 행사되었으나, 이것은 가족 승계를 위한 과도기적 현상에 불과하였다. SK그룹은 분할되지 않고 승계되었으며, 경영권 세습이라는 재벌의 특성도 그대로 유지되었다.

SK그룹은 1998년 선경그룹을 SK그룹으로 상호를 변경하면서 시작된 명칭이다. SK그룹이 급성장한 계기는 1980년의 유공 인수와, 1994년의 한국이동통신(현 SK텔레콤) 인수였다. SK그룹은 이와 같이 공기업의 인수가 급성장의 주요 배경이다. 이 두 기업은 오늘날 SK그룹의 양대 주력 기업을 이루고 있다. SK그룹은 1980년에서 2007년까지 매출액이 18배 성장하였다. 그리고 1980년의 재벌 순위 4위가 2007년에도 그대로 유지되고 있다.

대림산업은 1939년 이재준(1917~1998년)이 설립한 부림상회를 출발점으로 하고 있다. 1947년 부림상회에서 대림산업으로 사명을 바꾸었다. 처음에는 목재상이 주업이었으나 사명 변경 이후 건설업으로 주력 사업이 바뀌어 오늘에 이르고 있다. 1996년에는 창업자인 이재준으로부터 2세인 이준용(1938~)에게로 경영권이 세습되었고, 2008년부터는 계열사 간 합병 등을 통해 이준용의 장남 이해욱(1968~)으로의 경영권 세습이 시도되고 있다. 대림산업은 1980년에서 2007년까지 매출액이 12배 성장하였다. 빠르게 성장한 재벌이라고는 볼 수 없다. 재벌 순위는 10위에서 17위로 내려앉았다.

코오롱그룹은 창업주 이원만(1904~1994년)이 1935년 일본에서 아사히공예사를 설립한 것이 사업의 시작이었다. 아들 이동찬이 일본으로 건너가 아버지 사업에 동참하였고, 해방 후 한국에서 부자(父子)가 사업을 계속해 나갔다. 1954년 일본의 삼경물산에서 나일론을 공급받아 한국에서 판매하는 개명상사를 설립하였는데, 이것이 오늘날 코오롱그룹의 시작이라고 볼 수 있다.

이동찬이 1977년부터 그룹 회장을 맡아 경영권을 승계하였고, 이어서 이동찬의 아들 이웅렬이 1996년부터 그룹 경영을 진두지휘하고 나섰다. 따라서 코오롱그룹은 3세까지 경영권 세습이 이루어진 재벌이다. 그룹 규모는 1980년에서 2007년까지 매출이 11배 성장하였다. 빠른 성장을 이룬 재벌은 아니다. 1980년에는 재벌 순위가 14위였으나 2007년에는 24위가 되었다.

금호아시아나그룹은 박인천(1901~1984년)이 1946년 광주에서 시작한 택시사업이 그 출발이다. 창업자 박인천이 1984년 타계하자 장남 박성용이 경영권을 승계하였고, 1996년에는 박성용의 동생 박정구가, 2002년에는 박정구의 동생 박삼구가 경영권을 승계하였다. 금호아시아나그룹은 창업자의 아들들이 2, 3, 4대 회장을 맡은 독특한 경영권 승계 모습을 보이고 있다. 그룹의 규모는 1980년에서 2007년까지 매출액 기준으로 49배 성장하였다. 1980년에는 재벌 순위 15위였는데, 2007년에는 8위로 급상승하였다.

두산그룹은 박승직(1864~1950년)이 1896년 설립한 박승직상점을 그 출발점으로 하고 있다. 설립자 박승직은 1885년 보부상으로 출발하였으며, 두산그룹은 한국에서 가장 오래된 기업 중 하나로 꼽히고 있다. 박승직의 아들 박두병이 1936년 박승직상점의 전무이사로 취임하였고, 1953년 상호를 두산산업으로 바꾸었다. 따라서 창업자는 박승직이지만 두산그룹의 초대 회장은 박두병이라고 보고 있다.

박두병 회장의 사후(1973년 작고)에는 그의 아들들이 차례로 그룹 회장을 승계하였다. 1981년에는 장남 박용곤으로, 1996년에는 2남 박용오에게로, 2005년에는 3남 박용성에게로, 그리고 2009년에는 4남 박용현에게로 회장직이 승계되었다. 2005년에는 형제 간의 경영권 다툼으로 그룹이 위기를 맞기도 하였다. 그룹의 규모는 매출액 기준으로 1980년에서 2007년까지 47배 성장하였다. 재벌 순위는 18위에서 12위로 상승하였다.

동국제강은 장경호(1899~1975년)가 1929년 설립한 대궁양행이 그 출발이다. 주로 철강 부문에 집중한 재벌이다. 1984년에는 장경호 1대 회장의 3남인 장상태(1927~2000년)가 2대 회장으로 취임하면서 그룹 경영을 승계하였으며, 2001년에는 장상태 회장의 장남인 장세주(1953~)가 3대 회장을 맡아 경영권을 승계하였다. 창업자로부터 3세까지 경영권 세습이 이루어진 셈이다. 동국제강은 1980년에서 2007년까지 매출액 기준으로 그룹 규모가 14배 성장하였다. 재벌 순위는 19위에서 22위로 떨어졌다.

태광그룹은 이임용(1921~1996년)이 부산에서 시작한 태광산업사가 그룹의 출발이다. 2004년 이임용의 3남인 이호진(1962~)이 회장에 취임하면서 경영권 세습이 이루어졌다. 태광은 무차입 경영과 1,000억 원대의 상속세 납부를 거쳐 경영권을 승계한 모범적인 재벌 승계 사례로 알려져 있다. 그룹의 매출액은 1980년에서 2007년까지 26배 성장하였고, 그룹의 순위는 29위에서 23위로 올라섰다.

3) 분할 상속 후 지속적으로 성장한 재벌

대부분의 재벌이 2세 또는 3세까지 상속이 이루어졌는데, 이 과정에서 대소의 차이는 있지만 재벌 분할이 이루어져 왔다. 분할이 적었을 때는 원그룹이 계속 대재벌의 면모를 그대로 유지하였고, 크게 분할된 경우는 원재벌이 여러 개의 소재벌로 나누어졌다.

원그룹이 크게 분할되었으면서도 주력 부문을 물려받은 재벌은 여전히 대재벌의 면모를 그대로 유지하면서 지속적으로 성장해 오기도 하였다. 현대, 삼성, LG, 효성, 한진, 한화, 동양 등이 이런 재벌이라고 볼 수 있다.

현대그룹은 창업자 정주영의 타계 후 현대건설 등 일부 계열사들은 경영 부실로 채권단의 손으로 넘어가고, 나머지는 크게 3개 그룹으로 분할되어 세 아들에게 상속되었다. 현대라는 이름을 유지한 그룹은 아들 정몽헌에게 승계되어 현대아산(주) 등을 계열기업으로 거느리고 있다가 2003년 정몽헌이 타계한 후 그의 부인 현정은에게로 승계되었다.

현대자동차를 주력 기업으로 하는 현대자동차그룹은 아들 정몽구에게로 승계되었고, 현대중공업을 주력 기업으로 하는 현대중공업그룹은 아들 정몽준에게로 승계되었다. 현대그룹은 세 그룹으로 분할되어 상속되었으면서도 세 그룹 모두가 재계 상위에 계속 오르는 재벌이 되었다. 원래의 현대그룹 자체가 워낙 큰 재벌이었기 때문이다.

그런데 2007년에 오면 〈표 3-5〉와 〈표 3-6〉에서 보는 것처럼 현정은의 현대그룹은 재벌 순위 18위로 밀려나고, 대신 현대자동차그룹은 2위, 현대중공업그룹은 9위에 올라 있다. 현대그룹만으로 보면 1980년에서 2007년까지 매출액 규모가 3배 성장에 그쳤으나, 세 그룹을 모두 합치면 규모가 35배 성장한 것으로 나타난다.

삼성은 우리나라의 대표 재벌이다. 이병철(1910~1987년)이 설립한 삼성그룹은 상속 과정에서 여러 개의 소재벌로 분할되었지만 주력 부문은 더 확장되어 오늘날 1위 재벌의 위상을 확보하고 있다.

삼성그룹은 이병철의 타계 후 1987년 3남 이건희(1942~)에게로 승계되어 오늘에 이르고 있다. 삼성으로부터 분리되었거나 삼성에 뿌리를 둔 재벌은 CJ, 한솔, 신세계, 새한, 중앙일보, 보광 등이다. CJ는 1998년 삼성으로부터 분리되어 이병철의 장손 이재현이 경영권을 행사하고 있다.[35] 2007년에는 재벌 순위 20위에 올라 있다.

한솔은 삼성으로부터 분리되어 1994년 이병철의 장녀 이인희에게로 승계되었다. 한솔은 2007년에는 30대 재벌에 들지 못하였다. 신세계는 삼성으로부터 분리되어 1998년 이병철의 5녀 이명희에게로 승계되었다. 2007년에는 재벌 순위 16위이다. 새한은 이병철의 차남 이창희가 운영한 삼성그룹의 위성재벌이었으나 경영 부실로 도산하였다.

중앙일보는 1999년 삼성으로부터 분리되어 이병철의 사돈가(이건희의 처가)로 넘어갔다. 경영권은 이건희의 처남인 홍석현에게로 승계되었다. 보광은 삼성의 위성재벌로 이건희의 처남 홍석규가 경영권을 가지고 있다. 삼성그룹은 이와 같이 여러 소그룹으로 분할 상속되었음에도 불구하고 1980년에서 2007년까지 매출액은 55배 성장하였고, 한국 최대 재벌의 위상을 확보하고 있다.

LG그룹은 설립자 구인회(1907~1969년)의 타계 후 경영권은 장남 구자경(1925~)으로 넘어갔다가 1995년에는 다시 3세인 구본무에게로 승계되었다. LG그룹은 구씨와 허씨의 동업관계로 유명한 재벌이다. 구인회의 회사에 허만정이 자금을 제공함으로써 동업이 시작되었다. 2세인 구자경과 허준구를 거쳐 3세인 구본무와 허창수에 이르기까지 장기간에 걸쳐 동업이 이루어진 특이한 재벌이다.

2003년 들어 구인회의 동생인 구태회에게로 LS그룹이 분리되고, 2005년에는 허씨에게로 GS그룹이 다시 분리되었다. LG그룹은 분할된 후에도 세 그룹 모두 대재벌의 위상을 확보하고 있다. 2007년 기준으로 LG는 재벌 순위 3위이고, GS는 5위, LS는 11위이다. LG그룹은 분할된 이후에도 1980년에서 2007년까지 매출액이 24배 성장하였다.

효성그룹은 조홍제(1906~1984년)가 1962년 설립한 효성물산을 그 출발로 보고 있다. 1966년 설립한 동양나일론으로 재벌의 발판을 마련하였다. 효성그룹은 2남과 3남에게도 그룹의 일부가 분할 상속되었지만, 주력 부문은 1982년 장남 조석래가 경영권을 승계하여 재벌의 위상을 계속 유지하고 있다. 현재는 3세로의 승계가 진행

35 이병철의 장남은 이맹희이고, 이재현은 이맹희의 장남이다.

중이다. 효성그룹은 1980년에는 재벌 순위 7위였으나 2007년에는 19위에 머물러 있다. 분할 등의 요인이 있긴 하였지만, 이 기간에 매출액은 6배 성장에 그쳤다.

한진그룹은 1945년 조중훈(1920~2002년)이 설립한 한진상사가 그 출발이다. 한진그룹은 1969년 대한항공을 인수하면서 재벌로 부상하였으며 1980년 재벌 순위 9위에 올랐다. 창업자 조중훈의 타계 후 한진그룹은 상속분쟁을 거치면서 네 아들들에게로 분할 승계되었으나, 주력 부문은 장남 조양호에게로 승계되어 오늘에 이르고 있다. 1980년에서 2007년까지 한진그룹의 매출액은 19배 성장하였다. 재벌 순위는 9위에서 10위로 큰 변화가 없다.

한화그룹은 창업자 김종희(1922~1981년)가 적산을 인수하여 1952년 설립한 (주)한국화약이 그 출발이다. 한화그룹은 설립자의 타계 후 아들들에게 분할 상속되었으나, 주력 부문은 1981년 장남 김승연에게로 승계되어 오늘에 이르고 있다. 1980년에서 2007년까지 매출액은 31배 성장하였다. 재벌 순위는 11위에서 7위로 올라섰다.

동양그룹은 창업자 이양구(1916~1989년)가 1953년 설립한 풍국제과판매주식회사가 그 출발이다. 창업자는 딸만 둘이어서 그룹이 두 사위에게로 분할 상속되면서 주력 부문은 맏사위인 현재현이 승계하였다. 동양그룹은 1980년 재벌 순위 25위였는데 2007년에도 그대로 25위에 머물러 있다. 매출액은 20배 성장하였다.

3. 신흥 재벌과 새 재벌 판도

1) 기존 재벌의 위성재벌

1980년에는 30대 재벌 순위에 들지 못하였지만 2007년에는 30대 재벌의 명단에 올라 있는 재벌이 모두 14개이다. 이들은 2개의 부류로 구분할 수 있다. 하나는 기존의 대규모 재벌에서 분리되거나 그 영향력하에서 성장한 소위 기존 재벌의 위성재벌이고, 다른 하나는 새롭게 도약해서 2007년도에 30대 재벌의 명단에 이름을 올린 신흥 재벌이다. 기존 재벌의 위성재벌로는 현대자동차(2위), GS(5), 현대중공업(9), LS(11), 신세계(16), CJ(20), 현대산업개발(30) 등을 꼽을 수 있다.[36]

36 ( ) 안의 숫자는 2007년도 재벌 순위이다.

현대자동차, 현대중공업, 현대산업개발은 정주영이 창업한 현대그룹으로부터 2세 상속 과정에서 분리된 현대그룹의 위성재벌이다.[37] 현대산업개발은 1976년에 설립된 한국도시개발(주)와 1977년 설립된 한라건설(주)가 1986년 합병하여 설립된 현대그룹의 계열사였으나 현대그룹의 상속 과정에서 정주영의 동생 정세영(1928~2005년)에게 경영권이 승계되면서 1999년 현대그룹으로부터 완전 분리되었다. 1999년에는 정세영의 아들 정몽규가 회장에 취임하여 경영권을 이어받았다. 현대자동차그룹은 2000년 현대그룹으로부터 분리되어 정주영의 아들 정몽구에게로 경영권이 승계되었다. 현대중공업그룹은 정주영의 또 다른 아들 정몽준에게로 경영권이 승계되면서 2002년 현대그룹으로부터 분리되었다.[38]

GS와 LS는 상속 과정에서 LG로부터 분리된 LG의 위성재벌이다. LG는 구인회와 허만정이 공동 창업한 재벌그룹인데, GS는 2004년 LG로부터 분리되어 허만정의 후손들에게로 승계된 LG의 위성재벌이다. LS는 2003년 LG로부터 분리되어 창업자 구인회의 동생들에게 승계된 LG의 위성재벌이다.

신세계와 CJ는 상속 과정에서 삼성으로부터 분리된 삼성의 위성재벌이다. 신세계는 1998년에 계열 분리되어 이병철의 5녀 이명희에게로 승계되었고, CJ는 1998년 계열 분리되어 이병철의 장손 이재현에게로 승계되었다.

〈표 3-5〉와 〈표 3-6〉에 나타난 것처럼 2007년의 30대 재벌 중 14개는 1980년과 2007년 사이에 새롭게 30대 재벌에 올라온 재벌이다. 그런데 이 중 절반은 기존의 대재벌에서 분리되어 나온 재벌이다. 말하자면, 재벌이 재벌을 낳은 것이다. 이처럼 기존 재벌의 기득권은 막강한 것이다.

2) 신규 진입 재벌

한국에서 기업가는 재벌이 되기를 꿈꾼다. 그 동안 많은 기업들이 재벌의 서열에 올랐다가 사라져 가기도 하였다. 사라져 간 자리는 새 재벌이 그 자리를 채웠다.

37 '현대'라는 명칭을 사용하고 있는 현대그룹(현정은 회장)은 오히려 그룹 규모가 축소되어 2007년 현재 18위의 재벌이 되고 있다. 현대그룹의 주력 기업 중 하나였던 현대건설은 경영 부실로 채권단의 손으로 넘어갔다가 현대자동차그룹에 인수되었다.

38 현대그룹의 상속 과정에서는 2세들 간에 치열한 경영권 다툼이 있었는데, 세간에서는 이를 왕자의 난이라고도 한다.

1980년의 30대 재벌 중 14개 재벌이 2007년의 30대 재벌 명단에서 사라졌다. 이 자리는 새 재벌이 채웠는데, 기존 재벌에서 분리된 위성재벌이 7개의 자리를 채우고, 새롭게 성장한 신규 재벌이 7개의 자리를 채웠다. 신규 재벌은 교보생명(13위), STX(15), 영풍(21), 이랜드(26), 세아(27), 웅진(28), 동양화학(29) 등이다.[39]

교보생명은 창업자 신용호(1917~2003년)가 1958년 설립한 대한교육보험주식회사가 그 출발이다. 교보생명은 보험업 중심의 재벌이며, 2000년 신용호의 장남 신창재가 경영권을 승계하였다.[40]

STX그룹은 창업자 강덕수(1950~)가 2000년 퇴출기업인 쌍용중공업의 대표가 되면서 2001년에 이를 인수받아 시작한 신규 재벌이다. 쌍용중공업은 1976년에 설립된 쌍용그룹의 계열사였는데, 2000년 쌍용그룹이 해체되면서 강덕수에게 인수되었고, 사명도 STX주식회사로 바뀌었다.[41]

영풍그룹은 창업자 장병희(1913~2002년)가 최기호(1909~1980년)와 함께 1949년 동업으로 설립한 합명회사 영풍기업사가 그 출발이다. 1993년 장병희의 차남 장형진에게로 경영권이 승계되었다. 두 가문이 공동으로 지배하는 형태를 갖추고 있지만 실질적으로는 장형진이 경영권을 행사하고 있다.

이랜드그룹은 창업자 박성수(1953~)가 1980년 이화여대 인근에서 잉글랜드라는 보세 옷가게를 창업하면서 시작하여 유통업을 중심으로 성장한 재벌이다. 이랜드는 M&A로 커온 재벌이다. 그 동안 무려 23번의 M&A를 통해 재벌로 부상하였다.

세아그룹은 창업자 이종덕(1915~)이 1960년 설립한 (주)부산철관공업이 그 출발이다. 1995년 이종덕의 장남 이운형이 경영권을 승계하였고, 1975년부터 사용하던 (주)부산파이프라는 사명을 1986년 세아그룹으로 변경하였다.

웅진그룹은 창업자 윤석금(1945~)이 1980년 설립한 헤임인터내셔널이 그 출발이다. 창업자가 직접 경영하고 있으며, 신생 재벌로서 사업 확장 여부는 아직 불투명하다.[42]

---

39 ( ) 안의 숫자는 2007년도 재벌 순위이다.

40 상속 과정에서 1,830억 원의 상속세를 납부함으로써 세간의 화제가 되기도 하였다. 문화사업에도 많이 참여하고 있다.

41 STX는 경영 부실로 2014년 도산하였다.

42 웅진은 경영 부실로 2014년 도산하였다.

동양화학그룹은 창업자 이회림(1917~2007년)이 1959년에 설립한 동양화학공업 주식회사가 그 출발이다. 1996년에는 이회림의 장남 이수영에게 경영권이 승계되었다.

V 재벌의 쇠락과 재벌 판도의 변화

1. 창업세대에서 해체된 재벌과 새 재벌 판도

1980년까지 30대 재벌에 올랐다가 이런저런 사유로 해체의 운명을 맞은 재벌 중 창업세대에서 해체된 재벌은 대우, 국제, 한양, 대농 등이다.[43] 여기서 해체란 경영권이 기존 총수의 손을 떠났을 뿐만 아니라 그룹이 개별 기업으로 분할되었다는 의미이다. 분리된 개별 기업들은 각기 제 갈 길을 가면서 주인은 바뀌었으나 다시 일어선 기업도 있고, 도산하거나 인수·합병 등을 통해 아예 사라져 버린 기업도 있다.

대우그룹은 1998년 재계 서열 2위까지 올랐지만 곧이어 워크아웃에 들어가 해체의 길로 들어섰다. 대우그룹의 가장 뚜렷한 특징은 부실기업의 인수와 높은 부채 비율이었다. 부실기업을 인수하면서 외형상 그룹의 규모는 키웠지만 수익성은 확보하지 못해 부채 비율은 1,000%를 넘나들었다(1979년 1,574%, 1981년 1,278%, 1983년 795%). 외환위기가 터진 직후 1998년에도 부채 비율이 527%로 타 그룹(현대 449%, 삼성 276%, LG 341%, SK 355%)에 비해 현저히 높은 편이었다.[44]

부채 비율이 높은 이유는 수익성 위주의 내실경영이 아니라 부채를 이용한 부실기업 인수로 몸집 부풀리기에 치중한 경영이었기 때문이다. 1997년 외환위기를 맞아 모든 기업이 비상경영에 돌입한 상태에서도 대우그룹은 1998년 1조 7,000억

43 최정표(2009b)에서 분석된 내용을 수정·보완하여 종합적으로 재정리하였다.
44 금융감독원(1998).

원의 부채를 투입하여 쌍용자동차를 인수할 정도로 과거 스타일의 경영에서 벗어나지 못하고 있었다. 빚으로 빚 막기식의 경영은 끝이 있기 마련이고 그 끝은 결국 그룹의 해체였다.

거기다가 부채를 숨기기 위한 분식회계가 기업 부실을 더욱 재촉하였다. 은행에서 대출받기 위해 재무제표를 허위로 작성하는 등 불법 수단까지 동원하였다. 내부적으로는 썩어 가는 데 겉치장만 화려하게 해서 돈을 자꾸 빌려 오면 기업은 더 썩어 가기 마련이다. 종국에는 속이 썩어 버리고 그룹은 해체되었다.

대우는 정부의 지원에 의존하려고 하였다. 여러 가지 자구책을 쏟아내면서 정부의 지원을 호소하였으나 과거에는 통하였던 정부가 냉담하게 돌아섰다. 정부의 능력에도 한계가 있었고 외환 고갈이라는 미증유의 경제위기에 직면한 정부로서도 포기 이외에는 다른 선택이 없었다. 대우그룹이 해체되면 파급효과가 클 것이 뻔하였지만 정부는 그것을 감수하더라도 해체 이외에는 해결책이 없다고 판단하였다. 대우 입장에서는 정부가 과거와 달라졌다는 배신감을 가질 수 있지만 외환위기에 정부 입장도 어쩔 수 없었다.

정부의 무능력이나 무책임은 대우의 위기가 고조되기 이전에 재벌개혁정책을 추진하지 못하였다는 데 있었다. 관료들의 특성상 당장 발등에 불이 떨어지지 않으면 사전예방 대책에는 소홀하다. 자기 임기 중에 탈이 날 가능성이 없는 문제는 다음 담당자에게 넘겨 버리는 교활한 수를 쓴다. 일종의 폭탄돌리기이다. 이렇게 해서 미루고 미루다가 막바지에 가서 터진 것이 외환위기이고 대우그룹의 해체였다. 폭탄돌리기에서 폭탄이 터진 시기가 바로 대우그룹의 해체였다.

대우그룹은 위기에 직면해서도 기업구조조정에 적극적이지 못하였다. 대신 수출확대전략 등 끝없이 외형 확대 경영에만 치중하였다. 거기다가 그룹 내부에는 수익 기반이 될 업종이나 계열기업도 없었다. 자금력이 계속 부족한데 이를 뒷받침할 수익성 높은 사업체가 없었다. 경영은 돈인데 돈이 뒷받침되지 못하면 기업은 망할 수밖에 없는 것이다.

대우그룹은 부채 비율이 특히 높았고 거기다 악성 단기차입금의 비중도 높았다. 급할 때는 사채를 끌어 쓰듯 대우그룹도 막다른 골목에 이르자 단기차입금이 폭발적으로 증가하였고, 이에 대한 이자와 상환금을 조달할 능력이 없었다. 이처럼 부채 자체가 클 뿐만 아니라 부채의 성질도 매우 나쁜 상황에서 대우그룹이 회생의 길을 찾기는 매우 어려웠다. 대우그룹은 결국 1967년에 시작하여 불과 30여 년 동안 한국 경제의 혜성으로 나타났다가 1999년 해체된 신기루와 같은 기업이 되고 말았다.[45]

국제그룹은 재계 순위 7위까지 올랐던 재벌그룹이다. 국제는 창업자 양정모(1921~2009년)가 1949년 부산에서 설립한 국제고무공업사가 그 출발이다. 국제그룹은 1970년대 한국 경제의 고도성장과 더불어 대재벌로 부상하였으나 1980년대 들어와 과도한 확장에 따른 금융 부실과 전두환정권과의 불편한 관계 등으로 1985년 해체의 운명을 맞았다. 설립자 세대에서 해체된 재벌이 되고 말았다.

한양그룹은 1973년 배종렬(1938~)이 설립한 한양주택개발(주)를 모체로 한 건설 중심 재벌그룹이었다. 1980년에는 재벌 순위 22위에까지 올랐다. 그러나 경영 부실로 1993년 법정관리를 신청하면서 한양그룹은 해체의 길로 들어섰다. 그 이후 지루한 회사정리 절차를 거쳐 2004년에 보성건설(주)라는 지방 건설업체에 인수되었다.

대농그룹은 1955년 창업자 박용학(1915~)이 설립한 대한농산(주)가 그 출발이다. 1980년에는 재벌 순위 26위에 올랐다. 그러나 경영 부실로 1997년 회사정리 절차가 개시되면서 대농그룹은 창업자 세대에서 해체의 길을 걷고 말았다.

2. 상속 후 해체된 재벌과 새 재벌 판도

기업 세계에는 창업보다 수성이 더 어렵다는 말이 있다. 특히, 후세에게 상속된 후 후세들에 의해 재벌이 어떻게 변모되었는지를 두고 이런 말이 많이 회자된다. 후세에게 상속된 후 해체된 재벌은 이 말의 의미를 다시 되새기게 한다. 상속된 후 해체된 대표적 재벌은 쌍용, 동아건설, 삼미, 한일합섬, 기아, 해태 등이다.

45 대우그룹의 창업자 김우중은 그룹의 성장과 더불어 한국인의 우상이 될 정도로 성공적인 기업가였다. 그러나 1997년의 외환위기 이후 밀어닥친 극심한 자금난을 이기지 못하고 1999년 김우중 회장은 퇴진하고 주요 계열기업들은 채권단의 손으로 넘어갔다. 이로써 대우그룹은 재계 2위의 대재벌이 되었다가 설립자 세대에서 해체되어 버린 신기루 같은 재벌사를 기록하고 말았다.

1) 쌍용그룹의 해체

쌍용그룹은 한때 재계 서열 5위까지 올랐던 재벌이었지만 1997년의 외환위기 이후 해체의 운명을 맞은 재벌이다. 쌍용그룹의 시작은 창업자 김성곤이 1939년에 만든 비누회사 삼공유지로 거슬러 올라가지만 본격적인 사업은 1948년 만든 금성방직으로 보고 있다. 이후 사업은 언론사업, 시멘트사업, 해운업, 제지업 등으로 이어지면서 빠른 속도로 성장하였다. 1975년에는 2세 김석원에게로 경영이 이어지면서 사업은 더욱 더 빠른 속도로 팽창해 갔다.

1976년에는 정유업에 진출하였고, 1977년에는 건설업에도 진출하였다. 그리고 1988년에는 자동차사업에까지 진출하였다. 비누공장에서 출발한 쌍용은 양회, 건설, 제지, 해운, 정유, 중공업, 엔지니어링, 증권, 경제연구소, 투자자문 등 광범위한 업종으로 다각화하면서 재계 서열 5위의 대규모 재벌을 만들었다. 1980년대와 1990년대 상당 기간 동안 10대 재벌의 위상을 과시하였다.

그러나 자동차사업 진출이 화근이었다. 1988년 동아자동차를 인수하여 쌍용자동차로 상호를 변경하고 본격적으로 자동차사업에 뛰어들었다. 그러나 자동차사업은 물 먹는 하마와 같았다. 끝없이 자금을 들여마시면서 그룹을 몰락의 길로 몰아넣었다. 1997년에는 쌍용자동차의 부채가 3조 4,000억 원까지 늘어났다. 1998년에는 쌍용자동차의 경영권을 대우그룹으로 넘겼으나 그룹을 살리는 데는 역부족이었다. 계열사를 하나씩 팔아 가면서까지 자구책을 모색하였으나 2000년 7월에는 그룹의 부채 비율이 무려 1,773%로서 30대 재벌 중 가장 높았다.

쌍용그룹의 전성기는 불과 20여 년이었다. 1980~1990년대에 10대 재벌의 위상을 누렸던 쌍용그룹은 1997년의 외환위기에 재기하지 못하고 해체의 길로 들어섰다. 쌍용그룹 몰락의 원인은 무리한 다각화였는데, 특히 자동차사업은 그룹 몰락의 결정적인 원인이었다. 2세 경영인의 개인적인 취미 때문에 시작한 자동차사업이 결국은 그룹을 해체시키는 결과를 초래하였다. 재벌은 축성도 어렵지만 유지하는 것도 결코 쉬운 일이 아니라는 것을 잘 보여 주었다.

2) 동아, 삼미, 한일, 해태의 해체

동아건설그룹은 창업자 최준문(1920~1985년)이 1945년에 설립한 충남토건사가 모태인 건설 중심의 재벌그룹이다. 1980년에는 재벌 순위 12위까지 올랐다. 1985년 최준문이 타계하자 장남 최원석이 경영권을 승계하였으나 무리한 기업 확장을 추구하다가 1997년의 외환위기와 더불어 유동성 위기에 몰려 해체의 길로 접어들었다. 2001년 법원의 파산선고로 그룹은 완전히 해체되었다.

삼미그룹은 창업자 김두식(1925~1980년)이 1954년에 설립한 대일기업(주)가 그 출발이다. 1980년에는 재벌 순위 17위까지 올랐다. 창업자가 작고하자 1980년에 아들 김현철에게 경영권이 승계되었다가, 1992년에는 다시 김현철의 동생 김현배에게 경영권이 승계되었다. 이런 과정을 거치면서 그룹은 점점 부실해져 1997년부터 해체의 길로 들어섰다.

한일합섬그룹은 창업자 김한수(1922~1982년)가 1964년에 설립한 한일합섬섬유공업이 그룹의 모태이다. 1980년에는 재벌 순위 20위까지 올랐다. 1982년 창업자의 사망 후 장남 김중원이 경영권을 승계하였으나 무리한 그룹 확장에 따른 경영 부실로 1997년의 외환위기를 극복하지 못해 1998년 해체의 길로 들어섰다. 주요 계열사의 인수자는 동양그룹이었다.

해태그룹은 박병규(1923~1977년)를 비롯한 3인의 동업으로 1945년에 설립한 해태제과합명회사가 그룹의 출발이다. 박병규가 타계한 후 그룹 승계에 다소 잡음이 있다가 동업자 간의 지분 정리가 일단락된 1983년 박병규의 장남 박건배가 경영권을 승계하였다. 1980년에는 재벌 순위 24위에 올랐다. 그러나 해태그룹도 외환위기가 밀어닥친 1997년부터 해체의 길로 접어들었다.

3) 기아그룹의 해체

기아그룹은 창업자 김철호(1905~1983년)가 1944년 설립한 경성정공이 그 출발이다. 1973년 아들 김상문에게로 경영권이 승계되었으나 경영 부실로 인해 1981년 경영권이 전문경영인인 김선홍에게로 넘어가면서 그룹은 재기에 성공하였다. 하지만 가족 중심 경영의 기아재벌은 1981년에 끝이 나고, 그 이후는 전문경영인 기업으로 발전하였다. 그러다가 1997년에는 전문경영인 지배의 기아그룹도 경영 부실로 인해 해체의 길로 들어섰다.

기아그룹은 재벌 아닌 재벌이었다. 1981년 소유와 경영이 분리된 전문경영인체제로 지배구조가 바뀌었기 때문이다.[46] 그리고 재벌들의 문어발식 다각화가 이루어지지 않고 자동차 전문 기업그룹이었기 때문이다. 그러나 경영은 오너 경영체제처럼 최고경영자의 경영 실패를 조기에 교정할 수 없는 그룹 회장 중심의 재벌식 경영구조였다. 이 때문에 전문경영인도 그룹의 부실을 구제하지 못하고 결국 1997년 해체의 길로 들어서고 말았다.

기아그룹은 1997년 해체 때까지 재계 서열 7~8위까지 올라섰던 확실한 10대 재벌이었다. 그리고 자동차 전문 기업그룹이었다. 해체 직전에는 28개 계열사를 거느렸고 그 중 6개는 상장회사였다.[47] 모기업이었던 기아자동차는 1990년 대우자동차를 제치고 현대자동차에 이어 자동차업계 2위로 올라서는 전성기를 누렸다. 이때는 자동차 3사 시대였는데 기아자동차의 자동차시장 점유율이 30%에 이르렀다. 1995년에는 107만 대를 수출하면서 100만 대 수출시대를 열기도 하였다.

이렇게 전성기를 구가하던 기아그룹은 1995년 이후부터 부실 징후가 뚜렷이 나타나기 시작하였다. 그 이유는 여러 가지로 분석하고 있다. 1990년대부터 나타난 자동차산업의 세계적인 공급 과잉 상태, 무리한 다각화와 계열 확장, 기형적인 노사관계와 노조의 경영 개입 등을 부실의 주요 원인으로 들고 있는데, 이들을 종합하면 한마디로 전문경영인의 경영 실패이고 그 경영 실패를 조기에 교정시킬 수 없었던 지배구조라고 볼 수 있다.

기아그룹은 부실을 감당하지 못하고 그룹의 부도 이후 새로 마련된 '부도유예협약'의 적용을 받았다. 1997년 7월 15일의 일이다. 이후 기업회생 노력이 여러 각도에서 강구되었으나, 1997년 11월 21일 외환위기로 국가가 IMF 구제금융을 신청하는 미증유의 국가비상사태에 직면하자 기아그룹의 회생 노력은 물거품이 되었다. 제3자 인수도 2차에 걸친 유찰을 거쳐 1998년 기아자동차는 현대자동차에 인수되었다. 이로써 한국의 자동차시장은 현대자동차의 독점시대로 접어들었다.

소유경영체제에서는 오너의 경영 실패를 교정할 수 있는 방법이 마땅치 않다. 오너가 대주주 지분을 확보하고 있기 때문에 본인이 자진해서 사퇴하지 않는 한

46 전문경영인은 김선홍으로 서울대학교 기계공학과를 졸업하고 1958년 공채 1기로 입사하여 23년 만에 최고경영자의 자리에 올랐다.

47 상장계열회사는 기아자동차, 아시아자동차, 기아정기, 기아특수강, 기아서비스, 기산 등이었다. 주력 계열사에서도 자동차 전문 기업그룹이라는 것을 알 수 있다.

최고경영자를 교체하기 어렵다. 그러나 전문경영인체제에서는 경영 실패의 징후가 나타나면 최고경영자를 교체할 수 있다. 이것이 전문경영인체제의 장점이기도 하다. 그런데 기아에서는 이 일에 실패하였다. 전문경영인 회장도 재벌 오너처럼 군림하는 황제경영체제가 유지되었기 때문이다. 전문경영인제도의 장점이라고 하는 최고경영자에 대한 견제 장치가 작용하지 않았다.

이 점은 한국의 재벌사에서 가장 아쉬운 사례로 남아 있다. 재벌체제의 대안으로 구미 선진국과 같은 전문경영인 기업을 주장하였고, 기아그룹을 우리나라에서의 모델로 간주하였던 많은 재벌 비판자들은 기아그룹의 몰락에 매우 실망하지 않을 수 없었다. 이 때문에 재벌 당사자와 재벌 옹호론자들은 재벌식 경영이 우월하다고 주장하고 나섰다.

기아그룹의 몰락은 대규모 기업그룹의 해체에서 온 경제적 충격 못지않게 우리나라 기업지배구조의 선진화 운동에 찬물을 끼얹은 커다란 사건이기도 하였다. 기아그룹이 몰락함으로써 우리나라에서는 일본이나 미국에서와 같은 소유와 경영의 분리가 가능하지 않다는 의문까지 던지게 되었다.

3. 상속 후 쇠락한 재벌과 새 재벌 판도

재벌 중에는 망하지는 않았지만 재벌로서의 면모는 잃어버린 채 그 명맥만 유지하고 있는 재벌도 있다. 망한 것은 아니지만 더 이상 재벌로 자리매김하기는 어려운 상태로 유지되고 있는 재벌은 삼양사, 대한전선, 미원, 삼환기업 등이다. 이 기업들은 1980년까지만 해도 30대 재벌의 명단에 들었다. 그 이후에도 창업자의 후손들이 계속 경영권을 행사하고 있지만, 2007년 자료에는 30대 재벌의 명단에 끼이지 못할 정도로 쇠락해져 있었다.

삼양사는 창업자 김연수(1896~1979년)가 1924년 설립한 삼수사가 그룹의 출발이다. 삼양사는 일제시대의 대표적 민족자본 기업이었다. 경영권은 1975년 김연수의 셋째 아들 김상홍(1923~)에게로 넘어갔다가, 1996년에는 김연수의 다섯째 아들 김상하(1926~)에게로 넘어가는 2세 경영시대를 거쳤다. 2004년부터는 김상홍의 장남 김윤(1953~)에게로 경영권이 넘어가 3세 경영시대를 열었다. 삼양사는 1980년에 재계 27위에 올랐으나 2007년에는 30대 재벌 명단에 오르지 못하였다. 1960년대에는 재계 순위 5위까지 오른 적도 있었으나 그 이후는 급성장한 타 재벌들에 밀려 이제는 재벌로 간주하기도 어려운 위상이 되었다.

대한전선그룹은 창업자 설경동(1901~1973년)이 1955년 설립한 대한전선이 그룹의 모태이다. 설경동의 3남 설원량(1942~2004년)이 1972년 그룹 경영권을 승계받은 후 1980년에는 재벌 순위 16위까지 올랐다. 2004년 설원량의 타계 후 어린 장남 대신 부인과 전문경영인이 기업 경영의 핵심 역할을 수행하고 있다가 설원량의 장남인 설윤석으로의 경영권 승계가 정리되어 가고 있다.[48] 아직도 재벌의 잔재를 유지하고는 있으나 2007년에는 30대 재벌의 명단에 나타나지 않고 있다.[49]

미원그룹(1997년 '대상'으로 상호 변경)은 창업자 임대홍(1920~)이 1956년 부산에서 설립한 동아화성공업(주)가 그룹의 모태이다. 1980년에는 재벌 순위 23위까지 성장하였다. 1987년 장남 임창욱에게 경영권을 승계하였으나 그룹의 성장은 둔화되어 2007년에는 30대 재벌 순위에 오르지 못하였다.

삼환기업은 창업자 최종환(1925~2012년)이 1946년 설립한 삼환기업공사가 그 출발인 건설 전문 재벌이다. 1980년에는 재벌 순위 28위에 올랐다. 1996년에는 장남 최용권에게 경영권이 승계되었는데 2007년에는 30대 재벌 명단에 오르지 못하였다.

48 설원량의 타계 후 상속세 1,355억 원을 납부함으로써 이병철의 유족이 낸 상속세 176억 원과 정주영의 유족이 낸 상속세 300억 원과 비교되어 세간의 관심을 끌었으며, 모범적인 상속 사례로 회자되기도 하였다.

49 2008년과 2009년에는 30위 이내로 도약하기도 하였다.

VI 재벌의 흥망과 한국 경제

1. 재벌 흥망의 원인

재벌 중에는 흥한 재벌도 있고 망한 재벌도 있다.[50] 성공적으로 재벌 서열에 올라서서 계속 그 순위를 앞당겨 오면서 승승장구한 재벌이 있는가 하면, 설마 그 재벌일까 할 정도로 탄탄하였던 재벌이 하루아침에 해체의 길로 들어선 재벌도 있었다. 따라서 왜 어떤 재벌은 흥하고, 어떤 재벌은 망하는지 그 원인이 궁금하지 않을 수 없다. 그러나 재벌에 따라 각기 그 사정이 다르기 때문에 재벌 흥망의 원인을 간단하게 정리하기는 쉽지 않다.

1980년에 30대 재벌의 명단에 올랐던 재벌의 그 이후 흥망성쇠 양상이 〈표 3-7〉에 정리되어 있다. 재벌의 흥망은 크게 세 가지 범주로 나누어 볼 수 있다. 첫째는 흥한 재벌이고, 둘째는 망한 재벌이고, 셋째는 이도저도 아닌 재벌이다. 1980년도에 30대 재벌의 명단에 올랐던 재벌들을 이 범주로 나누어 보면, 흥한 재벌로는 삼성(3위→1위), SK(4→4), 한화(11→7), 롯데(13→6), 금호아시아나(15→8), 두산(18→12), 동양(25→25), 태광(29→23), 동부(30→14) 등을 꼽을 수 있다.[51] 이들은 1980년의 재벌 순

〈표 3-7〉 30대 재벌의 흥망성쇠(1980~2007년)

탈락/잔존	변화양상		재벌 수	비고
30대 재벌에서 탈락(14)	해체	창업 당대에서 해체	4	7개 자리는 기존 재벌의 위성재벌에 의해 대체. 또 다른 7개 자리는 신흥 재벌에 의해 대체
		세습 이후 해체	6	
	쇠락	세습 이후 30위 이하로 탈락	4	
30대 재벌 내 잔존(16)	순위 상승	창업 당대에서 순위 상승	2	세습 후에도 잔존한 재벌은 14개
		세습 이후 순위 상승	7	
	순위 하락	세습 이후 순위 하락	7	

자료: 최정표(2009b), p. 253.

50 최정표(2009b)에서 분석된 내용을 수정 · 보완하여 종합적으로 재정리하였다.
51 ( ) 안의 숫자는 1980년과 2007년 사이의 재벌 순위 변화를 나타낸다.

위를 그대로 유지하였거나 앞당긴 재벌이다. 따라서 이들은 흥한 재벌로 구분해 볼 수 있다. 1980년의 30개 재벌 중 9개 재벌이 여기에 해당된다.

망한 재벌은 대우, 쌍용, 국제, 동아건설, 삼미, 한일합섬, 기아, 한양, 해태, 대농 등 10개이다. 이들은 그룹이 해체되면서 경영권이 넘어가 버린 재벌들이다. 더 이상 재벌의 면모를 유지하지 못하고 있다.

망하지는 않았지만 흥하였다고도 볼 수 없고, 흥하지는 않았지만 망하였다고도 볼 수 없는 재벌이 나머지 11개 재벌이다. 이 중 7개는 2007년에도 30대 재벌 명단에 들어 있긴 하지만 그 순위가 밀려 버린 재벌이고, 4개는 아예 30대 재벌 밖으로 밀려나 버린 재벌이다.[52]

27년 사이에 흥한 재벌 9개, 망한 재벌 10개이니 이 기간의 흥망 확률은 각기 1/2이라고 볼 수 있다. 두 그룹 모두 기업 조직이나 경영 스타일은 한국 재벌이 갖는 전형적인 특성들을 그대로 유지하고 있었다. 예컨대, 가족 중심의 황제경영, 문어발식 다각화 경영, 과도한 그룹 확장, 과도한 차입경영, 수출의존형 업종 등 한국 재벌의 고유한 특성을 모두 가지고 있었다. 그러나 그 정도에는 차이가 있었다.

흥한 재벌과 망한 재벌(해체 재벌)로 구분하여 자료 수집이 가능한 몇 개 항목을 중심으로 경영구조의 차이를 정리해 보면 〈표 3-8〉과 같다. 내부지분율은 가족 지분과 계열사 지분의 비중, 상장 비율은 모든 계열사의 자본금 중 상장계열사의 자본금이 차지하는 비중, 부채 비율은 부채 총액과 자기자본의 비율, 출자 비율은 순자산 중 타 회사 출자분이 차지하는 비중, 매출수익률은 매출액 대비 당기순이익을 나타낸다. 〈표 3-8〉의 수치는 재벌별 평균값이다.

망한 재벌은 10개 중 8개가 1997년 외환위기 전후에 그룹이 해체되었기 때문에 망하기 직전인 1995년까지의 자료를 기준으로 두 집단을 비교해 보았다.[53] 우선 내부지분율은 1980년에는 망한 재벌이 더 높았지만 1995년에는 이 지분이 역전되면서 현격히 낮아지고 있다. 내부 지분은 주로 경영권 안정을 위해 활용되는 지분이다. 1980년에는 두 집단 사이에 이 지분율에 큰 차이가 없었다. 오히려 망한 재벌 쪽

52 순위는 밀렸지만 2007년에도 30대 재벌 명단에 남아 있는 재벌은 현대, LG, 효성, 한진, 대림, 코오롱, 동국제강인데, 이들은 그래도 여전히 재벌로서의 면모는 유지하고 있다. 30대 재벌 밖으로 밀려나 버린 재벌은 대한전선, 미원(대상), 삼양사, 삼환기업이다. 이들은 이제 더 이상 재벌이라고 부르기는 어렵게 되었다.

53 각 재벌의 해체 시기는 〈표 3-5〉 참조.

〈표 3-8〉 **흥망 재벌별 내부 구조의 차이와 변화**

(단위: %)

		1980년	1995년	2007년
내부지분율	흥한 재벌	46.15	42.55	55.68
	해체 재벌	49.38	34.77	–
상장 비율	흥한 재벌	59.53	56.95	53.04
	해체 재벌	62.76	79.13	–
부채 비율	흥한 재벌	729.93	340.78	140.90
	해체 재벌	52.39	1,090.32	–
출자 비율	흥한 재벌	51.91	34.86	45.26
	해체 재벌	56.96	43.56	–
매출수익률	흥한 재벌	0.17	0.77	5.05
	해체 재벌	1.06	-2.25	–

자료: 최정표(2009b), p. 254.

이 다소 높은 편이었다. 그러나 해체되는 시기인 1995년에는 망한 재벌의 내부지분율이 현격히 낮아지고 있다. 이 시기에는 이미 내부지분율을 높게 유지할 정도의 여유가 없어진 것이다.

상장 비율은 예상과는 다른 수치를 보이고 있다. 망한 재벌 쪽이 더 높을 뿐만 아니라 흥한 재벌 쪽은 점점 감소하는 데 비해 망한 재벌 쪽은 오히려 증가하고 있다. 기업을 상장한다는 것은 경영 투명성을 높인다는 의미이다. 따라서 상장 비율이 높다는 것은 바람직한 방향이다. 그런데 한국의 경영 풍토에서는 기업을 투명하게 경영하는 것이 위기에 대한 대응력을 오히려 약화시키는 결과로 나타났다.

부채 비율은 매우 흥미 있는 현상을 보이고 있다. 1980년에는 망한 재벌 쪽의 부채 비율이 훨씬 낮았다. 그러나 해체 직전인 1995년에는 부채 비율이 급속히 증가하였다. 반대로 흥한 재벌들은 1980년에는 부채 비율이 매우 높았으나 1995년에는 현저히 낮아졌다. 망한 재벌도 재벌 초창기인 1980년에는 부채 비율이 낮은 매우 건실한 기업 모습을 보였으나, 외환위기 직전에는 부채 비율이 너무 높은 상황으로 가고 있었다.

출자 비율은 계열사 자금을 이용한 그룹 확장을 나타낸다. 재벌들은 계열사 자금으로 과도하게 그룹 확장을 추구한다고 해서 공정거래위원회는 출자총액제한제도까지 도입해 이를 억제시키고 있었다.[54] 1980년에는 두 집단 모두 이 비율이 높았고 망한 재벌 쪽이 약간 높았다. 그러나 1995년에는 양쪽 모두 이 비율이 대폭 감소하는데 흥한 재벌 쪽이 더 많이 감소하였다. 이 비율이 감소한 것은 정부의 규제 때문이기도 하였다. 그러나 망한 재벌 쪽은 이 비율을 많이 줄이지 못하고 있었다.

매출수익률은 매우 흥미 있는 수치를 보이고 있다. 1980년에는 망한 재벌 쪽이 훨씬 높았다. 그러나 1995년에는 흥한 재벌 쪽이 훨씬 높았을 뿐만 아니라 대폭 증가하였다. 반면에 망한 재벌 쪽은 큰 결손을 보일 정도로 낮아졌다.

이런 분석 결과를 종합하면 재벌 도산의 원인이 과도한 차입에 의한 과도한 사업 확장이라는 그 동안의 지적이 상당히 설득력이 있어 보인다. 재벌 초창기인 1980년에는 망한 재벌 쪽이 오히려 더 건실한 모습이었다. 부채 비율은 낮고 매출수익률은 높았다. 그러나 외환위기 직전인 1995년에 오면 과도한 부채로(높은 부채 비율) 과도하게 계열기업을 늘리면서(높은 출자 비율) 수익성도 확보하지 못하고(낮은 매출수익률) 경영권 안정화도 도모하지 못하여(낮은 내부지분율) 외환위기라는 미증유의 경제위기에 직면하여 맥없이 주저앉고 말았다. 상장 비율이 높은 것은 위기 때는 오히려 불리할 수 있었다. 경영 투명성이 높아 신속한 위기 대응에는 불리하게 작용하였던 것 같다.

재벌 도산은 경제위기와도 크게 관련이 있었다. 도산한 10개 재벌 중 8개가 1997년의 외환위기와 관련이 있었고, 이 시기에 도산하였다. 국제그룹은 이미 1985년에 해체되었는데, 당사자는 정치권력과의 마찰 때문이라고 주장하지만 학술적으로 입증할 방법은 없다. 한양그룹은 1993년에 도산하였지만 외환위기와는 직접 관련이 없다.

대부분의 재벌 도산이 외환위기시에 발생하였는데, 경제위기와 같은 외부 충격에 적절히 대응할 능력이 없는 재벌은 도산의 운명을 벗어나지 못하였다. 재벌 흥망의 세부적 원인은 재벌별로 각기 다를 수밖에 없다. 그러나 과도하게 그룹을 확장한 재벌, 그것도 과도한 차입을 통해 그룹을 확장해 온 재벌들은 경제위기 때 특히 취약할 수밖에 없었다. 외환위기 전후로 해체된 재벌들이 전형적으로 이러한

54 출자총액제한제도는 그 동안 강화, 약화, 폐지, 재도입 등의 우여곡절을 거치다가 2009년에 다시 폐지되었다.

재벌이었다.

경영권 세습이 재벌 흥망의 원인이 될 수 있다는 견해도 있으나 여기에서는 입증되지 못하고 있다. 해체된 10개 재벌 중 4개는 창업 당대에서 해체되었고, 6개는 세습 후에 해체되었기 때문이다. 세습경영은 망한 원인이라고 볼 수도 없고 흥한 원인이라고 볼 수도 없다. 순위가 상승한 9개 재벌 중 7개는 세습 이후에 오히려 순위가 상승하였기 때문이다.

1997년의 외환위기를 전후하여 30대 재벌 중 10여 개의 재벌이 도산하면서, 외환위기 이후에 재벌개혁정책이 본격적으로 추진되었다.[55] 재벌이 외환위기의 주범으로 몰렸기 때문에 재벌 개혁은 필수조건일 수밖에 없었다. 재벌개혁정책이 완료된 후인 2007년에는 재벌의 경영구조가 완전히 달라졌다. 〈표 3-8〉에 의하면 이 기간 동안에 살아남은 재벌들은 내부지분율을 높여 경영권을 한층 더 공고히하면서 부채 비율은 혁신적으로 낮추었다. 수익성은 괄목할 정도로 개선되었다.

2. 재벌의 흥망과 경제발전

재벌은 한국 경제에서 절대적 비중을 차지하고 있다. 1997년의 외환위기 이전까지만 해도 30대 재벌은 자산과 매출액 어느 변수를 기준으로 하든 한국 경제에서 50%의 비중을 차지하고 있었다.[56] 외환위기 이후에는 그 비중이 다소 줄어들었으나 위기 수습 후에는 다시 상승하는 추세를 보이고 있다.

재벌이 한국 경제에서 수행하는 정치, 경제, 사회, 문화 등 제반 분야에서의 역할을 종합적으로 고려한 질적인 측면에서의 비중은 이를 훨씬 초과한다고 볼 수 있다. 30대 재벌의 각 행위는 국민 생활의 거의 모든 면에 영향을 미치고 있기 때문이다. 따라서 한국에서 재벌의 흥망은 국가 및 국민 생활과 직결된 문제이다. 재벌이 망하면 국가경제 전체가 위기에 처하기 마련이다.

55 외환위기 전후의 재벌 변화에 대해서는 최정표(2009a) 참조.

56 최정표(2004a). 우리나라 전체 기업 매출액에서 30대 재벌 매출액이 차지하는 비중은 외환위기 직전인 1996년에 48%에까지 이르다가 재벌개혁정책이 시행된 직후인 2002년에는 36%까지 하락하였다.

한국경제사에서 전대미문의 경제위기라고 일컬어지고 있는 1997년의 외환위기도 많은 재벌의 연쇄도산과 무관하지 않았다. 1997년부터 1999년 사이에는 무려 7개의 재벌이 도산하면서 해체되었다. 그리고 외환위기가 초래되었다. 이 때문에 재벌이 외환위기의 주범으로 지적되어 대대적인 재벌개혁정책이 시행되기도 하였다.[57]

이처럼 한국 경제와 재벌은 하나의 운명공동체가 되고 말았다. 따라서 경제 활성화를 위한 제반 정책들은 결국 재벌 활성화 정책으로 귀착된다. 중소기업 부문과 같은 비재벌 부문을 육성하는 정책도 궁극적으로는 재벌 활성화로 이전되기 때문에 비재벌 부문의 상대적 비중은 여전히 매우 취약한 상태이다. 한국 경제는 이와 같이 재벌 의존적인 상황이 되고 말았다.

재벌이 망하지 않도록 하는 것이 경제발전을 가져오는 것은 아니다. 기업발전사적으로 볼 때 망하는 재벌이 나오는 것은 불가피한 현상이다. 경제가 발전하는 길은 망하는 재벌을 막는 것이 아니라 망한 재벌의 자리를 더 좋은 기업이 대체해 나가도록 하는 것이다.

〈표 3-9〉에는 망한 재벌과 이들을 대체한 신규 재벌에 어떤 차이가 있는지 비교되어 있다. 1980년에서 2007년까지 14개 재벌이 30대 재벌에서 탈락하고 다른 재

〈표 3-9〉 **탈락 또는 해체 재벌과 신규 재벌의 비교**

(단위: %)

	탈락 또는 해체 재벌(1980년)	신규 재벌(2007년)
30대 재벌 내 매출액 비중	29.23	33.18
30대 재벌 내 자산액 비중	32.87	28.36
내부지분율	43.83(0.95)	58.94(1.06)
상장 비율	69.38(1.17)	49.08(0.93)
부채 비율	468.8(0.64)	136.04(0.97)
출자 비율	39.62(0.76)	33.60(0.74)
매출수익률	2.04(12.0)	5.57(1.10)

주: ( ) 안의 값은 순위가 상승한 재벌들과 비교한 값이다. 즉, 각 변수의 값을 흥한 재벌의 상응한 변수 값으로 나누어서 계산.
자료: 최정표(2009a), p. 258.

57 재벌 개혁의 구체적 내용과 그 효과에 대해서는 김기원(2002), 장세진(2003), 최정표(2009a) 참조.

벌이 이들의 자리를 대체하였는데, 30대 재벌에서 이들이 차지하는 비중은 30% 정도인 것으로 나타났다(매출액 또는 자산액 기준). 그리고 이들의 비중에는 큰 변화가 없었다. 탈락한 14개 재벌이 1980년 기준으로 30대 재벌에서 차지한 비중이나, 신규 진입한 14개 재벌이 2007년 기준으로 30대 재벌에서 차지하는 비중이나 거의 비슷하다. 따라서 탈락한 기존 재벌이나 이들을 대체한 신규 재벌이나 상대적 크기에는 큰 차이가 없었다고 볼 수 있다.

경제력집중 완화 차원에서는 신규 진입 재벌의 비중이 커지는 것이 더 바람직한 현상이다. 상위 대재벌의 비중이 높아지면 경제력집중은 더 심화되는데, 신규 진입 재벌의 비중이 높아지면 기존 재벌의 비중이 낮아지기 때문에 경제력집중은 완화되는 것이다. 그런데 〈표 3-9〉에서는 이런 징후를 관찰하기 어렵다. 매출액 비중으로는 다소 높아졌지만, 자산액 비중으로는 오히려 감소하였기 때문이다. 따라서 경제발전에 유리한 방향으로 신흥 재벌이 기존 재벌을 대체하였다고 판단하기는 어려울 것 같다.

내부지분율과 매출수익률은 탈락한 기존 재벌보다 이들을 대체한 신규 재벌들이 더 높은 것으로 나타났다. 신규 재벌들은 수익성이 더 높고 경영권 안정화에 더 큰 비중을 두고 있다. 부채 비율과 출자 비율은 신규 재벌이 훨씬 낮다. 이런 현상들은 탈락 재벌보다는 신규 재벌이 더 좋은 기업이라는 것을 의미한다. 그러나 신규 재벌은 상장 비율이 매우 낮은데 이것은 바람직한 현상이 아니다.

그런데 이 기간에 다른 재벌들도 경영구조가 전반적으로 변해 왔기 때문에 상대적인 추세에서 신규 재벌의 모습이 어떻게 달라졌는지도 비교해 볼 필요가 있다. 이를 위해 망한 재벌과 신규 재벌의 각 변수 값을 동일 시기의 흥한 재벌 변수 값으로 나누어 그 변화 모습을 살펴보았다. 〈표 3-9〉의 ( ) 안의 값은 이렇게 계산한 값이다.

우선 내부지분율은 흥한 재벌과 비교한 상대적인 값에서도 신규 재벌이 기존 재벌보다 더 높아졌다. 그리고 상장 비율은 상대적인 값에서도 더 낮아졌다. 부채 비율은 높아지고, 출자 비율, 매출수익률은 낮아졌다. 이렇게 볼 때 신규 재벌이 망한 재벌에 비해 개선된 경영구조를 가졌다고 보기는 어렵다. 출자 비율이 약간 낮아진 긍정적인 측면은 있지만 나머지는 모두가 바람직하지 않은 방향으로 변하였다.

망한 재벌을 대체한 신규 재벌이 더 건실하고 발전된 기업 모습을 보여야 재벌 흥망과 더불어 한국 경제가 더욱 발전해 간다고 말할 수 있을 것이다. 그러나 〈표 3-9〉의 자료로는 이런 방향으로의 재벌 흥망이라고 말하기는 어려울 것 같다.

경제발전을 지속적으로 이룩하기 위해서는 경제위기시에 기업들의 자생력이 강해야 한다. 그런데 1997년 외환위기시 30대 재벌 중 8개가 도산하였다. 재벌 시스템이 경제위기에 매우 취약하다는 것을 보여 주는 자료이다. 많은 재벌의 동시 도산이 국가경제를 더 어렵게 만들었다. 재벌의 경제위기 대처 능력이 더 강하지도 못하고, 재벌 흥망이 경제를 더 건강한 구조로 이끌어가지도 못한다면 재벌 중심의 한국 경제는 새로운 방향의 모색이 불가피하다고 볼 수 있다. 재벌도 선진화를 모색해야 하고 정부도 새로운 기업체제를 모색해야 한다.

Chapter 4

재벌의 공과 논쟁

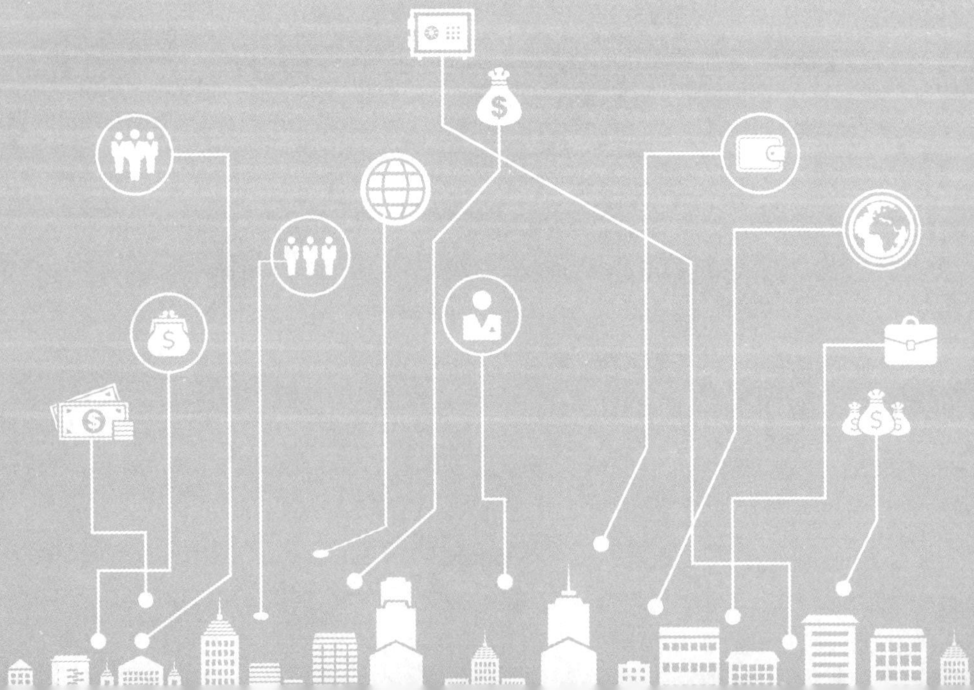

재벌의 공과 논쟁

I 재벌 공과에 대한 다양한 시각

1. 관점의 차이

재벌은 한국 경제의 구심체로서 다방면에 걸쳐 수많은 역할을 수행해 왔다. 이 과정에서 재벌은 공로도 많았고 과실도 많았다. 이 때문에 재벌을 평가하는 것은 결코 용이한 일이 아니다. 특히, 공과를 중심으로 재벌을 평가한다는 것은 매우 어려운 일이 아닐 수 없다.

재벌이 본격적으로 그 모습을 드러낸 것이 1970년대 이후이기 때문에, 1970년대 이후의 한국 경제를 어떤 관점에서 해석하느냐에 따라 재벌에 대한 평가는 달라질 수밖에 없다. 1970년대 이후 30여 년간의 한국 경제는 수출 주도의 고도성장이 그 특징이다. 이 기간에 한국 경제는 수출이 큰 비중을 차지하였고, 매우 빠른 속도로 성장하였다.

반면에 이 기간은 한국 경제가 양극화 구도를 고착화시킨 기간이기도 하다. 특히, 대기업 부문과 중소기업 부문 간의 양극화는 점점 심화되었다. 재벌을 중심으로 한 대기업들은 성장속도가 빠르면서 한국 경제의 중요 부문을 거의 장악하면서 시장에서는 독과점적 지위를 확실히 굳혀 나갔다.

소득분배와 부의 분배도 양극화가 점점 심화되었다. 재벌 및 재벌과 이해관계를 같이하는 부자와 고소득층의 분배 몫은 더 빠른 속도로 증가하였고, 그 이하 계층의 분배 몫은 여기에 따라가지 못하였다. 경제성장과 더불어 국민들의 절대적 빈곤은 해결되었지만 상대적 빈곤은 오히려 심화되었다.

이러한 상반된 현상을 두고 그 원인을 어디서 찾느냐에 따라 재벌에 대한 평가는 갈릴 수밖에 없다. 경제성장을 우선시하는 성장론자의 입장에서는 성장에 대한 재벌의 공헌을 높게 평가할 것이다. 반면에 중소기업 문제와 양극화 문제를 매우 심각한 경제 문제로 인식하고 있는 안정론자의 입장에서는 그 원인을 재벌 중심의 경제 운용에서 찾는다.

이처럼 한국 경제를 해석하는 관점에 따라 재벌에 대한 평가는 정반대로 나타난다.[1] 기득권층과 보수층은 고도성장 과정에서 많은 혜택을 누렸던 만큼 성장론의 입장에서 재벌의 공헌을 높이 평가한다. 그러나 저소득층과 진보주의자들은 재벌에 의한 경제력집중을 우리나라가 우선적으로 해결해야 할 경제 문제로 인식하면서 재벌 개혁을 주장한다. 재벌 문제를 매우 중요한 경제 문제로 거론하고 있다.

그러나 성장론자라고 해서 안정론의 중요성을 인식하지 못하는 것은 아니고, 안정론자라고 해서 성장론의 중요성을 부인하는 것도 아니다. 성장이 없으면 안정은 의미가 없고, 안정이 없으면 성장도 무의미하다. 성장도 중요하고 안정도 중요하다. 문제는 이들을 어떻게 조화시키느냐 하는 점이다. 말하자면, 성장을 하면서 안정도 달성하는 것이다.

한국 경제를 계속 소수 대재벌이 주도해 가고 재벌에 의한 경제력집중이 심화되면, 높은 성장을 이룩해도 성장의 과실은 재벌에게 집중될 것이 분명한데 이런 성장이 과연 국민이 바라는 성장일까? 더 본질적으로는 경제구조가 고도화되어 있는 이 시점에서도 과거처럼 재벌이 경제성장을 계속 주도해 나갈 수 있을까?

재벌이 더 이상 경제성장의 주도자가 되기 어렵다고 본다면 성장론자와 안정론자의 관점은 수렴하는 수밖에 없다. 재벌 부문과 비재벌 부문이 동시에 성장을

1 서상룡(1999)은 설문조사를 통해 우리 사회의 지도층은 재벌을 어떻게 보고 있는지 여러 각도에서 분석하였다.

주도하면서 성장의 과실을 고르게 분배받을 수 있게 해야 한다는 논리를 어느 쪽도 거부할 수 없다. 이제는 성장과 안정이 동시에 달성될 수 있도록 하는 경제 운용이 필수적이다. 비재벌 부문도 재벌 부문과 똑같은 역할을 수행할 수 있도록 경제를 운용해야 한다.

2. 입장의 차이

1) 전경련의 입장

재벌에 대한 평가와 시각은 각자 처해 있는 입장에 따라 다를 수밖에 없다. 특히, 재벌과 어떤 관계에 놓여 있느냐는 재벌의 평가에 매우 민감하게 영향을 줄 수 있는 요인이다. 반면에 재벌과 직접적인 연관관계가 없을 때는 개인적인 소신이 매우 중요한 요소일 수 있다.

우리나라에는 소위 경제 5단체라고 불리는 기업가들의 단체가 있다. 대한상공회의소, 무역협회, 중소기업협동조합중앙회, 전국경제인연합회(전경련), 한국경영자총협회 등이 그것이다. 이들 중 그 영향력이 가장 큰 단체는 전경련이다. 전경련은 예산 및 인사에서 정부의 지원이나 간섭을 받지 않는 순수 민간단체로서 정부와는 무관하게 독립적으로 설립되고 독립적으로 운영되는 재벌 이익단체이다.

전경련은 일정 규모 이상의 대기업체만 회원이 될 수 있기 때문에 거의 모든 회원이 재벌의 계열기업이고, 재벌 회장들이 전경련의 회장, 부회장 등을 맡고 있는 재벌들의 단체이다. 전경련은 공식적으로 재벌을 대변하는 기구이고, 재벌을 변호하고 옹호하는 재벌의 압력단체이다.[2]

전경련의 입장은 바로 재벌 스스로의 입장이라고 볼 수 있다. 즉, 전경련의 재벌에 대한 시각은 재벌 스스로의 재벌에 대한 시각이다. 재벌 스스로는 당연히 재벌을 매우 긍정적으로 평가할 것이 틀림없다.[3]

전경련은 재벌이 경제성장의 최고 공로자라고 자부하고 있다. 한국 경제가 이

2 전경련의 역사와 역할에 대해서는 홍덕률(1997, 2005) 참조.
3 공병호(1996) 참조.

〈표 4-1〉 **종합무역상사의 수출실적**

(단위: 100만 달러)

구분	1975년	1976년	1977년	1978년	1979년
총수출	5,424	8,115	10,046	12,711	15,055
종합상사의 수출	627(12.4)	1,329(16.4)	2,177(21.7)	3,434(27.0)	5,102(33.9)

주: ( ) 안의 값은 % 비율.
자료: 조동성(1997), p. 117.

렇게 고도성장을 이룩해 놓을 수 있었던 것은 바로 재벌의 역할이 있었기 때문이라고 주장한다. 특히, 수출 주도의 경제성장전략에서 가장 큰 역할을 한 집단이 재벌이라고 주장하고 있다.

1970년대 정부의 수출 드라이브 정책에 맞추어 재벌들은 종합무역상사를 만들어 수출의 선봉장 역할을 수행하였다. 종합상사는 정부 정책에 의해 각 재벌들이 수출입을 담당하기 위해 만든 계열회사이다. 해외시장을 개척하고 국내 기업들의 수출업무를 대행하는 회사였다. 종합상사는 정부의 적극적인 지원을 받기도 하였지만 실제로 수출 증대에 많은 기여를 하였다. 〈표 4-1〉에서 보여 주는 것처럼 우리나라의 총수출액 중에서 종합상사가 수출한 금액은 1979년에 이미 34%에 이르고 있다.

수출 드라이브 정책을 시작하였던 1970년대뿐만 아니라 1996년 자료에서도 삼성물산, 현대종합상사, (주)대우 등 재벌계 7대 종합상사의 수출액은 총수출액에서 50.8%에 이르는 비중을 차지하고 있다.[4] 이처럼 적어도 통계숫자로는 재벌이 수출의 첨병으로 고도성장을 견인하는 역할을 수행하였다고 볼 수 있다.

이런 수출액을 이루어 내는 데 밑바닥에서부터 실제로 헌신하고 공헌한 사람이 누구냐 하는 것은 별개의 담론이다. 거기까지 논의를 확대시키면 재벌의 주장은 많은 공격을 받을 수 있다.

재벌들은 한국 경제가 경공업에서 중화학공업으로 나아가는 데도 큰 역할을 하였다고 주장한다. 재벌들은 정부의 중화학공업 육성정책에 적극 참여하여 한국의 산업구조를 경공업에서 중공업으로 전환시켰다고 말한다. 이 과정에서 재벌은

4 조동성(1997) 참조.

〈표 4-2〉 **재벌의 중요 중화학공업 참여 현황(1970년)**

산업		참가 재벌
자동차		현대, 대우, 기아
기관차		대우, 현대
엔진	선박용	현대, 쌍용, 대우
	자동차용	현대, 대우, 기아
조선		현대, 대우, 삼성
건설용 중장비		현대, 대우
중기계		현대, 삼성, 대우
발전설비		현대, 삼성, 대우, 효성
전자		럭키금성, 삼성, 대한전선
섬유		럭키금성, 쌍용, 한국화약

자료: 조동성(1997), p. 115.

선진 생산기술과 선진 경영기법을 도입하여 우리 경제의 국제경제력을 계속 제고시켜 왔다고 말하고 있다.

〈표 4-2〉에 의하면 이런 주장도 근거가 있다. 재벌들이 중화학공업에 적극 참여한 것은 사실이다. 그런데 그 결과에 대한 평가는 다를 수 있다. 이 과정에서 중복과잉투자나 기업 부실로 국가경제에 엄청난 부담을 안긴 것도 사실이기 때문이다.

재벌들은 기업가정신도 강조하고 있다. 기업가정신은 위험부담이 높은 사업에 과감히 도전하여 성공해 낸 것을 의미한다. 특히, 재벌의 창업자들은 무에서 유를 창조해 낸 사람들이다. 후진국인데다 자본축적도 없는 상태에서 위험부담이 큰 사업에 도전하여 당당히 성공해 낸 재벌가들이 많았다. 재벌들은 이러한 기업가정신이 있었기 때문에 우리나라가 경제성장을 이룩해 낼 수 있었다고 주장하고 있다.

그런데 창업자의 기업가정신과 승계자의 기업가정신은 구분해야 한다. 재벌은 세습되었는데, 승계자들은 창업자와는 전혀 다른 상황에서 재벌을 이끌어 가고 있다. 새롭게 이루어 낸 것이기보다 이미 이루진 것을 관리하는 입장이다. 기업 경영의 행태도 완전히 달랐다. 그런 만큼 2세 재벌가들의 기업가정신에 대해서는 아직 평가가 이르다고 할 수 있다.

전경련의 재벌관은 자화자찬을 넘어 재벌 비판자들을 공격하는 일도 서슴지 않는다. 시민단체인 참여연대는 재벌에 대해 매우 비판적인데, 전경련은 참여연대를 반자본주의 세력이고 계급투쟁적 세력이라고 몰아붙이고 있다.[5] 이처럼 재벌에 대한 견해는 각기 처해 있는 입장에 따라 각양각색이다.

2) 중소기업의 입장

재벌과 대척점에 서 있는 부문은 중소기업이다. 경제 5단체 중 전경련이 재벌을 대변하는 단체라면 중소기업을 대변하는 단체는 중소기업협동조합이다. 상공회의소, 무역협회, 경총 등은 양쪽을 모두 포함시키는 기업가단체이고 중소기업협동조합만이 재벌과는 반대편에 서 있는 기업가단체이다. 중소기업협동조합측에서는 재벌 때문에 중소기업 부문이 항상 힘들어진다고 주장한다.

한국 경제에서 중소기업 부문의 비중은 40% 수준에서 맴돌고 있는데, 이는 독일(80%), 일본, 대만 등에 비해 중소기업 부문이 매우 취약하다는 것을 말해 준다. 중소기업은 경제의 뿌리인데 한국 경제는 뿌리가 매우 약한 형편이다. 중소기업측은 그 이유가 재벌 때문이라고 주장한다. 한국 경제가 재벌 중심의 경제구조로 운영되기 때문에 수많은 중소기업 지원정책에도 불구하고 중소기업 부문은 경쟁력을 확보하지 못한다는 것이다.

재벌은 계열기업을 통해 중소기업 영역에 직접 참여하기도 하고, 중소기업과 제품을 직접 거래하기도 한다. 이때 재벌은 항상 갑이고 중소기업은 을이라는 것이 중소기업측의 주장이다. 재벌과 비재벌이 동시에 참여하는 업종에서는 재벌과 비재벌 사이에 불공정한 경쟁이 이루어지고, 재벌과 비재벌이 거래하는 시장에서는 재벌이 우월적 지위를 가지고 이를 남용한다고 보고 있다. 그래서 재벌은 번창해도 중소기업은 항상 열악한 상태를 면치 못한다는 것이 중소기업측의 주장이다.

재벌은 수많은 계열기업을 거느리면서 수많은 업종에 참여하고 있는데, 그 중에는 중소기업과 직접 경쟁하고 있는 업종도 많다. 이런 업종에서는 비재벌의 중소기업이 재벌의 계열기업과 공정한 바탕에서 경쟁할 수 없다. 재벌의 계열기업은 그룹으로부터 여러 가지 형태의 지원을 받을 수 있기 때문이다. 단기필마인 중소

5 박종찬(2002), pp. 5~7. 자유기업원은 전경련 기업들의 출연으로 운영되는 연구소이다.

기업이 그룹 체제인 재벌과 공정하게 경쟁할 수 없다는 것은 부정하기 어렵다.

재벌과 중소기업 사이에 이루어지는 거래관계도 공정하지 않을 소지가 많다. 재벌은 독점적 구매자로서 우월적 지위를 확보하는 경우가 많기 때문이다. 재벌과 중소기업 간의 하도급 거래는 이런 실정을 잘 말해 주고 있다. 재벌은 대규모 구매자일 뿐만 아니라 독점적 구매자(monopolist)이기 때문에 납품 가격이나 납품 조건 교섭에서 중소기업은 힘이 약할 수밖에 없다. 따라서 재벌은 납품 가격 후려치기나 기술 탈취 등으로 하도급 중소기업을 겨우 생존할 정도로만 유지시키면서 이들을 착취해 간다고 비난받는다.

한국의 대표적 재벌기업인 삼성전자는 2010년과 2011년에 영업이익률이 각각 11.19%와 9.85%였다. 반면에 하도급업체들의 영업이익률은 5.52%와 3.92%에 불과하였다.[6] 이 자료만으로 납품 가격의 정당성을 논의할 수는 없지만, 이러한 영업이익의 차이가 과도하게 낮은 납품 가격에 기인하였다면 하도급업체들의 희생도 삼성전자의 고수익에 일조한 셈이다.

이처럼 중소기업측에서는 재벌과 중소기업 사이의 불공정 경쟁과 불공정 거래관계를 매우 중요한 경제 문제로 거론하고 있다. 재벌의 일방적 우위와 횡포를 비판하고 있다. 따라서 중소기업은 재벌을 부정적으로 평가할 수밖에 없다.

한국 경제는 구조도 재벌 중심이고, 운영도 재벌 중심인 것이 사실이다. 따라서 비재벌 부문인 중소기업은 여러 가지 면에서 불리한 조건에 처할 수밖에 없다. 이러한 점 때문에 정부는 수많은 중소기업정책을 도입하고 있는 것이다.

그러나 중소기업 부문은 결코 개선될 기미를 보이지 않고 있다. 한국 경제는 재벌이 중소기업 부문에 일종의 빨대를 꼽고 있는 구조이기 때문이다. 중소기업에 대한 지원도 나중에는 그 빨대를 통해 재벌 지원으로 탈바꿈해 버린다. 마치 정부가 농어촌에 지원한 자금이 곧 서울로 회귀해 버리는 것이나 마찬가지이다. 재벌과 중소기업의 관계가 매우 불공정하기 때문이다.

6 공계진(2012).

3) 정부의 입장

정부의 재벌에 대한 입장은 매우 복합적이다. 정권에 따라, 정부 부서에 따라, 관료들의 개인적 기호에 따라 재벌에 대한 평가가 각기 다르기 때문이다. 그리고 정부는 여론에 따라 그 입장이 항상 유동적이기도 하다.

박정희정부 시절에 재벌이 출현하였고, 박정희는 재벌을 경제성장의 수단으로 생각하였기 때문에 재벌에 대해 거부감을 가질 이유가 없었다. 더군다나 재벌은 정권이 얼마든지 통제할 수 있는 대상이었기 때문에 재벌을 적대시할 필요도 없었고, 재벌의 힘을 우려할 필요도 없었다. 필요에 따라 재벌을 이용할 뿐이었다. 따라서 재벌과 정부는 협조적 관계였고 서로를 이용하는 관계였다.

박정희정부 시절은 정부의 각종 특혜조치하에 재벌이 생성되었고, 정부의 지원하에 재벌이 성장해 왔다. 그리고 국민들은 아직 재벌의 폐해를 인식하지 못하였다. 거기다가 정경유착에 의해 정권과 고위 정치인들이 재벌을 이용하였기 때문에 재벌과 정부는 우호적 관계가 유지될 수밖에 없었다.

재벌과 정부의 관계는 전두환정부 시절에도 큰 변화가 없었다. 전두환정부 역시 막강한 독재권력이었기 때문에 재벌은 얼마든지 통제 가능하였다. 재벌의 힘을 우려할 필요가 없었고, 재벌은 이용의 대상이었다. 그리고 정경유착은 계속되었다.

그런데 이때부터는 민주화 요구와 함께 국민들로부터 재벌에 대한 비판이 거세게 일어나기 시작하였다. 따라서 전두환정부는 1986년 강력한 재벌 규제를 공정거래법에 도입하였다. 제도적으로 재벌을 규제하기 시작하였다. 적어도 겉으로는 국민들의 재벌 비판에 호응하는 척하였다. 그러나 뒤로는 재벌들을 협박하여 많은 비자금과 정치자금을 챙겼다. 재벌과 정부의 관계가 매우 묘한 상황에 이른 것이다.

1987년의 민주화 조치 이후부터는 재벌에 대한 정부의 입장에 변화가 일기 시작하였다. 국민들의 재벌 비판이 고조되고, 노동운동이 본격화되고, 재벌이 공정거래법에 의해 체계적으로 통제됨에 따라 정부도 재벌을 적절히 통제해야 한다는 입장이었다. 반면에 재벌은 대통령에 대해 과거처럼 절대복종의 입장에 설 필요가 없었다. 5년 단임제 대통령은 재벌 통제력에 한계가 있었기 때문이다. 거기다가 노태우 대통령은 재벌로부터 많은 자금을 챙겼기 때문에 실질적으로 재벌에 대한 통치자의 권위도 줄어들 수밖에 없었다.

이 시기도 정부는 재벌을 적절히 통제해야 한다는 입장을 강하게 가졌지만, 이제는 정부에 대한 재벌의 저항도 만만치 않은 시기가 도래하였다. 그만큼 재벌의 힘은 더욱 커진 반면 통치자의 힘은 약화되었다. 거기다가 재벌은 이제 정부의 지원정책에 크게 의존할 필요가 없는 단계에 와 있었다. 과거 고도성장기에는 재벌이 정부로부터 많은 특혜를 받았지만 이제는 이런 관계가 거의 끝나고 재벌은 자립하고 스스로 경제적 입지를 확대시켜 나갈 수 있는 단계에 와 있었다. 그러므로 재벌은 더 이상 정부나 정권에 굴종하는 입장을 유지하려고 하지 않았다.

김영삼정부는 민주정부를 자처하였기 때문에 국민들의 인기 확보를 위해 재벌을 적절히 통제하려는 입장으로 갔다. 거기다가 대통령 선거 과정에서 당시 최대 재벌이었던 현대그룹의 정주영 회장이 대통령 선거에 입후보하여 김영삼 후보와 많은 마찰을 일으켰기 때문에 정부의 재벌 통제는 강화되는 방향으로 움직였다. 그러나 이때는 이미 국가경제의 재벌 의존도가 너무 커져 재벌의 협력 없이는 국가 운영이 어려운 상황이 되었다. 결국 김영삼정부는 재벌과 우호적인 관계로 방향을 선회할 수밖에 없었다. 재벌에 불만은 있었지만 어쩔 방도가 없었다.

김대중 대통령은 외환위기 수습 차원에서 강력한 재벌개혁정책을 추진하였다. 그러나 재벌의 힘은 이미 너무 커졌고, 5년 단임 대통령의 힘은 제한적이었다. 재벌 개혁도 거의 구호로만 그치고 실제로 개혁의 성과는 거두지 못한 채 IMF 구제금융의 종식과 더불어 재벌 통제도 거의 끝나 버렸다. 김대중정부 역시 재벌의 협조 없이는 국가경제의 운영이 매우 어려웠다. 재벌 문제와 재벌에 대한 비판은 커졌지만 재벌 개혁이나 재벌 통제는 지속적으로 유지하기가 어려웠다. 정권이 교체되어도 재벌은 무풍지대라는 것이 입증되었다.

노무현정부는 재벌에 대해 무지한 정권이었다. 국민들은 재벌에 변화가 올 것이라고 기대하였지만 정권과 참모들의 무능으로 이 시기에는 재벌정책이 오히려 후퇴하고, 정부가 재벌에 의존하는 기현상이 벌어졌다. 거기다가 야당은 과거 여당 시절 오랫동안 친재벌 세력이었기 때문에 야당이면서도 재벌에게는 우호적이었다. 정부의 재벌 비판은 무디어질 수밖에 없었다.

이명박정부는 노골적으로 친재벌정책을 추진하였다. 선거공약에서부터 친재벌을 내세웠기 때문에 어쩔 수 없는 선택이었다. 재벌이 잘 되면 결국 국가경제도 잘 될 것이라는 생각이었고, 재벌의 힘으로 나라 경제를 부양시켜야 한다는 생각이었다. 이에 따라 중요 재벌 규제를 폐지시키거나 완화시켰다.[7] 그러나 재벌은 이기적으로 자기 몫만 챙겼지 정권의 요구에 부응하지 못하였다. 재벌은 많은 혜택을 누렸으나 비재벌 부문은 오히려 더 위축되었다.

재벌은 영원한데 5년 단임제 대통령하에서 권력은 유한하다. 이제 권력조차 재벌에게 휘둘리는 상황이 되자 직업관료들도 재벌에 떠밀려 가는 형국이 되었다. 관료 개개인은 재벌에 대한 입장이 각기 다양하지만 정부의 큰 흐름이 재벌에 우호적이면 관료 개인의 성향은 큰 의미가 없다. 재벌의 문제점에 대해 분명한 인식이 있는 관료도 개인의 미래를 위해 재벌과 적대적이 되려고 하지 않았다. 재벌 문제에 대해 확실한 신념을 가지고 재벌 문제를 해결해 보려는 관료가 나오기는 어려운 상황으로 가 버렸다. 거기다가 재벌 문제의 심각성을 깨닫고 있는 관료 자체가 극히 소수에 불과하였다. 이제 재벌은 정부 위에 군림하는 조직으로 가고 있다.

정부 부서도 자기 업무에 따라 재벌에 대한 입장이 각기 달랐다. 공정거래위원회는 재벌 규제의 주무관서이기 때문에 재벌을 통제해야 한다는 입장이다. 그러나 위원장이나 대통령이 확고한 의지를 가지지 않는 한 공정위 역시도 효과적인 재벌 정책을 추진할 수 없다.

다른 경제 부서는 대부분이 경기진작이나 기업들의 경쟁력 확보를 중요시하는 부서이다. 이런 명분하에서는 정부도 재벌에게 우호적인 정책으로 갈 수밖에 없다. 정부 주도의 재벌 개혁이나 반재벌정책은 추진하기가 점점 어려워졌다.

정부의 재벌에 대한 입장은 정권의 성향과 정부와 재벌 사이의 관계에 의해 정해질 수밖에 없다. 정부는 국민 여론 때문에 재벌에 비판적인 입장을 취하기도 하지만 재벌의 현실적인 힘 때문에 국민들의 요구를 수용하지 못하고 있다. 이처럼 정부의 재벌에 대한 입장은 매우 복잡하다. 따라서 재벌에 대한 정부의 평가도 복합적이고 유동적일 수밖에 없다.

7 출자총액제한제도를 폐지하고 금산분리를 완화시켰다.

4) 학자들의 입장

학자들의 입장에서는 개인의 성향과 철학에 따라 재벌에 대한 평가와 인식이 각기 다르다. 보수 성향이냐 진보 성향이냐에 따라 다르고, 전공이 경제학이냐 경영학이냐에 따라서도 다르다.

재벌에 대한 학자들의 입장은 긍정, 부정, 중립 등 세 가지라고 볼 수 있다. 그러나 크게는 친재벌적 학자와 반재벌적 학자로 구분할 수 있다. 어느 곳에도 속하지 않는 학자는 중립 또는 무관심이라고 볼 수 있다.

친재벌적 학자는 대부분 보수 성향의 학자이고, 성장론을 중시하는 학자들이다. 반면에 반재벌적 학자는 개혁진보 성향의 학자들이고, 재벌이 초래한 양극화를 심각한 경제 문제로 인식하면서 안정론을 강조하는 학자들이다.[8]

재벌은 국가경제 차원에서 보느냐 기업 경영 차원에서 보느냐에 따라서도 그 평가는 달라질 수 있다. 경제학자들은 국가경제 차원에서 균형발전을 중시하는 입장이고 재벌 위주의 일방통행적 경제 운영을 우려하는 경향이 많다. 반면에 경영학자들은 기업의 수익성을 중시하면서 재벌이 경쟁력을 갖춘 기업이기 때문에 재벌에 대한 제반 규제는 재벌의 경쟁력을 해칠 우려가 있다고 보는 경향이 많다.

이처럼 학자들은 학문적으로 중요시하는 부문을 어디에 두느냐에 따라 재벌에 대한 평가가 나누어진다. 그리고 전공 영역에 따라서도 재벌에 대한 견해가 달라진다. 경제학 중에서도 산업조직론, 노동경제학, 후생경제학 등을 전공하는 학자들은 재벌에 의한 독과점 문제, 경제력집중 문제, 노사관계 문제, 노동자 복지 문제, 고용안정성 문제 등에 관심이 많기 때문에 재벌에 대해 비판적 시각을 가지는 경우가 많다. 반면에 경제성장론, 국제경제학, 재정학 등을 전공하는 학자들은 성장의 엔진, 국제수지의 흑자, 정부의 조세수입 등에 관심이 많기 때문에 재벌을 너무 적대시해서는 국가 운영이 어려울 수 있다고 보기도 한다.

경영학 전공 학자들은 기업 경영의 효율성과 수익성에 관심이 많기 때문에 대기업을 중시하고 재벌의 우월성을 집중 부각시키기도 한다. 경영학자들은 중소기업보다 재벌기업에 경영 조언을 할 기회가 많고 학문적 전문성을 발휘하는 데 유

8 장상환(1992), 이재희(1992), 이병화(1993)는 진보적인 입장에서 재벌의 문제점을 종합적으로 정리하고 있다.

리하다. 따라서 경영학자들은 재벌식 경영에 더 많은 관심을 기울인다.

재벌은 재벌식 경영을 통해 나타난 기업 형태이고 승자의 기업 형태이다. 재벌식 경영을 부정하면 재벌도 비판해야 하고 승자의 기업 형태도 비판해야 한다. 따라서 한국적 경영환경에서는 경영학자들이 재벌을 비판하는 것이 쉽지 않다. 승자인 재벌을 부정하면 경영이론을 정당화하기 어렵다. 이 때문에 경영학자들은 재벌에 대해 우호적인 입장에 서기 쉽다.

3. 시대의 차이

재벌에 대한 평가는 시대에 따라서도 다르게 나타나고 있다. 1987년은 6.29선언과 더불어 정치적 민주화가 시작된 해이며, 공정거래법에 재벌 규제가 시작된 해이기도 하다. 1987년 이전 시대는 극도의 권위주의 시대이고 공정거래법에 재벌 규제가 없었던 시기이다.

1997년은 외환위기가 일어났던 해이다. 말하자면, 재벌에 큰 변화가 있었던 해이다. 1997년부터는 재벌이 외환위기의 주범으로 몰려 재벌에 대한 비판이 고조되었던 시기이다.

재벌에 대한 평가는 이러한 시대적 상황에 맞추어 1987년 이전 시대, 1987년에서 1997년까지, 1997년 이후 시대로 나누어서 살펴볼 필요가 있다. 재벌에 대한 견해도 시대 상황에 따라 변하기 때문이다.

1987년까지는 권위주의 시대이고, 고도성장의 시기이고, 재벌에 대한 제도적 규제가 없었던 시기이다. 이 시기는 정부가 제도적 장치 없이도 재벌을 통제할 수 있었던 시기이기도 하다. 정부는 법적 장치 없이도 여론에 맞추어 재벌을 통제할 수 있었다. 이 시기에는 국민들이 재벌에 대한 불만보다 독재권력에 대한 비판, 정치민주화에 대한 요구가 더 컸기 때문에 재벌 비판은 높게 부각되지 않았다.

재벌과 정치권력의 유착에 대해서는 비판이 강하였지만 이의 주범은 재벌이라기보다 부패한 독재권력이라고 보았기 때문에 재벌에 대한 비난은 뒤로 밀리고 독재정권에 대한 비판이 비등하였다. 독재권력이 물러나고 민주화가 달성되면 재벌 문제는 자동적으로 해결될 것이라는 생각이었다. 재벌은 정치권력의 하부구조로 보았기 때문이다.

1987년부터는 재벌 규제가 공정거래법에 법적 제도로 도입되면서 규제가 본격적으로 시행되었다. 거기다가 1987년부터는 6.29조치가 발표되면서 민주화가 급속도로 진전되었다. 노동운동도 봇물 터지듯 쏟아져 나왔다. 독재권력으로 향하던 화살이 이제 재벌쪽을 겨냥하였다. 재벌에 대한 비판이 고조되었는데, 재벌의 부동산 투기는 재벌 비판을 고조시키는 큰 요인이었다. 이 시기에 전국적으로 부동산 투기가 극성을 부리고 부동산 가격이 폭등하였는데, 여기에는 재벌들이 큰 역할을 하였다. 따라서 재벌의 부동산 투기는 국민적 저항을 일으킬 정도였다.

이런 사회적 분위기에 편승하여 1990년 초에는 재벌에 대한 평가가 아주 나빴다. 재벌에 의한 경제력집중도 높아지고 재벌의 횡포도 심해졌기 때문에 정부는 재벌에 대한 강력한 규제로 국민들의 환심을 사려고 하였다. 이런 민심에 놀란 재벌들도 적극적으로 대응해 나갔다. 스스로 비판을 감소시키려고 노력하였을 뿐만 아니라 갖가지 로비 등으로 자구책을 모색하였다.

1990년대 중반에 와서는 재벌 비판이 다소 수그러들었는데, 이 틈에 재벌로의 경제력집중은 더욱 심화되었다. 김영삼정부도 초기와는 달리 재벌정책이 무디어져 있었다. 이런 과정에서 1997년 외환위기가 터졌고 재벌이 위기의 주범으로 인식되었다. 재벌에 대한 비판은 다시 고조되었다.

1997년부터는 재벌 비판이 최고조에 이르고, 재벌은 이런 분위기에 굴복할 수밖에 없었다. 그리고 외환위기 과정에서 많은 재벌들이 도산하였다. 국민들의 재벌에 대한 시각은 매우 차가웠다. 외환위기 수습 과정에서 재벌 개혁은 제1의 정책과제가 되었다.

이처럼 재벌은 권위주의 시대에는 정권과 적당히 유착하면서 재벌세를 확대시켜 나갈 수 있었는데, 민주화 시대에 와서는 국민들과 직접 맞부딪치는 상황이 되었다. 재벌들은 지식인, 연구기관, 언론 등을 통해 대국민 홍보에 전력하면서 재벌 비판을 누그러뜨리려고 노력하였다. 전경련과 부설연구소 등을 통해 재벌 옹호 논리를 개발하고 홍보를 강화시키면서 재벌에 대한 국민들의 인식을 전환시키려고 노력하였다.

외환위기가 수습되고 국가경제가 안정권으로 들어서면서 재벌 비판이 다소 수그러들자 재벌은 다시 본색을 드러냈다. 경제력집중이 다시 심화되고 경제력의 남용이 나타나기 시작하였다. 대부분의 재벌들이 2세 시대로 승계가 완료됨에 따라 재벌 문화도 창업세대와는 달라졌다. 2세 경영자들은 국가관도 약해지고 기업가정신도 약해졌다. 반면에 물질에 대한 집착은 더욱 강하였다. 재벌 문제는 다시 경제문제의 주요 화두로 등장하였고 경제민주화의 열기가 높아져 갔다.

II 재벌에 대한 긍정적 견해

1. 고도성장의 견인차

한국 경제에서 고도성장의 핵심적 요소는 수출과 투자이다. 국내 시장만으로는 충분한 유효수요를 창출할 수 없었기 때문에 외국 시장 진출은 필수적이었고, 이를 위해서는 수출 주도 전략을 구사하지 않을 수 없었다. 그리고 끊임없는 자본축적 없이는 성장잠재력을 키울 수 없었다. 자본축적을 위해서는 투자가 필수적이기 때문에 투자 역시 고도성장을 위한 필수적 요소였다. 그런데 수출과 투자는 상호보완적으로 작용한다. 수출을 통해 확보한 달러를 투자재원으로 쓸 수 있기 때문이다. 이처럼 고도성장을 추진하기 위해서는 수출과 투자가 필수적 요소가 아닐 수 없었다.

수출과 투자를 주도해 온 세력은 재벌이었다. 그러므로 재벌은 고도성장의 견인차였다고 보지 않을 수 없다. 중요 재벌을 중심으로 수출과 투자 자료를 살펴보면, 재벌이 고도성장 과정에서 얼마나 큰 역할을 수행하였는지 파악할 수 있다.

삼성그룹은 1980년대에 와서 수출액을 비약적으로 증가시켰다. 1980년도에 1,000만 달러 수준이었던 수출액이 1989년에 오면 9,000만 달러를 넘기고 있다. 이처럼 삼성그룹은 수출액을 급속히 증대시켜 왔다.

〈표 4-3〉 **삼성그룹의 투자 현황(1970~1989년)**

연도	투자액(억 원)	투자증가율(%)
1970	58.36	-
1971	56.55	-3.10
1972	86.56	53.07
1973	117.71	35.99
1974	170.00	46.97
1975	157.97	-8.69
1976	275.66	74.50
1977	496.27	80.03
1978	1,690.18	240.58
1979	3,077.37	82.07
1980	2,216.37	-27.99
1981	2,940.69	32.70
1982	3,603.52	22.54
1983	4,715.20	30.85
1984	6,444.16	36.67
1985	8,604.92	33.53
1986	11,589.66	34.69
1987	16,289.51	40.55
1988	25,127.51	54.26
1989	36,272.96	44.36

자료: 『삼성 60년사』(1998), p. 560.

수출에서 마련한 흑자 재원은 국내의 자본축적에 사용될 수 있었다. 삼성의 1970~1980년대 투자 현황을 살펴보면 〈표 4-3〉과 같다. 1971, 1975, 1980년을 제외하고는 매우 높은 투자증가율을 보이고 있다. 1970년에 50억 원이었던 투자액이 1980년에는 2,000억 원이 넘어서고, 1989년에는 3조 6,000억 원에 이르고 있다.

건설과 자동차가 주력 업종이었던 현대그룹도 수출을 주도해 나갔다. 특히, 1970년대에는 건설업의 중동 진출이 우리나라의 달러 확보에 크게 공헌하였는데 현대건설은 중동 진출의 선두주자였다. 현대건설은 1975년 사우디의 주베일 항만 공사를 9억 3,000만 달러에 수주하였는데, 이 금액은 당시 우리나라 총수출액인 50억 달러의 20%에 달하는 금액이었다. 현대자동차와 현대조선도 수출 대열에 합류

〈표 4-4〉 LG화학의 수출실적(1970~1990년)

(단위: 1,000달러)

연도	수출액
1970	1,030
1972	5,082
1974	23,808
1976	27,078
1978	56,001
1980	79,008
1982	108,506
1984	156,485
1986	284,759
1988	556,000
1990	555,000

자료: 『LG화학50년사』(1997).

함으로써 국가의 수출 드라이브 정책에 크게 공헌하였다.

현대그룹은 수출로 벌어들인 달러를 투자에 투입함으로써 자본축적에 크게 공헌하였다. 특히, 현대자동차, 현대중공업, 현대전자 등의 설비투자에 많은 자금을 투입하였다. 이처럼 현대그룹도 수출과 투자에서 우리나라의 고도성장에 크게 공헌하였다.

대우그룹 역시 1970년대와 1980년대의 고도성장에 크게 공헌한 재벌이다. 세계경영을 내걸고 사세를 확장해 오면서 수출 증대에 지대한 역할을 하였고, 더 나아가서 기업의 인수 · 합병을 통한 투자와 자본축적에도 그 역할이 매우 컸다.

LG그룹 역시 수출과 투자에서 고도성장에 크게 역할을 한 대재벌이다. LG그룹의 주력 기업인 LG화학이 1970~1980년대에 달성한 수출실적은 〈표 4-4〉와 같다. 수출액이 1970년에서 1980년까지는 80배, 1990년까지는 555배나 증가하였다. 이처럼 LG그룹도 수출 주도 전략에 크게 공헌한 재벌이다.

투자에서도 LG그룹은 큰 역할을 수행하였다. 주력 기업인 LG화학의 1980년대 투자실적을 보면 〈표 4-5〉와 같다. 10년 사이에 투자금액이 10배 가까이 증가하였다. LG그룹 역시 투자를 통한 자본축적이 매우 컸던 것이다. 한국 경제의 고도성장

〈표 4-5〉 LG화학의 투자액(1981~1989년)

(단위: 백만 원)

연도	투자액
1981	27,976
1982	34,709
1983	38,155
1984	47,351
1985	60,955
1986	71,885
1987	92,377
1988	138,608
1989	215,658

자료: 『LG화학50년사』(1997).

에 크게 기여하였다.

재벌들은 수출과 투자로 커 왔을 뿐만 아니라 이를 통해 재벌의 성을 쌓기도 하였다. 수출로 돈을 벌고 투자로 기업을 키워서 재벌을 만들었던 것이다. 또 이 과정을 통해 국가경제의 고도성장에 크게 기여하였다. 고도성장의 주도적인 견인차였던 것이다.

2. 산업고도화의 선구자

한국 경제는 농업에서 경공업으로, 경공업에서 중화학공업으로 산업구조를 바꾸어 가면서 고도성장을 이룩하였는데, 이러한 전환 과정에서 선도적 역할을 수행한 기업이 재벌이었다. 말하자면, 재벌은 산업구조를 고도화시키는 데 선도적 역할을 수행하였다.

1960년대까지만 해도 한국은 전통적인 농업국가였다. 공산품은 수입에 의존하였다. 경공업 제품조차도 수입에 의존하였기 때문에 우선은 경공업 분야의 수입대체산업 육성이 시급하였다. 따라서 초기 산업화 과정은 경공업 중심으로 이루어졌다. 이 시기에는 재벌이라고 할 정도의 대기업은 아직 출현하지 못하였다.

중공업 분야가 육성되면서 재벌이 본격적으로 출현하였다. 정부가 중화학공업 육성정책을 내놓자 여기에 적극 호응하면서 규모를 키우고 업종을 확장해 나간 기업들이 재벌을 구축하기 시작하였다. 이들은 정부의 지원을 받아 가면서 산업고도화를 성공적으로 이끌어 나갔다. 한국은 경공업 중심에서 중공업 중심으로 점점 산업이 고도화되어 나갔다.

정부가 추진한 중화학공업 육성정책은 1973년부터 시작되었다. 이 정책은 100억 달러 수출에 1인당 GDP 1,000달러를 목표로 추진한 정부 정책이었다. 정부는 1973년 '중화학공업화 선언' 이후 '중화학공업추진위원회 기획단'을 만들어 이 정책의 추진에 박차를 가하였고, 재벌들도 정부 정책에 적극 참여하였다.

정부는 1973년 5월 중화학공업추진위원회를 발족해 철강, 비철금속, 기계공업, 조선, 전자공업, 화학 등 이른바 6대 전략산업을 선정하였다. 이를 중심으로 중화학공업 육성에 관한 지침을 발표하고 동년 12월에는 「국민투자기금법」을 제정하여 여러 가지 지원정책을 마련하였다. 이 지원정책은 1973~1981년 사이에 3조 원(1970년 불변가격 기준)에 이르는 자금을 투입한다는 계획을 내놓았다.

정부의 지원 방식은 재정융자 형식의 재정지원, 금융지원, 조세감면 등이었다. 이를 통해 민간 기업의 적극적 참여를 유도하였다. 재벌은 정부로부터 많은 지원을 받으면서 정부의 중화학공업 육성정책에 적극적으로 호응하였다.

삼성그룹은 이 기간에 정부의 지원에 힘입어 기계, 조선, 전자, 화학 등의 분야에서 새로운 계열기업을 설립하거나 기존 계열기업을 적극 육성하는 전략을 구사하였다. 이 당시 집중 육성된 이 분야의 중요 계열기업은 삼성-산요전기, 삼성NEC, 삼성전자, 삼성전기, 제일합섬, 삼성석유화학, 삼성중공업, 삼성조선, 삼성정밀 등이다.

LG그룹도 이 기간에 중화학 부문을 집중 육성시켰다. LG그룹의 모기업이라고 할 수 있는 LG화학(주)와 LG전자(주)를 중심으로 관련 계열기업을 확충하면서 중화학 분야의 비중을 높여 나갔다. 1978년 럭키석유화학(주)로 시작한 LG석유화학도 정부의 중화학공업 육성정책에 힘입어 만들어진 LG그룹의 중요 계열기업이다.

〈표 4-6〉 **대재벌의 계열기업 수 변화(1972~1981년)**

재벌	연도	경공업	중화학공업
삼성	1972	5	4
	1981	5	11
현대	1972	0	4
	1981	1	26
LG	1972	1	15
	1981	3	24
대우	1972	1	0
	1981	5	12
SK	1972	5	0
	1981	7	6
합계	1972	12	23
	1981	21	79

자료: 매일경제신문, 『회사연감』, 각 연도.

SK그룹은 본래 경공업으로 시작하였고, 경공업 중심의 중소기업에 불과하였다. 중화학 분야로 업종을 확장해 가던 중 1980년 공기업이었던 유공(주)를 인수함으로써 중화학공업 분야를 그룹의 주력 업종으로 만들었고, 이를 바탕으로 관련 계열회사를 늘려가면서 대재벌로 부상하였다. 따라서 SK그룹은 1973년 시작한 정부의 중화학공업 육성정책이 재벌로 부상하는 데 큰 힘이 되었다. 타 재벌에 비해서는 늦게 중화학 분야에 진출하였지만 공기업의 인수로 중화학공업 분야의 재벌로 커 나갔다.

이와 더불어 재벌들의 계열기업 구성도 바뀌어 나갔다. 〈표 4-6〉에는 중화학공업 육성정책 이전(1972년)과 이후(1981년)에 대재벌의 계열기업이 어떻게 변화하였는지 정리되어 있다. 이 기간에 재벌의 계열기업 구성은 경공업에서 중화학공업으로 크게 바뀌었다. 삼성의 경우 1972년과 1981년 사이에 경공업에서는 그대로 계열기업 수가 5개였지만 중화학공업에서는 4개에서 11개로 증가하였다. 현대의 경우는 이런 현상이 더욱 두드러지고 있다. 5대 재벌을 모두 합하였을 때 경공업 부문에서는 계열기업 수가 12개에서 21개로 증가하고 있지만 중화학공업에서는 23개에서 79개로 증가하고 있다.

재벌들은 1972년에서 1981년 사이에 계열기업 수가 특히 많이 증가하였는데, 주로 중화학공업 부문에서 크게 증가하였다. 정부의 중화학공업 육성정책은 재벌 중심으로 추진되었다는 것을 알 수 있다. 정부의 적극적인 지원책에 힘입은 바는 크지만 한국 경제의 중화학공업화에서 재벌이 큰 공헌을 하였다는 것은 부인할 수 없다.

재벌들이 중화학공업 중심으로 재벌화를 이끌어 나가자 재벌의 규모와 경영 기법에도 큰 변화가 일어났다. 중화학공업은 중후장대형 산업이기 때문에 대자본이 소요되고, 기업 규모가 커지는 것이 불가피하다. 따라서 재벌의 규모도 경공업 중심 시절에 비해서 비교가 되지 않을 정도로 커졌다. 기업의 규모가 커짐에 따라 경영기법도 달라질 수밖에 없었다. 가족 중심의 지배구조이지만 전문경영인의 역할이 커지고, 회계 방식도 과거의 구멍가게식에서 벗어날 수밖에 없었다. 한국의 기업 세계에는 양과 질에서 큰 변화가 온 것이다.

3. 효율성의 개척자

기업은 독점력을 이용해 판매 가격을 올리거나, 효율성을 증대시켜 생산비를 낮추면 더 높은 이윤을 확보할 수 있다. 따라서 기업은 독점력 확보와 효율성 향상을 위해 끊임없이 노력한다. 우리나라 재벌도 예외가 아니다.

재벌이 독점력을 이용해 이윤을 높일 때는 피해자가 있다. 재벌은 상품시장에서는 판매독점력(monopoly power)으로 높은 가격을 받으려 하고, 원료 부품시장, 노동시장, 자금시장 등에서는 구매독점력(monopsony power)으로 낮은 가격을 지불하려고 하는데, 이때 높은 가격을 지불한 소비자나 낮은 임금을 받은 노동자는 피해자다. 따라서 재벌의 독점력은 비난을 받는다.

그러나 효율성 향상은 피해자 없이 재벌이 이익을 올릴 수 있는 매우 착한 기업전략이다. 효율성 향상을 통해 생산비를 낮추는 것은 생산요소 가격을 낮추는 것이 아니기 때문이다. 재벌들은 효율성 향상에 많은 노력을 기울였고, 실제로 효과도 많았다. 재벌은 한국에서 자기들이 가장 효율적인 기업이고, 효율성의 개척자라고 주장한다. 재벌 스스로는 이 점에 대해 많은 자부심을 가지고 있다.

재벌들이 누린 효율성은 주로 규모의 경제(economic of scope), 범위의 경제(economies of scope), 기술 향상(technological progress) 등에서 얻어진다. 규모의 경제는 기업 규모가 커지면서 나타나는 효율성이고, 범위의 경제는 참여 업종을 다각화하면서 얻어지는 효율성이다. 기술 향상은 새로운 생산방법이나 경영기법의 도입으로부터 얻어지는 효율성이다. 재벌들은 여러 측면에서 효율성 향상을 위해 노력하였고 많은 성과를 얻었다.[9]

재벌들은 급속도로 성장해 왔기 때문에 그룹의 규모는 물론 개별 계열기업도 규모가 매우 크다. 기업은 규모가 커지면 유리한 점이 많기 때문에 일정한 규모에 이를 때까지는 단위당 평균생산비가 계속 하락한다. 이런 효율성이 규모의 경제인데, 재벌들은 기업 규모를 키우면서 규모의 경제를 최대로 활용하였다. 그런데 규모의 경제는 무한정으로 나타나는 것이 아니고 규모가 너무 커지면 오히려 효율성이 감소하는 규모의 비경제(diseconomies of scale)가 나타난다. 따라서 재벌의 규모가 무한정 커지는 것은 효율성 향상과 합치하지 않는다.

재벌은 참여 업종을 넓혀 나가는 다각화 경영으로도 효율성을 창출하였다. 재벌의 다각화 경영은 비판의 대상이기도 한데, 재벌 스스로는 다각화가 효율성 증대의 중요 수단이라고 주장한다. 재벌의 다각화(diversification)는 관련 다각화와 비관련 다각화로 나눌 수 있다. 관련 다각화는 관련 업종으로 참여 업종을 넓히는 다각화이고, 비관련 다각화는 관련 없는 업종에까지 무차별적으로 참여 업종을 넓혀 나가는 다각화이다.

재벌은 두 가지 다각화를 모두 추구하면서 계열기업을 확장하였으며, 이를 통해 재벌을 구축하였다. 이러한 다각화 과정에서 효율성이 나타날 때 이런 효율성을 범위의 경제라고 한다. 주로 수직계열화 등 관련 다각화에서 범위의 경제가 많이 나온다. 재벌은 다각화 경영으로 많은 효율성을 창출한다고 주장한다. 그러나 비관련 다각화는 재벌세 확장을 위한 문어발식 확장이지 실제로 효율성 창출효과

9 박상수 · 진태홍(1996)은 여러 가지 각도에서 재벌과 비재벌의 효율성을 비교하였다.

는 크지 않다고 본다.

이처럼 재벌은 개별 계열기업의 규모 성장과 계열기업 수의 확장에서 여러 가지 효율성을 누려 왔다. 이것은 재벌의 긍정적 효과이다. 그러나 규모가 커지고 계열기업 수가 많아지는 것은 경제력집중의 원인이기도 하기 때문에 이것은 부정적인 효과도 수반한다. 집중된 경제력을 남용해서 재벌이 효율성을 얻는 것은 피해자가 있기 때문이다. 다른 기업으로 가야 할 이익이 재벌이 우월적 힘의 남용으로 이를 뺏어가 버릴 수도 있다.

규모 증대와 업종다각화가 장대하게 이루어진 재벌은 삼성이다. 삼성은 한국의 대표 재벌로 계열기업 수, 참여 업종 수, 개별 회사의 규모 등에서 타 재벌을 압도한다. 삼성그룹은 1953년에서 1990년까지 연평균 성장률이 42%였다.[10] 특히, 1960년대 후반과 1970년대 전반은 삼성이 비관련 다각화를 광범위하게 추구하면서 대재벌을 확실히 구축한 시기인데, 이 기간의 삼성그룹 성장률은 50% 이상이었다고 보고 있다. 1976~1990년 기간은 수직계열화를 통한 관련 다각화가 많이 이루어진 기간인데 이 기간의 삼성그룹 연평균 성장률은 35% 정도라고 보고 있다.

어쨌든 삼성그룹은 제조업은 물론 금융업에 이르기까지 한국의 중요 업종에 거의 진출해 있으며, 개별 계열기업도 자기 업종에서 선두기업일 정도로 그 규모가 매우 크다. 1980년대 말 삼성그룹의 계열사와 다각화 현황을 간단히 정리해 보면 〈그림 4-1〉과 같다. 얼마나 폭넓게 다각화가 이루어져 있는지 쉽게 알 수 있다. 이러한 다각화와 규모 증대로 창출된 효율성이 어느 정도인지 수량적으로 계산할 수는 없지만 효율성 향상이 없었다면 이러한 경영전략을 구사하지 않았을 것이다.

현대그룹도 한국 최고 재벌로서 규모도 크고 사업 범위도 장대하게 펼쳐져 있다. 현대그룹은 상속 과정을 통해 분할되기 이전인 1980년대 말까지 건설, 자동차, 중공업, 전자, 상선, 석유화학, 금융 등에서 수많은 계열기업을 거느렸다. 참여 업종 사이에는 비관련 다각화와 관련 다각화가 폭넓게 섞여 있었다. 계열기업의 규모도 아주 컸으며, 건설, 자동차, 중공업 등에서는 각기 국내 1위 기업을 계열기업으로 거느리고 있었다. 이처럼 현대그룹도 규모와 사업 범위에서 효율성 추구 노력이 매우 컸다고 볼 수 있다.

10 김영욱(1993) 참조.

〈그림 4-1〉 **삼성그룹의 1980년대 말 그룹 구성**

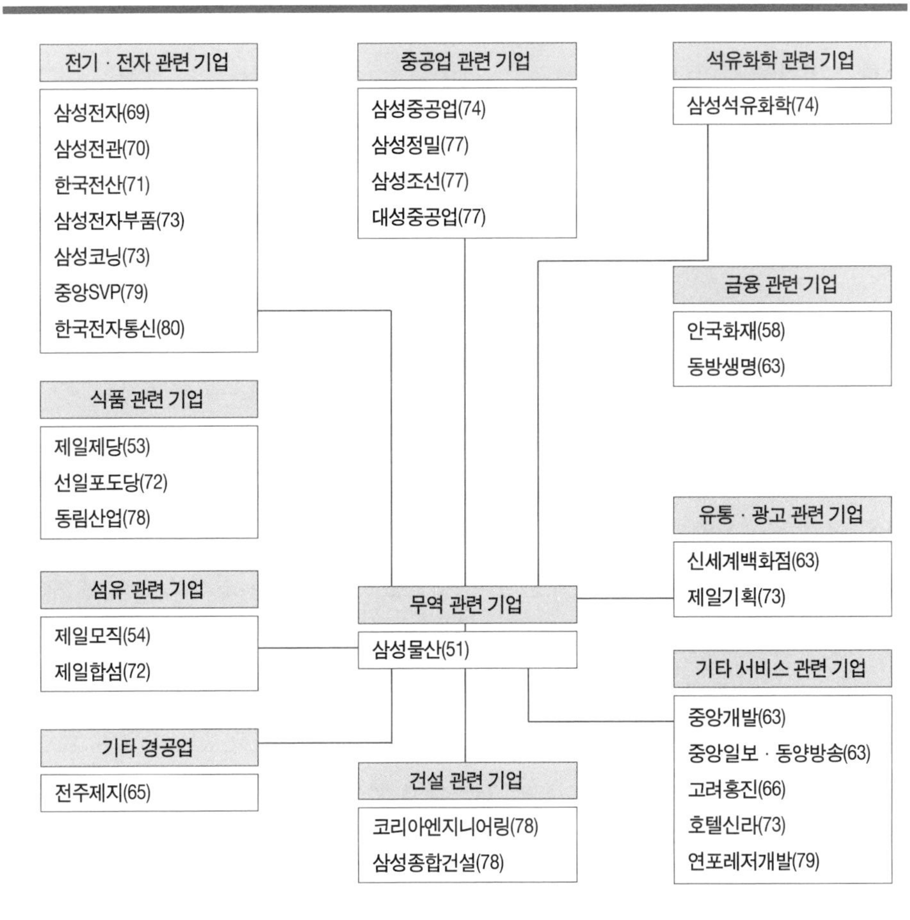

주: ( ) 안은 설립 또는 인수연도.
자료: 김영욱(1993), p. 76.

LG, 대우, SK 등의 대재벌도 형태와 규모에는 다소 차이가 있었지만 관련 및 비관련 다각화와 규모 확대가 경영의 주된 특징이었다. 이 과정에서 실제로 얼마만큼의 효율성 제고 효과를 거두었는지 파악하기는 어렵지만 효율성 향상이 없었다면 이러한 경영전략에 매달리지 않았을 것이다.

기술진보를 통한 효율성 증대도 재벌의 중요한 경영전략이었다. 재벌들은 외국에서 새 기술을 도입하는 데 치중한 측면도 강하였지만 자체적으로 신기술을 개발하는 데도 심혈을 기울였다. 생산방법의 개선과 생산물의 혁신에 많은 투자를 하였으며, 이를 통해 효율성을 제고시켜 나갔다. 이 부문에서 재벌의 공로는 가벼이하기 어려울 것이다.

4. 기업가정신의 표본

한국재벌사에서는 재벌 창업자들의 기업가정신을 매우 중요시하고 있다. 기업가정신이란 위험(risk)에 대한 도전과 그 위험을 극복하고 목적을 달성하는 능력을 의미한다. 한국 재벌의 창업자들은 모든 조건이 열악한 상황에서도 사업 일선에 뛰어들었고, 장래가 불투명한 사업에 과감히 도전하여, 재벌이라는 기업의 성을 쌓은 업적을 인정받고 있다. 그 힘의 원천으로 이들의 기업가정신을 들기도 한다. 물론 그 과정에서의 공과는 따로 논할 여지가 있지만 어쨌든 쉽게 이루어 낼 수 없는 일을 해냈다는 그 업적은 인정하지 않을 수 없다.

재벌 창업자로서 기업가정신의 표본으로 널리 거론되고 있는 사업가는 삼성의 창업자 이병철, 현대의 창업자 정주영, LG의 창업자 구인회, 대우의 창업자 김우중 등이다. 이들은 각자 나름대로 개성 있는 사업 행로를 가진 사람들이고, 사업에서 나름대로 일가를 이룬 사람들이다. 이들의 기업가정신은 결코 과소평가될 수 없을 것이다.

이병철(1910~1987년)은 타 재벌의 창업자에 비해 비교적 유복한 가정에서 자랐고, 근대교육도 받은 사업가이다. 1936년 사업 일선에 뛰어 들었을 때는 불과 26세의 나이였다. 1938년에 설립한 구멍가게 삼성상회를 오늘날의 삼성그룹으로 일군 사업가이다. 일찍 사업세계에 눈을 뜨고 한평생 사업 이외에는 한눈을 팔지 않은 사람이었다.

겉으로 표방한 그의 사업관은 사업보국, 인재제일, 합리추구였다. 이러한 사업관은 그의 사업 일생에서 실제로 실천되었다고 평가받고 있다. 특히, 그의 인재중시 경영은 높이 평가받는 그의 사업관이다. 삼성은 1956년 국내 기업 최초로 사원을 공개 채용하였으며, 이때 채용된 27명의 사원 중 나중에 5명이 삼성 계열사의 사장에까지 올랐다.[11] 삼성은 인재사관학교라고 할 정도로 많은 인재를 길러 낸 기업이다.

우리나라와 같이 자연자원이 빈약한 나라에서는 사람이 최고의 자원이다. 삼성은 이러한 인적 자원을 잘 훈련시키고 잘 활용한 기업으로 인정받고 있는데, 이것은 창업자의 경영철학에서 나온 것이다. 그리고 이렇게 양성된 인재는 삼성의 인재일 뿐만 아니라 국가의 인재로서 한국의 경제성장에 지대하게 공헌하였다. 이런 것은 이병철 특유의 기업가정신에서 나온 것이라고 볼 수 있다.

현대그룹의 창업자 정주영(1915~2001년)은 당시 대부분의 사람들이 그랬듯이 빈농 출신이었다. 그러나 당시 사정에서도 초등학교 교육은 받았고, 집에서 황소도 키웠다는 것으로 볼 때 아주 빈한한 집안은 아니었던 것 같다. 그렇지만 맨주먹으로 출발한 자수성가 사업가임에는 틀림없다. 1938년 쌀 도매상으로 사업 일선에 뛰어들었고, 1946년 설립한 '현대자동차공업사'와 1947년 설립한 '현대토건회사'라는 구멍가게로부터 뒷날 현대그룹이라는 재벌까지 만들었으니 정주영도 기업가정신에서는 어느 누구에게도 뒤지지 않을 사람이다.

정주영은 끝없는 사업 열정으로 무에서 유를 창조한 사업가이고, 도전정신의 표본이라고 할 수 있는 사업가이다. 정주영은 다른 재벌처럼 남의 회사를 인수해서 재벌을 일군 것이 아니라 처음부터 직접 회사를 만들어 재벌을 일군 사업가이다. 그는 한평생 위험과 싸우면서 도전정신을 발휘해 온 사업가였다. 사업뿐만 아니라 정치에도 도전하였고 말년에는 남북 문제에까지 도전한 사업가로서 거의 유일한 모델의 사업가이다. 기업가정신이 넘치고 넘쳤던 사업가였다.

LG그룹의 창업자 구인회(1907~1969년)는 사업에서 인화와 화합을 실천한 기업가이다. 구인회는 처가쪽의 허씨 가문과 공동으로 사업을 시작하였으면서도 사업상의 불화가 거의 바깥으로 노출되지 않을 정도로 인화와 화합을 바탕으로 재벌을 일군 독특한 사업가였다. 나중에 후손들이 사업체를 두 가문으로 분리할 때도 전혀 불화가 노출되지 않은 것은 창업자의 기업가정신이 후세에도 그대로 계승되었다는 것을 알 수 있다.

11 박동순(1981), pp. 87~88.

대우그룹의 창업자 김우중(1936~)은 재계 서열 2위까지의 재벌을 만들었다가 당대에 그룹이 해체되는 신기루 같은 사업을 한 기업가였지만, 고도성장기에 한국의 청년사업가들에게 꿈과 희망을 준 매우 진취적 기업가였다. 그의 사업전략은 세계경영으로서 일찍부터 사업의 무대를 전 세계로 잡고 국경 없는 경영을 해 왔던 기업가이다.

김우중의 사업 여정은 그를 모방한 많은 청년사업가들에게 하나의 교과서와 같은 역할을 하였다. 한국의 수출 주도 성장전략에 큰 기여를 한 사업가이다. 그러나 확장과 확대에만 치중하고 내실화는 소홀히하였다는 점과 치밀하지도 못하였다는 점에서 기업가정신의 모범으로 삼기는 어렵다. 세계경영과 확장경영이라는 기업가정신의 한 측면은 매우 돋보이지만 내실성과 치밀성에서는 아쉬운 점이 많았다고 볼 수 있다.

이처럼 재벌의 창업자들은 기업가정신의 표본으로 인정받고 있다. 재벌에 대한 공과를 논할 때 가장 큰 공으로 인정하는 것이 이들의 기업가정신이다. 이들은 무(無)에서 유(有)를 창조한 사람들이라고 불려지기 때문이다. 그러나 세습받은 후에 경영자들은 빈약한 기업가정신을 비판받고 있다. 이들은 창업자들에 비해 기업가정신이 많이 결여되어 있는 것이 사실이다.

III 재벌에 대한 부정적 견해

1. 경제력집중의 심화

재벌 문제의 핵심은 재벌에 의한 과도한 경제력집중이다. 경제력집중 문제는 소수 대재벌이 국가경제에서 차지하는 비중이 너무 높으면 이들이 그 힘을 남용할 수 있으며, 그로 인해 시장경제가 건전하게 작동하지 못한다는 시장경제의 본질적 문제이다. 시장은 힘의 분산을 전제로 하고 있으며, 분산된 힘의 이기적 행동이 서

〈표 4-7〉 **재벌의 제조업 부문 부가가치 집중률(1973-1978년)**

(단위: %)

재벌 순위	1973년	1975년	1978년
1~5위	8.8	12.6	18.4
6~10위	5.1	6.3	5.0
11~20위	7.9	10.0	9.8

자료: 사공일(1980).

로 조화를 이루어 시장참여자 모두에게 고르고 균형 있게 시장경제의 혜택을 나누어 준다는 목표를 지향하고 있다. 그런데 시장이나 국가경제에 큰 손이 존재하면서 큰 손이 시장거래나 경제 활동을 좌지우지한다면, 시장경제는 건전하게 작동할 수 없고 시장 활동의 과실도 공정하게 나누어질 수 없다. 말하자면, 시장조작이 일어날 수 있다.

재벌의 경제력집중은 집중된 힘을 가진 재벌이 시장이나 경제 활동을 의도적으로 조작하여 경제 활동의 과실이 자기들에게로 집중되도록 한다는 것을 의미한다. 이것은 시장경제를 원천적으로 위협하는 현상이다. 힘이라는 것은 집중되면 남용될 수밖에 없는 본성을 가지고 있다. 그래서 경제력집중을 경계하고 있는 것이다. 일단 소수 대재벌에게로 경제력이 과도하게 집중되면 바로 이러한 문제가 발생할 수밖에 없다고 보는데, 이는 우리나라의 재벌 중심 경제체제가 안고 있는 근본 문제이다.

소수 대재벌에 의한 경제력집중은 1970년대부터 우리 경제의 분명한 특징으로 나타났다. 〈표 4-7〉에 의하면 제조업 전체에서 5대 재벌이 차지하는 부가가치 비중이 1978년에 이미 18.4%에 이르고 있다. 5대 재벌이란 5명의 기업가와 그 가족이 지배하는 기업군인데, 이들이 제조업 전체 부가가치의 20% 가까이를 차지한다는 것은 심각한 수준의 경제력집중 현상이 아닐 수 없다. 거기다가 이러한 집중 현상은 1970년대 이후에 꾸준히 증가해 왔다.

경제력집중에 관한 연구는 많다. 대부분의 연구가 재벌의 경제력집중 현상을 우려하고 있다. 기업 자산액으로 볼 때는 5대 재벌의 기업자산이 우리나라 전체 기업자산의 30% 정도를 차지하고 있다.[12] 5대 재벌이란 5개의 사업 가문을 의미하는

데, 이들이 우리나라 경제에서 이 정도를 차지할 만큼 경제력집중이 심화되어 있는 한 시장경제의 건전한 발전은 위협받지 않을 수 없다.

재벌에 의한 경제력집중의 또 다른 측면은 소수 재벌이 한국의 금융을 장악하고 있다는 문제이다. 소수 대재벌은 경제 활동의 규모가 큰 만큼 금융거래의 규모도 클 뿐만 아니라 주요 금융기관을 직접 소유하고 있다. 비은행금융기관은 직접 계열기업으로 거느리고 있고 은행금융기관도 법의 제한 범위 내에서 주식 지분을 직접 소유하고 있다.[13]

금융기관은 자원배분이라는 공적인 기능을 수행하는 기관이다. 이런 기관이 재벌의 영향력에서 벗어나지 못하면 금융시장은 그 기능이 왜곡될 가능성이 높다. 공정한 역할보다는 재벌의 이익에 치우치기 쉽기 때문이다. 재벌이 금융기관을 직접 소유하면 그 가능성은 더 높아질 것이다.[14]

홍덕률(2006)은 재벌로의 과도한 경제력집중이 초래하는 현상을 재벌권력, 재벌독재라고까지 표현하고 있다. 재벌의 힘은 국가 운영까지 좌우할 정도로 재벌로의 경제력집중이 심각하다는 것을 의미한다.

2. 독과점의 심화

재벌은 계열기업을 많이 거느리는데, 계열기업 중 상당수는 각기 자기 시장에서 독과점적 지위를 확보하고 있고, 그러한 지위를 더욱 강화시키고 있다. 이런 기업들은 상품시장에서는 판매자로서 독과점적 지위(monopolist)를 확보하고 있고, 원료, 부품, 자본, 노동 등과 같은 생산요소시장에서는 구매자로서 독과점적 지위(monopsonist)를 확보하고 있다. 그러므로 상품시장에서는 높은 가격으로 판매할 수 있고, 노동시장과 자본시장에서는 저임금이나 저리로 노동과 자본을 공급받을 수 있고, 원료나 부품 시장에서는 후려친다고 할 정도로 가격을 낮출 수 있다. 이러한

12 최정표(1996a, 2011a) 참조.
13 재벌들의 은행 소유 현황에 대해서는 홍덕률(1990)의 〈표 5〉 참조.
14 재벌의 금융기관 소유와 지배에 대해서는 홍덕률(1990), pp. 135~137 참조.

독과점적 지위가 재벌을 구축하고 재벌세를 확장하는 주요한 원천이었다.

재벌이 독과점 지위로 많은 혜택을 누리면 국민들은 그만큼 피해를 볼 수밖에 없다. 국민들은 재벌 상품의 소비자로서 높은 가격을 지불해야 하고, 재벌에게 저임금으로 노동력을 공급해야 하기 때문이다. 거기다가 부품이나 원료를 공급하는 중소 하청업자들도 낮은 납품 가격으로 피해를 본다. 이처럼 재벌의 독과점적 지위는 불특정 다수 국민들의 희생으로 재벌에게 부의 성을 쌓도록 해 준 힘이다.

1980년 공정거래법이 도입되기 이전까지는 독과점에 대한 제도적 통제가 아예 없었기 때문에 재벌들은 정부 통제 없이 독과점적 힘을 마음껏 향유할 수 있었다. 그리고 이 당시만 해도 거의 모든 상품의 수입이 제한되어 있었기 때문에 국내 시장에서 재벌은 외국 상품과의 경쟁도 배제한 채 독점력을 행사할 수 있었다.

공정거래법이 만들어진 이후에도 재벌기업의 독과점화는 점점 심화되었다. 1991년 공정거래위원회가 독과점 품목으로 지정한 상품이 136개였는데, 그 중 75%인 99개 상품의 시장에 재벌기업들이 참여하고 있었다. 이 비율은 1984년 63.4%, 1988년 68.9%, 1991년 75%로 꾸준히 증가해 왔다.[15]

독과점 품목 중 5대 재벌의 계열기업이 독과점사업자로 참여하고 있는 품목을 나열해 보면 〈표 4-8〉과 같다.[16] 많은 중요 상품이 5대 재벌의 계열기업이 참여하고 있는 독과점시장이다. 말하자면, 우리나라의 중요 상품은 5대 재벌이 독과점적으로 지배하고 있다.

생산요소시장에서도 재벌은 독점력을 행사하고 있다. 1987년 민주화 조치 이전까지는 노동운동이 금지되어 있었기 때문에 노동시장에서는 재벌이 아무런 저항 없이 저임금의 노동력을 풍부하게 확보할 수 있었다. 말하자면, 노동시장에서는 수요자 독점력(monopsony power)을 마음껏 행사할 수 있었다. 이처럼 상품시장과 요소시장 양쪽에서 재벌들은 독과점적 힘으로 기업을 더욱 확장해 나갈 수 있었고, 국민들은 그 부담을 감수해야만 하였다.

자금시장에서도 금리가 싼 제도권 금융은 재벌들이 독차지하는 현상이 나타났다. 이것도 독과점적 힘의 남용 현상이라고 볼 수 있다. 〈표 4-9〉는 금융 · 보험회사

15 이성태(1991) 참조.
16 독과점 품목과 독과점 사업자의 법률적 용어는 시장지배적 품목과 시장지배적 사업자이다.

〈표 4-8〉 **5대 재벌의 시장지배적 사업자 현황(1991년)**

(단위: %)

품목	시장지배적 사업자
화장비누	LG(동산유지)
연성합성세제	LG(애경산업)
샴푸	LG(태평양화학)
치약	LG(태평양화학)
플라스틱 장판	LG
석유난로	대우전자
룸 에어컨디셔너	삼성전자, 대우전자
엘리베이터	현대
TV수상기	삼성전자, 대우전자
녹화재생기(VTR)	삼성전자, 대우전자, LG
전화교환기	삼성전자
팩시밀리	삼성전자
냉장고	삼성전자, 대우전자, LG
전기세탁기	삼성전자, 대우전자, LG
특수차	현대자동차
전자레인지, 오븐	삼성전자, 대우전자, LG
전동차	대우중공업, 현대정공
자동차	현대자동차, 대우자동차
카메라	삼성항공, LG
통신	SK
선풍기	LG
손목시계	삼성시계

자료: 공정거래위원회.

〈표 4-9〉 **재벌의 차입 규모와 비중**

(단위: 억 원, %)

재벌	1987년		1988년		1989년	
	규모	비중	규모	비중	규모	비중
5대 재벌	18,642.7	26.46	19,507.5	29.91	22,144.9	27.95
10대 재벌	23,692.0	33.63	24,514.5	37.58	29,077.2	36.70
20대 재벌	30,031.3	42.63	31,295.4	47.98	37,391.2	47.20
30대 재벌	33,010.3	46.85	34,691.2	53.18	41,738.2	52.68

자료: 한국신용평가(주), 『1989년 30대 재벌 내부자료 분석집』(1989); 한국신용평가(주), 『재벌분석보고서』(1998, 1999); 정병휴(1992), p. 216.

〈표 4-10〉 30대 재벌의 여신점유율

(단위: %)

	1986년	1987년	1988년	1989년	1990년
은행대출 점유율	28.6	26.3	24.2	20.7	19.4
제2금융권 여신점유율	-	37.9	36.5	42.1	43.6
GDP 점유율	-	14.6	13.5	14.1	-

자료: 민병균(1991).

를 제외한 외부감사 대상 법인의 전체 차입금 중 재벌의 차입금과 그 비중을 나타내고 있다. 1980년대에는 5대 재벌이 거의 30% 가까운 비중을 차지하고 있다. 재벌은 자기 돈보다 돈을 빌려서 경영하는 차입경영이 대세였다.

그런데 재벌은 주로 이자가 낮은 제도권 금융을 이용하고 있었다. 〈표 4-10〉은 30대 재벌의 여신 비중을 나타내는데, 이자율이 비교적 낮은 은행이나 제2금융권의 재벌에 대한 여신 비중이 매우 높다. GDP 점유율에 비해 은행 여신 비중도 월등히 높고, 제2금융권 여신 비중도 월등히 높다. 재벌이 금리가 낮은 제도권 여신을 독차지하였다는 것을 알 수 있다.

〈표 4-11〉은 국책은행인 한국산업은행이 30대 재벌에 얼마만큼 대출하였는지를 보여 준다. 산업은행 대출은 저금리이다. 재벌에 대한 대출 비중이 50%를 넘기도 한다. 재벌로의 여신집중 현상이 심각한 수준이었다.

중소 하청업자에 대한 재벌의 횡포는 어제 오늘의 일이 아니다. 그리고 거의 개선되지 않고 있다. 수많은 중소기업 육성정책에도 불구하고 중소기업은 항상 열악한 지위를 면하지 못하고 있는데, 그 이유는 바로 이런 데 있다.

재벌의 규모가 커지면서 재벌에 의한 독과점은 점점 심화되어 갔다. 생산물시장이나 생산요소시장이나 마찬가지이다. 그리고 재벌의 독과점은 경제력집중을 더욱 심화시키고 경제력집중은 재벌의 독과점을 더욱 강화시키는 악순환의 고리를 만들고 있다.[17] 그러므로 재벌에 대한 비판은 점점 더 고조되지 않을 수 없었다.

17 최정표(2006b) 참조.

〈표 4-11〉 **산업은행의 30대 재벌에 대한 대출 비중(1980~1989년)**

(단위: 억 원, %)

연도	대출 규모	대출 비율
1980	4,742	45.8
1981	4,677	39.0
1982	5,563	40.2
1983	5,058	34.8
1984	7,964	46.0
1985	8,932	43.2
1986	7,407	31.4
1987	16,686	50.1
1988	14,860	53.6
1989	11,666	43.8

자료: 김승석(1996).

3. 황제경영과 경영권의 세습화

재벌이 비판받는 이유 중에는 총수와 그 가족의 황제식 경영도 포함되어 있다. 황제식 경영이란 경영 투명성이 없다는 이야기이다. 그리고 견제를 받지 않는 경영권의 남용을 의미하기도 한다. 이런 상황에서 총수는 회사보다 사익을 우선시하는 경영에 빠져든다. 그리고 회사 자원을 사적 용도로 전용하는 것도 서슴지 않는다.

총수가 견제받지 않는 경영권을 행사하기 때문에 소액주주들의 이익은 철저히 무시된다. 총수와 그 가족에게 이익이 되는 행위는 비록 법에 어긋나더라도 실행에 옮겨진다. 이 때문에 재벌에게 많은 비자금 사건이 터지고 있다. 대재벌의 총수들이 형사처벌까지 받은 예가 적지 않다. 이런 것들이 모두 견제받지 않는 황제경영에서 오는 것이다.

황제경영이 가능한 이유는 총수가 대주주 지분을 확보하고 있으면서 그러한 지위를 계속 세습시키고 있기 때문이다. 그리고 한국식의 기업문화 때문이기도 하다. 한국에는 어느 조직에나 최고권력자에게 아첨하는 문화가 팽배해 있는데, 기업에서는 이런 현상이 더 심하다. 총수라는 자리는 영구직이기 때문이다. 따라서 전문경영인이 설 자리는 없고, 이들은 모두 총수의 비호세력으로 전락해 버린다.

총수를 견제할 수 있는 제도를 만들어 두어도 이 제도는 잘 작동하지 않는다. 한국적 기업문화가 이를 수용하지 못하기 때문이다. 전문경영인들은 총수에게 잘 보이면서 계속 영달을 추구하는 것이 능력으로 인정받고 있기 때문에 자기 권한을 찾으려고 시도조차 하지 않는다. 따라서 총수를 견제하려고 도입한 사외이사제 등 제반 제도는 제대로 기능하지 못한다.

총수가 절대적 권한을 행사하기 때문에 한국에는 소유와 경영의 분리가 나타나지 못하고 전문경영인 시장도 만들어지지 못한다. 전문경영인 자체가 아예 존재하지 못하고 있다. 최고경영자는 오너인 총수만 할 수 있을 뿐이고, 전문경영인은 총수의 하수인에 그칠 뿐이다. 이것은 재벌식 경영의 최대 맹점이다.

총수가 주주나 회사의 이익보다 사익을 우선시하고, 이런 행위가 내부에서 전혀 견제받지 않기 때문에 비자금 조성, 부동산 투기,[18] 몰아주기식 부당내부거래, 편법적 증여를 이용한 경영권의 승계 등과 같은 경영권 전횡이 가능하였다. 총수의 경영권 전횡은 재벌 문제의 핵심 사항이기도 하다.

경영의 가족화와 세습경영도 황제경영의 한 형태이고 재벌이 비판받는 주요인 중 하나이다.[19] 재벌 총수는 갖가지 수단을 동원하여 소유 지분을 승계하면서 경영권을 세습시킨다. 총수 가족은 불법이나 편법적인 수단을 동원해서까지 대주주 지위를 유지하려고 하는데, 이것은 가족경영을 유지할 뿐만 아니라 경영권을 세습시키기 위해서이다. 이것은 바로 재벌식 경영의 본질이라고 할 수 있다.[20]

창업자를 중심으로 그 가족들이 계열사의 경영에 어느 정도 참여하였는지를 살펴보면, 경영의 가족화와 황제식 경영은 명확해진다. 삼성은 창업자 이병철과 그 아들들 모두가 경영 일선에 참여해 왔다. 현대는 창업자 정주영과 그 형제들도 계열사의 경영에 참여해 왔다. 아들들도 물론 경영에 직접 참여하였다. LG도 마찬가지이다. LG는 창업자 구인회와 그 형제들, 그리고 아들이 경영 일선에 참여하였

18 1980년대에 한국 경제를 풍미하였던 부동산 투기는 재벌들이 주도하였다.

19 김기원(2001)은 재벌체제의 모순을 가족경영, 선단식 문어발 경영, 재벌 친화적 사회 · 경제적 환경에서 찾고 있다.

20 이동승(2000)은 재벌의 이런 특성을 한국의 기업문화에 내재해 있는 전근대적인 봉건제적 요소 때문으로 보고 있다.

다. 대우는 신규 재벌이었던 만큼 창업자 김우중이 경영 일선에 있었고, 형제들은 그 비중이 적었다.

가족경영은 세습경영으로 이어졌다. 창업자의 사망 후 재벌이 통째로 또는 분할되어 2세에게로 경영권이 넘어갔다. 정상적인 상속 과정을 거쳐서는 경영권 세습이 이루어지기 어렵다. 따라서 대부분의 재벌은 증여와 계열조정 등으로 사전상속을 하면서 경영권을 승계시켰다.

삼성그룹은 이병철 사망 후 그룹경영권이 3남인 이건희에게로 넘어갔고, 분리된 소그룹들도 다른 아들과 딸들에게로 소유권과 경영권이 넘어갔다. 그러므로 창업자 이후에도 재벌식 기업 조직과 경영 행태는 그대로 유지되고 있다.

LG는 구인회 사망 후 장남 구자경에게로 경영권이 세습되었다가 다시 장손 구본무에게로 세습되었다. 이 과정에서 구인회 형제들에게도 사업이 분할되어 세습되었고, 나중에는 공동 창업자인 구씨와 허씨 사이에도 그룹이 LG와 GS로 분리되어 경영권이 세습되었다.

현대그룹은 정주영 생전에 정주영의 형제 간에 분할이 이루어졌고, 사후에는 자식들 간에 분할 상속이 이루어졌다. 현대도 다른 재벌과 마찬가지로 경영권 세습으로 가족경영이 그대로 이어졌다.

SK그룹은 창업자 최종건의 사망 후 동생 최종현에게로 경영권이 넘어갔다가 최종현의 사망 후에는 최종현의 장남 최태원에게로 경영권이 세습되었다. 가족경영이라는 특징과 경영권 세습이라는 특징에는 하등의 변화가 없었다.

이처럼 황제경영과 경영권의 세습은 불가분의 관계를 가지고 있다. 가족 중심으로 경영권이 행사되면서 견제받지 않는 황제식 경영권을 행사하였으며, 이런 경영권은 경영권을 세습시키는 데 그대로 활용되었다. 소유와 경영의 분리나 전문경영인 지배는 손톱만큼의 여지도 없었다.

4. 경영 투명성의 문제

한국 재벌의 고질병 중의 하나는 분식회계와 비자금 조성이다. 비자금을 만들자니 분식회계가 불가피해지는 것이다. 이런 문제는 경영이 투명하지 않기 때문에 가능하다. 그리고 경영이 투명해지지 못하는 이유는 총수의 황제경영 때문이다. 재벌기업에서는 총수의 무소불위 경영권을 견제할 수 있는 장치가 없다. 장치가 있어도 그 장치가 작동하지 않는다. 총수에게 무조건 충성하는 후진적 기업문화가 그 원인이기도 하다.

그 동안 재벌 총수들은 비자금 때문에 수없이 형사처벌을 받았다. 전과자가 아닌 재벌 총수는 손에 꼽을 정도이다. 그나마 법원이 이런저런 구실을 대면서 형량을 가볍게 하거나 선처하는 길을 찾았기에 큰 처벌은 받지 않았다. 거기다가 권력자는 사면권을 남용해서 걸핏하면 이들을 사면해 주었다. 말하자면, 재벌 총수는 엄청난 불법을 저지르고도 가벼운 처벌만 받는 관행이 만들어졌다. 이 때문에 재벌 범죄가 근절되지 않을 뿐만 아니라 재벌의 범죄를 오히려 유도한 측면도 있다.

한국의 대표 재벌인 삼성도 경영 투명성의 문제에서 예외는 아니었다. 오히려 이 문제에서 가장 앞서가는 재벌이었다. 삼성특별검사까지 만들어져 별도로 수사받는 일까지 벌어졌으니 재벌 서열에서뿐만 아니라 비자금에서도 삼성이 단연 최고라고 할 수 있다. 삼성은 그 동안 비자금 사건이 수없이 일어났고 그 규모도 천문학적인 수치이다.

오랜 기간 삼성이 사회적 비판을 받고 법적인 심판까지 받은 사건 중 하나는 에버랜드의 전환사채 발행 사건이다. 1996년 12월 삼성에버랜드는 이건희 가족들에게 7,700원에 주식으로 바꿀 수 있는 사모전환사채를 100억 원 상당 발행하였다. 이 중 97%는 이건희의 아들 이재용의 몫이었고, 이재용은 이것을 주식으로 전환하여 삼성에버랜드에 대해 31.9%의 지분을 확보하면서 일거에 최대 주주로 부상하였다.[21] 삼성에버랜드는 삼성의 지주회사와 같은 회사이기 때문에 삼성에버랜드를 지배하면 삼성그룹 전체를 지배할 수 있다. 따라서 이 과정을 통해 삼성그룹은 이건희에게서 이재용으로 경영권이 승계되는 효과를 가졌다. 그야말로 편법 승계가 이루어진 것이다.

그런데 전환사채 발행가액이 실제 시장 가격의 1/10도 안 된다는 것이 문제였다. 거기다가 에버랜드의 대주주였던 삼성 계열사들이 전환사채 인수 권리를 포기

21 곽노현(2009), 박종찬(2011), 박지현(2010), 정혜욱(2008) 참조.

하고, 이것들을 모두 이재용에게로 몰아주었다는 것이다. 그 결과 삼성의 계열사들과 에버랜드가 피해를 보고 이재용이 금전적인 혜택뿐만 아니라 삼성그룹을 그대로 승계받는 혜택까지 누리게 되었다. 이것은 법의 심판대에 올라 10여 년을 끌었다. 법적인 판단이야 어찌되었든 이를 통해 경영권과 재산권이 편법적으로 승계되었다는 사회적인 비난이 거세었다. 이런 제반 행태도 경영 투명성과 직결되어 있는 문제이다. 경영이 투명한 선진국에서는 감히 엄두도 낼 수 없는 행태이다.

현대그룹은 비자금 사건의 백화점이라고 할 수 있다. 비자금의 많은 부분은 정경유착 자금을 확보하기 위해 만들어지는데, 박정희정권 시절부터 정경유착은 공공연한 사실이었으니 비자금의 역사는 매우 오래되었다. 5공 청문회 과정에서 들어난 바에 의하면 전두환정권 시절에는 최소한 220억 원, 노태우정권 때는 250억 원이 각종 형태의 이름으로 현대로부터 권력자나 권부에 제공된 것으로 드러났다. 이러한 정경유착 자금은 비자금으로 조성될 수밖에 없다.[22]

정주영 회장은 직접 정당을 만들어 정치에 참여하였을 뿐만 아니라 대통령 선거에까지 입후보하였는데, 이 과정에서 사용된 대부분의 자금은 현대그룹의 비자금으로 조달되었다. 금액이 구체적으로 파악되지는 않았지만 큰 금액이었음에는 틀림없다. 김대중정부 시절에는 정몽헌 회장의 대북송금 비자금 사건이 터졌다. 김대중정권과 현대그룹 사이에도 많은 돈이 오간 사실이 드러났다. 이런 자금들은 거의 모두 비자금으로 조성된 것들이다.

2006년에는 정몽구 현대기아자동차 회장이 비자금 사건으로 구속되었다. 1,000억 원대 비자금이 조성된 것으로 드러났다. 이 돈은 정치인에게도 제공되었고, 그룹 내부에서도 사용되었다. 한국 재벌의 역사는 비자금의 역사라고 할 정도로 총수들은 비자금 사건으로 언론을 장식하였다.[23] 모두가 경영 투명성과 관계된 문제이다.

SK그룹도 비자금 사건으로 최태원 회장과 손길승 회장이 구속되었다. 최태원은 1조 5,000억 원대의 자금을 분식회계 처리한 혐의로 2003년 구속되었다. 그 이후

22 김윤태(2000). 겉으로 드러난 비자금은 빙산의 일각일 수 있다. 비자금은 말 그대로 비밀이기 때문이다. 통계 자료로 추적하는 데는 한계가 있다.

23 우종창(2011) 참조.

에도 최태원은 또 다른 분식회계와 비자금 조성 혐의로 재판을 받았다.

두산그룹은 경영권 승계 과정에서 형제 간에 불화가 생기면서 2005년 비자금 사건이 불거졌다. 두산그룹은 10여 년간 326억 원의 비자금을 횡령하여 총수 일가의 세금과 가족의 공동경비로 사용하였을 뿐만 아니라 개인 용도로 사용한 것으로 밝혀져 관련자 3명이 형사처벌을 받았다.

한화그룹도 김승연 회장이 비자금 사건으로 구속되었다. 한화그룹은 2010년 비자금 사건이 터져 검찰의 수사를 받았는데, 검찰조사에 의하면 차명계좌 382개 136억 원, 현금 79억 원, 묻지마 채권 456억 원, 차명부동산 232억 원, 차명소유회사 주식 매도금 150억 원 등의 비자금 조성 혐의가 드러났다. 김승연은 1,918억 원을 업무상 횡령하고, 2,394억 원을 업무상 배임하고, 23억 8,000만 원의 조세를 포탈한 혐의 등으로 구속되었다.[24]

재벌은 대소를 막론하고 분식회계와 비자금 조성에 매달렸다. 경영이 투명하지 않기 때문이다. 이런 것들은 모두 회사의 이익을 희생하여 개인의 이익을 증대시키려는 데서 나온 행위이다. 재벌식 경영의 최대 약점이다. 총수가 절대적인 경영권을 행사하기 때문에 가능한 것이다. 이는 한국 기업의 후진성을 그대로 노정한 것이다.

재벌들은 전문경영인을 신뢰할 수 없기 때문에 한국에서는 전문경영인 기업이 가능하지 않다고 말한다. 그러나 전문경영인이 어떤 막강한 경영권을 가진들 총수들이 한 것처럼 이렇게 막대한 비자금을 빼갈 수는 없을 것이다.

5. 노사갈등과 분배 왜곡

재벌의 노사관계는 한국의 노사관계를 정상적으로 이끌어 가지 못한 주요인이라고 지적되고 있다. 1987년의 민주화 이전에는 노조 활동이 아예 금지되어 있었기 때문에 재벌에서의 노사관계는 균형적인 관계가 성립될 수 없었다. 따라서 사용자에 의한 일방적 지배관계와 시혜관계가 노사관계의 특징이었다.

24 서울지방검찰청(2010), 「한화그룹 비자금사건 발표문」.

〈표 4-12〉 **노사관계 격변기의 임금과 임금증가율**

국가	시간당 노동비용(1989년)	시간당 노동비용 연평균 증가율(1986~1989년, %)	
	달러 기준	달러 기준	자국통화 기준
한국	3.57	28.1	19.6
일본	12.68	13.6	3.4
대만	3.43	24.0	11.8
싱가포르	3.09	6.3	3.0
미국	14.31	2.5	2.5

자료: 노동부, 『직종별 임금실태 조사보고서』, 각 연도.

이러한 재벌 우위의 일방적 노사관계에 익숙해 왔던 재벌들이 1987년 이후 시작된 새로운 노조 활동에 제대로 적응하지 못해 노사문화의 정상화가 지연되었다. 재벌은 노조 활동을 인정하는 데 매우 인색하였다.[25] 이로 인해 과격한 노사분규가 끊임없었고 국가경제에 엄청난 손실을 가져왔다. 재벌들이 평화적이고 건설적인 노사문화를 선도하지 못하였기 때문에 노사문화가 정착되는 과정에 많은 비용을 지불해야만 하였다.

노사분규는 극한 상황까지 갔다. 1989년 현대중공업의 노동조합 파업투쟁은 노동자 가족, 시민, 경찰이 시가전을 하는 상황에 이르렀고 군 병력까지 동원해서 강제 해산시키는 국면까지 갔다. 현대자동차는 1987년 노조 설립 이후 20여 년간 거의 연례행사로 파업이 있었다. 그 밖의 재벌들도 대소의 투쟁적 노사관계가 지속적으로 있어 왔다.

〈표 4-12〉에는 노사관계 격변기였던 1987년 이후에 기업의 인건비 지출과 인건비 증가율이 어떠하였는지 국가별로 비교되어 있다. 한국은 인건비가 당연히 일본과 미국에 비해 매우 낮았다. 그러나 대만이나 싱가포르에 비해서는 높은 편이었다. 그런데 이 기간에 연평균 증가율은 한국이 제일 높았다. 극심한 노사분규와 이로 인한 임금 상승이 그 원인이었을 것이다. 특히, 재벌기업에서 이런 현상이 뚜렷하였다.

이 과정에서 노사는 상생관계가 아닌 대립관계로 흘렀고, 노사관계가 매우 왜

25 재벌에서의 노사관계에 대해서는 배진한(2000) 참조.

곡되는 결과를 빚었다. 정부, 재벌, 노동자 공동책임이 아닐 수 없다. 그 후유증은 매우 컸고, 오늘날까지 노사문화가 선진화되지 못하는 출발이었다.

삼성그룹의 경우는 무노조 경영을 원칙으로 하고 있는바 정상적으로 가동하고 있는 노동조합은 없다. 끊임없이 노조 설립이 추진되었지만 사측의 무노조전략에 막혀 번번히 무산되었다. 삼성의 무노조 노사문화는 그 공과가 앞으로 학계 등에서 세밀하게 분석되겠지만 아직은 미완의 과제라고 볼 수밖에 없다.

노동조합은 주로 대기업에 결성되어 있는데 대기업은 대부분 재벌기업이다. 따라서 한국은 앞으로 재벌이 어떤 노사관계와 노사문화를 만들어 내느냐에 따라 노사 상생과 공생의 방향이 정해질 것이다.

노사관계는 소득분배와 직결되어 있다. 노동소득과 자본소득의 분배 비율이 소득분배의 바로미터인데, 노사관계가 어떻게 진행되느냐에 따라 이 비율은 크게 영향을 받지 않을 수 없다. 따라서 재벌은 노사갈등을 해소하고 분배 왜곡을 시정하는 데 매우 중요한 역할을 할 수밖에 없는 입장이다.

한국에서는 부동산이 주요한 재산이기 때문에 부동산의 소유는 부의 분배를 판가름할 수 있는 중요한 나침반이다. 그런데 부동산은 투기의 대상이었고 부동산 투기는 재벌의 주요 축재수단 중 하나였다. 부동산 투기가 극성을 부렸던 1989년 말 4대 재벌의 토지 소유 현황을 살펴보면 〈표 4-13〉과 같다. 모두가 1조 원 이상의 부동산을 소유하고 있었다.

1987년 50대 재벌이 기업에 투자한 돈은 1조 2,000억 원이었는데, 부동산 매입에 쓴 돈은 1조 4,000억 원이었다. 생산 활동보다 부동산 투기가 더 수익성이 높았기 때문이다. 1989년까지 17년 동안 노동자 임금은 34배 오르고, 건축비는 38배 올

〈표 4-13〉 **4대 재벌의 부동산 소유 현황(1989년)**

재벌	규모(만 평)	장부금액(억 원)
삼성	2,740	18,897
현대	810	19,690
LG	570	15,008
대우	360	13,108

자료: 이지현(1990).

랐는데, 땅값은 108배나 올랐다.[26] 재벌이 부동산 투기에 급급해 하였던 이유가 분명해진다. 기업들의 이런 행위는 정상적인 경제 활동이라고 볼 수 없다. 그리고 이런 부동산 투기는 기업이익보다 재벌 총수의 사익을 위해 행해졌다. 그리고 한국의 분배구조를 크게 왜곡시켰다. 재벌의 부동산 투기는 재벌을 부정적으로 인식하는 데 크게 공헌하였다.

재벌의 노사관계와 부동산 투기는 우리나라의 소득분배와 부의 분배에 부정적으로 작용하였다고 보고 있다. 말하자면, 공평한 분배에 역행하였다. 이 결과 한국사회는 민중의 빈곤이 구조화되는 계급적 사회로 나아가고 있다는 주장까지 제기되고 있다.[27]

IV 중립적 견해

1. 대안 모델의 부재

재벌은 다양한 측면을 동시에 가지고 있는 기업 조직이다. 재벌은 문제점도 있고 장점도 있다. 어쨌든 재벌이라는 것은 나름대로 역할이 있었고 필요하였기 때문에 한국 경제의 중심에 자리잡고 있는 것이다. 그러므로 재벌을 어느 한 쪽 측면에만 초점을 맞추어 평가를 내리는 것은 균형적인 접근이라고 볼 수 없다는 주장도 있다. 이런 주장은 중립적 견해라고 할 수 있다.

재벌의 장점은 장점대로 인정하면서 이를 살리고 더욱 확장시켜 나가도록 하는 접근이 필요하다는 시각이다. 마찬가지로 문제점은 문제점대로 인정하면서 이를 시정하려는 노력을 기울여야 한다고 보는 것이다. 말하자면, 재벌을 객관적으로 보자는 것이다. 재벌과의 직접적인 이해관계를 배제한 채 재벌을 보자는 접근이다.

26 심상구(1994), 이지현(1990) 참조.
27 홍덕률(1990) 참조.

이러한 접근이 나오는 이유는 현실적으로 재벌체제에 대한 대안 모델이 쉽지 않다는 점을 들고 있다. 우리 경제에서 재벌이 하고 있는 역할을 누군가는 수행해야 하는데 누가 그 역할을 하느냐는 물음이다. 우선 대안으로 생각할 수 있는 것이 중소기업과 공기업을 들 수 있다. 그런데 중소기업과 공기업이 재벌의 역할을 대행할 수 있느냐에 대해서는 동의를 구하기가 쉽지 않다.

우선 중소기업으로서는 재벌들이 참여하고 있는 업종을 수행할 수 없다. 이 업종들은 대자본이 필요할 뿐만 아니라 대규모 기업이 불가피한 업종인데, 중소기업으로 운영한다는 것은 현실성이 없다. 그러므로 재벌을 중소기업으로 대체한다는 것은 쉽게 받아들일 수 없는 주장이다. 그렇다고 대기업 업종은 포기하고 중소기업 업종 중심으로만 경제를 꾸려나간다는 것도 받아들이기 어렵다.

다음으로는 공기업을 재벌의 대안으로 생각할 수 있는데, 이 견해 역시 설득력이 약하다. 공기업은 정부가 소유하고 경영하는 기업인데, 대자본의 조달과 대규모 기업의 운영은 가능하지만 효율성 달성에는 문제가 있다. 공기업은 특수한 이유가 있을 때만 받아들일 수 있는 기업 형태이다. 민간 기업으로도 가능한 사업을 공기업체제로 운영한다는 것은 자본주의 시장경제의 기본 원리에 합치하지 않는다. 그러므로 공기업도 재벌의 대안이 될 수는 없다.

그 다음으로 생각할 수 있는 재벌의 대안은 소유와 경영이 분리된 전문경영인 기업이다. 실제 선진국에서의 대기업은 거의 대부분 이런 형태의 기업이다. 그러므로 선진국에는 재벌이 존재하지 않고 재벌 문제도 존재하지 않는다. 이에 따라 전문경영인 기업은 재벌의 현실적인 대안이 될 수 있다.

그런데 우리나라에는 아직까지 소유와 경영의 분리 전통이 마련되어 있지 않다. 모든 기업이 소유자 지배체제이다. 대주주가 존재하면서 직접 경영권을 행사하고 이를 세습시키는 것이 한국의 기업문화이다. 이런 문화가 바뀌면 한국에도 전문경영인 기업이 대세를 이루면서 재벌체제를 대체해 나갈 수 있을 것이다.

장기적으로는 재벌이 전문경영인 기업체제로 전환될 가능성이 매우 높다. 이것은 기업의 진화 과정일 뿐만 아니라 우리보다 앞서 있는 나라들에서 걸어간 과정이기 때문이다. 세습경영자가 재벌을 이끌 능력과 역량을 가질 것이라는 보장도 없다. 거기다가 경영 투명성의 확대와 더불어 경영권을 장악할 정도의 주식 지분을 승계시키는 것도 점점 불가능해지고 있다. 따라서 재벌의 현실적 대안은 전문경영인 기업이라고 할 수 있다.

소유와 경영이 분리되는 전문경영인 기업이 대세로 자리잡을 때까지는 재벌의 대안을 찾기가 어렵다. 그러므로 중립적 입장에서는 당분간은 재벌 중심의 국가경제가 불가피하다고 본다. 재벌의 폐해를 점진적으로 개선해 나가면서 장기적으로 재벌 문제를 해결해 보자는 입장이다.

2. 과도기적 현상

재벌을 경제성장의 한 단계에서 나타나는 과도기적 현상이라고 보는 주장도 있다. 동남아 국가, 인도, 라틴아메리카 등에서는 재벌이 보편적 현상이지만 미국, 일본, 유럽 등에는 재벌이 거의 존재하지 않는다. 존재해도 극히 일부일 뿐이고 국가경제의 중심에 자리잡고 있지는 않다. 우리나라는 이 중간 단계에 있는 국가이기 때문에 아직 재벌이 존재하지만 선진국 단계로 올라가면 재벌식 기업 조직은 자연적으로 소멸되고 재벌 문제는 사라질 것이라고 보기도 한다.

그렇게 보는 이유는 재벌의 상속과 기업문화의 변화를 들고 있다. 재벌도 2세, 3세로 세습되면 상속 과정에서 그룹이 분할될 뿐만 아니라 상속세 납부 등으로 경영권 세습은 어려워진다고 본다. 세습이 무너지면 재벌체제는 더 이상 존속될 수 없다. 이런 현상은 실제로 미국 등 선진국에서 이미 관찰된 현상이다.

미국도 1800년대 후반에 오면 산업혁명과 더불어 고도성장이 이루어지면서 수많은 재벌이 출현하였다. 록펠러 재벌은 미국의 대표적 재벌이었다. 이런 재벌도 2세, 3세로 상속되면서 재산이 분할되었을 뿐만 아니라 상속세와 증여세 납부 등으로 가족 지분이 줄어들고 소유를 통한 경영권 장악이 어려워졌다. 따라서 재벌식 경영은 더 이상 유지될 수 없었다.

오늘날 미국에서 재벌 문제가 존재하지 않는 것이 이를 입증한다. 기업의 규모가 커져 가면 재벌 가족이 계속 경영권을 행사할 정도로 소유 지분을 확보하기가 어렵다. 따라서 기업은 소유와 경영이 분리되면서 전문경영인 지배체제로 넘어간다. 미국에서는 1900년대 초부터 이런 현상이 나타났고, 재벌체제는 사라졌다.

재벌 상속자들의 가치관도 재벌의 변화에 큰 역할을 하였다. 재벌의 후손들은 재산을 물려받기 때문에 당연히 부자이다. 그러나 기업 경영에는 관심이 없었다. 능력도 부족하였을지 모른다. 물려받은 재산으로 인생을 즐길 수 있는 일이 너무나 많았다. 머리 아픈 기업 경영에 매달릴 이유가 없었다. 후손들은 스스로 경영 일선에서 물러났다. 재벌체제는 더 이상 유지될 수 없었다.

기업문화의 선진화도 재벌체제의 존속을 어렵게 한다. 투명 경영이 확보되면서 기업 내부에 견제와 균형이 작동하면 재벌식 경영은 더 이상 유지되기 어렵다. 그렇게 되면 기업의 지배구조는 소유와 경영의 분리체제로 갈 수밖에 없다. 일본에서는 제2차 세계 대전 후 재벌이 강제로 해체되기 이전에도 이미 재벌 스스로 이런 지배체제를 택하기 시작하였다. 총수 가족이 대주주 지분을 확보해도 경영권은 행사하지 않는 기업문화가 정착되어 갔다.

기업의 이런 진화 과정이 한국에서도 현실화될 것이 거의 확실하기 때문에 지금의 한국 재벌은 하나의 과도기적 현상일 뿐이라고 본다. 재벌 문제는 시간상의 문제일 뿐이지 언젠가는 해결될 수밖에 없는 문제라는 것이다. 재벌 문제를 그렇게 심각하게 보지 않는 학자들은 이런 중립적 입장에 있다.

한국이 선진국에 진입하는 것과 재벌이 탈바꿈하는 것은 거의 동시에 이루어질지 모른다. 선진국에는 재벌이 없고 재벌 문제가 없는 것이 이를 뒷받침한다. 결국 재벌체제는 후진국 현상이며, 사회가 선진화되기 위해서는 해결되어야 할 과제이다. 그렇지 않고는 선진국이 되기 어렵다.

Chapter 5

재벌정책의 제도화

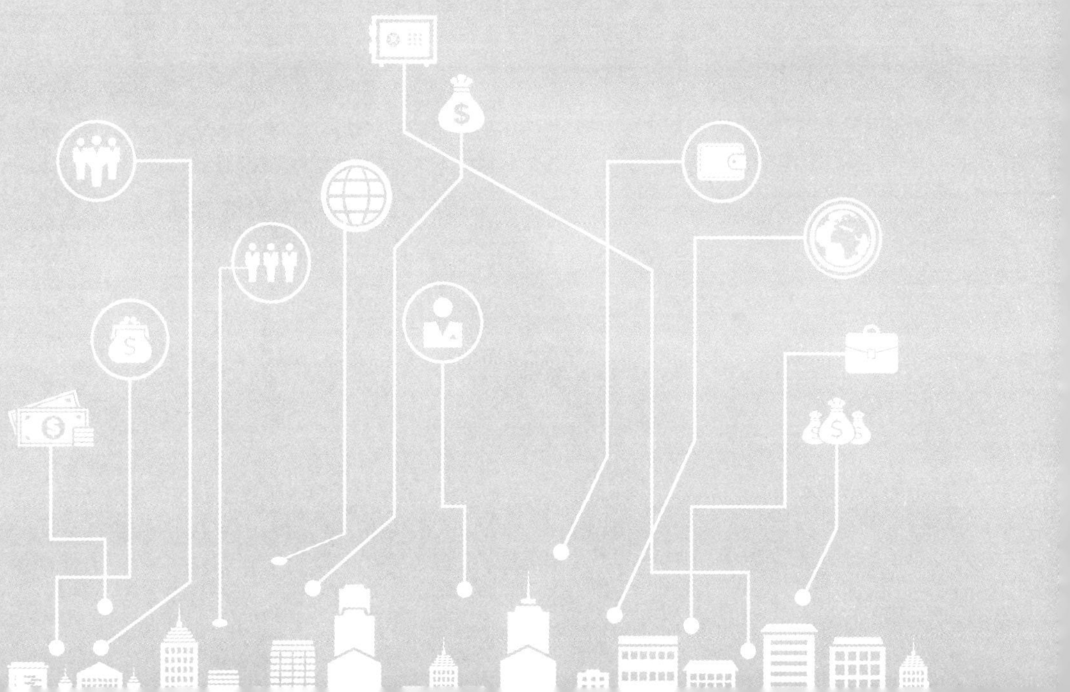

재벌정책의 제도화

I 공정거래법과 재벌정책

1. 공정거래법의 도입

한국도 1970년대에 와서는 경제성장과 더불어 기업의 규모가 커지면서 대기업들이 독과점적 지위를 확보해 나가고 있었다. 이런 대기업들이 독과점 지위를 남용함에 따라 물가압력이 커지고 소비자의 폐해가 증가하였다. 이에 따라 1970년대부터 한국에도 반독점정책(antitrust policy)이 필요하다는 주장이 제기되고 정부도 반독점법(antitrust law) 제정을 시도하였다.

그런데 공정거래법의 제재 대상이 되는 기업은 대부분 재벌의 계열기업이었기 때문에 재벌을 중심으로 재계에서는 반독점법 제정에 반대하였다. 정부는 물가안정 등의 필요성으로 인해 여러 차례에 걸쳐 반독점법 제정을 시도하였으나 재벌의 저항과 로비 등으로 인해 번번히 무산되고 말았다. 1975년에 와서야 하나의 대안으로 「물가안정 및 공정거래에 관한 법률」(물가안정법)을 제정할 수 있었다.[1]

그런데 공정거래법의 모체라고 할 수 있는 물가안정법은 물가통제와 경쟁촉진

1 정병휴(1984)는 공정거래법의 도입 과정을 단계별로 구분하여 정리하였다.

이라는 상반된 정책목표를 동시에 추구함으로써 많은 부작용을 노출시켰다. 물가통제는 개별 상품의 가격을 정부가 인위적으로 통제하는 정책인데, 이것은 자유경쟁이라는 시장의 본래 기능에 반하는 정책이다. 경쟁촉진은 정부의 가격통제 없이 경쟁을 통해 가격이 안정화되는 시장 본래의 기능을 추구하는 정책이다. 이처럼 두 정책은 수단과 목표에서 서로 충돌하고 있기 때문에 정부는 물가관리에만 치중해서 이 법을 운용하였다.

직접적인 물가통제는 많은 부작용만 초래하고 실제로 물가를 안정시키는 역할도 하지 못한다. 물가안정은 경쟁을 통해 시장에서 자율적으로 이루어질 때 부작용이 없고, 시장도 제대로 작동하는 것이다. 따라서 경쟁을 촉진하는 공정거래법(반독점법)의 제정이 불가피하였고, 정부는 1979년 이를 위한 「공정거래제도 개선방안」이라는 보고서를 마련하였다. 그러나 박정희 대통령 시해사건으로 이 방안은 빛을 보지 못하였다.

1980년 권력을 장악한 신군부는 생색낼 수 있는 새로운 정책들을 찾고 있었는데, 재벌의 저항으로 그 동안 입법화되지 못하였던 공정거래법도 그 대상이 되었다. 새롭게 마련된 공정거래법안은 1980년 12월 9일 국무회의에서 의결되고, 12월 23일 국보위 입법회의에서 의결되었다.[2] 이 법은 동년 12월 31일 확정 공표되고, 이듬해인 1981년 4월 1일부터 시행에 들어갔다. 이법의 공식 명칭은 「독점규제 및 공정거래에 관한 법률」이고 통상 공정거래법이라고 불린다. 드디어 우리나라도 반독점정책이 처음으로 시작된 것이다. 좋은 법이 국회가 아닌 비상입법기관에서 만들어졌다는 오점이 있기는 하나 좋은 법이 만들어져 시행되었다는 데는 큰 의미가 있었다.[3]

1981년 시행된 공정거래법은 전문 60개 조와 부칙 8개 조로 구성되어 있는데, 반독점정책을 위한 형식은 갖추었으나 실제 내용과 시행에는 미비한 점이 많았다. 독과점 기업들의 독점적 구조와 독점적 행위를 효율적으로 제재할 수 있는 조항을 충분히 갖추고 있지 못하였다.

2 전두환 일행의 신군부가 1980년 쿠데타를 통해 국회를 해산하고 대체입법 기관으로 만든 것이 국보위 입법회의였다.
3 공정거래제도의 초기 역사에 대해서는 신광식 · 성소미(2002) 참조.

당시 공정거래법의 핵심 내용은 독점력 행사의 금지, 독점을 야기시키는 기업결합의 금지, 담합의 금지, 불공정거래의 금지 등이었다. 이런 행위를 자행할 수 있는 기업은 대기업이고, 대기업들은 대부분 재벌의 계열기업이었다. 따라서 재벌들은 신군부의 무소불위의 힘 때문에 이 법을 받아들이기는 하였지만 내내 못마땅해하였다. 그런데 이 법은 독점을 강하게 규율하는 내용을 갖추고 있지 못하였을 뿐만 아니라 나날이 비대해져 가는 재벌들의 횡포도 통제하지 못하였다. 이 법은 개정이 불가피해졌다.

2. 공정거래법의 개정과 재벌 규제의 도입

1980년대에 와서는 재벌이 한국 경제의 중심축으로 자리잡았다. 이와 더불어 재벌로 인한 여러 가지 폐해가 나타나기 시작하였다. 주로 재벌의 경영 행태에서 많은 문제점이 지적되었다. 정경유착은 재벌 문제의 단골 메뉴였으며, 더 나아가서는 국가의 경제적 힘이 소수의 대규모 재벌에게로 집중되는, 이른바 경제력집중(concentration of economic power)이 새로운 경제 문제로 대두되었다.

어떤 분야에서나 힘이 개인이나 소수에게 집중되면 여러 가지 부작용이 나타나기 마련이다. 그 힘이 남용되고 집중된 힘의 횡포가 나타나기 때문이다. 정치적 힘이 한 개인이나 한 집단에게 집중되면 독재가 나타나는데 경제적 힘도 마찬가지이다. 경제적 힘이 소수에게 집중되면, 이들은 자기들의 이익을 위해 그 힘을 남용하게 된다. 이렇게 되면 독점이 만연하고 시장질서가 무너진다.

규모가 비대해지면서 경제적 힘이 재벌에게 집중되고, 이들이 다시 독재정권과 유착하는 등의 현상이 1970~1980년대 한국 경제의 현실이었고, 끊임없는 비판의 대상이었다. 이런 비판에 대해 전두환을 위시한 신군부 권력은 성의를 보이지 않을 수 없었다. 그래서 나타난 1차적 성의가 1981년부터 시행된 공정거래법이다.

그런데 이 법은 재벌을 직접 제재 대상으로 삼지는 못하였다. 대신 재벌 속의 개별 기업을 제재하는 반독점정책만 시행할 수 있었다. 재벌 소속 여부와는 상관없이 독점력(monopoly power)을 남용하거나 불공정한 거래를 하는 기업은 제재를 받도록 하였다. 그러나 재벌체제 자체에 기인한 폐해는 개선할 방법이 없었다. 재벌 문제는 부각되고 있었지만 재벌을 제재할 법적 장치는 아직 마련되지 않았다.

이런 상황에서 재벌은 급팽창하고 소수 재벌에 의한 경제력집중은 점점 심화되었다. 대재벌은 상품시장에서뿐만 아니라 생산요소시장인 노동시장과 금융시장에서도 그 영향력이 막강해졌다. 재벌은 시장경제의 틀 자체까지 좌지우지할 수 있는 힘을 가지게 되었다. 정경유착을 통해 정치권력까지 등에 업은 재벌은 시장제도 자체를 지배할 수 있는 위험성까지 보이게 되었다. 재벌 규제의 필요성은 주의 주장을 넘어서서 국민적 공감대를 형성하기에 이르렀다. 마침내 정부는 재벌을 직접 규제하기 위해 공정거래법을 개정하였다.

당시는 권력이 무소불위의 힘을 휘두르던 군사독재 시절이었다. 재벌의 저항이 강력하였지만 정부는 이를 누를 수 있는 힘을 가지고 있었다. 마침내 정부는 재벌 규제를 제도적으로 도입하기로 결정하였고, 이 규제를 공정거래법에 두기로 하였다. 1986년 공정거래법이 개정되었고, 재벌 규제를 신설한 새 공정거래법은 1987년 4월 1일부터 시행되었다.[4]

공정거래법은 여러 가지 재벌 규제 조항을 신설하였고, 법적 근거하에 재벌정책을 본격적으로 시행하였다.[5] 그 이후 공정거래법은 수많은 개정을 거듭하였는데 주로 재벌 규제 관련 조항이 개정되었다. 재벌정책은 강약을 되풀이해 가면서 오늘에 이르고 있다.

규제의 핵심 방향은 재벌의 과도하고 급속한 비대화를 제어하는 쪽이었다. 무분별한 다각화를 통해 재벌의 범위가 과대하게 확장되는 것을 막기 위한 장치가 마련되었다. 첫 단추는 잘 끼워졌다. 그런데 그 이후 이 규제는 수없이 많은 개정을 거치면서 크게 퇴보해 버렸다. 재벌들의 끝없는 저항과 로비 때문이었다.

재벌 규제의 초기 내용은 매우 단순명료하였다. 목적과 수단이 일치하였고 예외조항도 없었다. 규제 항목도 규제 목적에 맞게 잘 디자인되었다. 그런데 이러한

4 재벌을 규제하는 제반 법에 대해서는 이철송(1996) 참조. 공정거래법상 재벌 규제의 법리에 대해서는 최병규(2003) 참조.

5 공정거래법상의 재벌 규제는 재벌 그 자체는 인정하면서 그 폐해와 더불어 재벌 문제가 심화되는 것을 방지하는 접근이었다. 근본적인 처방은 제2차 세계 대전 후 일본에서 시행된 정책처럼 대기업들로 하여금 새로운 소유 및 지배구조를 갖도록 하는 재벌 해체이다. 최정표(1993)는 일본에서 어떤 방식으로 재벌이 해체되었으며 한국에서 재벌을 해체시킨다면 어떤 방식이 가능할지를 논하고 있다.

규제는 그 이후 많은 법 개정을 거치면서 규제 자체도 약화되었을 뿐만 아니라 수많은 예외와 유보조항을 만들어 본 규제를 사실상 무력화하고 있다. 재벌들이 끊임없이 저항하였을 뿐만 아니라 관료와 정치인들이 재벌에게 굴복해 버렸기 때문이다.[6] 규제의 효과는 제대로 달성될 리 없었다.

3. 초기 재벌정책의 주요 내용-1987년 공정거래법

1) 대규모 기업집단의 지정

1987년부터 시행된 공정거래법상의 재벌정책은 크게 다섯 가지 내용으로 구성되어 있다. 첫째는 정책 대상이 되는 재벌을 지정하는 것(법 제8조의3), 둘째는 재벌 계열사가 타 회사에 출자할 수 있는 금액을 제한하는 것(법 제7조의4), 셋째는 동일 재벌의 두 계열사는 서로 상대방의 주식을 취득할 수 없도록 하는 것(법 제7조의3), 넷째는 순수지주회사를 설립하지 못하게 하는 것(법 제7조의2), 다섯째는 재벌의 금융 및 보험 계열사는 계열사에 대하여 의결권을 행사할 수 없도록 하는 것(법 제7조의5) 등이다.[7]

재벌정책을 시행하기 위해서는 먼저 정책의 대상이 되는 재벌을 지정해야 한다. 공정거래법은 대규모 기업집단이라는 개념을 도입하여 일정 요건이 충족되는 재벌을 매년 대규모 기업집단으로 지정하여 재벌정책의 대상으로 하였다. 대규모 기업집단의 범위는 시행령(영 제15조, 제15조의2)으로 정하도록 하였다. 1987년 처음 시행된 시행령에서는 그룹의 자산 총액이 4,000억 원 이상이면 대규모 기업집단에 해당된다고 하였다.

이 규정에 의해 1987년 4월 1일 처음으로 대규모 기업집단이 지정되었다. 자산 규모 4,000억 원 이상인 기업집단은 32개, 이들의 자산을 모두 합하면 57조 원, 이들

6 재벌 규제는 관료와 정치인들의 소명의식과 강력한 의지 없이는 효과를 보기 어려운 정책이다. 피규제자인 재벌은 직접적이고 강력한 이해관계가 있는 반면 규제자인 관료와 정치인은 국민 여론만 부담이 될 뿐이다. 그런데 국민들은 간접적이고 우회적으로만 이해관계가 있을 뿐이고 개별적으로는 이해관계의 규모도 크지 않기 때문에 재벌 규제의 주장은 강력하지 못하다. 여기에 비해 규제의 부담이 큰 재벌들의 저항은 조직적이고 강하다. 따라서 재벌 규제는 법 개정과 더불어 계속 약화되었고 실제 시행도 강력하지 못하다.

7 재벌정책의 내용과 변천 과정에 대해서는 최정표(2011b), 제5장의 내용을 중심으로 재정리하였다.

의 계열사를 모두 합하면 509개였다. 가장 큰 재벌은 현대그룹으로 자산 규모는 8조 원이었고, 계열사는 32개였다. 가장 작은 재벌은 한라그룹으로 규모는 현대그룹의 20분의 1이었고, 계열사는 5개였다. 큰 재벌과 작은 재벌에는 차이가 많았다.

2) 상호출자의 금지(법 제7조의3)

대규모 기업집단으로 지정된 재벌의 계열사는 서로 상대방의 주식을 소유할 수 없도록 하였다. 두 계열사가 서로 상대방에게 출자하는 것(상대방 주식을 소유하는 것)을 직접상호출자라고 하는데 이런 출자는 전면 금지되었다.

직접상호출자는 실제로 자금을 투입하지 않고도 계열기업을 얼마든지 늘려 나갈 수 있는 수단이 된다. 예컨대, A기업이 B기업의 주식 100억 원을 취득하면서 그 대가로 자기 주식 100억 원을 B기업에게 제공하면, A와 B는 각자 100억 원의 자본금을 늘리면서 서로 상대방의 주식만 소유하였지, 어느 기업에게도 실제로 자금이 투입되지는 않는다. 이렇게 늘어난 자본을 가공자본이라고 한다.

직접상호출자는 직접적인 자금투입 없이도 가공자본으로 쉽게 계열기업을 키우거나 늘려 나갈 수 있는 방법이기 때문에, 이 방법을 이용하면 재벌은 쉽게 확장할 수 있을 뿐만 아니라 총수는 자기 돈을 들이지 않고도 지배력과 지배 범위를 키워 나갈 수 있다. 말하자면, 경제력집중을 심화시킬 수 있는 매우 유효한 수단이 된다. 따라서 공정거래법은 경제력집중의 심화를 방지하기 위해 이러한 출자를 전면 금지하였다.

3) 출자총액의 제한(법 제7조의4)

대규모 기업집단으로 지정된 재벌의 계열회사는 순자산액의 40% 이내에서만 국내의 타 회사에 출자할 수 있도록 제한하였다. 이 규정은 상호출자 금지 조항의 불완전성을 보완하면서 재벌이 문어발식으로 계열사를 늘려 나가는 것을 막기 위해 만들어진 규정이다.

상호출자 금지는 동일 재벌의 두 계열기업이 서로 상대방에게 출자하는 것을 금지하는 규정인데, 3개 이상의 계열기업이 순환적으로 출자하면 이 규정의 제재를 벗어날 수 있다. 따라서 이런 경우에 대해서도 계열기업의 과도한 타 회사 출자를 제한해야 재벌의 문어발식 계열 확장을 막을 수 있다. 그래서 도입된 제도가 출자총액제한제도이다.

재벌이 커지는 주요 방식은 총수가 지배하는 계열사가 타 회사의 주식을 취득하면서 계열사를 늘려 나가는 것이다. 말하자면, 재벌 총수는 계열사의 돈으로 또 다른 계열사를 만들면서 자기 재벌을 키워 나간다. 이런 방식으로 재벌이 비대해지는 것을 방지하기 위해 개별 계열사의 출자한도를 설정하는 출자총액제한제도가 도입되었다.

계열사 돈으로 또 다른 계열사를 만들고, 이 계열사가 다시 또 다른 계열사를 만들고 하는 방식으로 총수가 지배기업을 늘려 나가면 총수는 실제로 자기 돈의 투입 없이도 계열기업을 계속 늘려 나갈 수 있다. 이런 과정이 계속되면 추가적인 자금투입 없이 장부상으로만 계속 자본금을 늘리는 가공자본으로 계열기업을 늘려 나갈 수 있다.

이런 상황에서는 재벌 속의 한 계열기업이 망하면 다른 계열기업도 연쇄적으로 망할 수밖에 없는 매우 위험한 상황이 벌어질 수 있다. 따라서 정부는 가공자본을 통한 과도한 계열 확장을 막기 위해 재벌 계열회사의 타 회사 출자에 제한을 가하는 출자총액제한제도를 도입하였다.

4) 지주회사의 금지(법 제7조의2)

공정거래법은 1986년 개정시 지주회사(holding company) 설립 금지 조항을 신설하였다. 이 조항은 재벌에게만 해당하는 조항은 아니다. 그러나 그 취지가 경제력 집중을 억제하기 위한 것이기 때문에 재벌정책의 일환으로 볼 수 있다.

지주회사는 재화(goods)나 용역(services)을 생산 · 공급하는 사업을 주목적으로 하는 회사가 아니라 다른 회사를 소유하고 관리하는 것을 주목적으로 하는 회사이다. 생산 · 공급 활동은 전혀 수행하지 않는 회사를 순수지주회사(pure holding company)라고 하고, 생산 · 공급 활동도 수행하면서 다른 회사를 지배하는 사업도 동시에 수행하는 회사를 사업지주회사(operating holding company)라고 한다. 공정거래법은 총자산액의 50% 이상을 타 회사의 주식 소유에 사용하고 있는 회사를 지주회사로 규정하고, 이런 회사는 만들 수 없도록 하였다.

지주회사는 적은 자본으로 많은 회사를 지배할 수 있는 강력한 수단이다. 따라서 재벌이 지주회사제도를 이용하면 계열회사를 많이 늘리면서 적은 자본으로 재벌을 최대한 키워나갈 수 있다. 공정거래법은 재벌의 이러한 계열 확장을 막기 위해 국내에서는 어느 누구도 지주회사를 설립할 수 없도록 하였다.

5) 금융 · 보험 계열사의 의결권 제한(법 제7조의5)

대규모 기업집단으로 지정된 재벌에 속한 금융 또는 보험 계열사는 자기가 소유한 국내 계열사 주식에 대하여 의결권을 행사할 수 없도록 하였다. 이것은 재벌이 금융 · 보험사를 통해 계열사를 확장하지 못하도록 하기 위한 목적이다. 금융 · 보험사는 고객의 위탁자산을 운용하기 때문에 자금력이 매우 풍부한데, 이 자금을 계열 확장에 이용하면 재벌은 쉽게 계열회사를 늘려 나갈 수 있다. 이런 현상을 방지하기 위해 도입한 장치가 금융 · 보험회사의 의결권 제한이다.

지정된 대규모 기업집단의 금융 · 보험사라도 수익사업을 위해서는 상호출자금지나 출자 총액 제한의 제재 없이 타 회사 주식을 소유할 수 있다. 그러나 그 주식이 지배 목적으로 사용되는 것은 막을 필요가 있었다. 금융 · 보험사는 자금 운영이 주 사업이기 때문에 위탁자료의 투자수익을 위해 계열회사의 주식에도 투자할 수 있지만, 계열 확장 효과는 없애는 것이 필요하였다. 그래서 도입된 규제가 의결권은 행사할 수 없도록 하는 것이었다.

4. 재벌정책의 변화-2009년 공정거래법

공정거래법은 1987년 1차 개정이 있은 이후 수시로 개정되었다. 개정된 이유는 주로 재벌 규제 조항을 고치기 위해서였다. 재벌 규제 조항은 재벌들에게 직접 적용되는 규제이기 때문에 재벌들의 불만과 저항이 끊임없었다. 그리고 재벌의 로비도 많았다. 정부는 재벌의 저항과 로비를 감내하지 못하였다. 이에 따라 공정거래법은 주로 재벌 규제를 완화시키는 쪽으로 개정되어 왔다.

공정거래법이 수없이 개정되어도 독점 금지에 관한 조항은 크게 바뀌지 않았다. 재벌 규제 조항이 주로 바뀌어 왔다. 2009년 현재 시행되고 있는 공정거래법을 기준으로 재벌 규제 조항의 내용을 살펴보면, 그 동안 재벌 규제가 어떻게 변해 왔는지 이해할 수 있다. 없어진 규제도 있고, 신설된 규제도 있고, 변화된 규제도 있는데 전반적으로는 규제가 많이 완화되었다고 볼 수 있다.

1) 상호출자 제한 기업집단의 지정(법 제14조)

공정거래법은 2009년 현재 그룹의 자산 총액이 5조 원 이상(시행령 제17조)인 기업집단을 '상호출자 제한 기업집단 및 채무보증 제한 기업집단'으로 지정하여 매년 4월 1일 발표하도록 하고 있다. 이렇게 지정된 기업집단은 상호출자 제한이나 채무보증 제한의 대상이 된다. 그런데 이 정책이 처음 시행된 1987년과는 많은 차이가 있다. 우선 재벌로 지정되는 기업집단의 명칭이 완전히 달라져 버렸다. 1987년에는 '대규모 기업집단 지정'이었으나 2009년 3월 25일 현재 공정거래법의 규정은 '상호출자 제한 기업집단 및 채무보증 제한 기업집단 지정'이라고 바뀐 것이다. 따라서 내용에도 큰 변화가 있을 수밖에 없다.

이 규정에 의해 2009년 4월 1일에는 모두 48개(1987년은 32개)의 기업집단이 자산 총액 5조 원 기준(1987년은 4,000억 원)에 해당되어 상호출자 제한 기업집단으로 지정되었다. 이들의 계열사 수를 모두 합하면 1,137개이고(1987년은 509개), 이들의 자산액을 모두 합하면 1,311조 원이다(1987년은 57조 원). 지정 기준 자산 규모가 1987년의 4,000억 원에서 5조 원으로 무려 13배나 늘었는데도 지정된 기업집단의 수는 오히려 크게 증가하였다. 그만큼 재벌의 규모가 엄청나게 커진 것이다.

1987년과는 다르게 2009년에는 공기업도 재벌정책의 대상으로 지정되었다. 2009년에 지정된 기업집단에서 공기업을 빼면 기업집단의 수는 40개로 줄어든다(공기업은 8개). 공기업은 특수 목적을 위해 설립되었고 정부가 소유자다. 이들은 전문 분야에서 특수 목적을 위해 운영되기 때문에 다각화가 이루어질 이유가 없다. 따라서 계열기업 수도 매우 적다. 이러한 공기업을 재벌정책의 대상으로 삼는 것은 잘못된 접근이 아닐 수 없다.

공기업은 당해 기업의 설립과 운영을 위해 별도의 법이 제정되어 있기 때문에 공기업이 비정상적으로 비대해져 어떤 문제점을 야기시킨다면, 그 법을 이용하여 문제점을 얼마든지 교정해 나갈 수 있다. 그런데도 이들을 재벌과 동일시하여 재벌정책의 대상에 포함시켰다. 이것은 재벌정책의 목적성을 훼손시킬 뿐만 아니라 정책의 실효성도 떨어뜨릴 수밖에 없다. 그럼에도 불구하고 공기업을 포함시킨 이유는 이 정책에 대한 재벌들의 저항을 무마하기 위한 하나의 방편이라고밖에 볼 수 없다. 공기업도 규제를 받는데 재벌은 왜 반대하느냐는 논리로 정부가 재벌의 저항에 역공세를 펴기 위한 하나의 편법이었다. 잘못된 접근이 아닐 수 없다.

2) 상호출자의 금지(법 제9조)

이 조항은 1987년의 규정에서 큰 변화가 없는 조항이다. 1987년의 '대규모 기업집단' 대신 2009년에는 '상호출자 제한 기업집단'이라는 명칭이 사용되고 있을 뿐이다. 여기에 속하는 기업집단의 두 계열사는 서로 상대방의 주식을 취득 · 소유할 수 없다고 규정하고 있다. 법 목적도 1987년과 마찬가지이다.

그런데 1987년에는 금융 · 보험회사 이외의 회사에만 이 규정을 적용시켰는데 2009년에는 그런 구분이 없어졌다. 따라서 이 점에서는 상호출자 금지가 다소 강화되었다고 볼 수 있다. 이미 앞에서 지적하였듯이 직접상호출자는 그 폐해가 큰 만큼 엄격하게 금지해야 한다는 데는 별 이견이 없다.

3) 채무보증의 금지(법 제10조의2)

채무보증 금지 조항은 재벌정책이 처음으로 시행된 1987년에는 없었던 조항이다. 재벌에 대한 비판이 점점 거세지고 경제력집중 현상이 심화됨에 따라 1992년에 새롭게 도입한 정책이다.

재벌은 과도한 차입이 커다란 문제점으로 지적되었다. 이것이 가능한 주된 이유 중 하나는 계열사의 지급보증이었다. 재벌의 계열사는 그룹 내 타 계열사의 지급보증으로 쉽게 대출을 받을 수 있었고, 이 자금으로 계열을 계속 확장해 나갔다. 따라서 금융기관의 여신은 재벌에게로 편중되고 재벌은 부채 비율이 높아졌다. 이 경우 하나의 계열사가 부실화되면, 이 회사가 지급보증을 선 다른 회사도 부실해져 계열사 간에 연쇄 부실이 초래될 수 있다. 이렇게 되면 그룹이 통째로 도산하고 더 나아가서는 은행까지 도산할 위험이 생긴다.

이런 문제점 때문에 정부는 1992년의 공정거래법 개정시 대규모 기업집단 소속 계열사는 자기자본의 200% 이내에서만 타 계열사에 지급보증을 할 수 있다는 조항을 신설하였다. 이 조항은 더욱 강화되어 2009년 현재는 채무보증 자체가 완전히 금지되었다. 지정된 기업집단의 계열사는 자기 그룹의 국내 계열사에 대해 채무보증을 할 수 없도록 하였다.

이 규제는 재벌의 과도한 부채 경영을 방지할 뿐만 아니라 금융시장의 공정거래를 촉진할 수 있는 효과가 있다. 상호지급보증으로 쉽게 자금을 대출받을 수 있는 재벌에 비해 이런 수단이 없는 비재벌은 상대적으로 불리하기 때문에 금융시장의 거래가 불공정해질 수 있는데, 이 규제가 정착되면 금융시장은 훨씬 더 공정해질 수 있다.

4) 지주회사의 허용과 규제(법 제8조, 제8조의2)

1987년 재벌정책을 처음 도입할 때는 지주회사의 설립 그 자체가 금지되고 있었다. 지주회사는 적은 자본으로 많은 기업을 지배할 수 있는 중요 수단으로서 경제력집중을 심화시킬 수 있는 요인이 되기 때문이다. 그런데 1997년 발생한 외환위기를 수습하는 과정에서 재벌은 구조조정을 용이하게 하기 위해 지주회사가 필요하다고 주장하였다.

정부는 1999년 공정거래법 개정시 지주회사의 설립을 허용하였다. 대신 경제력집중의 심화를 최소화시키기 위해 여러 가지 제한을 가하였다. 구조조정을 위해 지주회사를 만들 수는 있지만 경제력집중을 심화시키지 않는 범위 내에서만 가능하도록 하였다.

지주회사에 가해진 제한은 지주회사 자체의 행위를 제한하는 규제, 자회사의 행위를 제한하는 규제, 손자회사의 행위를 제한하는 규제 등으로 나누어 볼 수 있다. 지주회사 자체는 부채 비율을 200% 이내로 유지해야 하고, 자회사 주식을 40% 이상 소유해야 한다(상장회사는 20% 이상). 그리고 계열사가 아닌 국내 회사의 주식은 5% 이상 소유할 수 없다. 자회사가 아닌 계열사에 대해서는 주식을 소유할 수 없다. 또 금산분리를 유지하기 위해 일반지주회사와 금융지주회사는 분리한다 등의 규제가 설치되었다.

자회사와 손자회사 역시 여러 가지 규제를 받도록 하였다. 이와 같이 지주회사는 허용은 하되 여러 가지 제한을 가하였는데, 그 이유는 지주회사의 장점은 활용하되 단점은 방지하자는 취지 때문이다. 대표적 장점은 기업의 분리 등 구조조정에 이용할 수 있다는 점이고, 단점은 경제력집중의 주요 원인이 될 수 있다는 점이다.

5) 금융 · 보험 계열사의 의결권 제한(법 제11조)

1987년 재벌정책이 처음 도입될 때는 재벌로 지정되면 금융 및 보험 계열회사는 자기가 소유하고 있는 국내 계열사의 주식에 대해 의결권을 행사할 수 없었다. 그러나 2009년 법 규정에서는 이 제한이 약간 완화되었다. 임원의 선임 또는 해임, 정관 변경, 합병이나 영업의 양도 등에 관해서는 특수관계인의 지분을 합해 그 회사 발행 주식의 15% 이내에서 의결권을 행사할 수 있도록 하였다.

금융 · 보험 계열사의 의결권 제한은 고객의 수탁자금을 타 회사 지배에 이용하지 못하도록 하기 위한 규정이다. 그러나 적대적 인수 · 합병 등에 대해서는 이 지분도 어느 선까지는 활용할 수 있도록 하기 위해 예외 규정을 신설하였다. 특수관계인의 지분까지 합쳐서 15%까지는 가능하도록 한 것은 금융 · 보험사의 자금이 계열사 보호에 어느 정도는 이용될 수 있도록 하기 위한 것이다.

6) 내부거래의 규제(법 제11조의2, 법 제23조 제1항 제7호)

재벌체제가 야기시킬 수 있는 중요한 문제 중 하나는 시장질서의 왜곡이다. 시장질서의 왜곡은 부당한 내부거래에서 오는 경우가 많다. 재벌의 계열사가 특수관계인이나 타 계열사와 거래할 때는 시장거래의 룰을 벗어날 수 있다. 동일 그룹 내에서 한 계열사가 다른 계열사와 거래하거나 총수 가족과 거래할 때는 시장에 의해 정해진 가격을 벗어나서 어느 한 쪽에 이익을 제공하기 위해 인위적 가격을 설정하여 거래할 수 있기 때문이다. 이런 거래는 시장을 문란하게 하고 시장질서를 왜곡시킨다. 이런 문제점을 방지하기 위해 공정거래법은 내부거래를 투명화시킬 수 있는 장치를 새롭게 도입하였다. 1987년 법 제정 당시에는 미처 생각지 못하였던 정책수단이다.

지정된 재벌에 속한 회사가 일정 규모 이상(그 회사의 자본총계나 자본금 중 큰 금액의 10% 이상이거나 100억 원 이상)의 자금, 유가증권, 자산을 특수관계인과 거래하거나 특수관계인을 위하여 거래할 때는 미리 이사회의 의결을 거친 후 이를 공시하도록 하고 있다. 이것은 거래 자체를 투명화시켜 시장거래와 다르게 거래가 이루어지는 것을 방지하기 위한 조치이다(법 제11조의2).

법 제23조의 제1항 제7호에서는 다른 회사를 지원하는 거래를 하지 못하도록 하고 있다. 이 조항은 법 제11조의2에서처럼 지정된 기업집단에만 해당하는 것이 아니라 일반적으로 모든 기업에 해당하는 조항이지만, 그 주목적은 재벌의 계열사가 특수관계인이나 다른 계열사를 지원하기 위해 거래하는 것을 방지하기 위한 데 있다. 이 조항 역시도 시장질서의 왜곡을 방지하기 위한 장치이다.

재벌은 시장거래를 벗어나서 특정 계열사를 일방적으로 지원하는 비시장거래를 함으로써 그 계열사를 비정상적으로 빠르게 성장시키기도 하고, 특정인의 재산을 비정상적으로 부풀려 주기도 한다. 이런 내부거래는 상속의 수단으로 사용되기도 한다. 내부거래를 통해 피상속인의 소유 지분이 큰 계열사를 집중적으로 지원하기 때문이다. 이런 거래를 방지하는 것은 재벌그룹의 내부거래를 시장거래와 일치하도록 만들어 시장경제를 강화시키는 조치이고 편법상속을 차단시키는 조치이다. 따라서 부당내부거래를 방지하려는 정책수단은 재벌 문제를 해결하기 위한 매우 중요한 개념이라고 할 수 있다.

7) 재벌정책의 주요 변화 내용

재벌정책은 이를 처음 도입하였던 1987년 이후 수많은 법 개정을 거쳐 오늘에 이르고 있다. 동일 정책이 계속 유지되면서 강화되거나 약화되기도 하였고, 새 정책이 새롭게 도입되기도 하였고, 처음에 있었던 정책이 아예 없어지기도 하였다.

타 조항에 비해 재벌정책 조항이 특히 많이 변한 이유는 두 가지 측면에서 살펴볼 수 있다. 하나는 재벌측의 강한 저항 때문이다. 재벌정책은 재벌을 규제하는 정책이기 때문에 피규제자인 재벌은 이 정책이 불편하기 그지없다. 그래서 이 정책에 강하게 저항하면서 이 정책의 폐지나 개정을 꾸준히 요구해 왔다.

또 하나는 국민 여론과 정부의 필요 때문이다. 재벌의 폐해가 부각될 때는 국민들의 재벌 비판 여론이 매우 높다. 정부와 정치권은 이런 국민 여론을 무시할 수 없다.

전자의 요인에 의해서는 재벌정책이 약화되는 쪽으로 흘러갔고, 후자의 요인에 의해서는 재벌정책이 강화되는 쪽으로 흘러갔다. 그 동안 재벌정책은 양쪽의 요구를 적절히 반영하면서 계속 바뀌어 왔다.

1987년 이후 지금까지 계속 유지되고 있는 재벌정책은 대규모 기업집단 지정제도, 상호출자의 금지, 지주회사의 규제, 금융 · 보험회사의 의결권 제한 등이다. 그러나 이 조항들도 구체적 내용은 크게 바뀌었다. 지주회사는 처음에는 설립 자체가 아예 금지되었으나 지금은 설립을 허용하면서 여러 가지 규제를 가하는 쪽으로 바뀌었다. 그런데 그 규제도 점점 약화되어 왔다.

처음에는 도입하였으나 지금은 없어진 제도도 있다. 출자총액제한제도가 여기에 해당한다. 이 제도는 특히 재벌들이 폐지를 강력히 요구해 왔던 제도이다. 반면에 처음에는 없었지만 새롭게 도입된 제도도 있다. 채무보증 금지 제도와 대규모 내부거래의 이사회 의결 및 공시제도가 여기에 해당한다. 새롭게 도입된 제도들도 도입 당시에 비해서는 구체적 내용이 많이 바뀌었다.

정부는 재벌 당사자와 국민 여론 사이에서 줄타기를 해 왔다. 재벌 당사자들은 가능하면 재벌정책을 폐지하거나 완화시키려 하였고, 국민 여론은 재벌정책을 강화하는 쪽에 있었다. 정부는 양쪽의 눈치를 보면서 정반대의 양쪽 요구를 적절히 수용해 왔다. 말하자면, 재벌정책은 타협의 산물이었다. 그러다 보니 어떤 조항은 논리적으로 모순되는 결과를 낳기도 하였다.

전반적으로 재벌정책은 도입 초기에 비해 그 논리와 취지가 많이 훼손되었다. 어떤 정책은 의도한 효과를 제대로 발휘할 수 없을 정도로 훼손되었다.

5. 재벌정책의 정당성 문제

반독점법(antitrust law)인 공정거래법에 재벌정책이 들어 있는 것은 논쟁의 여지가 있을 수 있다.[8] 특히, 재벌 당사자인 전경련에서는 반대 입장을 강력히 피력하고

8 최정표(2011b), pp. 163~165.

반대 논리를 체계적으로 제시하고 있다. 이해할 수 있는 일이다. 재벌정책이 반독점정책의 한 부분이 될 수 있느냐에 대해서는 의견일치가 되어 있지 않기 때문이다. 외국에서는 이런 법체계를 가지고 있지 않다.

반독점정책은 그 논리가 매우 분명한 정책이다. 학술적 이론도 분명하게 확립되어 있고, 미국의 셔먼(Sherman)법을 기점으로 정책의 역사도 100년 이상이나 된다. 그리고 거의 모든 선진국이 도입하고 있는 정책이다. 독점을 방지하고 금지해야 한다는 데에는 이론의 여지가 없다.

그런데 한국에서 시행하고 있는 재벌 규제의 정책이 반독점정책과 어떻게 조화를 이룰 수 있느냐에 대해서는 아직 학문적 토대가 미흡한 실정이다.[9] 전경련의 학자들은 재벌 규제 관련 조항은 공정거래법에서 모두 분리시켜야 한다고 주장한다. 학계에서도 논쟁이 되고 있는 사항이다.

그런데 재벌이 한국 경제 그 자체라고 할 정도로 재벌이 국가경제를 주도하고 있는 상황에서 재벌 규제의 정책이 필요하다는 데는 공감대가 형성되어 있다. 재벌정책이 필요하다면 그 정책이 법적으로 자리잡을 곳은 공정거래법일 수밖에 없을 것이다. 그래서 정부도 많은 고민 끝에 공정거래법에다 재벌 규제 조항을 도입하고 있는 것이다.

중요한 것은 재벌정책이 학술적으로 얼마나 정당성이 확보되어 있으며, 반독점정책과는 어떻게 조화를 이루고 있느냐 하는 점이다.[10] 재벌정책이 이론적으로 정당한 근거를 확보하고 있으면서, 반독점정책까지 보완해 주는 정책이라는 것이 분명하다면 재벌정책은 공정거래법의 한 부분이 될 수 있다.

정부는 공정거래법상의 재벌 규제 조항들이 반독점 방향과 일치한다는 논리를 제시해야 한다. 더 나아가 정책당국은 재벌정책이 재벌 비판에 편승한 포퓰리즘이 아니라는 것도 분명하게 보여 주는 것이 필요하다.

재벌정책의 여러 가지 수단 중 반독점정책과 조화를 이루지 못하는 것이 있다

9 재벌 문제의 핵심 쟁점 중 하나는 재벌들의 과도한 다각화인데, 이러한 다각화가 시장경쟁을 억제시킨다는 가설이 입증되면 재벌 규제는 반독점정책과 양립할 수 있다. 재벌들의 과도한 다각화가 시장경쟁에 어떻게 영향을 미치고 있는지에 대해서는 아직 초보 단계의 연구에 머물러 있다. 조창현(1998), 최정표(2006b) 참조.

10 최정표(2006b)는 재벌정책이 경쟁정책과 어떻게 조화를 이룰 수 있는지 분석하고 있다.

면 이는 개선해야 한다. 그리고 재벌의 저항으로 규제 조항이 수정을 거듭해 오면서 본래의 의도에서 많이 일탈해 있는 내용도 있는데, 이런 정책들도 개선해야 한다. 재벌정책이 공정거래정책의 한 부분으로 계속 유지되기 위해서는 이 정책이 반독점정책의 일환으로 사용되는 정책이라는 것도 더욱 분명히 할 필요가 있다.

6. 재벌정책의 실효성 문제

공정거래법을 통해 재벌정책이 시행된 1987년 이후 과연 그 효과는 어떻게 얼마나 나타났는지에 대해서는 아직 답을 제시할 정도의 연구가 이루어지지 못하였다.[11] 정책 시작 당시에 지적되었던 제반 재벌 문제가 어느 정도 해결되었는지, 아니면 더 나빠졌는지 등에 대해서도 논의의 여지가 많다.[12]

전경련을 중심으로 한 재벌 당사자는 재벌정책의 평가에 매우 인색하다. 그들은 재벌정책 자체가 불필요한 정책이고, 오히려 부작용이 더 많은 정책이라고 주장하고 있다.

그러나 개혁 성향의 진보학자들은 재벌 문제가 전혀 개선되지 않았다고 극단적인 평가를 내기도 한다. 1987년 당시 지적되었던 재벌 문제는 지금도 여전히 존재한다는 주장이다.[13]

재벌정책의 시행을 위해 많은 행정비용이 투입되었다. 만약에 정책효과가 없었다면 공정거래법상의 제반 재벌 규제도 재고해야 할 필요가 있다. 많은 국가 예산을 투입하고도 그 효과가 없다면 그 정책은 실패한 정책이기 때문이다.

재벌식의 기업 조직은 선진국에서는 관찰하기 드문 기업 형태이다. 반면에 중진국이나 후진국에서는 극히 일반화되어 있는 기업 형태이다. 그런데 한국에서는

11 최정표(2011b), pp. 165~166; 최정표(2003a).

12 이만희(1993)는 재벌정책이 소기의 목적은 달성시키지 못하고 오히려 여러 가지 부작용을 야기시키고 있다고 주장하고 있다.

13 곽노현(1994)은 공정거래법상의 재벌정책으로는 재벌 문제를 해결할 수 없고 소유구조의 개혁을 포함한 전반적인 경제민주화 조치만이 재벌 문제를 근본적으로 해결할 수 있다고 주장하고 있다. 권오승(2001)도 일본에서 제2차 세계 대전 이후에 시행되었던 재벌해체정책을 분석하면서 소유집중과 지배구조의 개혁 없이는 재벌 문제를 근본적으로 해결할 수 없다고 보았다.

재벌이 여전히 대기업 조직의 주류를 이루고 있다. 우리나라의 민간 대기업은 거의 모두 재벌 소속 기업이다. 이런 점에서 볼 때 선진국에 진입하였다고 평가받는 한국 경제에서 재벌식 기업 조직과 기업 운영은 고민의 여지가 있는 경제 이슈임에 틀림없다.

재벌식 기업 조직을 강제적으로 탈바꿈시키는 것은 힘든 일이다. 그러나 재벌식 기업 운영에서 초래되는 사회 · 경제적 문제는 정책으로 풀어 가야 한다.[14] 따라서 선결되어야 할 일은 그 동안 시행된 재벌정책이 얼마나 실효성을 거두고 있는지를 실증적으로 과학적으로 평가하는 것이다. 평가 결과를 바탕으로 재벌정책을 다시 짜야 한다.

II 대규모 기업집단의 지정과 재벌정책

1. 대규모 기업집단 지정제도

재벌정책을 시행하기 위해서는 먼저 정책 대상인 재벌을 정해야 한다. 문제는 어떤 기업을 재벌로 정하느냐 하는 것이다. 공정거래법은 시행 초기에 일정 기준에 의해 규모가 큰 기업집단을 지정해서 정책의 대상으로 삼았다. 따라서 지정된 대규모 기업집단은 일단 재벌로 규정할 수 있다. 따라서 대규모 기업집단의 지정은 재벌정책의 시행을 위한 불가피한 과정이라고 볼 수 있다.

이처럼 대규모 기업집단 지정제도는 재벌정책 시행의 출발점이 되는 제도이다. 그런 만큼 이 제도는 정책의 성패를 좌우하는 제도이다. 지정이 잘못되면 정책 자체가 실효를 거둘 수 없다. 대규모 기업집단의 지정은 재벌을 정의하는 것과 마찬가지이다. 재벌을 잘못 정의하면 재벌정책은 결코 성공할 수 없다.

14 이병화(1993)는 재벌정책의 과제로 소유구조 개선, 문어발식 다각화의 개선, 정부 역할의 변화 등을 지적하고 있다.

1987년부터 시작된 대규모 기업집단 지정제도는 지정 방식이 변화를 거듭하면서 오늘에 이르고 있다. 말하자면, 그 동안 재벌의 법적인 정의가 여러 번 변해 왔다. 이것은 정책의 실효성에도 심각하게 영향을 미쳤다고 볼 수 있다.

공정거래법은 매년 대규모 기업집단을 새롭게 지정 발표한다. 이를 위해서는 먼저 개별 기업집단의 범위를 정해야 한다. 예컨대, 삼성이나 LG가 대규모 기업집단으로 지정되기 위해서는, 먼저 삼성이나 LG의 계열사에 해당하는 기업을 찾아내야 한다. 그런 후 계열사들의 합으로 이루어진 기업집단이 지정 기준에 해당되면 대규모 기업집단으로 지정된다.

대규모 기업집단의 지정 기준은 1987년 이 제도가 처음 도입된 이후 여러 차례 바뀌어 왔다. 처음에는 총자산액이 일정 기준을 넘어설 때 대규모 기업집단으로 지정되었고, 그 다음에는 규모 순위로 30대 기업집단까지를 지정 대상으로 하였다. 순위 기준은 다시 자산액 기준으로 바뀌었다. 나중에는 공기업까지도 지정 대상에 포함시켰다. 이처럼 재벌정책의 대상을 정하는 법적인 기준은 수시로 변해 왔다.

2. 기업집단 지정 기준의 변천 과정

대규모 기업집단 지정제도는 세 번에 걸쳐 큰 변화가 있었다. 이 제도가 처음 시행된 1987년에는 자산 규모가 4,000억 원 이상인 기업집단을 대규모 기업집단으로 지정하였다. 이 기준으로 처음 지정된 기업집단의 수는 32개이고, 이들의 계열기업은 모두 509개였다. 따라서 32개 재벌과 509개 계열기업이 재벌정책의 대상이 되었다.

이 방식은 1992년까지 유지되었다. 이 방식에 의한 1992년도의 지정 현황을 살펴보면 기업집단 수는 78개이고, 계열기업 수는 1,056개이다. 1987년에 비해 그 수가 2배 이상 늘어났다. 경제가 급속도로 성장하면서 기업 역시 급속도로 성장하였기 때문에 당연히 나타날 수밖에 없는 현상이다.

지정 기준인 자산 규모 4,000억 원을 상향조정하지 않는 한 기업집단 수와 계열기업 수는 계속 증가할 수밖에 없다. 그런데 그 많은 기업집단을 모두 재벌로 지정하는 것은 정책의 실효성을 크게 떨어뜨릴 수 있다. 그리고 1위 재벌과 마지막 순위 재벌은 그 차이가 매우 큰데, 이들을 동일시하는 것도 문제가 아닐 수 없다.

정부는 1993년부터 지정 기준을 규모에서 순위로 바꾸었다. 자산 총액 대신 자산 규모 30위까지의 기업집단만 대규모 기업집단으로 지정하도록 지정 기준을 바꾸었다. 이것은 지정 기준을 절대적 규모에서 상대적 규모로 바꾼 것이다.

순위 기준으로 일정 수의 재벌만을 대규모 기업집단으로 지정하면 정책집행의 안정성이 개선될 수 있다. 재벌정책이 시행되는 주 이유는 경제력집중 때문인데, 경제력집중은 상대적 규모에 의해 나타나는 현상이다. 상대적으로 규모가 큰 일정 수의 재벌이 국가경제에서 차지하는 비중이 너무 클 때 경제력집중 문제가 나타나고, 이 문제를 해결하려는 정책이 재벌정책이다. 따라서 순위 기준으로 일정 수의 재벌만을 정책의 대상으로 삼는 것은 재벌정책의 취지에 합당한 접근이라고 볼 수 있다.

그런데 2002년에는 지정 기준을 순위에서 규모로 다시 바꾸었다. 재벌들은 출자총액제한제도에 대한 저항이 특히 강하였기 때문에, 정부는 지정제도를 2원화시켜 출자총액 제한 대상 재벌과 다른 정책의 대상 재벌을 분리시키는 방식을 택하였다. 그러다 보니 순위 기준보다는 규모 기준이 정책집행상 더 편리할 수 있었다.

지정되는 재벌의 자산 기준을 작은 규모와 큰 규모로 양분하여, 큰 규모 이상이면 모든 재벌정책의 대상이 되도록 하고, 작은 규모 이상이지만 큰 규모 이하이면 출자총액제한제도는 적용시키지 않고 다른 재벌정책만 적용되도록 하였다. 출자총액제한제도에 대한 재벌들의 저항을 무마하기 위한 하나의 편법적 접근이다.

지정 기준은 그 이후에도 수차례 변해 왔다. 지정 기준이 되는 자산 규모를 계속 상향조정해 나갔다. 이처럼 대규모 기업집단 지정제도는 변화를 거듭해 왔다. 더 나아가서 2002년부터는 공기업까지 지정 대상에 포함시켰다. 재벌들이 공기업에 비해 자기들만 역차별을 받는다고 저항하기 때문에 이를 무마하는 차원에서 공기업도 규모가 크면 재벌정책의 대상으로 포함시켰다. 공기업은 재벌이 아닌데 재벌정책의 대상으로 삼는 희한한 일이 벌어진 것이다.

이것은 정책당국의 결정적 실수이고, 이때부터 재벌정책은 사실상 무의미한 정책이 되고 말았다. 이 정책은 재벌에 의한 과도한 경제력집중 문제를 해결한다

〈표 5-1〉 **대규모 기업집단 지정 현황(1987~2002년)**

연도	1987	1992	1993	2001	2002	
지정 기준	자산 규모 4,000억 원 이상	자산 규모 4,000억 원 이상	자산 규모 30위까지	자산 규모 30위까지	자산 규모 5조 원 이상	자산 규모 2조~5조 원
지정된 재벌 수	32	78	30	30	21	22
1위 재벌	현대	현대	현대	삼성	한전	효성
끝 재벌	한라	청구	미원	고합	현대정유	부영
포함된 총계열기업 수	509	1,056	604	624	403	301

자료: 공정거래위원회.

는 목적과 명분하에서 도입된 정책인데, 재벌이 아닌 공기업을 정책 대상으로 끌어들였으니 재벌정책의 정체성이 무너지는 일을 초래하고 말았다.

공기업은 국가 소유 기업이고 설립과 운영에 관한 제반 사항이 관련법으로 규정되어 있다. 따라서 대규모 공기업에서 나타나는 문제는 재벌 문제와는 원천적으로 구분되는 문제이고, 공기업 관련법으로 얼마든지 해결할 수 있는 문제이다. 그런데도 공기업을 재벌정책의 대상으로 삼는 것은 무지의 소치가 아니면 넌센스가 아닐 수 없다. 재벌정책이 얼마나 무원칙하였는지를 알 수 있다.

1987년 이후 대규모 기업집단 지정 현황은 〈표 5-1〉과 같다. 지정 기준이 바뀐 시기의 전후 자료를 비교해 보면 지정 기준이 재벌정책에 어떻게 영향을 미칠 것인지를 알 수 있다.[15] 1987년에서 1992년까지는 지정 재벌 수가 32개에서 78개로 두 배 이상 증가하였다. 정책 대상이 늘어나면 정책의 실효성은 떨어지기 마련이다. 거기다가 1위 재벌과 끝 순위 재벌은 그 차이가 너무나 벌어져 버렸다. 두 재벌에 동일한 규제를 적용시키는 것은 재벌정책의 의미를 퇴색시킬 수밖에 없었다. 78위 기업집단까지를 과연 재벌로 볼 수 있는지도 문제이다.

1993년부터 2001년까지 시행된 30대 재벌 지정 방식은 정책의 일관성과 실효성

15 제반 재벌 규제 조치가 대규모 기업집단으로 지정된 재벌의 경제 내 비중에 실제로 어떻게 영향을 미쳐왔는지에 대해서는 최정표(2003a) 참조.

을 유지할 수 있는 지정제도라고 할 수 있다. 30위 이내에 들어야 재벌정책의 대상이 되는데, 끝 순위 근방 재벌은 순위 발표 이전에는 자기가 재벌정책의 대상이 될지 알 수 없다. 따라서 의도적으로 재벌 규제를 회피하려는 수완을 강구할 수는 없다. 그러나 금액 기준으로 정책 대상이 정해질 때는 금액을 의도적으로 줄여 정책 대상에서 피해 갈 수 있기 때문에 정책의 실효성을 그만큼 떨어뜨릴 수 있다.

그런데 2002년부터는 다시 금액 기준으로 정책 대상 재벌을 지정하였다. 거기다가 지정 대상을 2원화시켜 재벌을 두 가지 종류로 구분하는 전략까지 구사하였다. 또 공기업까지 정책 대상에 포함시켰다. 이처럼 일관성이 줄어들고 자의성이 많아지면 정책효과는 훼손되기 마련이다.

3. 지정된 중요 재벌의 비중

우리나라의 재벌 역사에서 대표적 재벌은 삼성, 현대, LG, 대우를 꼽을 수 있다. 이들 중 삼성은 오랜 기간 우리나라의 최고 재벌로 군림해 왔다. 그런 만큼 국가경제에서 차지하는 비중도 높을 수밖에 없다. 비금융 부문에서 삼성그룹의 자산액은 우리나라의 GDP와 비교하였을 때 그 비중이 〈표 5-2〉와 같다.

자산액과 GDP는 같은 변수가 아니지만 삼성그룹이 국가경제에서 차지하는 비중이 어느 정도인지 가늠해 볼 수 있는 자료로는 활용될 수 있다. 오랜 기간 삼성그룹의 자산 규모는 GDP의 10% 전후 비중을 차지하고 있다.

삼성그룹은 제조업 비중도 크지만, 타 재벌에 비해 금융 · 보험업의 비중이 특히 높다. 2005년 자료를 볼 때, 삼성그룹은 9개의 금융계열사를 운용하고 있는데 이들의 총자산액은 117.6조 원이다. 삼성그룹 전체의 총자산이 209.1조 원이므로 금

〈표 5-2〉 **삼성의 비중(자산액/GDP)**

(단위: %)

연도	1987	1990	1995	1996	1997	1999	1999	2000	2001	2002
자산액/GDP	5.8	7.3	9.6	10.5	12.9	12.4	12.2	10.9	10.3	10.5

자료: KIS-Line.

〈표 5-3〉 **5대 재벌의 순위(1987~1999년)**

순위 \ 연도	1987	1988	1989	1990	1991	1992	1993	1994	1995	1996	1997	1998	1999
1	현대	현대	현대	현대	현대	현대	현대	현대	현대	현대	현대	현대	현대
2	대우	대우	대우	LG	삼성	삼성	대우	삼성	삼성	삼성	삼성	대우	삼성
3	LG	LG	LG	대우	대우	대우	삼성	대우	LG	LG	대우	삼성	LG
4	삼성	삼성	삼성	삼성	LG	LG	LG	LG	대우	대우	LG	LG	SK
5	한진	한진	한진	SK	SK	SK	SK	SK	SK	SK	SK	SK	한진

자료: 공정거래위원회.

융업의 비중이 56.2%나 된다.

1997년 외환위기 이후 금융 부문의 비중이 급속히 증가하였다. 1998년에는 금융 · 보험업의 자산 비중이 37.1%에 불과하였는데, 외환위기 이후의 구조조정 과정에서 삼성이라는 브랜드 파워를 이용하여 금융계열사를 급속히 확장시켜 나갔다. 삼성생명, 삼성화재, 삼성증권, 삼성투신운용, 삼성카드 등은 자기 시장에서 각기 1위의 위치를 차지하였다.

현대그룹은 창업자인 정주영 회장의 사망 후 상속 과정에서 현대기아차그룹, 현대중공업, 현대, 현대백화점, 현대산업개발 등 5개의 별개 재벌로 분리되었다. 그러나 분리되기 이전에는 〈표 5-3〉에서 보듯이 재계 서열 1위를 오랜 기간 유지하였다.

LG그룹도 상속 과정에서 여러 개의 별개 재벌로 분리되었는데, 그 이전에는 〈표 5-3〉에서 보는 것처럼 착실하게 재계 서열 4위 이내에 들었던 재벌이다. 1995년 자료에 의하면 계열사 수가 48개, 자산금액이 31조 3,950억 원, 자본금이 3조 1,130억 원, 매출액이 40조 750억 원의 재계 서열 3위였다. 1990년에는 2위에 오르기도 하였다.

대우그룹은 초단기간에 급성장한 재벌로서 외환위기와 더불어 신기루처럼 사라져 버린 재벌이다. 그러나 해체 이전에는 〈표 5-3〉에서 보는 것처럼 꾸준히 재계 서열 4위 이내에 머물러 있었다.

III 내부출자의 통제

1. 출자의 제한

1) 상호출자의 제한

재벌을 만들고 유지시키는 강력한 수단은 계열사의 출자이다. 한 계열사가 다른 계열사에 출자하는 것이 계열사 출자인데, 이런 계열사의 출자는 직선형 출자와 상호출자로 나눌 수 있다. 직선형 출자는 계열사 A가 B에 출자하고, B가 다시 C에 출자하고, C가 다시 D에 출자하는 등 일직선형으로 출자해 나가는 방식의 계열사 출자이다.

상호출자는 계열사가 서로 상대방의 주식을 소유하는 출자인데, 이런 출자는 직접상호출자와 간접상호출자로 나눌 수 있다. 직접상호출자는 두 회사가 서로 상대방 주식을 직접 소유하는 출자이고, 간접상호출자는 두 회사 사이에 하나 이상의 회사가 끼어들어 3개 이상의 계열회사가 순환고리를 만들면서 이루어지는 복잡한 상호출자이다.

〈그림 5-1〉에서 기업 A와 기업 B가 서로 상대방의 주식을 소유할 때 A, B는 직접상호출자를 하고 있는 것이고, 기업 A가 B의 주식을 소유하고, B가 C의 주식을, 다시 C가 A의 주식을 소유하면서 3개 이상의 회사가 순환형으로 연결되어 있는 출

〈그림 5-1〉 **직접상호출자와 간접상호출자**

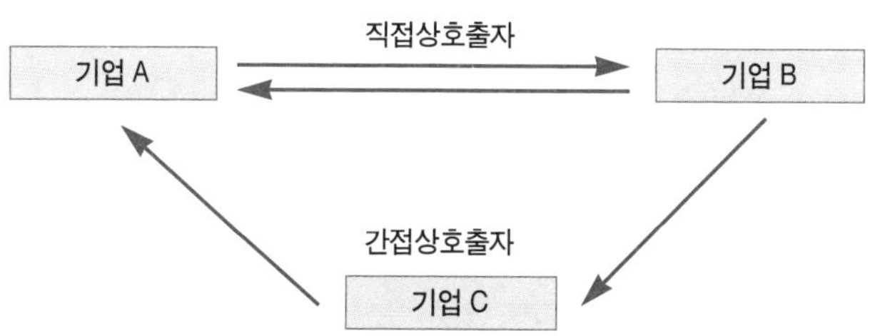

자를 간접상호출자라고 한다. 두 회사가 중간에 다른 회사를 끼워 출자하면서 궁극적으로는 첫 회사로 되돌아오기 때문에 이 방식의 출자도 상호출자이고, 간접적으로 서로의 주식을 소유하기 때문에 이를 간접상호출자라고 한다. 그리고 이런 출자는 순환형의 고리를 만들고 있는 출자이기 때문에 순환출자라고도 부른다.

직접상호출자는 쉽게 가공자본을 만들 수 있을 뿐만 아니라, 그 가공자본으로 계속 계열사를 늘려 나갈 수 있기 때문에 재벌들이 악용하면 경제적으로 큰 폐해를 야기시킬 수 있는 출자 방식이다. 가공자본은 자금을 실제로 투입하지 않아도 서류상으로 자본이 늘어나는 현상인데 직접상호출자는 쉽게 가공자본을 창출할 수 있고 이를 악용하면 계열회사를 무한정으로 늘려나갈 수 있다. 그리고 경제력 집중을 심화시킬 수 있다. 따라서 공정거래법은 직접상호출자를 금지시키고 있다.

직접상호출자의 금지는 재벌정책이 처음 도입된 1987년부터 시행되었다. 1987년에는 공정거래법 제7조의3에서 "대규모 기업집단으로 지정된 재벌의 계열회사는 서로 상대방의 주식을 소유할 수 없다"라고 규정하였다. 두 회사가 직접 상대방의 주식을 소유하는 직접상호출자를 금지한 것이다.

그런데 금융 · 보험회사는 이의 적용을 받지 않도록 하였다. 금융 · 보험회사는 수탁자의 수익을 증대시키기 위해 자기 주식을 가진 회사에도 출자하는 것이 불가피하기 때문이다.

1990년의 공정거래법 개정에서는 이 규정이 법 제9조로 옮겨졌으며, 금융 · 보험회사도 상호출자 금지 대상이 되도록 하였다. 금융 · 보험회사를 통해 재벌이 계열 확장하는 것도 막기 위해서였다. 따라서 직접상호출자의 금지는 더욱 강화되었다고 볼 수 있다.

간접상호출자인 순환출자도 직접상호출자만큼 강력하지는 못해도 우회적으로 가공자본을 창출할 수 있다. 따라서 간접상호출자도 경제력집중을 심화시키는 요인이 된다. 거기다가 순환출자가 만연하면 출자 고리로 계열사들이 복잡하게 연결되는데, 만약 그 중 한 기업이라도 부실화되면 연쇄적으로 다른 계열기업까지도 부실화되어 기업집단이 통째로 도산할 위험이 있다. 이런 이유 등으로 순환출자도 금지시켜야 한다는 주장이 많이 제기되고 있다.

순환출자 방식으로 기업그룹을 만들고 있는 대표적 재벌은 삼성, 현대자동차,

〈표 5-4〉 **주요 재벌의 순환출자 현황**

재벌 \ 비율	순환출자금액 (백만 원)	순환출자금액의 비율(%)			
		자본 총액 대비	내부 지분 대비	총수 일가 지분 대비	계열사 지분 대비
삼성	16,240,194	10.29	34.01	325.06	59.24
현대자동차	7,920,035	18.71	50.70	284.84	67.69
SK	7,723,731	18.83	46.38	1,262.60	57.02
롯데	1,790,530	6.57	12.23	42.82	17.60
한진	358,126	7.79	19.68	71.16	40.13
현대중공업	2,303,344	18.84	44.53	225.30	93.76

자료: ERRI(경제개혁연구소), 『경제개혁리포트 2006-1』, p. 13 〈표 6〉.

SK, 롯데, 한진, 현대중공업 등이다. 이들의 순환출자 현황은 〈표 5-4〉와 같다. 삼성, 현대자동차, SK, 현대중공업은 특히 순환출자의 비중이 높은 재벌이다.

순환출자로 연결되어 있는 여러 기업 중 중요 기업만 총수가 장악하면 순환출자로 얽혀 있는 모든 기업을 총수가 지배할 수 있다. 따라서 순환출자는 총수가 계열기업을 확장해 가는 강력한 수단이 되고 있다. 이러한 현상은 〈그림 5-2〉와 〈그림 5-3〉에 나타난 삼성그룹과 현대자동차그룹의 순환출자 구도를 구체적으로 살펴보면 매우 분명해진다.

〈그림 5-2〉에는 순환출자가 이루어져 있는 4개의 모형이 그려져 있다. 출자는 모두 출발점으로 되돌아오기 때문에 확실한 순환출자가 만들어져 있다. 삼성의 순환출자 모형에서 총수가 에버랜드에 대해 대주주 지분을 확보하고 있으면 다른 기업에 대해서는 소유 지분이 없어도 모두 지배할 수 있다. 삼성그룹의 그룹 형성과 유지의 핵심은 바로 순환출자와 총수의 에버랜드 지배에 있다. 그러므로 총수는 적은 자금으로 엄청난 규모의 자본을 실질적으로 지배하고 있는 것이다.

〈그림 5-3〉에서도 출자는 모두 출발점으로 되돌아오는 순환출자 구도이다. 이 구도에서 총수는 현대자동차에 대해서만 대주주 지분을 확보하고 있으면 다른 계열사는 소유 지분 없이도 모두 지배할 수 있다. 이처럼 그룹 총수는 순환출자 방식을 이용하여 적은 자금으로 수십 배 규모의 자본을 실질적으로 지배할 수 있다.

〈그림 5-2〉 **삼성그룹의 순환출자 현황**

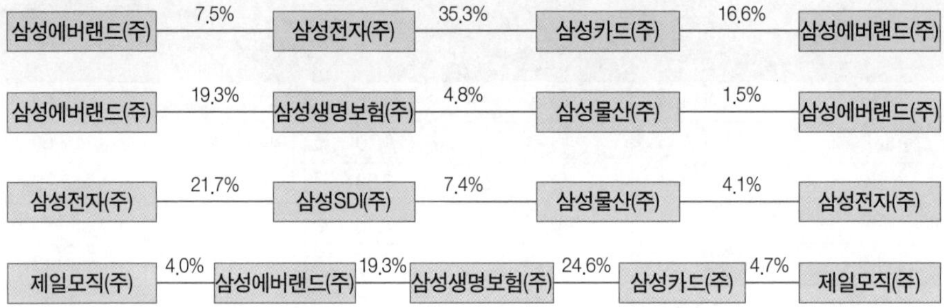

자료: 이훈, CFA, 「순환출자, 변화의 중심에 서다」, 한국투자증권, 2012, p. 8 〈그림 2〉.

〈그림 5-3〉 **현대자동차의 순환출자 현황**

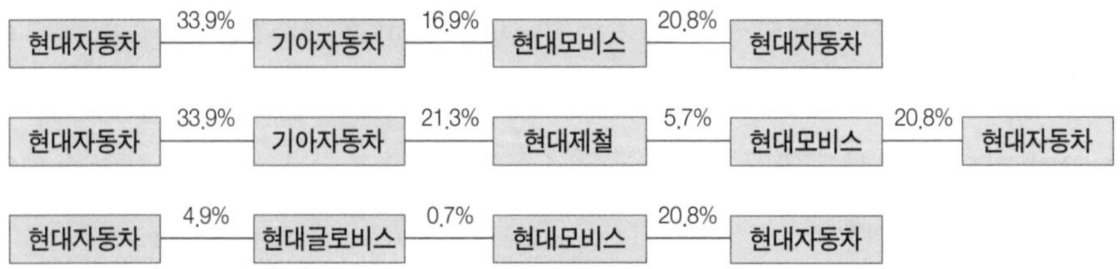

자료: 이훈, CFA, 「순환출자, 변화의 중심에 서다」, 한국투자증권, 2012, p. 8 〈그림 2〉.

〈그림 5-2〉와 〈그림 5-3〉에서 총수는 순환출자 고리에 들어 있는 모든 기업을 실질적으로 지배할 수 있다. 그리고 이들이 소유하고 있는 다른 회사까지도 지배할 수 있다. 그룹 총수는 직접적인 소유 지분이 전혀 없는 회사까지도 지배할 수 있으며 실질적으로 수십 개 내지 100여 개의 계열사를 지배한다. 이렇게 만들어진 것이 재벌이다. 이런 상황으로 볼 때 경제력집중을 실질적으로 완화시키기 위해서는 순환출자의 금지가 불가피하다고 볼 수 있다.

그러나 순환출자 금지는 입법화되지 못하고 있다. 순환출자 금지를 반대하는 이유는 경영권 안정화 논리이다. 순환출자가 금지되면 적대적 M&A에 취약할 수 있다고 재벌들은 주장한다. 한국의 우량기업이 외국의 기업사냥꾼에게 먹잇감이 될 위험이 있다고 주장한다. 이런 이유 등으로 순환출자 금지 제도는 입법화되지 못하고 있다.

2) 출자 총액의 제한

직접상호출자는 금지하였지만 순환출자나 직선형 계열출자는 제한하지 않았다. 순환출자나 직선형 출자도 경제력집중을 심화시키는 요인이고 과도하게 이루어지는 순환출자와 직선형 출자는 그 폐해가 크기 때문에 간접적인 방식으로라도 순환출자와 직선형 출자를 규제할 필요가 있었다. 그래서 도입된 제도가 출자총액제한제도이다.[16]

재벌의 계열사로 지정되면 순자산의 일정 비율을 넘어서서는 국내의 타 회사에 출자할 수 없도록 개별 회사별로 출자할 수 있는 총액을 제한하는 제도가 출자총액제한제도이다. 이 제도는 직접상호출자 금지 제도를 보완하기 위한 제도이다. 이 제도가 처음 도입되었던 1987년에는 대규모 기업집단으로 지정되면 그 재벌의 계열기업은 순자산의 40% 이내에서만 타 회사에 출자할 수 있도록 상한선이 주어졌다. 1995년에 와서는 더욱 강화되어 순자산의 25% 이내에서만 타 회사에 출자할 수 있도록 하였다.

재벌정책 중 출자총액제한제도(이하 약칭하여 출총제라 함)만큼 파란만장한 역사를 가진 제도는 없다. 재벌들이 줄기차게 이 제도의 폐지를 요구해 왔기 때문이다. 재벌들에게는 이 제도가 재벌 세력을 확장하는 데 가장 큰 걸림돌로서 목에 가시 같은 제도였다. 이것은 역설적으로 가장 유효한 재벌정책이라는 것을 말해 주는 것이기도 하다.

재벌들은 이 제도 때문에 투자가 어려워진다고 주장하면서 이 제도에 강력히 저항하였다. 그러나 출자와 투자는 엄격히 구분되는 개념으로 재벌의 저항은 근거

16 직접상호출자 금지와 출자 총액 제한은 경제력집중 억제를 목적으로 한 대표적 재벌정책이었고 재벌들이 가장 저항하였던 재벌 규제였다. 이 규제는 도입 초기에 이미 그 실효성에 의문이 제기되었다. 신희권(1993)은 재벌들의 전략적 대응 때문에 규제가 실효를 거두지는 못하였다고 보았다.

가 빈약하였고, 실제로는 총수가 계열사 돈으로 그룹 계열사를 늘려 나가는 데 큰 걸림돌이 되었기 때문이었다. 재벌들의 지속적인 저항과 로비로 이 제도는 1998년 폐지되기에 이르렀다.

1997년은 미증유의 경제위기였던 외환위기가 닥친 해이다. 재벌은 외환위기의 주범으로 몰려 대대적인 재벌개혁정책이 추진되었다. 재벌은 이 과정에서 적대적 M&A로부터 경영권을 방어하고 신속한 구조조정을 해야 한다는 명분으로 출총제를 폐지시켜 달라고 요구하였다. 정부는 이를 수용하여 1998년 출총제를 폐지시켰던 것이다. 그러나 폐지 후 재벌의 계열기업이 급속히 늘어나자 정부는 깜짝 놀라서 1999년 이 제도를 재도입하였다.

2002년부터는 대규모 기업집단을 지정하면서 자산 규모를 두 가지로 구분하여 큰 규모 이상인 기업집단만 출총제의 대상이 되도록 하였다. 출총제를 또 한 번 완화시킨 조치이다. 큰 규모의 기준이 자산액 5조 원이었다. 즉, 자산 규모 5조 원 이상인 기업집단의 계열기업만 출총제의 대상이 되었다.

재벌들의 저항은 계속되었고, 노무현정부에 들어와서는 예외와 적용 제외 등이 대폭 도입되고, 출총제 졸업제도까지 만들어져, 이 제도는 사실상 유명무실화되었다. 일정 요건이 충족되면 출총제 적용 대상에서 졸업할 수 있도록 하였다. 법 규정은 있었지만 여러 가지 이유로 빠져나갈 수 있는 구멍을 많이 만들어 둔 것이다.

2004년에는 적용 대상 기업집단 기준이 자산 규모 6조 원으로 상향조정되었다. 2007년에는 10조 원으로 다시 상향조정되었고, 출자한도도 25%에서 40%로 완화되었다. 또 한 번 출총제가 약화되었다. 그리고 출총제 적용 대상 기업도 해당 기업집단의 모든 계열사에서 자산 규모 2조 원 이상인 계열사로 적용 대상을 축소시켰다. 이것 역시 출총제를 또 다시 완화시킨 조치이다.

그러자 재벌들은 적반하장 격으로 이제는 법의 실효성이 없어졌으니 아예 폐지하자고 나섰다. 이명박 정부는 이 주장을 받아들여 2008년 출자총액제한제도 자체를 아예 폐지시켜 버렸다. 이처럼 이 제도는 파란만장한 역정을 가진 제도이다. 이 제도가 폐지되자 수년 내에 재벌의 계열기업 수는 급속도로 증가하였다. 이 제도가 경제력집중의 억제를 위해 얼마나 유효한 제도였는지가 입증된 셈이다.

재벌들의 타 회사 출자 규모를 살펴보면, 재벌들이 계열사 출자에 얼마나 집착

〈표 5-5〉 **5대 재벌의 타 회사 출자 비율(1990~1999년)**

(단위: 출자금액/순자산액, %)

연도	현대	삼성	대우	LG	SK
1990	34.10	23.00	65.10	27.70	29.40
1991	34.20	22.60	68.20	28.80	29.00
1992	29.90	23.50	58.90	30.20	18.20
1993	27.00	22.10	56.70	31.20	18.30
1994	28.30	19.50	32.40	25.80	40.70
1995	27.90	18.80	30.10	23.50	39.00
1996	25.40	17.69	31.69	23.05	33.01
1997	27.65	21.34	28.58	24.93	25.22
1998	28.44	21.55	27.37	35.85	30.27
1999	43.73	20.99	31.08	38.30	31.65
평균	30.66	21.11	43.01	28.93	29.48

자료: 공정거래위원회, 보도자료(1990~1999).

하였고, 이들에게 출총제가 얼마나 불편하였을지를 짐작할 수 있다. 재벌들의 타 회사 출자 현황이 〈표 5-5〉에 정리되어 있다. 5대 재벌 중에는 대우가 비교적 출자 비율이 높은 편이다. 대우그룹은 단시일에 계열사를 급속히 늘리면서 대재벌로 부상하였는데, 이 과정에서 계열사 출자가 많이 활용되었다는 것을 알 수 있다. 삼성은 출자 비율이 비교적 낮은 편이다.

또 하나 특기할 것은 1999년에 출자 비율이 급증하였다는 점이다. 이것은 1998년에 출총제를 폐지한 직후의 일이다. 이것은 재벌들이 출총제 때문에 실질적으로 그룹 확장에 제약을 받았다는 것을 의미한다. 경제력집중 완화를 위해서는 출총제가 가장 유효한 수단이라는 것이 실제로 입증되었다. 그 때문에 재벌들이 이 제도에 대해 그렇게 끈질기게 반대하였다는 것도 알 수 있다.

재벌들은 출총제가 투자를 제약한다고 주장하였는데, 이 주장은 논리적으로 전혀 설득력이 없다. 회사가 사내유보금을 타 회사 주식을 사는 데 사용하면 오히려 그만큼 투자자금이 감소한다. 따라서 출자를 억제하는 출총제는 회사 돈을 출자에서 투자로 돌릴 수 있기 때문에 오히려 투자를 촉진하는 제도이다. 실제로 재벌들은 출총제가 유효하였을 때 투자를 너무 많이 해서 오히려 과잉중복 투자가 문제였다. 그러므로 출총제가 투자를 제약한다는 재벌들의 주장은 진실되지 못한 주장이었다.

2. 지주회사의 규제

1) 허용과 규제의 논리

지주회사(holding company)도 회사의 한 형태이다. 그런데 왜 이런 회사의 설립을 금지해 왔을까? 우리나라와 일본에서는 지주회사의 설립을 오랫동안 금지해 오다가 최근에 와서야 이의 설립을 허용하였다. 지주회사는 그만큼 특수성이 있는 회사이기 때문이다.

지주회사는 생산 활동을 목적으로 만들어진 회사가 아니고 타 회사를 소유하고 지배하기 위해 만들어진 회사이다. 이러한 지주회사는 피라미드식으로 자회사, 손자회사 등을 거느리면서 많은 회사를 지배할 수 있기 때문에 적은 자금으로 많은 회사를 지배할 수 있는 장치이다. 공정거래법은 재벌이 지주회사제도를 이용하여 과도하게 계열기업을 확장해 나갈 것을 우려하여 1987년 재벌 규제를 도입하면서 지주회사의 설립을 금지시켰다.

회사란 본래 상품을 생산하고 이를 판매함으로써 돈을 버는 것이 목적인데, 지주회사는 이것보다 타 회사를 소유하고 관리하는 것을 주목적으로 설립되고 운영된다. 특히, 순수지주회사(pure holding company)는 타 회사의 지배만을 목적으로 하는 회사이다. 반면에 사업지주회사(operating holding company)는 사업도 하면서 타 회사를 지배하는 업무도 수행하는 회사이다.

지주회사가 문제시되는 것은 주로 순수지주회사이다. 그러나 사업지주회사도 순수지주회사에 준하는 문제점을 가지고 있다. 따라서 우리나라의 공정거래법은 사업지주회사라도 영업 활동 중 타 회사 지배 활동의 비중이 높은 지주회사는 일정한 요건을 정하여 설립은 허용하지만 여러 가지 규제를 가하고 있다.

모든 제도가 그렇듯이 지주회사도 긍정적인 면과 부정적인 면을 동시에 가지고 있다. 부정적인 면은 경제력집중의 강력한 수단이 된다는 점이고, 긍정적인 점은 기업구조조정을 원활히 할 수 있는 수단이 된다는 점이다.

지주회사는 적은 자본으로 많은 회사를 지배할 수 있는 회사제도이다. 따라서 지주회사는 재벌이 계열 확장의 주요 수단으로 활용할 수 있는 기업 형태이다. 말하자면, 경제력집중 심화의 주요 수단이 될 수 있는 회사 형태이다. 이 때문에 공정거래법은 국내에서 지주회사의 설립을 금지해 왔다.

지주회사는 유용성도 있는 회사제도이다. 회사의 분할이나 계열분리 등과 같은 구조조정을 위해서는 매우 유용하게 사용할 수 있는 기업제도이다. 따라서 정부는 1997년의 외환위기 수습 과정에서 재벌의 구조조정을 촉진한다는 명분하에 1998년부터 지주회사의 설립을 허용하였다.

이처럼 지주회사는 재벌이 계열을 확장할 때 유용하게 사용할 수 있는 제도일 뿐만 아니라 계열을 분리할 때도 유용하게 사용할 수 있는 제도이다. 말하자면, 지주회사는 양날의 칼이다. 한 쪽 날은 계열 확장을 위해 사용할 수 있기 때문에 경제력집중 심화의 원인이나 수단이 될 수 있고, 다른 쪽 날은 특정 업종이나 계열기업을 재벌로부터 분리시켜 처분하는 것을 용이하게 하는 제도이기도 하다. 공정거래정책은 지주회사가 한 쪽 날은 쓰지 못하게 하면서 다른 쪽 날은 사용할 수 있도록 하기 위해 여러 가지 규제를 설치해 두었다. 지주회사는 어떻게 이용하느냐에 따라서 국가경제에 독이 될 수도 있고 약이 될 수도 있기 때문이다. 그런데 국가적으로는 독이 되는 것이 재벌 당사자에게는 약이 될 수 있고, 국가적으로는 약이 되는 것이 재벌 당사자에게는 독이 될 수도 있는 점이 정책 시행의 어려움이다.

지주회사 문제는 정부의 정책 의지가 매우 중요하다. 그렇지 않으면 지주회사는 재벌에게는 유리하지만 국가에는 독이 되는 방향으로 흘러갈 우려가 매우 크다. 재벌들은 지주회사의 규제에 강력히 저항해 왔다. 정책당국도 재벌의 저항에 초연할 수 없었기 때문에 그 동안 지주회사의 규제는 재벌들이 원하는 쪽으로 흘러왔다.

경제력집중의 수단으로 악용되는 것을 방지하기 위해 만들어 두었던 규제들은 재벌들의 요구와 로비 때문에 점점 완화되어 갔다. 그리고 재벌들은 지주회사를 이용해 재벌체제를 더욱 공고히하고 있다.[17]

17 재벌들이 지주회사를 어떻게 활용하고 있는지에 대해서는 김동운(2011) 참조.

2) 지주회사 규제의 변천 과정

재벌정책이 도입된 1987년 이전까지는 지주회사에 대해 아무런 규정이 없었다. 그러다가 재벌정책이 도입된 1987년부터 공정거래법 제7조의2에서 지주회사의 설립을 금지시켰다. 따라서 우리나라에서는 지주회사를 설립할 수 없었다. 1990년 공정거래법 개정시에는 이 규정이 제8조로 옮겨 갔다.

1997년의 외환위기는 우리나라도 지주회사의 설립이 가능하도록 이끌었다. 외환위기 이후의 재벌 개혁 과정에서 지주회사를 이용하면 기업의 구조조정이 용이해지고, 외국인 투자 유치가 활성화되고, 재벌의 전문화가 가능해지고, 기업의 소유지배구조가 개선된다는 주장이 제기되었다. 물론 재벌들의 논리였다. 어쨌든 이런 논리들이 받아들여져, 1999년 공정거래법이 개정되면서 우리나라에서도 지주회사의 설립이 허용되었다.

정부는 지주회사를 허용하면서도 지주회사가 악용되어 재벌 확장의 수단으로 쓰일 것을 우려하였다. 그래서 허용과 동시에 강력한 규제를 걸었다. 지주회사의 순기능은 살리고 역기능은 억제하기 위해서였다. 핵심적 규제를 살펴보면, 지주회사는 부채 비율을 100% 이내로 유지해야 하고, 지주회사는 자회사 지분을 50% 이상 소유해야 하고, 자회사 외는 국내 회사를 지배 목적으로 소유할 수 없고, 금융지주회사와 일반지주회사는 분리되어야 한다는 것 등이다. 금융지주회사는 금융회사만을 자회사로 거느릴 수 있고, 일반지주회사는 금융회사를 자회사로 거느릴 수 없다는 것이다. 이런 규제들은 모두가 재벌이 지주회사를 통해 과도하게 계열 확장하는 것을 막기 위한 장치들이다.

지주회사 규제는 2007년의 법 개정에서 대폭 완화되었다. 우선 부채 비율의 제한을 자기자본의 100%에서 200%로 확대시켰다. 이로써 지주회사는 더 많은 부채를 얻어 자회사를 늘릴 수 있게 되었다. 자회사 지분 하한선도 50%에서 40%(상장회사는 30%에서 20%)로 완화되었다. 지주회사는 여유 지분으로 자회사를 더 늘릴 수 있게 되었다.

이처럼 지주회사 규제는 점점 완화되어 왔다. 재벌들은 지주회사를 이용하여 계열회사를 늘리는 일이 점점 쉬워지고 있다. 말하자면, 지주회사가 재벌세 확장의 수단이 되고 있다. 지주회사의 허용시 우려하였던 것처럼 지주회사가 재벌의 경제력집중을 심화시키는 요인이 될 수 있었다. 그리고 많은 재벌들이 지주회사 체제를 도입하였다.

3) 지주회사 설립 현황

2003년 이후의 지주회사 설립 현황은 〈표 5-6〉과 같다. 일반지주회사와 금융지주회사는 분리되어야만 하는데, 일반지주회사는 전반적으로 증가하는 추세인 반면 금융지주회사는 큰 변화가 없었다. 대재벌 중 지주회사로 전환한 대표적 재벌은 (주)LG와 거기서 분리되어 만들어진 (주)GS이다. 이에 대한 현황은 〈표 5-7〉과 같다.

1999년 지주회사가 허용된 후에도 한동안은 지주회사의 설립이 매우 소극적이었다. 2007년까지 지주회사 수는 30여 개에 불과하였다. 일반지주회사 26개, 금융지주회사 5개였다. 그러나 2007년 지주회사 규제가 대폭 완화된 후에는 지주회사

〈표 5-6〉 지주회사 설립 현황(2003~2005년)

		2003년	2004년	2005년
지주회사	일반지주회사	15	17	22
	금융지주회사	4	5	3
자회사	일반지주회사	128	134	137
	금융지주회사	24	26	22
손자회사	일반지주회사	38	36	48
	금융지주회사	12	12	15
회사 수 총합계	일반지주회사	181	189	207
	금융지주회사	40	43	40

자료: 공정거래위원회.

〈표 5-7〉 LG와 GS의 지주회사 현황(2005. 7. 31)

(단위: %)

	설립일	동일인 지분율	지주 비율	부채 비율
LG	2001. 4. 3.	10.1	101.6	25.7
GS	2004. 7. 7.	5.6	93.8	37.6

자료: 공정거래위원회.

수가 급증하였다. 2008년에는 지주회사 수가 60개로 그 전 해의 2배에 이르고 있다. 그 이후에도 지주회사는 급속도로 증가하였다.

2010년 9월 30일 기준으로 지주회사 현황을 정리해 보면 일반지주회사 84개, 금융지주회사 12개이다. 84개의 일반지주회사 산하에는 457개의 자회사가, 그리고 457개의 자회사 아래에는 370개의 손자회사가, 또 370개의 손자회사 아래에는 31개의 증손자회사가 설립되어 있다. 따라서 일반지주회사와 그 산하 회사를 모두 합치면 회사 수는 총 942개나 된다.

12개의 금융지주회사 산하에는 자회사 73개, 손자회사 53개, 증손자회사 7개이다. 따라서 금융지주회사와 그 산하 회사를 모두 합치면 회사 수는 총 145개이다. 회사 수로는 일반지주회사쪽이 월등히 많은 편이다.

지주회사 수는 점점 증가하는 추세이다. 대재벌들도 점점 지주회사체제로 전환시키고 있다. SK, LG, GS 등이 지주회사체제로 전환하여 재벌을 유지시키고 있다. 삼성과 현대자동차 등이 앞으로 언제, 어떤 방식으로 지주회사체제로 전환할지가 관심사항이다.

대규모 은행들은 이미 지주회사체제로 전환하였다. 우리금융지주, 하나금융지주, 신한금융지주, 산은금융지주 등이 이미 지주회사체제로 전환하여 산하에 많은 금융자회사를 거느리고 있다.

재벌체제와 관련하여 지주회사제도가 기업지배구조와 경제력집중 현상에 어떤 효과를 가져올지는 좀더 두고 볼 일이다. 특히, 우려되는 점은 이명박정부 들어 금산분리를 완화시킴으로써 일반지주회사와 금융지주회사가 어떻게 연결될지가 관심거리이다. 그리고 금산분리 완화가 지주회사제도와 경제력집중 현상에는 어떤 효과를 가져올지도 관심사항이다.

3. 금융 · 보험사의 의결권 제한

1) 산업자본과 금융자본의 분리

재벌은 무한정한 사업다각화가 가장 큰 특징 중 하나이다. 사업영역은 크게 금융업과 비금융업으로 나눌 수 있다. 우리나라 재벌들은 비금융업에서 대규모 자본을 축적하고 있는데, 이를 산업자본이라고 한다. 금융업의 대규모 자본은 금융자본이라고 한다. 따라서 재벌이 금융업으로 진출하는 것을 산업자본과 금융자본의 결합, 즉 금산결합이라고 한다.

그런데 산업자본과 금융자본은 그 역할이 크게 다르다. 산업자본은 재화와 용역의 생산 부문을 담당하는 생산설비를 지배하는 자본인 반면, 금융자본은 재화와 용역의 생산이 원활히 이루어질 수 있도록 윤활유 역할을 하는 자금을 지배하는 자본이다. 그런데 그 윤활유를 경제의 한쪽 부문이 싹쓸이해 버리면 다른 부문은 제대로 돌아가지 못한다. 재벌이 금융까지 지배하는 금산결합이 일어나면 금융기관이 재벌의 사금고와 같아지면서 금융이 재벌쪽으로만 쏠려 금융 본연의 기능을 수행하지 못한다. 따라서 많은 나라가 금융자본과 산업자본은 동일인의 지배하에 놓지 않으려는 금산분리정책을 도입하고 있다.

금융은 또 은행금융과 비은행금융으로 구분할 수 있다. 은행업과 비은행업은 그 역할과 효과가 다르기 때문이다. 은행은 신용창출 기능까지 수행하는 금융기관이기 때문에 은행까지 재벌이 지배하면 금융의 사금고 효과는 매우 커질 수 있다. 따라서 우리나라에서는 재벌에 의한 은행 지배는 매우 엄격히 제한하고 있다. 은행법에서는 재벌이 은행의 의결권 주식은 4% 이상 소유할 수 없도록 제한해 왔다. 2008년 이명박정부에 와서 이를 9%까지 완화시켜 놓고 있는데, 이에 대해서는 계속 비판이 일고 있다.

그렇지만 비은행 금융업에 대해서는 재벌의 소유에 제한이 없다. 재벌들은 보험, 증권 등 비은행 금융기관을 소유할 수 있고 현실적으로 중요 회사들을 소유하고 있다. 1997년의 외환위기 직후인 1998년 자료에 의하면 〈표 5-8〉에서처럼 대재벌은 여러 가지 종류의 비은행 금융기관을 직접 소유하고 있다.

은행과는 차이가 있어도 비은행 금융기관도 금융업이라는 특성상 많은 자금을 운용하고 있다. 그런데 재벌이 자기 그룹에 속한 비은행 금융기관을 그룹 차원의 경영에 활용하면 이 역시도 사금고와 같은 것이 되어 금융업의 공익성이 침해받을 수 있다. 특히, 계열 금융회사의 자금을 계열 확장에 이용하면 금융계열사를 가진 재벌은 풍부한 자금력으로 계속 계열 확장을 추진하고 경제력집중이 심화될 수

〈표 5-8〉 **5대 재벌의 비은행 금융기관 소유 현황(1998년)**

현대	삼성	대우	LG	SK
국민투자신탁운용	보광창업투자	다이너스클럽코리아	부민상호신용금고	SK생명보험
국민투자신탁증권	삼성생명보험	대우증권	LG신용카드	SK증권
울산종합금융	삼성증권	대우창업투자	LG종합금융	SK캐피탈
현대기술투자	삼성카드	대우투자자문	LG증권	SK투자신탁운용
현대종합금융	삼성투자신탁운용	대우할부금융	LG창업투자	
현대증권	삼성할부금융		LG투자신탁운용	
현대투자자문	삼성화재해상보험		LG화재해상보험	
현대파이낸스				
현대할부금융				
현대해상화재보험				
10개사	7개사	5개사	7개사	4개사

자료: 공정거래위원회.

있다.

2) 의결권 제한의 필요성

공정거래법은 1987년 재벌 규제 도입시부터 재벌이 금융계열사의 자금을 타 회사 지배에 사용하지 못하도록 하기 위하여 금융계열사가 소유한 주식 지분에 대해서는 의결권을 행사하지 못하도록 하였다. 수익 목적으로 타 회사에 출자는 할 수 있지만, 지배 목적으로 의결권을 행사하는 것은 금지하였다. 이것은 경제력집중 억제 장치이기도 하다. 재벌이 금융계열사를 지배주주의 지배력을 유지, 확장하는 데 사용하지 못하도록 하는 것이다. 거기다가 산업자본과 금융자본의 분리 원칙을 실현해 산업자본의 금융 지배에 따르는 국민경제적 폐해를 차단하는 것도 추구하고 있다.

모험적으로 이윤을 추구하는 산업자본과 안정성을 중시해야 하는 금융자본이 분리되지 않을 경우, 고객과 지배주주 간의 이해 상충, 금융계열사의 사금고화, 금융자원 배분의 왜곡 등으로 금융의 건전성 및 안정성이 크게 침해될 우려가 있다. 금융 · 보험회사는 고객들로부터 받은 수탁자금을 잘 운영해야 할 의무를 가지는

데, 재벌의 금융 · 보험회사는 수탁자금을 수익 목적보다 재벌세 확장에 사용할 수 있다. 이 자금을 재벌세의 확장에 이용하는 것은 수탁자금의 수익성 증대와는 배치될 수 있다. 따라서 의결권 제한은 재벌의 과도한 확장을 방지하기 위해서뿐만 아니라 금융의 건전성 확보를 위해서도 필요한 정책이다.

대재벌들은 금융 · 보험회사를 거느리기 때문에 소재벌이나 비재벌에 비해 유동성이 풍부하다. 이런 유동성은 고객의 돈이며 고객의 수익성 증대를 위해 출자되고 투자되어야 한다. 따라서 금융 · 보험회사는 출자총액 제한과 상호출자 금지 제도와 같은 출자 규제 제도를 적용받지 않는 대신, 의결권 행사는 제한하여 그들의 수탁자금이 재벌의 지배력 유지와 확장에는 사용되지 않도록 하고 있다.

이 자금이 재벌세 확장에 이용된다면 재벌 총수에게는 이로울지 몰라도 고객들에게는 피해를 줄 수 있다. 그리고 금융산업의 건전한 발전도 저해할 수 있다. 따라서 수익 목적으로 타 회사에 출자하는 것은 허용해도 재벌세의 확장에는 활용하지 못하도록 의결권 행사를 금지하는 것은 필요한 정책이라고 할 수 있다.

3) 의결권제한제도의 변천 과정

의결권제한제도는 재벌정책이 처음 시행되었던 1987년부터 도입되었다. 공정거래법은 제7조의5에서 "대규모 기업집단의 금융 · 보험회사는 취득 또는 소유하고 있는 국내 계열회사 주식에 대해 의결권을 행사할 수 없다"고 규정하였다. 이 규정은 1990년의 공정거래법 개정에서 제11조로 옮겨 갔으며, 1992년 법 개정에서는 특수한 경우에 한해 예외를 인정하는 완화 조치를 도입하였다.

2002년의 법 개정에서는 대대적인 완화 조치가 취해졌다. 1997년의 외환위기 이후 재벌의 구조조정 과정에서 적대적 M&A로부터 경영권을 방어해야 한다는 등의 명분하에 특수 상황에 한해 특수관계인의 지분과 합해 30%까지는 의결권을 행사할 수 있도록 허용하였다. 이것은 의결권제한제도의 본래 취지를 크게 훼손시킨 조치였다.

2004년의 법 개정에서는 완화에 따른 부작용을 우려하여 특수한 상황에 한해 허용된 30%를 15%로 축소하면서 이 제도를 약간 강화시켰다. 산업자본의 금융자본 지배가 우려되고, 금융 · 보험사를 통한 재벌세 확장이 우려되었기 때문이다.

실제로도 금융·보험사 지분은 적대적 인수·합병의 방어보다 계열 확장의 수단으로 이용되었기 때문이다.

금융계열사의 의결권 제한 정책은 더욱 강화시킬 필요가 있다. 금융·보험 계열사는 수탁자금을 수익 목적으로 수많은 회사에 출자하는 것이 불가피한데, 지배 목적으로 출자한다면 수익성을 훼손시킬 수 있을 뿐만 아니라 재벌이 과도하게 확장될 수 있기 때문이다. 따라서 재벌 소속 금융·보험회사의 의결권 금지는 더 강화시키는 접근이 필요하다.

IV 내부거래의 통제

1. 부당내부거래의 규제

1) 내부거래 규제의 필요성과 한계

하나의 기업이 여러 개의 독립 사업부를 운영할 때 독립 사업부 간의 거래는 내부 회계로 처리될 수 있다. 이것은 동일 회사 내의 부서 간 물품이동이기 때문이다. 그러나 하나의 재벌이 여러 개의 계열기업을 운영할 때 계열기업 간의 거래는 내부 회계로 처리될 수 없다. 이것은 주주의 구성이 다른 별개 법인 간의 거래이기 때문이다. 이런 거래를 내부거래라고 하는데, 내부거래가 시장거래와 차이가 날 때 이런 거래를 부당내부거래라고 한다.

공정거래법은 부당내부거래를 통제하고 있다. 부당내부거래는 시장질서를 왜곡하기 때문이다. 재벌그룹의 내부거래가 시장거래와 다르면 경제 내에 별개의 내부시장이 만들어져 시장이 이원화되고, 자유공정 경쟁의 시장질서가 유지될 수 없다.

법적으로 독립되어 있는 개별 회사는 시장 활동에서도 독립적인 경제주체로서 독립적인 경쟁의 주체이어야 한다. 재벌의 계열사도 마찬가지이다. 따라서 계열기업 간의 내부거래도 경쟁 원리에 입각한 시장거래와 일치되어야 경제 전체가 자유롭고 공정한 경쟁이 보장되는 하나의 시장경제로서의 역할을 할 수 있다.

그런데 동일 재벌 내의 계열사 간에 이루어지는 내부거래는 재벌그룹 전체의 경영전략하에서 이루어지기 쉽다. 이런 거래에서는 개별 계열사의 독립성이 훼손될 가능성이 높다. 자유롭고 공정한 경쟁이 이루어지지 않은 채, 개별 계열사의 독립적인 이해를 무시한 채, 그룹 전체의 경영전략에 의해 자의적으로 거래가 성립되기 때문이다. 이러한 부당내부거래가 이루어지면 계열사 간의 거래와 비계열사 간의 거래가 차별화되고 국가경제 전체의 시장질서가 왜곡된다.

동일 재벌 내의 계열사 간에 이루어지는 거래도 그룹 밖의 독립적 경제주체 사이에 이루어지는 시장거래와 동일해져야 국가경제 전체에 자유롭고 공정한 시장질서가 확립되고 시장경제가 제대로 작동될 수 있다. 따라서 시장거래와 달라질 수 있는 재벌의 내부거래에 대해서는 공정거래법이 별도로 주시할 필요가 있다. 이런 차원에서 도입된 정책이 부당내부거래를 통제하는 공정거래법 제11조의2와 법 제23조 1항 7호이다.

법 제11조의2는 일정 규모 이상의 내부거래는 이사회 의결을 거쳐 공시하도록 하여 내부거래 자체를 투명화시킴으로써 외부 감시가 가능하도록 하는 규정이다. 법 제23조 1항 7호는 부당한 지원이 이루어지는 거래를 금지하고 있다. 이것은 재벌기업뿐만 아니라 모든 기업의 거래에 해당하는 사항이지만, 특히 재벌의 계열기업 사이에서 일어나는 지원성 부당거래를 방지하기 위한 규정이다. 부당지원이 있는 거래는 시장거래가 아니기 때문이다.

그런데 이 정책들은 실효성에 한계가 있다. 이사회 의결과 공시는 사전예방 조치로 실시하는 정책인데, 이사회 의결과 공시를 거친다고 이들이 모두 시장거래와 동일해지는 것은 아니다. 그리고 지원성 거래는 시장거래와 다른 조건의 거래라는 것이 입증되어야 정책당국이 처벌을 할 수 있는데, 그 입증은 결코 쉬운 일이 아니다.

따라서 부당내부거래를 통제하기 위한 공정거래법의 규정들은 실효성을 거두기가 쉽지 않다. 법으로든 정책으로든 이러한 내부거래가 시장거래와 동일시되도록 유도하기란 결코 쉬운 일이 아니기 때문이다. 실제로는 부당성이 있는 내부거래가 많이 행해지고 있는 실정이다.

사실상 재벌은 내부거래를 활용하기 위해 만든 기업 조직이다. 내부거래는 다양한 상품에서 다양한 형태로 이루어질 뿐만 아니라 거래량과 거래횟수도 무수히 많다. 공정거래법의 규정들은 이런 거래들을 모두 시장거래와 일치하도록 만드는데 한계가 있다. 이들을 모두 추적하고 감시하는 것도 어려울 뿐만 아니라 시장거래와의 일치 여부를 판단하는 것도 결코 쉬운 일이 아니기 때문이다.

2) 내부거래 규제의 변천 과정

재벌의 대규모 내부거래는 이사회 의결을 거쳐 공시해야 한다는 공정거래법 제11조의2는 2000년에 처음 도입되었다. 부당내부거래를 근절하기 위해 공정거래위원회는 수시로 직권조사를 실시하고 있지만, 내부거래의 방법이 다양화되고 지능화되고 은밀화되어 사후적인 조사로 이를 근절시키는 데는 한계가 있었다. 따라서 부당내부거래는 사전에 방지하는 것이 필요하였다.

이에 따라 일정 규모 이상의 내부거래는 이사회의 의결을 의무화시켜 이사회의 책임을 강화시켰다. 동시에 사외이사들에 의한 견제를 유도하고자 하였다. 그리고 공시까지 의무화시켜 소액주주, 채권자, 이해관계인에 의해서도 감시되도록 하였다. 이런 조치들은 내부거래를 투명화시켜 부당내부거래를 사전에 예방하기 위한 조치이다.

이 제도는 도입 이후 법 개정과 더불어 적용 대상을 점점 확대시켜 나갔다. 부당내부거래가 대규모일 때는 그 폐해도 클 것이기 때문에 일정 규모 이상의 내부거래는 이런 과정을 거치도록 하였다. 그러나 이런 과정을 거친다고 부당내부거래가 없어지는 것은 아니라는 데 이 정책의 한계가 있다. 이사회 의결을 거쳐 공시하는 거래도 부당내부거래가 될 가능성은 충분히 존재하기 때문이다.

법 제23조 제1항 제7호는 계열사 간에 부당한 지원이 이루어지는 거래를 방지하기 위한 규정이다. 이 규정은 "부당하게 특수관계인 또는 다른 회사에 대하여 … 등을 제공하거나 현저히 유리한 조건으로 거래하여 특수관계인 또는 다른 회사를 지원하는 행위"를 금지하는 규정으로서 1996년 공정거래법 개정시 처음 도입되었다. 그 이후 거래 대상에 상품과 용역까지 포함시키는 등 다소 강화시키는 개정은 있었으나 큰 변화 없이 그대로 유지되고 있다.

이 규정은 일반적인 불공정거래 금지 규정이지만 그 목적은 재벌 계열사 간의 부당내부거래를 방지하기 위한 규정이다. 그리고 재벌 계열사 간의 거래가 주된 제재의 대상이 되고 있다. 재벌그룹 내에서 특정 개인이나 특정 계열사를 지원하는 거래는 불공정거래이면서 부당내부거래이기 때문이다. 그런데 이 규정 역시 거래의 부당성을 입증하기가 쉽지 않다는 한계가 있다.

2. 채무보증의 금지

1) 상호지급보증의 금지

우리나라의 은행 대출에는 지급보증이라는 제도가 있다. 어떤 회사가 은행으로부터 대출을 받을 때 다른 회사가 지급을 보증해 주면 쉽게 자금을 대출받을 수 있는 제도이다. 대출을 받은 회사가 상환하지 못할 경우 보증해 준 회사가 상환책임이 있기 때문에 은행측에서는 위험부담 없이 대출해 줄 수 있는 제도이다.

그런데 두 회사는 특수관계로 연결되어 있지 않으면 지급보증을 해 줄 리가 없다. 두 회사가 동일 재벌의 계열회사라는 특수관계가 성립되면 서로 상대방의 대출에 보증을 서준다. 이 때문에 재벌들은 은행으로부터 쉽게 대출을 받을 수 있다. 한 재벌 내에는 수많은 계열회사가 포진하고 있기 때문에 재벌의 계열사는 다른 계열사로부터 쉽게 지급보증을 받을 수 있다. 이 때문에 대재벌의 계열사는 쉽게 많은 자금을 차입할 수 있다.

이런 상호지급보증제도는 여러 가지 부작용을 야기시킨다.[18] 첫째, 금융시장을 불공정하게 만든다. 재벌 계열사와 비재벌 회사는 같은 신용도라도 은행으로부터 대출받는 데는 차이가 있다. 재벌 계열사가 훨씬 유리해진다. 이 때문에 저리의 은행대출은 재벌로 몰릴 수 있다. 말하자면, 금융시장이 불공정해진다.

둘째, 재벌기업들은 차입경영에 의존하고, 부채 비율이 매우 높아질 수 있다. 재벌들은 계열사의 채무보증을 이용해 쉽게 은행돈을 빌릴 수 있기 때문에 이자율

18 진태홍(2000)은 5대 재벌을 중심으로 상호지급보증이 구체적으로 어떤 문제를 야기시키는지 실증적으로 분석하였다.

이 낮은 제도권 여신을 재벌들이 독차지해 가고 부채에 의존한 경영을 하면서 부채 비율이 매우 높았다. 이는 재벌의 재무구조를 나쁘게 하는 요인이 되었다.

셋째, 계열회사들이 상호지급보증으로 서로 연결되어 있는 상황에서는 한 계열기업이 부실화되면 지급보증을 하고 있는 다른 계열회사도 부실화되고 궁극적으로는 그룹 전체가 부실화되어 그룹이 무너질 수 있다. 실제로 많은 재벌들이 이런 현상으로 도산하였으며, 국가경제에 엄청난 부담을 주었다. 1997년 외환위기 전후에 도산한 많은 재벌들은 이런 상황을 그대로 보여 준 예이다.

넷째, 채무보증은 경제력집중의 원인이 되기도 한다. 재벌들은 차입을 통해 계속 계열회사를 늘려 나갔다. 과도하게 계열기업을 늘려 왔기 때문에 재벌로의 경제력집중이 심화되었는데, 계열 확장의 주 수단이 부채였고, 부채는 계열기업의 채무보증으로 조달되었다. 이처럼 채무보증은 경제력집중의 중요 수단이었다. 거기다가 부실 계열기업들이 채무보증으로 생존해 갈 때는 채무보증이 부실기업의 퇴출을 막는 요인이 되기도 하여, 기업의 구조조정도 저해하였다.

이처럼 계열사끼리의 상호지급보증은 여러 가지 부작용을 야기시키기 때문에 정부는 이를 억제시킬 필요가 있었다. 특히, 재벌이 급성장하던 시기에는 많은 재벌들이 상호지급보증을 통한 그룹 확장에 열을 올리고 많은 문제점을 야기시켰다. 이에 정부는 1992년 공정거래법을 개정하면서 재벌 계열사는 자기자본의 200% 이내에서만 다른 회사에 지급보증을 할 수 있도록 하였다. 이 제도는 1993년부터 시행되면서 3년 이내에 초과 보증분을 해소하도록 하였다.

상호지급보증에 대한 규제가 도입된 이후 5대 재벌(현대, 삼성, 대우, LG, SK)의 상호지급보증을 살펴보면 〈표 5-9〉와 같다. 지급보증이 허용되는 예외 규정도 있기

〈표 5-9〉 **5대 재벌의 채무지급보증 현황**

(단위: %)

5대 재벌		1993년	1994년	1995년	1996년	1997년	1998년	1999년
지급보증 비율	A	281.3	125.1	60.6	33.5	26.3	23.8	3.0
	B	380.4	188.2	107.8	65.9	58.1	63.0	6.6

주: A=(채무보증금액−예외적용금액) / 자기자본.
B =채무보증금액 / 자기자본.
자료: 공정거래위원회.

때문에 예외 규정의 적용을 받는 지급보증을 포함시키느냐의 여부에 따라 그 비율은 A, B로 구분해 볼 수 있다. 어쨌든 규제가 실시된 이후부터는 지급보증 비율이 지속적으로 감소하고 있다. 1999년에 오면 지급보증금액은 모두 합해도 6%이고, 예외적용금액을 빼면 3% 수준이다.

2) 채무보증금지제도의 변천 과정

채무보증제한제도는 1993년에 처음 도입되었다. 공정거래법 제10조의2에서 "대규모 기업집단의 국내 계열회사는 자기자본의 200% 이내에서만 채무보증을 할 수 있다"고 하였다. 이 규정은 1996년의 법 개정에서 자기자본의 100% 이내에서만 채무보증을 할 수 있도록 한층 더 강화되었다. 1998년의 법 개정에서는 채무보증 자체가 아예 금지되었다. 재벌들의 과도한 차입경영이 1997년 외환위기의 한 원인이었다고 보았기 때문이다. 재벌정책 중 유일하게 그 내용이 강화되어 온 정책이다. 그 이후에는 재벌들이 사내유보금을 많이 쌓으면서 자금에 여유가 생겼기 때문에 스스로도 상호지급보증이 필요 없게 되었다.

채무보증제한제도가 도입된 이후 대규모 기업집단의 채무보증액은 꾸준히 감소해 왔다. 채무보증이 없어짐으로써 일부 계열사의 부실이 그룹 전체의 부실화를 초래하는 위험이 감소하고, 개별 기업 중심의 독립경영체제를 위한 기반이 마련되었다. 계열사의 채무보증에 의존한 무분별한 차입경영이 억제됨으로써 기업의 재무구조도 건실화되었다.

오늘날은 재벌 스스로가 많은 유동성을 확보함에 따라 채무보증의 필요성도 대폭 줄어들었다. 그런 만큼 재벌들은 다른 재벌정책에 비해 이 정책에 대해서는 저항이 거의 없었다.

상호채무보증금지제도는 이제 크게 변화시킬 내용도 없고 변화가 필요한 상황도 아니다. 재벌 계열사에 일방적으로 유리한 조건이 되는 상호채무보증제도는 앞으로도 계속 금지하는 것이 당연한 방향이다. 부채 비율이 낮아지고 자금 여유가 생긴 재벌들도 이제는 상호채무보증에 의존할 필요성이 낮아졌다. 계열사 간의 상호의존보다 개별 기업이 독립적으로 건전성을 확보해 나가는 것이 더 중요하다.

V 업종 제한과 비업무용 부동산의 매각

1. 업종전문화 정책과 주력기업정책

1980년대 후반부터 나타난 재벌 문제의 핵심은 무분별한 문어발식 업종다각화였다. 재벌은 수많은 업종에 발을 걸치면서 그 세력을 무한정으로 확장한다고 해서 이를 문어발식 업종다각화라고 불렀다.

재벌들의 과도한 계열 확장은 경제력집중을 심화시켰을 뿐만 아니라 경영 부실까지 야기시켰다. 수익성이 없는 업종에도 무턱대고 진출하였기 때문이다. 노태우정부는 이러한 재벌의 행태에 제재를 가하지 않을 수 없었다. 그래서 대두된 재벌정책이 업종전문화 정책이었다.

업종전문화 정책은 재벌별로 전문 업종을 정해 그 업종에 역량을 집중시키라는 정책이었다. 정부는 12개 업종을 지정하고 재벌별로 자기의 주력 업종을 선택하도록 하였다. 10대 재벌은 3개, 그 이하 재벌은 2개의 주력 업종을 선정하도록 하였다.

각 재벌이 주력 업종을 정하면 그 외의 업종은 가능한 한 매각하거나 처분하도록 하고, 그 자금으로 주력 업종에만 치중하도록 하려는 것이 이 정책의 목적이었다. 재벌별로 전문 업종과 비전문 업종을 구분하여 비전문 업종은 포기하고 전문 업종에만 역량을 집중시켜 경쟁력을 갖추라는 정책이었다.

그런데 시행 과정에서 이 정책은 본래 취지와는 정반대로 흘러갔다. 정부는 전문화를 강화시킨다는 명분하에 각 재벌이 선택한 전문 업종의 계열기업을 지원하려고 나섰다. 비전문 업종을 포기하지 않고 그대로 가지고 있는데도 그 재벌의 전문 업종 계열기업을 지원하는 정부 정책이 마련되었다.

그런데 지원금이 특정 재벌 속으로 들어가면 그 지원금이 반드시 전문 업종으로만 가리라는 보장은 없다. 결국은 재벌을 지원하는 지원금이 되어 버린다. 전문 업종을 지원하는 것은 그 재벌을 지원하는 것이고, 결국은 그 재벌의 비전문 업종에도 혜택이 가기 마련이다. 전문 업종 지원정책은 재벌 지원정책으로 왜곡되어 버렸다.

비주력 부문도 그대로 유지하도록 내버려둔 채 주력 업종에 대해 정부가 여러 가지 혜택을 부여하였다. 결과적으로 이 정책은 재벌 규제가 아니라 재벌을 지원하는 정책이 되어버렸다. 업종 전문화 정책은 비전문 업종을 포기하도록 하는 접근을 모색해야 하는데, 전문 업종을 지원하는 접근을 택하는 오류를 범하였기 때문이다. 재벌들의 교묘한 논리에 관료들이 영합해 버렸기 때문이다. 이 정책은 실패할 것이 뻔하였고 결과적으로 그렇게 되어 버렸다.

이 정책은 오히려 경제력집중을 더욱 심화시키는 결과를 낳았다. 정부 정책이 이렇게도 왜곡되어질 수 있다는 놀라운 일이 벌어진 것이다. 재벌과 관료가 유착하면 그렇게도 될 수 있구나 하는 것을 알 수 있다.

김영삼정부에 와서는 주력기업정책이 추진되었다. 재벌로 하여금 비주력 기업은 포기하고 주력 기업에만 역량을 집중하라는 정책이었다.[19] 이 정책은 같은 내용의 정책이 이름만 바뀐 것이다. 업종 전문화가 주력 기업으로 명칭만 바뀐 것이다. 이 정책도 재벌로 하여금 비주력 기업을 포기시키는 접근을 택하지 않는 한 실패는 예견되었다고 볼 수 있다. 비주력 부문을 포기시키지 않는 한 전문 업종을 지원하나 주력 기업을 지원하나 결과는 마찬가지이기 때문이다.

똑같은 정책이 이름만 바뀌었고 똑같은 실수가 되풀이되었다. 이 정책 역시 비주력 기업을 포기시키는 대신 주력 기업을 지원하는 방향으로 갔기 때문이다. 주력 기업 지원은 결국 재벌 지원이 되고 비주력 기업도 지원하는 것이 되었다. 매우 아이러니컬한 현상이 아닐 수 없다.

주력 기업 지원 과정을 보면 재벌 지원이라는 것이 매우 분명해진다. 1994년 정부는 주력 기업에 대해서는 여신 규제를 완화시켰다. 주력 기업은 쉽게 저리자금을 대출받을 수 있게 되었다. 또 주식 발행, 회사채 발행 등에서 주력 기업에게는 우선권을 주었다. 주력 기업에게는 출자총액제한제도에서도 예외를 인정해 주었다. 금융기관의 대출 한도와 채무보증 한도에서도 주력 기업에게 혜택을 부여하였다. 기업투자 활동에서도 주력 기업에게는 특혜를 부여하였다. 비주력 기업을 포기하지 않는 한 이러한 주력 기업 지원은 결국 재벌 지원으로 귀결되어 비주력 기

19 신희권(2005)은 주력업체제도와 이 정책의 결과에 관해 종합적으로 분석하고 있다.

업도 혜택을 볼 것이 뻔하다.

과도한 다각화를 방지하고 경제력집중 현상을 완화하기 위해 도입하였던 업종전문화 정책과 주력기업정책은 결과적으로 재벌 지원정책으로 탈바꿈하고 재벌들의 계열 확장을 도와 주고 경제력집중을 심화시키는 정책이 되고 말았다. 업종전문화 정책과 주력 기업정책은 실패한 재벌정책의 대표적 사례이다. 이 정책으로 인해 재벌 중심의 경제구조는 더욱 심화되었다.

2. 재벌의 부동산 투기와 부동산 가격의 폭등

1980년대의 경제 문제 중 가장 심각한 문제는 부동산 투기와 부동산 가격의 폭등이었다. 급속한 경제성장과 더불어 곳곳에 토지개발사업이 일어나고, 제한된 토지에 대한 수요가 급등하였다. 따라서 인플레와 더불어 부동산 가격이 급등하였고, 여유 있는 사람들이 부동산 투기에 몰려들었다. 투기와 더불어 부동산 가격은 계속 올라갔다. 토지와 주택에 대한 투기 행위가 극심하였고 서민들의 불만이 고조되었다.

재벌들은 정상적인 기업 활동보다 부동산 투기에서 더 많은 수익을 남겼다. 따라서 재벌들은 전국에 걸쳐 부동산 구입에 나섰고, 전국이 부동산 투기 광풍에 휘말렸다. 특히, 재벌들은 풍부한 정보력과 자금력으로 부동산 투기에 영일 없이 빠져들었다.

1989년 말 30대 재벌이 공식적으로 보유하고 있던 부동산은 토지가 1억 2,297만 평이고, 건물이 961만 평이었다. 대구광역시 면적과 거의 같았으며, 서울시 면적의 7할에 해당하였다. 취득 당시 장부가격으로는 13조 1,391억 원에 달하였다. 면적으로 토지를 많이 소유하고 있었던 재벌은 삼성(2,740만 평), 선경(1,580만 평), 쌍용(950만 평) 등이었고, 금액으로는 현대가 1조 9,690억 원, 삼성이 1조 8,897억 원 순이었다. 30대 재벌의 보유 토지 중 절반을 4대 재벌이 소유하고 있었다.[20]

법인 명의 이외에 기업체 임직원이나 친인척 등의 명의로 취득된 부동산까지

20 1980년대 말 재벌의 부동산 투기와 부동산 소유 현황에 대해서는 홍덕률(1990), pp.131~135 참조.

〈표 5-10〉 **재벌들의 부동산 투기 현황**

(단위: 억 원)

재벌	부동산 구입액(A)	부동산 이외 투자액(B)	A / B
삼성	10,000	2,388	4.19
롯데	6,000	1,168	5.14
기아	2,170	513	4.23
금호	2,424	712	4.30
두산	2,189	553	3.96

자료: 장세훈(1996).

합하면 그 양은 훨씬 더 클 것이다. 기업 명의 부동산의 4~5배에 해당할 것으로 추정되기도 하였다.

재벌의 부동산 투기는 경제 문제일 뿐만 아니라 심각한 사회 문제로 등장하였다. 부동산 투기는 기업의 산업자금을 부동산 투기에 전용시켜 기업의 유동성을 저하시키고, 자금흐름을 왜곡시키고, 투자 효율성을 저하시키고, 불로소득으로 소득분배를 왜곡시키고, 빈익빈 부익부를 가속화시키는 등의 문제를 야기시켰기 때문이다. 이에 따라 사회적인 비판의 목소리가 하늘 높은 줄 몰랐다. 그 결과는 오늘날까지도 부동산 소유의 불평등을 초래하였다.

특히, 재벌들은 부동산 투기의 주범으로 인식되었다. 재벌들은 실제로 부동산 투기로 막대한 이득을 챙기기도 하였다. 재벌은 업무용뿐만 아니라 비업무용도 많이 소유하고 있었다. 부동산 투기가 극성을 부렸던 1980년대 후반 재벌의 부동산 투기 현황은 〈표 5-10〉과 같다.

부동산 구입을 모두 투기라고 볼 수는 없지만 부동산에 투입한 금액이 부동산 이외의 투자금액보다 4배 이상 컸다. 이는 재벌들이 정상적인 기업 활동보다 부동산 투기에 얼마나 열을 올렸는지를 짐작하게 하는 자료이다. 비업무용 토지에 대해서는 매각을 강요하는 것이 불가피하게 되었다.

3. 재벌 소유 비업무용 부동산의 강제매각 조치

재벌의 부동산 투기, 부동산 가격의 급등, 비등하는 사회적 비판 등의 상황에서 정부는 비상조치를 취하지 않을 수 없었다. 노태우정부는 1990년 5월 8일 '기업의 비업무용 부동산 강제매각 및 신규 취득 금지 조치'라는 5.8조치를 발표하였다.[21] 49개 재벌이 소유하고 있던 비업무용 부동산 5,700여만 평과 금융기관들이 과다하게 보유하고 있던 부동산을 강제로 매각하도록 하고, 생산 활동과 직접 관련이 없는 비업무용 부동산에 대해서는 신규 매입을 금지시켰다.

기업의 보유 토지를 업무용과 비업무용으로 엄격하게 구분하기는 쉽지 않다. 기업 사정에 따라 언제든지 업무용으로 쓰일 수도 있기 때문이다. 이 조치의 발표 직후 신문기사에 의하면 삼성, 현대, LG, 대우, 한진 등 5대 재벌이 보유한 토지는 18.2%에 해당하는 1,096만 평이 국세청에 의해 비업무용으로 판정되었다. 반면에 은행감독원은 2%만이 비업무용으로 판단하였다. 이처럼 업무용과 비업무용의 구분에는 한계가 있기 마련이다.

어쨌든 정부는 재벌에게 성의를 보이도록 강요하였으며, 재벌들도 각자 자기 사정에 따라 상당한 토지를 매각하였다. 재벌 입장에서는 대량의 토지를 한꺼번에 매각하는 것이 쉬운 일은 아니었지만, 비업무용으로 지정된 토지는 일부 매각하였다. 국회 보고 자료에 의하면 1990년 5월부터 6월까지 매각 의뢰된 비업무용 부동산 636건 2,258만 평 중 208건 286만여 평이 매각되어 면적 기준으로 12.7%가 실제로 매각되었다. 삼성 등 5대 재벌의 경우 매각 의뢰된 101건 154만여 평(시가 4,987억 원) 중 35건 19만여 평이 579억 원에 매각되었다. 매각실적은 기대보다는 매우 부진하였다.

1993년 5월의 신문기사에 의하면 5.8조치로 매각 대상이 된 비업무용 부동산 중 866만 평이 매각되지 않았다. 매각 대상이 된 49개 재벌의 비업무용 부동산 5,741만 평 중 1993년 3월 말까지 84.9%에 해당하는 4,875만 평이 매각되고 15.1%가 매각되지 못하였다. 이 조치는 1994년 대폭 완화됨으로써 3년 만에 종료되고

21 재벌의 부동산 투기가 얼마나 심각하였고, 비업무용 부동산 매각 조치가 어떻게 시행되었는지에 대해서는 심상구(1994) 참조.

말았다.

어찌되었건 5.8조치 이후 부동산 가격은 안정 추세로 접어들었다. 주택 가격 상승률은 1990년의 21.1%에서 1992년에는 -5%가 되었고, 지가 상승률도 1989년의 32%에서 1992년에는 -1.3%가 되었다. 5.8조치는 나름대로 문제점이 많았지만 그 이후 부동산 투기가 진정되고 부동산 가격은 안정되었다.

VI 재벌정책의 논점과 한계

1. 정부와 재벌의 관계

정부는 국민 여론을 등에 업고 재벌정책을 추진한다. 재벌에 대한 국민들의 비판이 비등하기 때문에 정부가 재벌을 규제하는 것이다. 국민들이 재벌을 용인하고 재벌에 대해 불만이 없다면 재벌정책은 결코 성립할 수 없다. 재벌도 국민이고 국가경제에서 매우 중요한 역할을 수행하고 있는데 재벌이라고 해서 국가가 별도로 통제할 필요도 없는 것이고, 그들의 요구를 무시할 수도 없는 것이다.

그럼에도 불구하고 재벌이라는 실체를 별도로 구분하여 국가가 법으로 이들의 행위를 통제하는 것은 국민들 사이에 그렇게 해야 한다는 합의와 동의가 이루어져 있기 때문이다. 재벌정책의 근거는 다수 국민의 요구 때문인 것이다. 동일한 행위라도 재벌에 해당하지 않는 기업의 행위는 제재를 받지 않고, 법으로 지정된 재벌만 제재를 받는다. 국민들이 재벌에 대해서는 비재벌기업과는 다른 정서와 논리를 가지고 있기 때문에 재벌정책이 시행되고 있는 것이다.

그리고 재벌정책은 우리나라만의 특수한 사정이다. 선진국에서는 재벌이라는 특별한 기업 조직이 보편화되어 있지도 않고 재벌 폐해라는 것이 사회 문제나 경제 문제로 대두되어 있지도 않다. 따라서 재벌정책이라는 별도의 경제정책이 행해지지도 않고 있다. 그렇지만 우리나라에는 재벌이라고 규정짓는 특수한 기업 조직이 존재하고, 이들이 군림하는 강자로서 그 힘을 남용하고 있기 때문에 이들만을 제재하는 별도의 정책이 시행되고 있는 것이다.

그러나 재벌 당사자들은 재벌정책에 강력히 반발하고 있다. 반대 논리의 핵심은 외국에는 없는 정책이고 다른 기업과 차별화하는 정책이라는 것이다. 이 논리에 동조하는 인사들도 많다. 그리고 재벌은 우리 사회에서 가장 힘이 세고 영향력이 높은 집단이다. 이들의 저항을 막아내는 것도 쉽지 않다. 특히, 관료들은 재벌의 저항에 매우 취약하다. 관료들은 재벌과 국민 여론 사이에서 줄타기를 하는 경향이 강하다.

재벌은 집중된 특정 집단의 힘이고 국민 여론은 분산된 불특정 다수의 힘이다. 따라서 재벌의 힘은 효율적으로 작동하지만 여론의 힘은 비효율적이고 산만하다. 관료는 정치권력에 휘둘리는데 정치권력은 선거 때만 국민 여론에 신경을 쓴다. 선거 때는 재벌정책이 힘을 받는 것 같지만 선거만 끝나면 유야무야되고 이때부터는 권력이 재벌의 눈치를 보고 재벌에게 휘둘린다. 재벌은 막강한 로비력을 가지고 있기 때문이다. 이렇게 되면 권력에 휘둘리는 관료까지 재벌의 힘에 굴복한다.

재벌정책은 권력자와 관료들이 확실한 신념과 의지를 갖지 않는 한 효과를 내기 어렵다.[22] 권력자와 관료들이 재벌과 국민 여론 사이에서 눈치만 보는 한 정책은 실효를 거두기 어렵다. 재벌정책은 오히려 점점 약화되고 재벌 문제는 전혀 개선되지 않는다. 재벌정책의 역사가 이를 입증한다.[23]

이승만정권에서는 부자가 재벌이었다. 기업이라는 것이 변변치 못한 시절이었기 때문이다. 재벌이 두각을 나타낸 것은 역시 박정희정권 시절이다. 박 대통령의 경제개발정책과 더불어 우리나라에 재벌이 출현하였다. 이때 권력과 재벌의 관계는 권력 우위의 시대이면서 정경유착의 시대였다. 권력은 재벌로부터 정치자금을 조달받고 재벌은 권력으로부터 제공되는 각종 특혜로 성장해 갔다. 이런 현상은 전두환정권 때도 그대로 지속되었다. 권력이 재벌정책을 추진할 수 있는 힘은 가졌지만 그 힘은 정경유착으로 무용지물이 되고 말았다. 그 힘은 오히려 정경유착

22 신희권(1994)은 재벌과 정부는 전략적으로 상호의존관계에 있고 이 때문에 재벌정책이 무력화된다고 보았다.

23 김시윤 · 김정렬(2001)은 경제발전의 단계에 따라 정부의 재벌 통제력이 어떻게 변하였는지를 실증적으로 분석하였다. 개발독재에서 민주화 시대로 옮겨 가면서 정부의 재벌 통제력은 약화된 것으로 관찰되었다.

에 사용되고 재벌을 개선하는 데는 사용되지 못하였다.

민주화 이후에는 아예 재벌 우위 시대가 되어 버렸다. 노태우정권부터는 대통령의 임기가 확실해졌다. 그것도 5년이라는 길지 않은 기간이었다. 따라서 권력과 사이가 좋지 않은 재벌이라도 5년만 기다리면 탈출구가 열릴 수 있었다. 현대그룹의 정주영은 대선 출마로 김영삼 대통령의 미움을 샀지만 5년간 와신상담한 후 김대중정권에서 승승장구할 수 있었다. 이때부터는 재벌이 권력에 직접 진출하려거나, 적어도 과거처럼 굴종하려는 자세를 취하지는 않았다. 이제 재벌도 권력에 고개를 치켜들기 시작하였다. 정치권력이 이런 터에 관료들이야 말할 필요도 없다. 관료가 재벌의 저항을 누르고 재벌정책을 밀어붙인다는 것은 어불성설이다.

5년 단임 대통령제하에서는 권력은 유한하고 재벌은 무한하다. 5년짜리 권력은 3년만 지나도 힘을 쓰지 못한다. 그러나 재벌은 영원하다. 재벌은 이제 권력에 맞서는 힘까지 가졌다. 재벌들이 투자를 축소하고 경기진작에 소극적으로 나서면 한국 경제는 제대로 작동되지 않는다. 이제는 권력이 재벌에게 사정해야 하는 역전현상이 벌어졌다.

이명박정권에서는 재벌 우위가 더욱 분명해졌다. 이명박정부는 친재벌정책을 공개적으로 천명하였다. 이제는 재벌의 저항을 누르고 재벌정책을 성공적으로 수행하기는 쉽지 않은 단계에 와 있다.

2. 재벌정책의 대상

재벌정책의 대상과 범위를 어떻게 정하느냐가 재벌정책의 시작이다. 공정거래법에서는 1987년 재벌정책을 시작할 때 대규모 기업집단을 지정하면서 재벌정책의 대상을 정하였다. 그 이후 이 제도는 수차례 개정을 거듭하면서 오늘날에는 '상호출자 제한 기업집단' 또는 '채무보증 제한 기업집단'으로 그 명칭을 바꾸어 재벌정책의 대상을 정하고 있다. 이것은 재벌정책이 얼마나 변질되었는지를 잘 보여주는 예이다.

대상을 지정하는 기준은 두 가지가 있을 수 있다. 하나는 금액 기준으로 큰 재벌을 정책 대상으로 정하는 것이고, 다른 하나는 순위 기준으로 큰 재벌을 정하는 것이다. 공정거래법은 처음에는 금액 기준으로 시작하였다가, 나중에는 순위 기준으로 바꾸었다가, 다시 금액 기준으로 바꾸었다. 이것은 정책의 일관성을 크게 훼손시킨 일이다.

어떤 기준으로 하든 각기 장단점은 있다. 그러나 금액 기준은 금액을 상향조정하지 않는 한 기업의 성장과 더불어 대상 재벌 수가 계속 증가한다는 근본적인 문제점이 있다. 따라서 정책의 유효성 관점에서는 순위 기준으로 일정 수의 재벌만을 정책 대상으로 지정하는 것이 더 효과적인 접근이다.

그러면 크기 순위로는 몇 개의 재벌을 정책 대상으로 해야 하느냐는 문제가 제기된다. 과거에는 30대 재벌을 지정하였다. 그러나 1위 재벌과 30위 재벌은 그 차이가 매우 크다. 30위 재벌은 1위 재벌의 한 계열기업보다 작다. 따라서 이들을 동일한 정책 대상으로 하는 것은 정책 목적을 훼손시킬 수 있다. 이제는 아주 큰 재벌 10개만 지정하여 정책 대상으로 삼는 것도 고려해 볼 필요가 있다.

10대 재벌도 1위와 10위 사이에는 큰 차이가 있다. 그러나 10대 재벌은 경제력 집중의 주요 주체가 되는 재벌임에 틀림없다. 따라서 매년 규모 순서로 10대 재벌을 지정하여 재벌정책의 대상으로 삼는 것이 정책의 효율성을 증대시킬 수 있는 한 방법일 것이다. 10대 재벌로 그 대상은 줄이면서 정책은 일관성 있게 추진하는 것이 더 중요하다.

10대 재벌 지정시 공기업은 제외해야 한다. 공기업은 민간기업과는 완전히 다른 소유구조와 사업 목적을 가지고 있기 때문이다. 공기업은 관련 법으로 얼마든지 통제가 가능하고, 필요하면 그 법을 개정하면 된다. 공기업은 재벌일 수도 없고 재벌의 폐해가 나올 수도 없다.

소유와 경영이 분리된 전문경영인 기업도 재벌정책의 대상으로 삼을 필요가 없다. POSCO나 KT 같은 전문경영인 기업은 재벌일 수도 없고 재벌의 폐해가 나타날 수도 없다. 이런 기업들은 반독점정책으로 제반 문제점을 개선해 나갈 수 있다.

10대 민간 기업집단을 재벌정책의 대상으로 지정해도 대상은 매년 조금씩 바뀔 수 있다. 주로 하위 재벌이 들락날락할 것이다. 이런 문제는 어떤 기준으로 재벌을 선정하든 항상 있을 수 있는 문제이다. 10위 이내에 진입하면 재벌정책의 대상이 되고, 빠지면 정책 대상이 되지 않는다는 것은 피규제자에게는 예측 가능한 기준이 될 수 있다.

10대 재벌 밖의 재벌은 아무런 규제 없이 10대 재벌과 경쟁하면서 그 규모를 키워 나가 10대 재벌과 거의 맞먹는 규모로 성장하는 것이 중요하다. 이렇게 되면 우리나라의 대기업층이 훨씬 두터워져 이들끼리 공정 경쟁의 틀이 확립될 수 있다.

바람직한 방향은 10위 밖의 재벌들도 순서만 10위 밖이지 규모는 10위 이내 재벌과 거의 맞먹는 수준으로 커가는 것이다. 수많은 재벌들이 거의 비슷한 규모로 서로 경쟁하면 재벌끼리의 경쟁도 공정해지고 한국 경제의 전체적인 구조도 훨씬 튼튼해질 것이다. 재벌이 커져도 재벌의 수가 많아지면서 그 크기가 거의 비슷해지면 소수 대재벌에 의한 경제력집중 문제는 해소될 수 있다.

3. 경제력집중의 완화

공정거래법의 재벌정책들 가운데 출자제한, 지주회사 규제, 채무보증 금지, 의결권 제한 등은 재벌이 과도하게 비대해지는 것을 막아 보자는 정책들이다.[24] 재벌은 비재벌에 비해 기업을 확장시키는 데 여러 가지 유리한 입장을 가지고 있다. 말하자면, 큰 재벌일수록 더 커질 수 있는 유리한 수단을 가지고 있다. 이 때문에 재벌에 의한 경제력집중은 점점 심화되고, 대재벌의 경제지배력은 점점 커지고 있다.[25]

재벌이 비대해지는 것을 직접 규제할 수는 없다. 그러나 다른 기업들은 활용할 수 없지만 재벌은 동원할 수 있는 수단을 이용해 불공정하게 비대해지는 것은 막을 필요가 있다. 이런 관점에서 도입된 정책들이 출자제한, 지주회사 규제, 채무보증 금지, 의결권 제한 등이다.

이 정책들은 그 동안 강화와 약화를 되풀이하면서 오늘에 이르고 있다. 그런데 이 정책들이 과연 의도하였던 효과를 거두었는지에 대해서는 의문의 여지가 많

24 권오승(1993)은 법리적 관점에서 경제력집중 문제와 경제력집중 억제정책을 종합적으로 정리하고 있다.
25 이상원(2005)은 경제력집중의 의미, 현황, 논점, 대책 등을 종합적으로 논의하고 있다.

다.[26] 만약 이런 정책들이 없었다면 경제력집중이 더욱 심화되었을까, 아니면 마찬가지였을까? 마찬가지였다면 이런 정책들은 불필요한 것이고, 오히려 정책을 집행하기 위해 비용만 들인 셈이 된다.

재벌정책의 효과에 대해 의문을 갖는 이유는 그 동안 정책의 내용이 조령모개식으로 너무 많이 변해 왔기 때문이다. 정책집행자는 물론 정책 대상자들도 혼란스러울 정도로 재벌정책의 내용은 변화를 거듭해 왔다. 정책 내용이 수시로 바뀌면 정책대상자들은 그 규제를 지키는 데 크게 신경을 쓰지 않는다. 정책이 언제 바뀔지 모르니 따를 필요가 없지 않겠느냐는 생각도 하게 되고, 심지어는 자기들의 힘을 이용하여 정책의 내용을 아예 바꾸어 버리려고 생각할 수도 있다. 이런 상황에까지 이르면 정책은 효과를 거둘 수 없다.

중요한 것은 정책을 강화시키는 것보다 초지일관하는 것이다. 많은 논쟁을 거쳐 정책이 일단 정해졌으면 오랜 기간 그 정책을 일관성 있게 유지하면서 집행하는 것이 더 중요하다. 그래야만 정책 효과가 나올 수 있다. 출자총액제한제도, 지주회사제도 등은 어지러울 정도로 그 내용이 많이 바뀌어 왔다. 정책대상자까지 어떻게 해야 할지 혼란스러울 지경이었다.

앞으로의 과제는 일단 정해진 정책은 일관성 있게 오랜 기간 시행하는 것이다. 정책대상자의 저항과 로비가 있을 것은 당연하다. 그러나 중요 정책이 이런 것에 휘둘리면 그런 정책은 차라리 없는 것만 못할 수도 있다. 오히려 폐해가 더 클 수도 있기 때문이다.

경제력집중은 한국 경제가 더 발전하기 위해서는 반드시 해결해야 할 과제이다. 이를 위해서는 제대로 된 정책을 초지일관 시행하는 것에 더해 직접적이고 강력한 정책을 추가적으로 도입하는 것도 고려해 보아야 한다.

경제력집중을 효과적으로 해소하기 위해서는 그 동안 제안되어 왔던 계열분리명령이나 재벌분할명령 등도 고려될 수 있다. 이것은 미국에서 도입하고 있는 기업분할명령제도를 원용한 제도라고 볼 수 있다. 경제력집중의 폐해가 확실하고 심각하다면 이를 초래하는 대재벌은 분할하는 것도 한 가지 방법일 수 있다.

26 재벌정책의 효과에 대한 실증분석으로는 최정표(2003) 참조.

4. 자유롭고 공정한 시장질서의 확립

재벌 문제의 핵심은 공정한 시장질서가 왜곡될 수 있다는 점이다. 경제력집중이 심화되면 대재벌의 경제지배력이 커져 시장 운영의 틀 자체가 재벌 중심으로 이루어질 수밖에 없다. 정치권력이나 경제권력의 힘이 특정인에게 집중되면 그 힘은 남용되기 마련이다. 시장이 특정인의 힘에 의해 좌지우지되면 자본주의 시장경제는 뿌리부터 흔들릴 수밖에 없다.

재벌이 시장질서를 왜곡시킬 수 있는 가장 큰 이유는 내부거래이다. 재벌 내에서 일어나는 내부거래는 시장질서를 벗어난 거래가 될 가능성이 매우 높다. 이런 현상을 방지하기 위해 도입된 제도가 부당내부거래와 지원성 내부거래의 금지이다. 그런데 이 정책들은 효율적인 집행이 쉽지 않다는 문제점을 가지고 있다. 내부거래가 부당하게 이루어지고 있는지, 특정 계열기업이나 특수관계인을 지원하기 위해 이루어지고 있는지 등을 추적하고 판단하는 것이 쉽지 않기 때문이다.

이 정책들이 실효성을 거두기 위해서는 부당내부거래나 지원성 내부거래를 발견할 수 있는 정교한 정책수단이 개발되어야 한다. 이 문제는 기업의 지배구조와도 직결된다. 현재와 같은 총수 중심의 중앙집중적 경영구조가 해소되고 계열회사 중심의 독립경영체제가 확보되어야 계열회사 간에도 실질적인 경쟁이 이루어지면서 건전한 시장질서가 복원될 수 있다. 이렇게 되면 내부거래도 시장거래와 일치하는 방향으로 바뀌어 갈 것이다. 부당내부거래가 없어지면 시장경쟁이 공정해지면서 시장질서의 원칙이 복원될 것이고, 올바른 시장경제가 확립될 것이다.

재벌정책의 목표는 시장을 복원시키는 것이어야 한다. 경제력집중은 시장을 파괴시키는 힘인데, 이런 힘을 제거하는 것이 재벌정책이어야 한다. 재벌그룹 내에서도 시장이 작동해야 경제 전체에 시장이 복원되고 자유롭고 공정한 시장질서가 확보될 수 있다. 재벌정책은 시장경제를 창달하려는 정책이다.

Chapter 6

재벌의 세습과 분화

I. 재벌의 경영권 세습 현황

II. 재벌의 상속과 친족위성재벌

III. 재벌의 상속 분쟁

IV. 경영권 세습 후의 재벌 판도

V. 재벌의 상속과 경제력집중의 변화

재벌의 세습과 분화

I 재벌의 경영권 세습 현황

1. 삼성의 경영권 세습

1) 창업자의 가족관계

삼성그룹의 창업자 이병철(1910~1987)은 두 사람의 부인이 있었으며, 슬하에 4남 6녀, 10남매를 두었다. 첫 부인에게서 3남 5녀, 두 번째 부인에게서 1남 1녀를 두었다. 순서대로 이인희(여), 이맹희(남), 이창희(남), 이숙희(여), 이순희(여), 이덕희(여), 이건희(남), 이명희(여), 이태휘(남), 이혜자(여)이다. 이태휘와 이혜자는 일본인인 두 번째 부인의 소생이다.[1]

자녀들의 혼사에서는 다른 재벌처럼 권력가와 혼맥을 시도한 흔적은 없다. 특이한 것을 꼽자면 이숙희가 LG그룹의 창업자인 구인회의 3남 구자학과 결혼함으로써 한국의 대표적 두 재벌인 이병철과 구인회가 사돈관계가 되었다는 점이고, 이건희가 자유당 시절 내무부 장관과 법무부 장관을 지낸 홍진기의 딸과 결혼함으로써 나중에 홍진기 가문도 재벌 가문으로 나서게 되었다는 점이다.[2]

1 서울경제신문(1991), p. 16.

이병철의 아들들은 4남 모두 삼성그룹의 경영에 참여한 경력이 있다. 참여한 정도와 중요도에는 차이가 있지만 삼성의 여러 부문에서 개별적으로 사업에 참여하여 나름의 역할을 수행하였다. 삼성과 관계없는 곳에서 커리어를 쌓아 온 경력은 없다. 딸과 사위들도 삼성의 사업에 참여한 경력이 있고 참여 분야는 상속과 연결되고 있었다.

장남 이맹희는 성인이 된 후 일찍부터 아버지를 도와 회사 경영에 참여하였을 뿐만 아니라 1966년 '사카린 밀수사건'으로 이병철이 경영 일선에서 물러났을 때는 실질적으로 그룹 경영을 지휘하는 최고경영자가 되었다. 1968년 이병철이 그룹 회장에 복귀하자 이맹희는 그룹 경영에서 떠났고, 아버지로부터는 후계자에서 탈락되는 비운의 황태자가 되었다. 이맹희는 1993년 두 권의 회고록을 내면서 세간의 관심을 끌었는데, 아버지와 삼성에 얽힌 많은 이야기들을 기술하고 있다.[3]

차남 이창희도 형 이맹희와 함께 일찍부터 삼성그룹의 경영에 참여하였는데 1966년 '사카린 밀수사건'으로 구속되기까지 하였고, 그 이후로는 삼성을 떠나 독자적으로 사업을 하였다. 새한그룹을 독립적으로 일으킬 만큼 성공하였으나 1991년 병으로 사망하였다.

3남 이건희도 일찍부터 경영 수업을 받았으며, 나중에 삼성그룹의 후계자가 되었다. 일본인 부인의 소생인 4남 이태휘는 이병철의 생존시 삼성그룹 비서실 상무와 제일제당 상무까지 지냈다.

삼성은 재벌의 전형적인 특징인 가족 중심의 경영이 그대로 나타나고 있다. 창업자의 아들들은 어떤 형식으로든 모두 경영에 참여한 경력이 있다.

2) 이병철에서 이건희로

재벌은 경영권이 세습된다. 경영권이 세습되지 않으면 그것은 더 이상 재벌이 아니다. 삼성도 이병철 이후에 경영권이 세습되었기 때문에 여전히 재벌로서의 면모를 그대로 유지하고 있다. 1987년 11월 19일 창업자 이병철이 사망하자 삼성의 경영권은 3남 이건희에게로 세습되었다.

2 홍진기의 자녀들이 중앙일보와 보광그룹의 오너가 되었다.

3 이맹희(1993a, 1993b).

이병철은 1970년대 초부터 3남 이건희로의 경영권 승계를 구상하고 이를 유언장으로 만들어 서울가정법원의 공증까지 받아 놓았다고 한다.[4] 이병철이 타계한 당일 신현확의 주도로 그룹 사장단회의가 개최되었고, 그 자리에서 신현확에 의해 이건희로의 경영권 승계가 선언되었다. 이어서 삼성그룹의 경영권은 이병철이 짜 놓은 구도대로 차질 없이 2세에게로 승계되었다.

이건희는 1942년생인데 어렸을 때는 이병철의 고향에서 할머니가 키웠고 초등학교는 1949년 서울의 혜화초등학교에 입학한 이후 한국전쟁으로 대구, 부산 등을 거쳐 일본까지 무려 여섯 번이나 옮겨 다니면서 졸업하였다고 한다.[5] 초등학교 졸업 후에는 서울에서 서울사대 부속 중 · 고등학교를 나왔고, 연세대에 입학하였다가 일본 와세다대로 옮겨서 대학을 졸업하였고, 미국의 조지워싱턴대학원을 수료하였다. 그 이후부터 줄곧 삼성의 경영에 참여해 왔다. 1979년 그룹 부회장으로 승진하면서 후계자로의 입지가 확고해졌다.

삼성의 경영권 승계에서 한 가지 지적할 수 있는 특징은 장남 승계가 아니었다는 점이다. 그 이유에 대해서는 시중에 회자되는 이야기도 많고, 장남 이맹희가 쓴 두 권의 회고록에서도 자신의 생각이 기술되어 있다. 나중에는 이맹희와 이건희 사이에 상속을 둘러싼 소송까지 벌어졌다.[6] 이 문제는 진실을 파악하기도 어렵고 재벌 가문의 사적인 사정일 뿐이다.

1987년 이건희가 삼성그룹을 승계하였을 당시의 삼성그룹 현황은 〈표 6-1〉과 같다. 1987년부터는 공정거래위원회가 규제 대상의 대규모 기업집단을 지정 · 발표하였는데, 이 자료에 의하면 삼성은 〈표 6-1〉에서처럼 35개의 계열기업을 거느리고 있었다. 회사별 구체적 통계 자료는 발표하지 않았기 때문에 경영능률연구소가 발표한 자료를 원용하였는데, 그룹 전체의 자산 규모는 6조 원 정도였다. 가장 큰 계열사는 삼성전자였다. 그 이후는 계열사의 자체 통폐합, 새 계열사 인수, 기존 계열사의 처분 등 많은 변화가 있었다.

4 서울경제신문(1991), pp. 28~29. 이병철은 후계 계획을 사돈이면서 이건희의 장인인 홍진기와 상의하였는데, 홍진기가 1986년 자기보다 먼저 사망하자 신현확과 김준성을 그룹 경영진으로 영입하여 홍진기의 공백을 메웠다.

5 서울경제신문(1991), p. 30.

6 상속이 이루어지고 25년이 지난 2012년 이맹희측에서 소송을 제기하였다.

〈표 6-1〉 **이건희 승계시의 삼성그룹 현황(1987년)**

(단위: 백만 원)

계열사	총자산	계열사	총자산
1. 삼성물산	424,851	19. 코리아엔지니어링	21,039
2. 제일제당	428,509	20. 삼성시계	64,152
3. 제일모직	231,510	21. 제일기획	47,283
4. 제일합섬	258,959	22. 고려진흥	11,050
5. 삼성전자	1,137,468	23. 연포레저개발	2,703
6. 삼성전관	309,886	24. 중앙SVP	–
7. 삼성코닝	258,913	25. 삼성라이온스	1,934
8. 삼성전기	–	26. 삼성HP	17,198
9. 전주제지	142,601	27. 제일산업	8,507
10. 중앙개발	74,398	28. 삼성유나이티드항공	–
11. 삼성석유화학	178,444	29. 삼성데이타시스템	9,851
12. 삼성중공업	807,744	30. 한국알라스카개발	–
13. 삼성종합건설	413,240	31. 제일냉동식품	–
14. 삼성항공산업	7,717	32. 한국전산	–
15. 호텔신라	78,548	33. 삼성클라크	–
16. 삼성반도체통신	973,379	34. 동방생명보험	–
17. 신세계백화점	183,284	35. 안국화재보험	–
18. 중앙일보사	152,875	합계	6,246,043

주: 『한국 50대 기업그룹 재무분석』에 보고되지 않은 회사는 총자산액이 생략되었다.
자료: 회사이름은 공정거래위원회가 1987년 대규모 기업집단의 계열사로 지정한 자료이고, 자산액은 경영능률연구소가 발간한 『한국 50대 기업그룹 재무분석 자료집』(1988년판)에서 발췌한 자료임.

3) 이건희에서 이재용으로

2013년 현재 삼성그룹의 총수는 이건희 회장이다. 그러나 아들 이재용으로의 경영권 승계 작업은 완료된 것으로 평가하고 있다. 이재용은 이건희의 외아들인데다가 그룹을 지배할 수 있는 주식 지분이 이미 승계되었기 때문이다. 이재용으로 경영권이 실제로 승계되면 삼성은 창업자에서 3세로 경영권이 세습되는 것이다.

이건희는 슬하에 1남 3녀를 두었다.[7] 아들과 두 딸은 이미 주요 계열사를 맡아서 실제로 경영에 참여하고 있다. 재벌의 경영권은 법률상의 경영 직책보다는 실제로 행사하는 권한으로 경영권의 주체를 판단할 수 있는데, 이에 따르면 이병철

7 서울경제신문(1991), p. 20.

의 3세인 이건희의 자녀들은 이미 경영권의 주체로 볼 수 있을 정도로 경영 일선에 나와 있다. 실제로는 3세까지 경영권 세습이 이루어졌다고 평가되고 있다.

미국이나 일본의 대기업에서처럼 소유와 경영이 분리된 지배체제에서는 법률적 경영권의 주체와 사실상의 경영권 주체가 일치한다. 이때는 주식 지분과는 상관없이 경영권의 승계가 일어난다.[8] 그러나 재벌에서처럼 경영권이 소유권과 함께 갈 때는 소유 지분의 승계가 이루어져야 경영권도 승계될 수 있다.

이건희에서 이재용으로의 경영권 세습은 경영권을 장악할 정도의 주식 지분이 승계되어야 가능한데, 삼성에서는 엄청난 사회적 물의를 일으키면서 10여 년 이상의 오랜 기간에 걸쳐 이 작업이 진행되었다. 이재용은 삼성의 경영권을 장악할 수 있을 정도의 소유구조를 이미 구축하였다고 보고 있다.

박상인(2012)은 이재용이 삼성그룹의 대주주로 등극하는 과정을 상세히 기술하고 있는데, 이 과정은 탈법적 · 편법적 · 비양심적 승계의 백화점이라고 평가하고 있다. 승계 과정에서 이루어진 여러 행위들은 불법으로 기소되어 소송까지 거쳤는데, 삼성 편들기식 법원의 판결로 정의롭지 못한 방식의 재벌 세습이 바로잡히지 못하였다고 많은 비난을 받았다.

전체적인 승계 방식은 종잣돈으로 종자기업을 만드는 방식이었다. 이재용은 이건희로부터 소액을 증여받은 후 그 돈을 종잣돈으로 해서 종자기업을 만들고, 거기서 다시 더 큰 종잣돈을 만들어 또 다른 종자기업을 만드는 등의 방식을 거쳐 궁극적으로는 적은 개인 돈으로 삼성그룹의 모든 기업을 지배할 수 있도록 하였다.

이 과정을 보다 구체적으로 살펴보면 이재용은 이건희로부터 61억 4,000만 원을 증여받아 삼성에스원, 삼성엔지니어링, 제일기획 등의 주식, 신주인수권, 전환사채 등을 인수하였을 뿐만 아니라 유상증자에도 참여하였다. 이 회사들이 상장된 후에 그 주식을 매각한 대금이 800억 원이나 되었다. 61억 원의 종잣돈이 3개의 종자기업을 거치면서 엄청나게 큰 새 종잣돈이 마련되었다. 이 돈으로 또 다른 종자기업을 만들었다.

1994년부터 이런 과정을 거치면서 이재용은 수많은 계열사의 주식을 대량 소유하게 되었는데, 2010년에 오면 소유 주식의 평가액이 무려 2조 2,000억 원에 이른

8 최정표(1996b)는 소유와 경영의 분리 및 한국 재벌의 지배구조에 대해 자세히 설명하고 있다.

다.[9] 61억 원이 2조 원으로 불어난 것이다. 그리고 그룹의 경영권까지 승계받게 되었다.

2010년 기준으로 볼 때 삼성그룹의 핵심적 소유고리는 삼성에버랜드가 삼성생명을 소유하고, 삼성생명이 삼성전자를 소유하고, 삼성전자가 삼성카드를 소유하고, 삼성카드가 다시 삼성에버랜드를 소유하는 순환출자 구조이다. 이런 소유구조에서 삼성에버랜드를 소유하는 사람은 이 소유고리에 있는 모든 회사를 지배하고, 더 나아가서는 이 소유고리에 직·간접적으로 매달려 있는 다른 회사들까지 지배할 수 있다.[10] 말하자면, 삼성그룹 전체를 지배할 수 있다.

이재용은 종잣돈과 종자기업 방식을 이용하여 삼성에버랜드의 최대 주주(31.37% 소유)로 등극할 수 있었다. 따라서 이재용은 삼성그룹 전체를 승계받을 수 있게 되는 것이다.

이 과정에서 삼성에버랜드의 전환사채 발행 방식이 불법이라고 소송을 당해 오랜 법정 다툼이 있었다. 삼성에버랜드 지분을 취득하는 데 이재용은 48억 원을 투입하였지만, 2010년 이재용이 소유한 삼성에버랜드 지분의 평가액은 1조 4,000억 원에 이르렀다.[11] 이재용은 삼성에버랜드의 전환사채를 탈법적으로 인수받음으로써 이런 현상이 가능하였다고 소송을 당한 것이다. 그렇게 함으로써 삼성그룹 전체를 승계받을 수 있었다. 삼성에버랜드 주식을 하나도 소유하고 있지 않던 사람이 최대 주주가 되면서 삼성그룹 전체를 지배할 수 있는 사람이 된 것이다. 소송 결과와는 상관없이 삼성의 이런 승계 과정은 많은 비판을 받았다.

기업은 규모가 커질수록 경영권의 세습은 점점 더 어려워진다. 경영권을 장악할 정도의 지분이 엄청나게 커지기 때문이다. 상속세와 증여세를 납부하면서 이런 크기의 지분을 승계받기는 쉽지 않다. 그래서 삼성처럼 여러 가지 탈법적인 방법이 동원되는 것이다.

이제는 편법이나 탈법적인 방법을 동원하는 것이 쉽지 않다. 사회 여론과 법망이 점점 더 촘촘해졌기 때문이다. 앞으로는 소유 지분의 승계를 통한 경영권의 세

9 박상인(2012), p. 82.
10 박상인(2012), p. 72.
11 박상인(2012), p. 82.

습은 점점 어려워질 것이 틀림없다.

선진국에서는 오래 전부터 소유와 경영의 분리가 대세로 자리잡고 있다. 경영권의 세습은 불가능하다. 전문경영인들이 경영권을 가지기 때문이다. 삼성도 이제부터는 부당한 방식으로 주식을 상속시키면서 이를 바탕으로 경영권을 승계시키는 것은 매우 어려울 것이다.

2. 현대의 경영권 세습

1) 창업자의 가족관계

현대그룹의 창업자 정주영(1915~2001년)은 많은 형제와 많은 자녀를 거느리고 있는데, 이들 대부분이 현대그룹의 경영에 참여해 왔다. 먼저 형제관계를 살펴보면 정주영은 6남 1녀의 장남이고, 그 아래에 정인영(남), 정순영(남), 정희영(여, 남편 김영주), 정세영(남), 정신영(남), 정상영(남) 등의 동생이 있다.[12] 여동생의 남편인 김영주는 정주영보다 5살 아래인데 일찍부터 사업을 같이 시작한 동업자 관계이다. 막내동생 정상영은 정주영보다 21살 아래다.

정주영은 슬하에 8남 1녀를 두었다. 순서대로 나열하면 정몽필(남), 정몽구(남), 정몽근(남), 정경희(여, 남편 정희영), 정몽우(남), 정몽헌(남), 정몽준(남), 정몽윤(남), 정몽일(남) 등이다.[13] 사위 정희영도 일찍부터 현대그룹의 경영에 참여하였다. 장남 정몽필은 1982년 교통사고로 사망하고, 4남 정몽우는 1990년 자살하였다. 장남의 사망으로 차남 정몽구가 경영권 승계의 1순위로 거론될 수밖에 없었다.

정주영은 나이가 들어도 연부역강한 노인으로 경영 일선에서 물러서지 않다가 1987년 2월 동생 정세영에게 그룹 회장직을 넘겨주고 명예회장으로 물러앉았다. 이때부터 현대그룹 경영권이 정세영에게로 승계되느냐가 세간의 관심거리였다.

정세영은 정주영보다 13살 아래인데 일찍부터 형의 사업에 참여하였다. 특히, 현대자동차는 정세영이 1967년부터 사장으로 취임하여 오늘날의 현대자동차가 있

12 서울경제신문(1991), p. 40.
13 서울경제신문(1991), p. 40.

게 한 인물이다. 그는 포니(Pony)라는 브랜드로 한국 자동차를 성공적으로 미국에 수출하면서 포니정이라는 애칭까지 얻었다. 한국 자동차산업의 발전에서 정세영의 공로는 결코 가벼이 평가될 수 없는 인물이다.

정세영이 현대그룹의 회장 직책을 맡고 있었지만 실질적인 최고경영자는 물론 정주영 명예회장이었다. 최고경영권의 향배는 미정이었다. 재벌의 특성상 주식 지분의 상속이 경영권 승계를 결정짓는 핵심적 요소이기 때문이다. 현대그룹의 주식이 어떻게 상속될지는 초미의 관심사항이었다.

2) 분할 세습

현대그룹은 창업자 정주영이 많은 형제와 자녀들을 거느리고 있었을 뿐만 아니라 수많은 계열사를 소유하고 있었기 때문에 승계 과정과 승계 내용이 매우 복잡할 수밖에 없었다. 정주영은 죽기 이전에 상속과 승계를 정리하고 있었으나 이를 완료하지 못한 채 2001년 사망하였다. 그 이후 정리된 현대그룹의 핵심적 승계 내용은 현대그룹의 주요 사업이 정몽구, 정몽헌, 정몽준에게 분할 승계되었다는 점이다. 다른 아들들과 동생 정세영도 그 외 사업의 한 부분씩을 승계받았다.

승계되는 과정은 간단하지 않았고, 소위 말하는 왕자의 난이라는 형제 간 불화까지 거치면서 기업의 승계가 이루어졌다.[14] 정몽구는 현대자동차, 기아자동차(도산 후 현대자동차가 인수) 등이 중심이 된 자동차그룹을 승계받았다. 공정거래위원회는 2001년부터 현대자동차그룹을 독립된 대규모 기업집단으로 지정하였는데, 이 당시 계열기업 현황은 〈표 6-2〉와 같다.

정몽준은 현대중공업, 현대미포조선 등 조선업 분야의 계열사를 승계받았다.[15] 공정거래위원회는 2002년부터 현대중공업그룹을 독립된 대규모 기업집단으로 지정하였는데 계열기업 현황은 〈표 6-3〉과 같다.

정몽헌은 정몽구와 정몽준이 각기 가져간 자동차그룹과 중공업그룹을 제외한 대부분의 계열사를 차지하였다. 현대건설(나중에 부도처리), 현대상선, 현대아산, 현

14 정주영은 말년에 정신이 혼미하여 승계를 제대로 정리하지 못하였기 때문에 형제 간의 상속 싸움이 불가피하였다.
15 이한구(2004), p. 759.

〈표 6-2〉 분리 직후 현대자동차그룹의 계열기업(2001년)

(단위: 백만 원)

계열사	자산액	계열사	자산액
1. 기아자동차	8,438,466	10. 한국로지텍	–
2. 삼미특수강	–	11. 현대모비스	2,693,183
3. 엔지비	–	12. 현대우주항공	–
4. 오토에버닷컴	–	13. 현대자동차	19,632,846
5. 이에이치디닷컴	–	14. 현대파워텍	–
6. 인천제철	–	15. 현대하이스코	2,020,246
7. 제주다이터스티	–	16. 현대캐피탈	5,948,049
8. 케피코	–		
9. 한국디티에스	–	합계	38,732,790

자료: 회사명은 공정거래위원회가 2001년도 대규모 기업집단의 계열사로 지정한 자료이고, 자산액은 신산업경영원이 발간한 『한국 30대 재벌 재무분석』(2003년 판)에서 발췌한 자료이다.

〈표 6-3〉 분리 직후 현대중공업그룹의 계열기업(2002년)

(단위: 백만 원)

계열사	자산액	계열사	자산액
1. 현대미포조선	1,041,017	4. 현대기업금융	189,547
2. 현대중공업	9,743,707	5. 현대선물	50,878
3. 현대기술투자	68,302	합계	11,093,451

자료: 회사명은 공정거래위원회가 2002년도 대규모 기업집단의 계열사로 지정한 자료이고, 자산액은 신산업경영원이 발간한 『한국 대기업그룹 재무분석』(2004년 판)에서 발췌한 자료이다.

대엘리베이터, 현대기술정보, 현대종합상사, 현대증권 등 다양한 업종과 대북사업 분야를 승계받았다. 공정거래위원회는 2002년부터 자동차그룹과 중공업그룹이 떨어져 나간 후의 현대그룹을 독립된 대규모 기업집단으로 지정하였다. 그 현황은 〈표 6-4〉와 같다.

정몽근은 1998년에 이미 현대백화점을 물려받았고, 정몽윤도 1998년 이미 현대해상화재보험을 물려받았다. 현대자동차를 경영하던 동생 정세영은 정주영의 뜻에 따라 1999년 이를 조카 정몽구에게 넘기고 주택 건설업체인 현대산업개발을 물려받았다.[16]

16 이한구(2004), p. 759.

〈표 6-4〉 현대자동차와 현대중공업이 분리된 후의 현대그룹 계열기업(2002년)

(단위: 백만 원)

계열사	자산액	계열사	자산액
1. 현대경제연구원	7,105	8. 현대택배	172,414
2. 현대오토넷	396,445	9. 현대모바일	-
3. 현대상선	5,443,798	10. 현대증권	3,918,133
4. 현대아산	364,043	11. 현대투자신탁운용	136,391
5. 현대엘리베이터	267,628	12. 현투증권	3,918,133
6. 현대정보기술	349,292		
7. 현대종합상사	658,251	합계	15,631,633

자료: 회사명은 공정거래위원회가 2002년도 대규모 기업집단의 계열사로 지정한 자료이고, 자산액은 신산업경영원이 발간한 『한국 대기업그룹 재무분석』(2004년판)에서 발췌한 자료이다.

정몽헌이 물려받은 그룹을 공정위가 현대그룹이라고 지칭하였으나 현대건설이 부도처리되었을 뿐만 아니라 2003년 정몽헌이 자살하고 대북사업까지 지지부진하게 되는 바람에 승계된 세 그룹 중 가장 뒤처지고 말았다. 공정위의 대규모 기업집단 지정 현황에 의하면 계속 서열 1위를 기록하던 현대가 2001년에는 2위로 밀리면서 분리된 현대자동차그룹이 5위에 올랐다. 2002년에는 현대중공업까지 현대에서 분리되어 15위 서열에 오르자 정몽헌의 현대는 13위로 밀렸다.

그 이후 현대자동차그룹과 현대중공업그룹은 재계 서열 앞 순위를 계속 유지하고 있으나 현대그룹은 계속 뒤로 밀렸다. 정세영이 물려받은 현대산업개발도 30위 안팎의 순위를 유지하고 있다. 현대자동차그룹은 도산한 기아자동차까지 인수함으로써 삼성그룹 다음의 재계 서열을 확보하면서 정주영 시대 현대그룹의 명성을 재현하고 있다.

현대그룹은 분할 승계가 두드러진 특징이었다. 오랜 기간 재계 서열 1위를 유지하였으나 승계 과정에서 그룹이 분할됨으로써 1위는 삼성으로 넘어갔다. 그러나 현대그룹은 분할된 그룹 여러 개가 30대 재벌 명단에 이름을 올림으로써 정씨 가문의 재벌세는 오히려 더 커졌다.

3) 정몽구에서 정의선으로

현대자동차그룹의 대주주와 총수는 정몽구이다. 정몽구는 슬하에 1남 3녀를 두고 있는데, 외아들 정의선이 그룹의 부회장을 맡고 있으며 그에게로 경영권이 승계될 것으로 보고 있다. 재벌의 경영권 세습은 주식 지분의 승계가 이루어져야 가능한 것인데 정의선으로의 주식 지분 승계는 아직 완료되지 않은 상태이다. 그러나 그 가능성은 활짝 열려 있다.

현대자동차그룹은 2000년 9월에 현대그룹으로부터 분리되었는데, 그 이후 기아자동차와 현대건설(부도로 인해 현대에서 분리되었다가 정상화된 후 현대자동차가 인수)까지 인수하여 과거 현대그룹 이상의 재벌세를 구축하였다. 현대자동차그룹은 현대자동차가 기아자동차를 소유하고, 기아자동차가 현대모비스를 소유하고, 현대모비스가 다시 현대자동차를 소유하는 전형적인 순환출자 방식으로 재벌그룹을 형성하고 있는데, 이 세 회사 중 어느 하나에 대해 대주주 위상을 확보하면 그룹 전체를 장악할 수 있다.[17]

현재는 현대글로비스가 현대모비스의 주식을 소액 소유하고 있는 정도인데, 이 지분이 커지면 현대그룹은 통째로 경영권이 정의선에게로 세습될 수 있다. 정의선도 삼성에서처럼 종잣돈과 종자기업 방식으로 현대글로비스의 주식 31.88%를 소유하는 최대 주주가 되었기 때문이다.

현대글로비스는 2001년까지만 해도 유통업을 영위하는 중소기업에 불과하였다. 정의선이 종잣돈 15억 원으로 대주주(59.85% 소유)가 된 후 현대글로비스는 2005년까지 불과 4년 사이에 16배나 급성장하였다. 그 이후에도 현대글로비스는 계속 성장하였기 때문에 10여 년 동안 정의선의 투자수익률은 연평균 300%를 기록하였다. 현대자동차가 거래 물량을 집중적으로 밀어주었기 때문이다.[18] 현대글로비스는 일약 대기업 반열에 들어섰고, 정의선의 재산은 무려 7조 원을 물려받은 효과를 냈다. 만약 현대글로비스가 회사자금으로 현대모비스의 대주주가 된다면 정의선은 현대자동차그룹 전체를 그대로 물려받을 수 있다.

17 박상인(2012), p. 112.

18 2007년 9월 공정거래위원회는 현대자동차가 현대글로비스를 포함한 5개 계열사에 지원성 부당내부거래를 하였다는 혐의로 507억 9,400만 원의 과징금을 부과하였다.

3. LG의 경영권 세습

1) 창업자의 가족관계

LG그룹의 창업자는 구인회(1907~1969년)이다. 구인회는 많은 형제와 자녀를 두었는데, 남자들은 거의 모두 회사 경영에 참여하였다. 구인회는 6형제의 맏이이고 아래로 5명의 남동생을 두었다. 순서대로 구철회, 구정회, 구태회, 구평회, 구두회이다. 자녀는 순서대로 구자숙(여), 구자경(남), 구자승(남), 구자학(남), 구자두(남), 구자일(남), 구자혜(여), 구자영(여), 구순자(여), 구자극(남) 등 모두 6남 4녀이다. 장남 구자경은 4남 2녀를 두었다. 순서대로 구본무(남), 구훤미(여), 구본릉(남), 구본준(남), 구미정(여), 구본식(남) 등이다.[19]

창업자 구인회는 동생들도 자녀들이 많다. 첫째 동생 구철회는 4남 4녀, 둘째 동생 구정회는 5남 2녀, 셋째 동생 구태회는 4남 2녀, 넷째 동생 구평회는 3남 1녀, 다섯째 동생 구두회는 1남 3녀를 두었다.[20] 이들이 모두 경영과 상속에 참여하기 때문에 LG그룹의 가족경영과 세습경영은 매우 복잡하고 다기화될 것이 틀림없다.

거기다가 창업자 후손들이 한국 사회의 유력 인사들과 복잡한 혼맥을 구축하고 있다는 것이 LG그룹의 특징이다.[21] 구씨 가문은 한국의 정 · 재계 유력 인사와 사돈 또는 겹사돈으로 복잡하게 연결되어 있다. 이에 따라 유력한 친인척들도 직 · 간접적으로 계열사의 경영에 참여하고 있다.

2) LG그룹의 세습

LG그룹은 창업자 구인회가 일찍 타계하는 바람에 타 재벌에 비해 2세 승계가 비교적 빠르게 이루어졌다. 창업자 구인회는 1969년 63세로 타계하였고 공동창업자라고 불릴 정도로 일찍부터 아버지의 사업을 도왔던 장남 구자경(1925~)이 자연스럽게 그룹 경영권을 승계받았다. 1970년 1월 6일 신년 시무식에 이어서 열린 그룹 전체 임원회의에서 창업자 구인회의 바로 아래 동생인 구철회의 제의에 따라

19 서울경제신문(1991), p. 57.
20 서울경제신문(1991), p. 57.
21 구씨 가문의 혼맥에 대해서는 한국경제신문(1991), pp. 58~59 참조.

구인회의 장남 구자경(당시 45세)이 제2대 회장으로 취임하였던 것이다.

구자경은 1950년 락희화학공업사(LG화학)의 이사로 LG그룹의 경영에 참여하였고 아버지의 타계로 비교적 이른 나이에 그룹의 회장이 되었다. 이 당시만 해도 계열회사는 불과 11개에 불과하고 그 규모도 크지 않았기 때문에 아직 재벌로서의 면모는 갖추고 있지 못하였다.[22] LG그룹은 구자경 경영 시대에 와서 참여 업종을 넓혀 가면서 착실히 재벌의 면모를 갖추었다고 볼 수 있다.

구자경은 1995년 70세를 맞으면서 경영 은퇴를 선언하고 장남 구본무(당시 50세)에게 그룹의 경영권을 넘겼다. 구본무가 제3대 회장으로 취임하면서 LG그룹은 3세 승계로 넘어간 것이다. LG그룹은 삼성그룹이나 현대그룹과는 달리 철저하게 장남 승계를 지켰다. 그리고 외부에 아무런 잡음도 보이지 않고 경영권 승계가 이루어진 보기 드문 재벌이었다.

LG그룹도 경영권 세습이라는 재벌의 특징을 그대로 보여 주고 있다. 재벌과 같은 소유경영체제에서는 주식 지분의 승계 없이는 경영권 세습이 불가능하다. LG그룹도 주식 지분의 승계와 더불어 경영권의 세습이 이루어졌는데, 지분 승계가 어떻게 이루어졌고 증여세와 상속세가 얼마였는지 등은 구체적으로 밝혀지지 않고 있다.

구자경에서 구본무로 승계될 때는 〈표 6-5〉에서 보는 것처럼 재벌의 면모를 확실히 갖추었다. 계열기업 수도 많고 그룹의 규모도 크다. 가족 중심의 경영, 기업의 그룹화, 규모의 비대화라는 재벌의 세 가지 특징이 모두 충족되고 있다.

3) 구씨와 허씨의 LG그룹 분할 세습

2005년 공정거래위원회가 발표한 대규모 기업집단 목록에 GS라는 새로운 재벌이 재계 순위 7위에 이름을 올렸다.[23] 반면에 2004년에 2위였던 LG는 3위로 밀려났다. LG로부터 GS가 분리되어 새로운 재벌이 만들어졌기 때문이다. 2005년부터는 공식적으로 LG는 구씨의 재벌로, GS는 허씨의 재벌로 분할 독립된 것이다.

구씨와 허씨는 LG그룹의 창업 동지였는데, 허씨가 LG로부터 독립하여 새로운

22 이한구(2004), p. 475.

23 공기업과 전문경영인 기업을 제외한 후 재벌만을 대상으로 하였을 때의 순위.

〈표 6-5〉 3세 승계시의 LG그룹 계열기업(1995년)

(단위: 백만 원)

계열사	자산액	계열사	자산액	계열사	자산액
1. 엘지화학	3,900,687	18. 금성계전	–	35. 에스티엠	–
2. 엘지오웬스코닝	91,731	19. 금성기전	–	36. 엘지스포츠	8,530
3. 엘지얼라이드시그널	12,318	20. 엘지하니엘	74,459	37. 엘지미디어	–
4. 엘지엠엠에이	92,657	21. 엘지정보통신	410,330	38. 호유판매	–
5. 실트론	218,722	22. 엘지기공	64,481	39. 엘지백화점	108,261
6. 호남정유	4,205,976	23. 엘지전선	955,601	40. 엘지경제연구원	–
7. 호유에너지	–	24. 국제전선	–	41. 한무개발	180,338
8. 세방석유	–	25. 엘지상사	1,249,777	42. 서울선물	–
9. 호유해운	186,116	26. 엘지석유화학	626,629	43. 한국홈쇼핑	–
10. 엘지전자	6,010,910	27. 엘지반도체	4,159,569	44. 엘지증권	1,835,877
11. 엘지전자부품	128,925	28. 엘지정밀	200,005	45. 엘지투자자문	–
12. 엘지마이크론	139,125	29. 엘지금속	816,285	46. 엘지신용카드	1,743,021
13. 성철사	–	30. 엘지유통	418,031	47. 럭기화재해상보험	923,312
14. 엘지포스타	23,916	31. 엘지레저	99,423	48. 엘지종합금융	–
15. 엘지소프트웨어	25,108	32. 엘지건설	1,543,545	49. 부민상호신용금고	254,766
16. 엘지히다찌	11,079	33. 엘지엔지니어링	285,691	50. 엘지파이넌스	–
17. 엘지산전	1,470,857	34. 엘지애드	194,997	합계	32,671,055

자료: 회사명은 공정거래위원회가 1995년도 대규모 기업집단의 계열사로 지정한 자료이고, 자산액은 신산업경영원이 발간한 『한국 30대 재벌 재무분석』(1997년판)에서 발췌한 자료이다.

재벌 GS를 만든 것이다. LG의 창업자 구인회는 허씨 가문으로 장가를 갔는데 장인이 허만식이었고, 허만식의 재종(6촌)이 허만정이었다. 허만정은 당시 경남 진주지역의 만석지기 대지주였다. 허만정은 1945년 구인회가 운영하는 조선흥업사에 큰 자본을 투자하면서 구인회와 동업자가 되었다. 그 이후 허만정의 아들들도 LG그룹의 주식 지분과 경영에 참여하였다.

LG의 소유와 경영에 참여한 허만정의 아들들은 허정구(장남), 허준구(3남), 허신구(4남), 허승조(8남) 등이다. 그리고 대를 이어 허정구의 2남 허동수, 허준구의 장남 허창수, 2남 허정수, 3남 허진수, 4남 허명수, 5남 허태수 등도 LG 계열사의 경영 일선에 깊숙이 참여하였다. 이러한 허씨들이 자기 지분을 분리하여 새롭게 만든 재벌이 GS그룹이다. 그리고 GS그룹의 회장은 허창수이다.

LG그룹은 2001년부터 대대적인 소유구조 개편 작업에 들어갔는데, 이는 상속과 승계를 위한 정지 작업이었다. 그 동안 공정거래법에서 금지하고 있던 지주회사제도가 1999년부터 허용됨에 따라 LG그룹은 지주회사제도를 활용하여 복잡하게 얽혀 있던 친인척들의 소유고리를 정리하였을 뿐만 아니라 GS의 분리 작업도 추진하였다.[24]

지주회사(holding company)는 상품을 생산하고 판매하는 활동보다 다른 회사를 소유, 지배, 관리하는 것이 주업인 회사이다. 다른 회사의 주식을 소유하면서 이 회사들을 지배, 관리하고 있는 회사가 지주회사이다. 지주회사가 직접 소유하고 있는 회사를 자회사라고 하고, 자회사가 소유하고 있는 회사를 손자회사라고 한다. LG는 이런 지주회사를 만들어 그룹 총수가 지주회사의 최대 주주가 되면서 그 아래의 자회사, 손자회사 등을 모두 지배하는 새로운 소유지배구조를 구축하였다.[25] 그리고 이 과정에서 그룹을 분할하여 상속 문제를 해결하였고, 이때 허씨들 몫으로 분리된 기업들이 GS그룹이다.

LG의 지주회사 구축은 2001년부터 2005년까지 4년여에 걸쳐 이루어졌다. 2001년에 화학 부문 사업지주회사 LGCI를 만들어 화학 업종 계열회사들을 자회사로 편입하였고, 2002년에는 전자 부문 사업지주회사 LGEI를 설립하여 전자 업종 계열회사를 자회사로 편입하였다. 사업지주회사(operating holding company)는 직접 상품 생산도 하면서 다른 회사를 소유하는 지주회사인데, LGCI와 LGEI는 사업지주회사였다. 두 지주회사는 LG의 구씨들이 최대 주주이기 때문에 그 이하의 자회사, 손자회사는 당연히 LG그룹의 계열사이다.

다시 LGCI를 순수지주회사(pure holding company)로 전환시키면서 전자지주회사 LGEI를 여기에 합병시켜 하나의 순수지주회사를 만들었다. 순수지주회사는 생산업은 하지 않고 다른 회사들을 소유, 관리하는 업무만 수행하는 회사이다. 2003년부터 하나로 통합된 순수지주회사를 (주)LG라고 하였다. 이제 LG그룹은 총수가 지주회사 (주)LG를 소유하고, (주)LG가 자회사, 손자회사 등을 소유하는 체제로 소유

24 지주회사제도를 이용한 LG그룹의 분할 승계에 대해서는 김동운(2007) 참조. 재벌들의 지주회사 전환에 대해서는 김동운(2011) 참조.

25 LG그룹의 지주회사 전환 과정에 대해서는 김동운(2007)에 자세히 정리되어 있다.

〈표 6-6〉 LG와 GS 분리 직후의 LG 계열기업(2005년)

(단위: 백만 원)

계열사	자산액	계열사	자산액	계열사	자산액
1. 데이콤	2,135,585	14. 한국인터넷 데이터센터	-	27. 엘지생명과학	383,330
2. 데이콤 멀티미디어인터넷	11,620	15. 엘지필립스엘시디	12,995,915	28. 파워콤	1,567,329
3. 데이콤크로싱	62,263	16. 엘지다우폴리카보네이트	259,154	29. 씨텍	503,698
4. 실트론	677,072	17. 엘지마이크론	839,758	30. 브이이엔에스	-
5. 엘지경영개발원	-	18. 엘지석유화학	1,039,959	31. 하이비즈니스로지스틱스	-
6. 엘지상사	1,481,268	19. 엘지에너지	-	32. 루셈	-
7. 엘지스포츠	12,011	20. 엘지엠엠에이	270,479	33. 씨에스리더	-
8. 엘지생활건강	618,550	21. 엘지이노텍	401,184	34. 인터내셔널텔레드림	-
9. 엘지	4,796,384	22. 엘지전자	14,036,440	35. 테카스	-
10. 엘지씨앤에스	564,550	23. 엘지엔시스	92,327	36. 엘지대산유화	-
11. 엘지텔레콤	3,765,514	24. 서브원	364,665	37. 롯데대산유화	-
12. 엘지화학	5,593,399	25. 곤지암레저	-	38. 부민상호저축은행	-
13. 씨아이씨코리아	-	26. 하이프라자	177,697	합계	52,650,151

자료: 회사명은 공정거래위원회가 2005년도 대규모 기업집단의 계열사로 지정한 자료이고, 자산액은 신산업경영원이 발간한 『한국 대재벌그룹 재무분석』(2007년판)에서 발췌한 자료이다.

구조가 개편되었다.

2004년에는 지주회사 (주)LG를 분할하여 또 하나의 순수지주회사 GS홀딩스를 만들고 여기에 14개의 계열회사를 편입시켰다. 공정위는 2005년 GS그룹을 독립된 새로운 대규모 기업집단으로 지정하였다. 이렇게 해서 LG그룹은 구씨와 허씨에게로 그룹이 분할 승계되었다.

LG그룹에서 GS그룹이 분리된 직후의 LG 계열사가 〈표 6-6〉에 정리되어 있다. 본래의 LG그룹이 대재벌이었던 만큼 분리된 후에도 LG그룹은 대재벌의 면모를 그대로 보여 주고 있다. 2005년 공정위의 대규모 기업집단 자료에서 LG는 재계 순위 3위이다.

LG그룹에서 GS그룹이 분리된 직후의 GS 계열사가 〈표 6-7〉에 정리되어 있다. 새롭게 만들어진 재벌이지만 대재벌에서 분리된 것인 만큼 계열기업 수도 매우 많고 그룹의 규모도 크다. 2005년 공정위의 대규모 기업집단 지정자료에서 GS는 재계 순위 7위이다.

〈표 6-7〉 LG와 GS 분리 직후의 GS 계열기업(2005년)

(단위: 백만 원)

계열사	자산액	계열사	자산액	계열사	자산액
1. 여수화물	-	18. 옥산유통	19,857	35. 삼양통상	225,983
2. 곤지암리조트	-	19. 이지빌	12,815	36. 서라벌도시가스	47,382
3. 드림스포츠	-	20. 정산스포츠	-	37. 센트럴모터스	-
4. 디에이치클럽닷컴	-	21. 지에스스포츠	-	38. 아이써프	-
5. 랜드마크아시아	-	22. 지에스왓슨스	-	39. 에이치플러스홀딩스	-
6. 마루망코리아	-	23. 지에스홀딩스	-	40. 지에스건설	3,825,837
7. 보헌개발	-	24. 캠바이오테크놀로지아시아	-	41. 엘지기공	-
8. 삼양인터내셔날	86,153	25. 켐텍인터내셔날	-	42. 지에스칼텍스	9,397,161
9. 세티	-	26. 코스모레저	-	43. 엘지파워	815,545
10. 스마트로	26,209	27. 코스모아이넷	-	44. 오일체인	-
11. 승산	223,045	28. 코스모앤컴퍼니	23,149	45. 위드서비스	-
12. 승산레저	-	29. 코스모앤홀딩스	-	46. 코스모산업	-
13. 에스엘에스	27,173	30. 코스모양행	28,160	47. 코스모정밀화학	26,246
14. 에스엠	-	31. 코스모에스앤에프	-	48. 코스모화학	162,601
15. 엘지유통	-	32. 한국케이블티브이 울산방송	23,068	49. 크린에어월드	-
16. 엘지홈쇼핑	506,918	33. 해양도시가스	196,099	50. 한무개발	742,175
17. 엘티에스	-	34. 로슬린코퍼레이션	-	합계	16,415,576

주: GS 계열사라도 LG에서 GS로 아직 상호 변경이 이루어지지 않은 기업의 명칭은 본래대로 표기하였다.
자료: 회사명은 공정거래위원회가 2005년도 대규모 기업집단의 계열사로 지정한 자료이고, 자산액은 신산업경영원이 발간한 『한국 대재벌그룹 재무분석』(2007년 판)에서 발췌한 자료이다.

4. SK의 경영권 세습

1) 창업자의 가족관계

SK그룹의 창업자는 최종건(1926~1973년)이다. 최종건은 형제가 8남매이다. 위로 최양분(여), 최양순(여)이고, 아래로 최종현(남), 최종분(여), 최종관(남), 최종순(여), 최종욱(남)이다. 최종건은 슬하에 3남 4녀를 두었다. 순서대로 최윤원(남), 최신원(남), 최정원(여), 최혜원(여), 최지원(여), 최예정(여), 최창원(남)이다.[26]

최종건은 너무 일찍 타계하는 바람에 경영권은 자녀 대신 동생 최종현에게로

26 서울경제신문(1991), p. 86.

넘어갔다. 자녀들이 너무 어렸기 때문이다. 최종현은 슬하에 2남 1녀를 두었다. 순서대로 최태원(남), 최재원(남), 최기원(여)이다.[27]

SK그룹은 최종현이 경영권을 가지고 있을 때 민영화되는 공기업 대한석유공사(SK에너지)와 한국이동통신(SKT)을 인수함으로써 재벌 반열에 오를 수 있었다.[28] 두 기업은 SK그룹의 핵심 기업이다. 창업보다는 인수를 통해 재벌이 되었다는 측면에서 단시일에 쉽게 재벌이 된 기업이었다. 스스로 창업해서 재벌의 성을 쌓은 삼성, 현대, LG와는 차이가 나는 점이다.

2) 최종현의 그룹 세습

1973년 창업자 최종건이 48세라는 젊은 나이로 사망하자 동생 최종현이 그룹 경영을 이어받았다. 최종건의 사망 당시 장남 최윤원은 23세에 불과하였기 때문에 최종현으로의 경영권 승계는 당연한 것으로 여겨졌다. 최종현은 1954년 서울대학교 농과대학 3학년 재학 중 미국 유학을 떠나 1956년 미국 위스콘신대학교를 졸업하였고, 시카고대학교에서 경제학 석사 과정을 마친 뒤 귀국하였다.

최종현(1929~1998년)은 1970년(41세) 선경직물 사장으로 선경그룹(나중에 SK그룹)의 경영에 참여하였으며, 1973년 형이 사망하자 그룹 경영권을 이어받았고, 1978년(49세) 선경그룹 회장에 취임하였다. 최종건에서 최종현으로의 경영권 승계는 당시의 그룹 사정상 불가피한 선택이었다. 그리고 당시 선경그룹은 재벌로서의 위상을 갖출 만큼 대기업도 아니었기 때문에 경영권 승계가 세간의 큰 관심 사항도 아니었다.

3) 최태원의 그룹 세습

1998년 최종현이 사망하자 그룹 승계는 복잡한 양상을 보였다. 창업자 최종건의 자녀가 3남 4녀이고, 최종현의 자녀가 2남 1녀였는데, 이들도 이미 직·간접적으로 경영에 참여하고 있었기 때문이다. 지분 정리와 경영권 승계는 간단하지 않았다. 따라서 최종현 회장 사망 후에는 예상을 깨고 전문경영인이었던 손길승이

27 서울경제신문(1991), p. 86.
28 대한석유공사는 1980년 인수하였고, 한국이동통신은 1994년 인수하였다.

〈표 6-8〉 **최종현 타계시의 SK 계열기업(1998년)**

(단위: 백만 원)

계열사	자산액	계열사	자산액	계열사	자산액
1. 경성고무공업사	-	17. 양산국제물류	-	33. 에스케이텔레콤	4,060,771
2. 국일에너지	37,405	18. 에스케이	13,706,929	34. 에스케이해운	1,289,108
3. 마이티브이	-	19. 에스케이가스	743,619	35. 에스케이훅스	-
4. 스피드메이트	-	20. 에스케이건설	1,929,044	36. 이리듐코리아	-
5. 에스케이경제연구소	-	21. 에스케이상사	1,795,794	37. 중부도시가스	35,016
6. 워커힐	150,040	22. 에스케이씨	1,082,197	38. 청주도시가스	35,111
7. 유공몬텔	-	23. 에스케이에너지판매	2,788,312	39. 포항도시가스	28,290
8. 중원	26,928	24. 에스케이제이씨	-	40. 한국이동통신	-
9. 경진해운	-	25. 에스케이옥시케미칼	897,031	41. 홍진유업	-
10. 구미도시가스	65,224	26. 에스케이유시비	-	42. 에스케이생명보험	570,265
11. 대구전력	-	27. 에스케이유통	366,009	43. 에스케이증권	1,475,197
12. 대한도시가스	376,243	28. 에스케이임	-	44. 에스케이캐피탈	-
13. 대한도시가스서비스	-	29. 에스케이제약	33,396	45. 에스케이 투자신탁운용	32,263
14. 대한도시가스엔지니어링	-	30. 에스케이창고	-		
15. 대한텔레콤	-	31. 에스케이컴퓨터통신	-		
16. 동륭케미칼	-	32. 에스케이케미칼	1,423,520	합계	32,947,712

자료: 회사명은 공정거래위원회가 1998년도 대규모 기업집단의 계열사로 지정한 자료이고, 자산액은 신산업경영원이 발간한 『한국 30대 재벌 재무분석』(2000년판)에서 발췌한 자료이다.

그룹 회장으로 추대되었다. 거기다가 최종현의 장남 최태원이 계열사 주식 변칙거래 사건으로 2003년 구속되는 처지가 되자 손길승의 최고경영권 체제는 보다 확고해져 갔다.

손길승(1941~)은 진주고등학교와 서울대학교 상과대학을 졸업하였으며, 1965년 중소기업에 불과하였던 선경직물에 입사함으로써 SK와 인연을 맺었다. 최종현 회장과 함께 SK그룹을 재벌 반열로 키워 낸 전문경영인이다. 1998년 최종현 회장이 사망한 후 SK그룹의 회장에 취임하면서 기아그룹에 이어 두 번째로 전문경영인 재벌 회장이 되었다. 주식을 소유하지 않은 전문경영인이 실질적으로 최고경영인이 되는 소유와 경영의 분리체제였다.

1998년 최종현이 타계하였을 때의 SK그룹 계열사는 〈표 6-8〉과 같다. (주)SK와 SKT가 그룹의 핵심 기업으로 가장 큰 기업이지만 다른 업종에도 폭넓게 다각화가 이루어지고 있었다.

손길승은 2003년 전문경영인으로서 제28대 전국경제인연합회 회장에까지 취임하면서 한국에도 전문경영인 시대가 열리는지 관심이 많았다. 미국과 일본 등 선진국은 이미 전문경영인이 대기업의 경영을 주도하는 소유와 경영의 분리체제가 확립된 지 오래이기 때문이다.

그러나 기아그룹의 김선홍에 이어 SK의 손길승도 실패한 실험으로 끝나고 말았다.[29] 2003년 손길승은 SK그룹의 비자금 사건으로 구속되었고 전경련 회장직에서도 물러났다. 2004년에는 그룹 회장직도 물러났다. 이로써 한국 재벌의 소유와 경영 분리 실험은 또 실패로 끝나고 말았다.

미국, 일본 등 거의 모든 나라에서 재벌의 다음 단계는 소유와 경영이 분리되는 전문경영인 기업이었는데, 한국에서는 김선홍과 손길승의 두 실험에서 성공하지 못하고 다시 다음 기회를 기대할 수밖에 없게 되었다. 선진국에는 이미 재벌체제를 더 이상 유지하지 못하고 있다. 한국도 기업의 규모가 세계적 대기업 수준으로 커지고 있는 단계에서 재벌체제를 계속 유지하기는 어려울 것이다. 한국에서도 소유와 경영의 분리는 불가피한 진화의 단계이다.[30]

최태원(1960~)이 구속에서 풀려나자 SK그룹은 2004년부터 최태원 회장체제로 경영권을 재정비해 나갔다. 사촌 간에 주식 지분이 정리되지 않은 상태로 경영권 분쟁의 여지도 남아 있었지만 최태원으로의 경영권 승계는 점점 강화되었다. SK그룹도 전형적인 재벌의 모습 그대로 경영권이 세습되었고, 한국 재벌의 후진성과 재벌 경영의 한계를 그대로 보여 주고 있었다.

최태원도 삼성이나 현대자동차처럼 종잣돈과 종자기업을 이용하여 재산을 비정상적으로 불려 나가면서 경영권을 승계할 수 있는 소유구조를 구축하였다. 종자기업은 SKC&C였는데 최태원이 SKC&C의 최대 주주가 되고, 그룹은 SKC&C로의 몰아주기 거래로 SKC&C를 급성장시켰고 최태원의 재산도 급속도로 증가하였다. 이런 과정을 거치면서 최태원은 SKC&C를 지배하고, SKC&C는 그룹의 지주회사인

29 기아그룹은 오너 경영하에서 회사가 부실해지자 전문경영인 김선홍에게로 경영권이 넘겨져서 다시 회생할 수 있었다. 그러나 김선홍 회장체제에서 그룹이 다시 도산하는 운명을 맞았고, 전문경영인 실험은 실패로 끝났다.

30 소유와 경영의 분리에 대해서는 최정표(1996b) 참조.

(주)SK를 지배하고, (주)SK는 그룹의 다른 계열사들을 지배하기 때문에 최태원이 그룹을 승계할 수 있었다.[31]

SK도 LG처럼 지주회사를 이용하여 경영권을 강화시켰는데, 최태원은 지주회사를 직접 소유하지 않고 SKC&C라는 사업회사를 통해 간접적으로 지주회사를 소유하는 방식을 이용하였다. 지주회사체제에서는 매우 특이한 방법이다. 대부분의 지주회사제도는 총수가 직접 지주회사를 소유하고, 지주회사가 다른 계열사를 소유하는 형태인데, SK는 지주회사 위에 사업회사가 있고, 이 회사를 총수가 소유하는 방식이다. 지주회사제도를 악용하는 소유지배구조라고 할 수 있다. 총수가 소유한 사업회사는 몰아주기 거래로 사업을 확장하면서 총수의 재산을 늘리고 이를 바탕으로 지주회사를 확고히 지배하는 자금을 확보하고 있는 것이다.

5. 재벌의 경영권 세습과 상속 및 증여세 납부

재벌의 세습은 막대한 규모의 재산상속을 수반한다. 그런데 실제로 납부하는 상속세는 실제로 상속된 재산과 비교해 엄청나게 적은 액수이다.[32] 그 이유는 승계 방식에서 이미 설명된 것처럼 각종 편법 및 탈법적인 방법으로 사전 상속이 이루어지기 때문이다. 경제 활동을 위장하여 상속세나 증여세 납부 없이 후세에게 막대한 부를 넘기고 있다.

납부한 상속세가 큰 재벌들의 상속세 납부 현황이 〈표 6-9〉에 정리되어 있다. 최대 재벌인 삼성은 3세에게까지 승계가 거의 이루어졌는데, 2세가 납부한 상속세는 254억 원이고, 3세가 납부한 상속세는 280억 원이다. 삼성그룹의 경영권을 통째로 승계받은 후계자치고는 납부한 상속세가 매우 빈약한 실정이다. 대재벌인 현대그룹도 마찬가지이다. 대재벌의 경영권을 통째로 승계받은 후계자들이 납부한 상속세라고 보기 어려운 수준이다.

미리 상속이 이루어졌기 때문에 상속세가 높지 않을 것이다. 그런데 사전 상속

31 박상인(2012), pp. 90~109.
32 조선일보(2006. 5. 15).

〈표 6-9〉 **주요 재벌의 상속 및 증여세 납부 현황**

(단위: 억 원)

순위	재벌명	납부 대상	납부 액수(억 원)	납부 시기
1	대한전선	설원량 유족	1,355	2004
2	교보생명	신용호 유족	1,338	2003
3	태광산업	이임용 유족	1,060	1997
4	SK	최태원	729	1998
5	현대백화점	정지선	700	2004
6	현대산업개발	정세영 유족	484	2005
7	현대	정주영 유족	300	2001
8	삼성	이재용	280	1996~2005
9	대한유화	이정림 유족	278	2001
10	한화	김승연	277	1981
11	삼성	이건희	254	1987
12	새한미디어	이창희 유족	254	1991
13	동양	이양구 유족	120	1989
14	신세계	정용진	50	1998

자료: 머니투데이(2004. 9. 16), 조선일보(2006. 5. 15).

과정에서 대부분의 재벌이 탈법과 편법을 동원하였다는 점이 재벌 세습의 큰 문제점으로 지적되고 있다. 대재벌에 비해 오히려 그 다음 서열의 재벌들이 높은 상속세를 납부하고 있다. 〈표 6-9〉에 의하면 중견 재벌에 불과한 대한전선과 교보생명은 1,300억 원이 넘는 상속세를 납부하였다.

재벌들이 경영권 세습에 집착하면 실제로 상속되는 재산에 합당한 상속세를 내지 않으려고 할 것이 틀림없다. 실제로 상속된 재산에 법정 상속세가 부과되면 경영권의 승계는 불가능해지기 때문이다. 경영권을 승계받기 위해서는 주총을 장악할 수 있을 정도의 의결권을 승계받아야 하는데, 정상적으로 상속세를 납부하면 이런 의결권을 확보하는 것은 불가능하다. 그래서 재벌들은 사전 상속에 집착하고, 이 과정에서도 증여세를 내지 않으려고 탈법과 편법을 동원하는 것이다.

소유와 경영이 분리되고 재벌들이 경영권 승계에 집착하지 않으면 후세들이 사전 상속이나 편법적인 증여에 매달릴 이유가 없다. 선진국에서처럼 경영권은 전문경영인들의 영역이고 재벌 후세들은 정상적으로 상속세를 납부하면서 정당하게 부를 승계한 부자에 불과하다면, 재벌 문제는 더 이상 사회 문제나 경제 문제가 될 이유가 없다.

그들도 경영 능력이 검증되면 얼마든지 전문경영자로 나설 수 있다. 그러나 세습으로 경영자가 되는 것은 결코 전문경영자라고 볼 수 없다. 억지로 의결권을 세습받아 경영권을 행사하기 때문이다.

II 재벌의 상속과 친족위성재벌

1. 삼성의 친족위성재벌

삼성그룹은 1987년 창업자 이병철이 사망한 후 여러 개의 소그룹으로 분할되어 후세들에게 상속되었다. 삼성의 본류는 이건희에게로 승계되어 여전히 한국의 대재벌이 되어 있고, 본류에서 떨어져 나온 기업들이 나름대로 다시 그룹을 만들어 여러 개의 소규모 재벌이 되었다. 이들은 삼성그룹의 친족들이 경영하는 위성재벌이기 때문에 이를 삼성의 친족위성재벌이라고 부르고 있다.[33]

삼성의 친족위성재벌은 숫자도 많고 규모도 크다. 삼성으로부터 떨어져 나온 재벌들은 그 이후 나름대로 규모를 키워 그 그룹들도 대재벌 명단에 이름을 올렸다. CJ그룹, 한솔그룹, 신세계그룹, 새한그룹, 중앙일보그룹, 보광그룹 등은 삼성에 그 뿌리가 있는 삼성의 위성재벌이라고 볼 수 있다.

1) CJ그룹

CJ그룹은 삼성의 대표적 친족위성재벌이다. 이병철이 1953년 설립한 회사인 제일제당이 1993년 삼성그룹으로부터 떨어져 나와 만들어진 재벌이고 총수는 이병철의 장손인 이재현이다. 이재현은 이병철의 장남인 이맹희의 장남이다. CJ그룹은

33 친족위성재벌에 대해서는 최정표(2004b), p. 34와 최정표(2011b)의 내용을 중심으로 재정리하였다.

〈표 6-10〉 **CJ 계열기업(1999년)**

(단위: 백만 원)

계열사	자산액	계열사	자산액	계열사	자산액
1. 뮤직네트워크	-	7. 씨제이지엘에스	51,621	13. 제일선물	11,900
2. 스파클	-	8. 제일냉동식품	44,208	14. 제일투자신탁운용	-
3. 씨제이코퍼레이션	23,601	9. 제일빌리지	-	15. 제일투자신탁증권	-
4. 제주개발공사	-	10. 제일씨앤씨	-		
5. 씨제이골든빌리지	28,712	11. 제일제당	2,620,858		
6. 씨제이에프디시스템	61,146	12. 제일제당건설	-	합계	2,842,046

자료: 회사명은 공정거래위원회가 1999년도 대규모 기업집단의 계열사로 지정한 자료이고, 자산액은 신산업경영원이 발간한 『한국 30대 재벌 재무분석』(2001년판)에서 발췌한 자료이다.

외식사업과 영상사업 등으로 외연을 확대하면서 많은 계열기업을 거느리고 있다.

CJ는 1998년 삼성으로부터 공식적으로 분리되었고, 1999년 처음으로 제일제당이라는 이름으로 공정위가 발표하는 대규모 기업집단에 그 이름을 올리고 있다.[34] 1999년에는 공정위가 발표한 30대 기업집단 중 28위였고, 이때의 자산 규모는 2조 7,000억 원이었다. 이때는 삼성그룹의 자산 규모가 61조 6,000억 원이었으니 삼성의 1/23에 불과하였다.

삼성으로부터 공식적으로 분리된 직후인 1999년의 CJ그룹 계열기업 현황은 〈표 6-10〉과 같다. 제일제당이 중핵기업이고 계열기업 수는 15개이다.

2013년 공정위 발표 자료에 의하면 CJ는 재벌 순위 14위(공기업 제외)에 올라 있고 자산 규모는 22조 9,000억 원이다. 1999년에 비해 8배 성장하였고 삼성그룹의 1/11로 그 차이도 1999년에 비해 많이 줄어들었다. 모재벌에서 분리된 위성재벌이 매우 빠르게 성장하고 있다는 것을 보여 주고 있다.

2) 한솔그룹

한솔그룹은 1991년부터 삼성으로부터 분리되어 이병철의 장녀 이인희에게 상속된 전주제지(주)를 중심으로 형성된 삼성의 위성재벌이다. 전주제지(주)는 1965년 이병철이 새한제지공업(주)를 인수하여 1968년 상호를 전주제지(주)로 변경한

34 2004년부터는 상호를 변경하여 CJ라는 이름으로 공정위의 대규모 기업집단 명단에 올라 있다.

〈표 6-11〉 **한솔 계열기업(1996년)**

(단위: 백만 원)

계열사	자산액	계열사	자산액	계열사	자산액
1. 한솔제지	2,048,499	8. 한솔유통	45,335	15. 옥소리	6,835
2. 한솔포렘	291,686	9. 한솔개발	-	16. 한솔종합금융	-
3. 한솔파텍	224,319	10. 한솔임산	-	17. 한솔상호신용금고	387,727
4. 한솔판지	142,590	11. 클럽칠백	40,293	18. 한솔창업투자	80,712
5. 한솔화학	163,319	12. 한솔전자	194,436	19. 한솔파이낸스	578,209
6. 한솔무역	105,731	13. 한솔텔레컴	41,058		
7. 한솔건설	191,104	14. 한솔흥진	192,808	합계	4,734,631

자료: 회사명은 공정거래위원회가 1996년도 대규모 기업집단의 계열사로 지정한 자료이고, 자산액은 신산업경영원이 발간한 『한국 30대 재벌 재무분석』(1998년판)에서 발췌한 자료이다.

회사이다. 1994년 공식적으로 삼성에서 분리되었고 상호도 한솔로 변경되었다. 1996년 처음으로 공정위가 발표하는 대규모 기업집단에 이름을 올렸고 재계 순위는 22위였다. 자산 규모는 3조 원으로 41조 원이었던 삼성그룹의 1/14이었다.

한솔이 삼성으로부터 분리된 후 처음으로 공정위에 의해 대규모 기업집단으로 지정되었던 1996년의 계열기업 현황이 〈표 6-11〉에 정리되어 있다. 계열기업 수는 19개이다.

2013년 공정위가 발표한 자료에 의하면 한솔은 재계 순위 50위(공기업 제외)로 밀려 있다. 자산 규모는 5조 원으로 1996년에 비해 채 두 배도 성장하지 못하였다. 306조 원인 삼성그룹의 1/61에 불과하다. 재벌이라는 명맥만 유지하고 있는 실정이다.

3) 신세계그룹

신세계그룹은 1991년부터 삼성그룹으로부터 분리시켜 경영하던 신세계백화점을 중심으로 형성된 삼성의 위성재벌이다. 신세계백화점은 1930년 개점한 일본 미츠코시백화점의 경성지점에서부터 시작한 기업인데 1963년 삼성그룹으로 편입되었다.

신세계백화점은 이병철의 5녀 이명희에게로 상속되어 1991년부터 독립적으로

〈표 6-12〉 **신세계 계열기업(2000년)**

(단위: 백만 원)

계열사	자산액	계열사	자산액	계열사	자산액
1. 광주신세계백화점	96,446	5. 신세계푸드시스템	33,120	9. 해운대개발	-
2. 신세계	2,675,295	6. 에스코코리아	-	10. 신세계상호신용금고	-
3. 신세계아이앤씨	43,566	7. 조선호텔	156,485		
4. 신세계인터내셔날	64,284	8. 신세계건설	122,582	합계	3,191,778

자료: 회사명은 공정거래위원회가 2000년도 대규모 기업집단의 계열사로 지정한 자료이고, 자산액은 신산업경영원이 발간한 『한국 30대 재벌 재무분석』(2002년판)에서 발췌한 자료이다.

경영하다가, 1997년 삼성그룹으로부터 공식적으로 분리되었다. 그리고 2000년 공정위가 발표한 대규모 기업집단 명단에 재계 순위 29위로 처음 그 이름을 올렸다. 이때 자산 규모는 2조 7,000억 원으로 삼성그룹 자산 규모 67조 4,000억 원의 1/25에 불과하였다.

공정위가 발표한 대규모 기업집단 명단에 처음으로 이름을 올렸던 2000년의 신세계그룹 계열기업 현황이 〈표 6-12〉에 정리되어 있다. 계열기업 수는 10개에 불과하다.

2013년 공정위 발표 자료에 의하면 신세계는 재벌순위 15위(공기업 제외)에 올라 있고, 자산 규모는 22조 9,000억 원으로 2000년에 비해 8배 증가하였다. 삼성의 자산 규모는 306조 원인데 그 차이도 1/13로 많이 줄어들었다.

4) 새한그룹

새한그룹은 이병철의 2남 이창희가 1967년 삼성그룹을 떠나면서 창업한 새한미디어를 중심으로 만들어진 삼성의 친족재벌이지만 삼성으로부터 완전히 분리된 때는 1995년이다. 1998년 처음으로 공정위가 지정한 대규모 기업집단에 이름을 올렸고 재계 순위는 30위였다. 자산 규모는 2조 9,000억 원으로 61조 6,000억 원인 삼성의 1/21이었다.

공정위가 발표한 대규모 기업집단 명단에 처음으로 이름을 올린 1998년의 계열기업 현황이 〈표 6-13〉에 정리되어 있다. 계열기업 수가 16개이다.

1991년 이창희가 사망한 이후 아들 이재관이 그룹 경영을 이어받았다. 1995년

〈표 6-13〉 **새한그룹의 계열기업(1998년)**

(단위: 백만 원)

계열사	자산액	계열사	자산액	계열사	자산액
1. 대경인더스트리	4,820	7. 새한디엔시	-	13. 새한전자	-
2. 새한	2,376,903	8. 새한로직스	25,928	14. 새한정보시스템	-
3. 신영인더스트리	12,071	9. 새한마텍	51,905	15. 새한텔레콤	20,018
4. 한국케이블티브이새로넷방송	-	10. 새한미디어	842,389	16. 제일시바가이기	20,154
5. 디지탈미디어	-	11. 새한버진메가스토이	-		
6. 새한건설	-	12. 새한에이켐	17,316	합계	3,371,504

자료: 회사명은 공정거래위원회가 1998년도 대규모 기업집단의 계열사로 지정한 자료이고, 자산액은 신산업경영원이 발간한 『한국 30대 재벌 재무분석』(2000년판)에서 발췌한 자료이다.

삼성그룹으로부터 완전히 분리되었으나 경영 실패로 2000년 워크아웃으로 넘어가고, 2008년 웅진그룹에 매각되었다.

5) 중앙일보그룹

중앙일보그룹은 1965년 이병철이 창간한 신문인 중앙일보를 중심으로 만들어진 기업집단인데, 삼성의 계열사로 운영되다가 나중에 삼성으로부터 분리되어 운영되는 언론재벌이다. 중앙일보는 신문, 방송 등의 종합 미디어 회사로 운영되다가 1980년 전두환정부의 언론 통폐합 조치로 방송 부문은 KBS(한국방송공사)에 통합되고 신문사만 남아 중앙일보그룹으로 유지되었다.

1999년 삼성으로부터 분리되어 삼성의 위성재벌이 되었고 총수는 이건희의 처남 홍석현이다. 홍석현은 이건희의 장인인 홍진기의 장남이다. 따라서 중앙일보그룹은 경영권이 삼성에서 창업자 이병철의 사돈으로 넘어간 셈이다.

삼성은 창업자 이병철의 후손뿐만 아니라 사돈인 홍진기의 후손에게까지 일부 기업들이 상속되는 매우 특이한 현상이 일어났다. 이것은 이병철과 사돈 홍진기의 특수관계를 엿볼 수 있게 하는 일이다. 홍진기(1917~1986년)는 법무부 장관까지 지낸 엘리트 관료 출신으로 이병철의 법률자문뿐만 아니라 사업까지 함께 하면서 사돈의 연을 맺은 사람이다. 삼성그룹의 성장 과정에서 홍진기의 역할이 매우 컸던 것으로 보인다.

〈표 6-14〉 **중앙일보 계열기업(2005년)**

(단위: 백만 원)

계열사	자산액	계열사	자산액	계열사	자산액
1. 중앙일보사	406,859	26. 에이제이티 아카데미	–	51. 송파중앙미디어	–
2. 보광	411,900	27. 훼미리넷	21,775	52. 중앙엠앤비무비	–
3. 일간스포츠	41,021	28. 중앙일보에듀라인	–	53. 중앙엔터테인먼트앤드스포츠	–
4. 보광훼미리마트	367,765	29. 중앙일보재무법인	–	54. 큐앤에이치	–
5. 휘닉스커뮤니케이션즈	78,066	30. 중앙일보조인스랜드	–	55. 강남중앙미디어	–
6. 중앙엠앤비	40,749	31. 에이프린팅	–	56. 허스트중앙	–
7. 한국문화진흥	132,069	32. 이씨브이에스넷	–	57. 보광로지스	–
8. 중앙일보시사미디어	–	33. 중앙이엠티	–	58. 경인물류	–
9. 중앙일보뉴미디어	–	34. 제이파크	–	59. 에이원테크	–
10. 중앙일보문화사업단	–	35. 중앙일보출판유통	–	60. 위테크	40,626
11. 중앙타운	–	36. 엔아이지	8,163	61. 서울물류	–
12. 씨앤마케팅서비스	–	37. 중앙엔터테인먼트	–	62. 휘닉스디지탈테크	49,225
13. 중앙일보미디어마케팅	–	38. 이제이커뮤니케이션스	–	63. 중부물류	–
14. 중앙일보정보사업단	–	39. 중앙벤처미디어	–	64. 중부로지스	–
15. 중앙일보미디어유통	–	40. 랜덤하우스중앙	31,618	65. 휘닉스엠엔엠	12,794
16. 덴츠이노벡	20,655	41. 한국신문제작	26,080	66. 동부로지스	–
17. 중앙방송	8,256	42. 인터내셔날큐	–	67. 휘닉스파크	–
18. 피디에스미디아	20,681	43. 중앙리플렛	–	68. 에스티에스반도체통신	134,947
19. 월간넥스트	–	44. 이제이아이티	–	69. 휘닉스아프로	–
20. 조인스닷컴	12,134	45. 두앤비컨텐츠	–	70. 휘닉스피디이	118,978
21. 중앙트래블서비스	–	46. 에이치아이이티	–	71. 하이로지스	–
22. 휘닉스개발투자	–	47. 중앙일보어문연구소	–	72. 일산중앙미디어	–
23. 휘닉스벤딩서비스	17,778	48. 중앙엠앤비위클리	–	73. 보광창업투자	31,284
24. 아이비즈닷컴	–	49. 피와이언홀딩스	–		
25. 앰엔비닷컴	–	50. 중앙일보미디어디자인	–	합계	2,033,423

자료: 회사명은 공정거래위원회가 2005년도 대규모 기업집단의 계열사로 지정한 자료이고, 자산액은 신산업경영원이 발간한 『한국 대재벌그룹 재무분석』(2007년판)에서 발췌한 자료이다.

중앙일보그룹은 2006년 공정위가 발표한 대규모 기업집단 명단에 재계 서열 52위(공기업 제외)로 올라 있는데, 자산 규모는 2조 2,000억 원으로 115조 9,000억 원인 삼성의 1/53이었다. 계열사 수는 〈표 6-14〉에서 보는 것처럼 무려 73개나 되었다.

6) 보광그룹

보광그룹은 이병철의 사돈(이건희의 장인) 홍진기가 1983년 설립한 TV 브라운관 부품업체를 모기업으로 해서 발전한 기업그룹이고 1999년 삼성그룹으로부터 분리되어 삼성의 위성재벌이 되었다. 홍진기의 아들들이 계열회사들을 경영하고 있다.

2. 현대의 친족위성재벌

현대그룹은 오랫동안 한국의 1위 재벌을 굳혀 오다가 창업자 정주영의 사망 후 여러 그룹으로 분리되어 자녀들에게 상속이 이루어졌다. 분리된 재벌들도 다시 상위 재벌의 자리를 차지하고 있다. 정주영의 형제들도 정주영의 사업과 연결되면서 나름대로 재벌을 구축하여 한국 재계의 상위 서열에 이름을 올리고 있다. 정주영의 형제, 자녀들이 운영하는 기업으로 재벌 반열에 오른 기업은 현대자동차그룹, 현대중공업그룹, 한라그룹, 현대산업개발그룹, 현대백화점그룹, KCC그룹 등이다.

1) 현대자동차그룹

현대자동차그룹은 현대그룹에서 자동차 부문이 분리되어 정주영의 차남 정몽구에게 상속된 2세 재벌로 현대그룹의 친족재벌 중 가장 큰 재벌이다. 2001년 공정위가 발표한 대규모 기업집단에 처음으로 이름을 올렸는데 재계 서열 5위였다. 계열사는 16개이고 자산 규모는 36조 원(공정위 자료)이었다. 16개 계열기업 현황은 〈표 6-2〉와 같다.[35]

2001년 현대에서 현대자동차그룹이 빠져나가자 현대그룹은 26개 계열사에 자산 규모 56조 원으로 재계 순위가 1위에서 2위로 내려앉았다. 정몽헌이 그룹 총수가 되었다.

2013년 공정위 발표 자료에 의하면 현대자동차그룹은 재계 서열 2위(공기업 제

35 〈표 6-2〉의 자산 규모는 신산업경영원이 계열기업별로 정리한 자료 중 발표된 자료만을 합한 값이기 때문에 공정위 발표 자료와 일치하지 않는다. 그리고 〈표 6-2〉에서는 금융사의 자산액을 포함시켰지만 공정위는 금융사의 자산액은 포함시키지 않았다.

외)로 뛰어 올랐다. 계열사 57개에 자산 규모는 167조 원이다. 2001년에 비해 그룹의 규모는 4.6배 증가하였다. 삼성그룹 다음의 제2위 재벌이 되었다.

2) 현대중공업그룹

현대중공업그룹은 현대그룹에서 조선업 부문이 분리되어 정주영의 6남 정몽준에게 상속된 2세 재벌이다. 2002년 공정위가 발표한 대규모 기업집단에 처음으로 이름을 올렸는데 재계 서열 11위였다. 〈표 6-3〉에서 보는 것처럼 계열사는 5개이고 자산 규모는 10조 원(공정위 자료)이었다.

현대그룹에서 현대자동차에 이어 현대중공업까지 빠져나가자 정몽헌 회장의 현대그룹은 9위로 밀려 났다. 〈표 6-4〉에서 보는 것처럼 계열사도 12개로 줄고 자산 규모는 12조 원(공정위 자료)으로 줄었다.[36]

2013년 공정위 발표 자료에 의하면 현대중공업그룹은 재벌 순위 7위(공기업 제외)까지 올랐다. 계열회사 수는 26개이고 자산 규모는 57조 원이다. 2002년에 비해 그룹의 규모는 5.7배나 성장하였다. 현대그룹은 2003년 정몽헌의 자살 후 부인 현정은이 그룹 회장을 맡았고 2013년에는 재계 서열이 21위(공기업 제외)로 밀렸다.

3) 한라그룹

한라그룹은 현대그룹의 창업자 정주영의 바로 아래 동생 정인영(1920~2006년)이 만든 기업집단이다. 정인영은 한국전쟁 중에 현대건설의 경영에 참여하면서 형 정주영과 함께 현대그룹을 일군 사업가인데, 1962년부터 현대그룹으로부터 독립하여 별도로 기업그룹을 일구었다. 물론 현대그룹과의 특수관계가 사업 성공에 크게 기여하였다.[37]

공정위가 대규모 기업집단을 지정하기 시작한 1987년부터 한라그룹은 대규모 기업집단의 명단에 올라 있으며, 1987년에는 재벌 순위 33위에 올라 있고 계열기업은 한라자원, 만도기계, 한라시멘트, 인천조선, 한라공조 등이었다.[38]

36 현대그룹은 현대자동차와 현대중공업이 빠져나갔을 뿐만 아니라 그 외에도 그룹 내에 여러 가지 변화가 있었다.

37 이한구(2004), pp. 586~588.

38 1987년은 그룹의 자산 규모 합계가 4,000억 원 이상일 때 대규모 기업집단으로 지정되었는데, 한라그룹

〈표 6-15〉 **한라그룹의 계열기업(1997년)**

(단위: 백만 원)

계열사	자산액	계열사	자산액	계열사	자산액
1. 한라건설	906,082	8. 한라공조	413,781	15. 한라특장차	-
2. 마이스터	63,894	9. 한라산업기술	-	16. 한라펄프제지	-
3. 캄코	99,528	10. 한라시멘트	1,137,408	17. 한라해운	-
4. 한라일렉트로닉스	80,197	11. 한라자원	-	18. 한라창업투자	-
5. 마르코폴로호텔	-	12. 한라정보시스템	32,028		
6. 만도기계	2,404,251	13. 한라중공업	-		
7. 한라개발	-	14. 한라콘크리트	70,858	합계	5,207,757

자료: 회사명은 공정거래위원회가 1997년도 대규모 기업집단의 계열사로 지정한 자료이고, 자산액은 신산업경영원이 발간한 『한국 30대 재벌 재무분석』(2000년판)에서 발췌한 자료이다.

한라그룹은 〈표 6-15〉에서 보는 것처럼 외환위기 직전인 1997년에는 18개의 계열기업을 거느리는 재벌이 되었다. 1997년과 1998년의 공정위 발표 대규모 기업집단 순위에서 12위에까지 오르는 신장세를 보였으나, 외환위기 때 부도위기를 맞으면서 한동안 공정위 발표 명단에서 빠졌고 그룹의 구조조정과 기업회생에 전력투구하였다. 한라그룹은 가까스로 회생하였고 2012년 공정위가 발표한 대규모 기업집단 명단에서는 42위(공기업 제외)에 이름을 올렸다. 그룹회장은 정인영의 2남 정몽원(1955~)이다.

4) 현대산업개발그룹

현대산업개발그룹은 현대그룹의 계열사이면서 국내 최대의 주택 건설업체였던 현대산업개발이라는 회사가 1999년 현대그룹으로부터 분리되어 정주영의 세 번째 남동생인 정세영에게로 승계되어 만들어진 기업그룹이다. 정세영(1928~2005년)은 현대자동차를 경영하였으나 현대자동차는 정주영의 2남 정몽구에게로 승계되었고 정세영은 대신 현대산업개발을 물려받아 건설 전문 그룹으로 성장시켰다.

현대산업개발은 2000년 처음으로 공정위 발표 대규모 기업집단에 이름을 올렸고 재계 순위 25위였다. 〈표 6-16〉에서 보는 것처럼 계열기업은 7개였고 자산 규모

은 맨 마지막 순위에 올라 있는 것으로 볼 때 그룹의 전체 자산 규모가 4,000억 원을 막 넘어선 수준이었을 것으로 보인다.

〈표 6-16〉 **현대산업개발의 계열기업(2000년)**

(단위: 백만 원)

계열사	자산액	계열사	자산액	계열사	자산액
1. 아이콘트롤스	-	4. 에프엠케이	-	7. 현대피씨엔지니어링	-
2. 케이에이취	-	5. 현대산업개발	3,950,054		
3. 아이앤콘스	-	6. 현대엔지니어링플라스틱	-	합계	3,950,054

자료: 회사명은 공정거래위원회가 2000년도 대규모 기업집단의 계열사로 지정한 자료이고, 자산액은 신산업경영원이 발간한 『한국 30대 재벌 재무분석』(2002년판)에서 발췌한 자료이다.

〈표 6-17〉 **현대백화점그룹의 계열기업(2001년)**

(단위: 백만 원)

계열사	자산액	계열사	자산액	계열사	자산액
1. 넥스에어	-	7. 지네트	31,856	13. 호텔현대	-
2. 대영수산	-	8. 진명기업	-	14. 한무쇼핑	640,401
3. 미래문고	-	9. 한국물류	84,249	15. 한일후드	-
4. 미래문고신촌	-	10. 현대디에스에프	222,275		
5. 울산방송	35,732	11. 이현대백화점	-		
6. 현대백화점	1,795,582	12. 현대쇼핑	331,679	합계	3,141,774

자료: 회사명은 공정거래위원회가 2001년도 대규모 기업집단의 계열사로 지정한 자료이고, 자산액은 신산업경영원이 발간한 『한국 30대 재벌 재무분석』(2003년판)에서 발췌한 자료이다.

는 3조 4,000억 원(공정위 자료)이었다. 정세영이 타계한 후 2006년부터는 외아들 정몽규가 그룹 회장을 승계받았다.

5) 현대백화점그룹

현대백화점그룹은 1998년부터 현대그룹에서 분리되어 정주영의 3남 정몽근에게 승계된 현대백화점을 중심으로 만들어진 기업그룹이다. 2001년 처음으로 공정위 발표 대규모 기업집단에 이름을 올렸고 재계 순위는 26위였다. 〈표 6-17〉에서 보는 것처럼 계열기업 수는 15개이고 자산 규모는 2조 9,000억 원(공정위 자료)이었다.

6) KCC그룹

KCC그룹은 1970년 주식회사 금강이 현대그룹으로부터 분리되어 정주영의 막

〈표 6-18〉 **KCC그룹의 계열기업(2002년)**

(단위: 백만 원)

계열사	자산액	계열사	자산액
1. 고려시리카	31,578	5. 금강종합건설	237,693
2. 금강고려화학	2,087,474	6. 코리아오토글라스	231,396
3. 금강레저	37,339		
4. 이케이씨씨	-	합계	2,625,480

자료: 회사명은 공정거래위원회가 2002년도 대규모 기업집단의 계열사로 지정한 자료이고, 자산액은 신산업경영원이 발간한 『한국 30대 재벌 재무분석』(2004년판)에서 발췌한 자료이다.

내동생인 정상영에게로 승계되어 만들어진 기업그룹이다. 정상영(1936~)은 일찍이 1959년부터 금강스레트의 대표이사를 맡으면서 현대그룹의 경영에 참여하였다. KCC그룹은 2002년 처음으로 공정위 발표 대규모 기업집단에 이름을 올렸는데 재계 순위는 31위였다. 〈표 6-18〉에서처럼 계열기업 수는 6개였고 자산 규모는 2조 3,000억 원(공정위 자료)이었다.

3. LG의 친족위성재벌

LG그룹도 상속 과정에서 여러 소그룹이 분리되어 나갔다. 분리되어 나간 그룹도 나름대로 규모를 확장시켜 재벌의 면모를 갖추었는데, LIG, LS, GS 등이 LG그룹에서 분리된 대표적 위성재벌이다. 상속이라는 것이 분쟁 없이 이루어지기 어려운 일인데 LG그룹은 구씨들끼리의 상속에서뿐만 아니라 공동 창업 가문인 허씨와의 상속 과정에서도 큰 잡음 없이 분리 상속을 이루어 낸 것으로 유명하다.

1) LIG그룹

LG그룹의 계열기업이었던 LG화재해상보험(주)가 1999년 LG그룹으로부터 분리되어 별도의 LIG그룹을 형성하였다. LG화재는 창업주 구인회의 바로 아래 동생 구철회 몫으로 분리되어 이를 중심으로 별도의 새 재벌 LIG그룹이 만들어지면서 LG그룹의 위성재벌이 되었지만 금융 전업 재벌에 불과하였고, 공정위가 지정하는

〈표 6-19〉 **LS그룹의 계열기업(2005년)**

(단위: 백만 원)

계열사	자산액	계열사	자산액	계열사	자산액
1. 네옵텍	-	7. 엘에스니꼬동제련	1,437,137	13. 코스페이스	-
2. 지씨아이	55,692	8. 엘에스산전	873,636	14. 카보닉스	-
3. 파운텍	13,369	9. 엘에스전선	2,467,421	15. 이앤알	-
4. 극동도시가스	-	10. 이원	791,696	16. 대한가스기기	-
5. 극동도시가스엔지니어링	-	11. 가온전선	262,538	17. 진로산업	-
6. 슈미들린코리아	-	12. 세원가스관리	-	합계	5,901,489

자료: 회사명은 공정거래위원회가 2005년도 대규모 기업집단의 계열사로 지정한 자료이고, 자산액은 신산업경영원이 발간한 『한국 대기업그룹 재무분석』(2008년판)에서 발췌한 자료이다.

대규모 기업집단에 오를 정도의 규모는 되지 못하였다. LIG화재는 2000년부터 공정위가 발표한 LG그룹의 계열기업 명단에서 빠져 있다. 이때부터는 공식적으로 LG로부터 분리된 것이다.

2) LS그룹

2003년 LG전선 관련 4개 회사(LG전선, LG니꼬동제련, LG칼텍스가스, 극동도시가스)가 LG그룹으로부터 분리되어 별도의 그룹이 만들어졌다. 분리된 그룹은 창업주 구인회의 다섯 남동생 중 3명(구태회, 구평회, 구두회)의 일가 몫으로 정해진 별도의 기업그룹이다. 2004년 공정위가 지정한 대규모 기업집단에 LG전선이라는 그룹으로 처음 독립된 이름을 올렸다. 재계 순위 14위(공기업 제외)였고 계열사 12개에 자산 규모는 5조 1,000억 원이었다. 그룹 회장은 구태회이다.

2005년에는 상호를 바꾸어 LS라는 이름으로 공정위 대규모 기업집단 17위(공기업 제외)에 올라 있다. LS는 Leading Solution에서 따 온 그룹 명칭이라고 한다. 〈표 6-19〉에서 보는 것처럼 계열기업은 17개이고 자산액은 6조 원(공정위 자료)이다.

3) GS그룹

LG그룹은 그룹 창업자인 구인회와 그의 사돈인 허만정이 공동으로 출자하고 경영하면서 만들어진 기업이다. 따라서 상속 과정에서는 각자의 몫이 분리될 수밖에 없었다. 2005년 LG그룹에서 허씨들의 몫이 분리되었고 분리된 기업들을 중심으로 만들어진 독립된 기업그룹이 GS그룹이다.

GS그룹은 2005년 공정위가 지정 발표한 대규모 기업집단에 처음으로 이름을 올렸고 재계 순위는 7위(공기업 제외)였다. 〈표 6-7〉에서처럼 계열기업 수는 50개나 되었다. 자산 규모는 19조 원(공정위 자료)이고 총수는 허창수이다.

4. 한진의 친족위성재벌

1) 한진중공업그룹

한진그룹의 창업자는 조중훈(1920~2002년)인데 그는 슬하에 4남 1녀를 두었다. 자녀는 순서대로 조현숙(여), 조양호(남), 조남호(남), 조수호(남), 조정호(남)이다. 한진그룹도 2세에게 경영권이 세습되었는데 그룹 본류는 장남 조남호에게 승계되어 재벌의 면모를 그대로 유지하고 있다. 한진중공업은 그룹에서 분리되어 차남 조남호에게 승계되었는데, 2006년 공정위가 지정한 대규모 기업집단에 처음으로 이름을 올리고 있다. 재계 순위는 35위(공기업 제외)였다. 〈표 6-20〉에서 보는 것처럼 계열기업 수는 3개이고 자산 규모는 3조 7,000억 원(공정위 자료)이다. 그룹 총수는 조남호이다.

〈표 6-20〉 **한진중공업의 계열기업(2006년)**

(단위: 백만 원)

계열사	자산액	계열사	자산액
1. 한국종합기술개발공사	72,921	3. 한진중공업	4,245,532
2. 한일레저	164,893	합계	4,483,346

자료: 회사명은 공정거래위원회가 2006년도 대규모 기업집단의 계열사로 지정한 자료이고, 자산액은 신산업경영원이 발간한 『한국 대기업그룹 재무분석』(2008년판)에서 발췌한 자료이다.

III 재벌의 상속 분쟁

1. 현대의 상속 분쟁

현대그룹의 창업자 정주영은 2001년 3월 21일 타계하였는데 1999년 말부터는 정신도 맑지 못하였고 그룹의 승계 구도도 결정해 두지 못하였다. 그러므로 2세들은 가능한 한 많은 몫을 차지하기 위해 다투지 않을 수 없는 상황이 되었다. 특히, 정몽구(1938~)와 정몽헌(1948~2003년) 사이에는 첨예한 대립이 있었고, 2000년에는 소위 왕자의 난이라고 불리는 대립관계가 두 번이나 있었다. 이 싸움에 정몽준(1951~)까지도 끼어들지 않을 수 없는 상황이 벌어졌다. 정몽구와 정몽헌의 싸움이 어떻게 정리되느냐에 따라 정몽준의 몫에도 영향을 미치기 때문이었다.

현대그룹의 기본적인 분할 구도는 자동차, 중공업, 전자, 건설, 금융 및 서비스 사업을 정몽구, 정몽헌, 정몽준이 어떻게 나누어 갖느냐는 것이었다. 1999년 말까지의 잠정적인 분할 구도는 정몽구가 자동차를, 정몽준이 중공업을 갖고, 전자, 건설, 금융과 서비스 등 나머지를 정몽헌이 차지하는 것이었다. 그런데 정주영이 말년에 많은 자금을 쏟아부었던 대북 사업으로 인해 2000년에 와서 현대건설은 부도에 직면하였고 전자도 사업성이 확실하지 않았다. 이 때문에 정몽헌은 자동차와 중공업도 부분적으로 포함하는 현대그룹 전체의 경영권을 승계하는 데 관심을 가졌다. 이 때문에 이미 정신이 혼미해져 버린 정주영의 뜻을 모두가 아전인수격으로 주장하는 싸움이 벌어졌다.

결과적으로는 3형제 간의 복잡한 지분 싸움과 정주영 회장을 자기쪽으로 끌어들이려는 싸움을 거친 후 초창기의 구도대로 정몽구가 자동차사업을 승계받아 현대자동차그룹을 만들고, 정몽준이 중공업을 승계받아 현대중공업그룹을 만들었다. 그리고 나머지는 현대그룹이라는 이름으로 정몽헌이 승계받았지만 현대건설과 현대전자는 부실로 인해 현대그룹으로부터 분리되어 버렸다. 그러므로 정몽헌은 껍데기만 승계받은 결과가 되었다.

2002년의 공정위 발표에 따르면 기업집단 순위에서 정몽구의 현대자동차그룹은 4위(공기업 제외)인 데 비해 정몽헌의 현대그룹은 9위로 밀리는 신세가 되었다. 정몽준의 현대중공업그룹도 11위에 올라와 현대그룹과 거의 맞먹는 규모가 되었는데, 2003년에 오면 현대중공업그룹은 10위로 상승한 반면 현대그룹은 오히려 그 뒤인 11위로 쳐졌다. 형제 간의 상속 싸움은 정몽헌의 패배로 끝이 난 셈이다. 정몽헌은 대북 송금 사건으로 검찰 조사를 받았고, 적극적으로 추진해 오던 대북 사업까지 어렵게 된 후 2003년 8월 4일 종로구 계동 사옥에서 많은 의문을 남긴 채 투신 자살하였다.

현대그룹의 상속 분쟁은 경영권의 세습이 주 원인이었다. 현대그룹에서는 이미 출중한 전문경영인이 많이 육성되었지만 경영권을 자식들에게만 물려주려는 재벌식 경영의 특성 때문에 전문경영인은 배제될 수밖에 없었다. 자식들에게 물려주는 과정에서도 창업 총수가 상속 지분을 분명하게 정리해 주지 않는 한 경영권 분쟁은 필연적이었다. 경영권은 주식 지분에 의해 정해지기 때문이다. 재벌은 세습 과정에서 정도의 차이는 있을지라도 어느 재벌에서나 지분 싸움과 경영권 싸움이 있을 수밖에 없었다. 심지어는 선대가 죽은 후에도 싸움이 계속되고 있다.[39] 경영권 싸움은 기업 경영에도 영향을 미쳐 종국에는 국민경제에게까지도 피해를 준다. 이것도 재벌 폐해 중의 하나이다.

2. 한진의 상속 분쟁

한진그룹은 창업자 조중훈이 2002년 사망한 이후 그룹이 4개로 분리되어 각기 네 명의 아들에게 상속되었다. 장남 조양호에게는 모그룹인 한진그룹이, 2남 조남호에게는 한진중공업이, 3남 조수호에게는 한진해운이, 4남 조정호에게는 메리츠금융이 상속되었다. 그런데 한진해운은 조수호(1954~2006년)의 사망 이후 한진그룹 산하로 귀속되었다.

형식적으로는 4개의 그룹으로 분리되어 4명의 아들들에게 순탄하게 상속된 것

39 삼성그룹은 창업자 이병철이 1987년 타계한 후 25년이 지난 시점에 장남 이맹희가 상속 문제로 이건희에게 소송을 제기하였다.

으로 보였지만 상속된 후 형제들 간에는 상속과 관련하여 분란과 소송이 끊임없이 이어졌다. 2005년 12월에는 조양호와 조남호 사이에 정석기업(한진그룹의 지주회사)의 주식명의 이전을 둘러싸고 소송이 벌어졌다. 조남호가 정석기업 주식의 일부를 자기에게 양도해야 한다는 소송을 조양호에게 제기하였다. 이 소송은 조중건(조양호의 숙부)과 김성배(조양호의 외숙부)가 개입하여 합의로 마무리지었다.

2006년 8월에는 조정호가 대한항공 기내 면세품 납품권을 조양호가 임의로 다른 회사에게 이전해 손해를 보았다며 조양호에게 손해배상 청구소송을 제기하였다. 이 소송은 법원의 판결로 마무리되었다.

2008년 1월에는 창업자 조중훈의 집이었던 부암장을 둘러싸고 소송이 제기되었다. 조남호와 조정호는 부암장을 조중훈의 기념관으로 건립하기로 하였던 조건을 지키지 않았다고 조양호에게 소송을 제기하였다. 이 소송은 당사자들이 법원의 화해권고안을 받아들임으로써 마무리되었다.

2009년에는 제주 서귀포시에 있는 KAL호텔 인근의 토지 소유권을 두고 대한항공이 한진중공업을 상대로 소송을 제기하였다. 이 소송은 2012년 10월 법원 조정으로 마무리되었다.

한진그룹 형제 간의 송사 사건은 커다란 이해관계를 둘러싼 소송이라기보다 감정 싸움에 기인한 소송이라고 볼 수 있다. 상속 과정에서 쌓인 불편한 감정 때문에 사소한 문제로도 소송으로 끌고 가는 일이 벌어져 형제 간에 불편한 관계가 이어져 갔다. 이처럼 재산상속이란 결코 간단한 문제가 아니다. 특히, 대재벌의 재산상속에서는 상속 재산이 큰 만큼 피상속인들 사이에 싸움이 필연적일 수밖에 없었다.

3. 금호의 상속 분쟁

금호그룹은 1946년 광주에서 박인천(1901~1984년)이 설립한 광주택시에서 시작하여 대재벌로 부상한 기업그룹이다. 박인천은 슬하에 5남 4녀를 두었다. 자녀는 순서대로 박성용(남), 박경애(여), 박정구(남), 박강자(여), 박삼구(남), 박찬구(남), 박현주(여), 박종구(남), 박성혜(여)이다.

박인천의 사망 후 아들들은 순서대로 경영권을 이어받았다. 그룹 내부에서 정한 65세룰(65세가 되면 경영권을 물려준다는 법칙)에 따라 장남 박성용에서 시작하여, 2남 박정구, 3남 박삼구까지 경영권이 이어져 갔다. 그러다가 무리한 기업 인수로 그룹이 흔들리자 3남 박삼구와 4남 박찬구 사이에 분쟁이 벌어졌다.

2006년 박삼구 회장은 무리하여 대우건설을 인수하는 바람에 그룹의 자금사정이 어려워졌다. 그런 와중에 2008년에는 다시 대한통운까지 인수하는 무리한 M&A를 강행하였다. 이 과정에서 대우건설 인수시와는 달리 대한통운 인수시에는 그룹 계열사인 금호석유화학이 지급보증을 서주지 않았다. 결국 금호렌터카의 지급보증으로 대한통운을 인수하였지만 그룹의 재무구조는 극도로 나빠졌다. 결국 금호아시아나그룹은 인수하였던 대우건설을 매각할 수밖에 없었고 지주회사인 금호산업은 재무구조가 악화되어 워크아웃에 들어갔다.

대우건설과 대한통운의 인수가 실패로 귀결되는 과정에서 박삼구와 박찬구 사이의 형제 간 갈등은 결국 지분 경쟁으로 이어졌다. 그룹 경영이 위기에 직면한 상황에서 박찬구는 자기가 소유하고 있던 금호산업의 지분은 매각해 버리고, 대신 금호석유화학의 지분은 늘려 나갔다. 금호석유화학을 그룹에서 분리하여 자기 소유로 만들려고 시도하였던 것이다. 박찬구는 금호석유화학의 지분을 18.47%까지 확보하여 최대 주주로 부상하였다. 따라서 수년간 유지되었던 금호석유화학에 대한 형제 간의 황금지분율(10.1%)은 무너질 수밖에 없었다.

2009년 7월 28일 이런 사실을 알게 된 박삼구는 박찬구를 금호석유화학 회장직에서 해임하고 자기도 금호그룹 회장직에서 물러났다. 25년간 이어져 온 형제 간의 경영권 승계가 종지부를 찍었다. 박삼구는 금호그룹의 명예회장으로 나서서 경영권을 행사하고 있고, 2010년 3월 박찬구는 최대 주주 지분을 이용해 금호석유화학 회장에 복귀하였다. 박찬구는 금호석유화학을 금호그룹에서 분리시키려 노력하고, 박삼구는 금호석유화학의 지분을 모두 매각하였다. 경영권 분쟁은 완료되지 않은 채 겉으로만 금호그룹이 유지되고 있는 실정이다.

4. 두산의 상속 분쟁

두산그룹은 1896년 박승직(1864~1950년)이 만든 '박승직상점'에서 출발하여 오늘에 이른 100년이 넘은 기업으로 기록되고 있다. 이 사업은 박승직의 아들 박두병(1910~1973년)에게로 이어져 나중에 재벌그룹으로 부상하였다. 박두병은 슬하에 6남 1녀를 두었다. 자녀는 순서대로 박용곤(남), 박용언(여), 박용오(남), 박용성(남), 박용현(남), 박용만(남), 박용욱(남)이다. 두산그룹은 장남 박용곤이 경영권을 이어받은 이후 형제들이 번갈아가면서 경영권을 행사해 왔다.

박용곤에 이어서는 2남 박용오가 1996년 회장에 취임하여 2005년까지 10여 년간 최고경영권을 행사하였다. 그런 와중에 박용오가 가족들의 경영 원칙에 벗어난 행위를 하자 2005년 박용곤 명예회장은 박용오에게 회장직을 3남 박용성에게 넘기라고 요구하였다.

이때부터 형제 간에는 경영권 분쟁이 시작되었다. 박용오는 회장직 퇴출이 결정되자 2005년 7월 21일 박용곤과 박용성의 비리를 폭로하는 '두산그룹 경영상의 편법활용'이라는 진정서를 검찰에 제출하였다. 검찰은 수사에 착수하였고 두산의 비자금과 각종 비리를 밝혀 냈다. 박용오와 박용성에게는 징역 3년, 집행유예 5년, 벌금 80억 원이 각각 부과되었고, 5남 박용만에게는 징역 3년, 집행유예 4년, 벌금 40억 원이 부과되었다.

박용오는 회장직에서 쫓겨나고 가족으로부터도 배척되었다. 쫓겨난 박용오는 재기를 시도하였으나 여의치 못하였고, 아들도 사업에서 실패해 검찰조사를 받는 상황이 되자 2009년 11월 4일 자택에서 자살하였다. 현대그룹에 이어 두산그룹에서도 경영권 분쟁 때문에 대재벌의 후계자가 자살하는 사태가 벌어졌다. 형제간의 경영권 분쟁으로 재벌 후계자가 자살하는 결과가 초래되자 재벌에 대한 사회적 눈초리는 싸늘해지지 않을 수 없었다.

IV 경영권 세습 후의 재벌 판도

1. 창업자 시대의 10대 재벌

창업자 시대와 2세 이후 시대에는 재벌의 모습이 많이 달라졌는데, 주된 요인은 상속의 방식이다.[40] 상속 과정을 거치면서 재벌이 분할되기도 하기 때문이다. 반면에 창업자 당대에 재벌의 모습이 바뀌는 주된 이유는 사업 자체의 성패 때문이다. 재벌이 급팽창할 정도로 사업이 성공할 수도 있고, 사업이 망해 그 재벌이 아예 소멸해 버릴 수도 있다.

창업자 시대를 중심으로 10대 재벌의 판도를 정리해 보면 〈표 6-21〉과 같다. 1964년에서 1985년까지의 20년은 대부분의 재벌이 창업자 시대라고 볼 수 있는데, 이 기간에도 재벌 판도에는 큰 변화가 있었다. 1964년에 10대 재벌이었던 재벌 중 1985년에도 10대 재벌로 남아 있는 재벌은 삼성과 LG뿐이다. 다른 재벌은 아예 없어졌거나 아주 작은 재벌로 뒤처져 버렸다. 창업자 당대에도 기업의 부침은 매우

〈표 6-21〉 **재벌 초기의 10대 재벌 변천사(1964~1985년)(총자산 기준)**

순위	1964년	1974년	1980년	1985년
1	삼성	락희(LG)	락희(LG)	삼성
2	삼호	삼성	대우	현대
3	삼양	현대	삼성	럭키금성(LG)
4	개풍	한국화약(한화)	현대	대우
5	동아	동국	한국생사	선경(SK)
6	락희(LG)	대한전선	효성	쌍용
7	대한전선	효성	선경(SK)	한국화약(한화)
8	동양	신동아	코오롱	한진
9	화신	선경(SK)	대한전선	효성
10	한국글라스	한일합섬	국제상사	대림

자료: 매일경제, 『매경이코노미』, 제1544 합본호, 2010.2.17/24일.

40 재벌들의 승계 유형에 대해서는 조동성 · 이지환(1993) 참조.

심할 수 있다는 것을 보여 준다.

1964년부터 1974년까지의 10년 사이에도 재벌의 판도에는 큰 변화가 있었다. 이 기간에도 7개 재벌은 10위 아래로 뒤쳐져 버렸고 새로운 재벌로 대체되었다. 10대 재벌에 그대로 남아 있는 재벌은 LG, 삼성, 대한전선 3개뿐이었다. 반면에 1974년에서 1985년까지의 11년은 5개가 10대 재벌의 위상을 계속 유지하고 있다. 삼성, 현대, LG, SK, 한국화약이 1974년에도 10대 재벌이었고 1985년에도 10대 재벌이었다. 재벌의 위상은 점점 안정화되어 가는 추세를 보이고 있다.

1974년에서 1985년까지의 기간은 두 기간으로 나누어 분석해 보아도 재벌의 위상이 점점 안정화되고 있다는 것을 알 수 있다. 1974년에서 1980년까지의 6년은 6개 재벌이 10대 재벌에 그대로 남아 있었는데, 1980년에서 1985년까지의 5년도 6개 재벌이 10대 재벌에 그대로 남아 있었다. 1980년대 초반에 오면 삼성, 현대, LG, 대우, SK는 이미 안정적으로 대재벌의 위상을 확보하고 있다는 것을 알 수 있다. 말하자면, 이 재벌들은 이미 창업자 시대에 대재벌의 자리를 굳힌 재벌이다. 이 기간에 LG와 SK는 각기 창업자의 아들과 창업자의 동생이 운영하고 있었지만 이들은 사실상 창업자나 마찬가지의 위상을 가진 사람들이었다.

2. 세습 후 시대의 10대 재벌

2000년도를 전후해서 재벌에게는 큰 변화가 있었다. 하나는 1997년의 외환위기 과정에서 재벌별로 커다란 부침이 있었고, 다른 하나는 2세로의 승계 과정에서 재벌별로 상속을 위한 분할이 있었다. 이런 과정을 거치면서 재벌 판도에도 변화가 많았다.

〈표 6-22〉에는 공정위에서 처음으로 재벌을 지정 발표하였던 1987년 이후 외환위기와 2세로의 승계를 거치면서 10대 재벌의 판도에 어떤 변화가 있었는지 정리되어 있다.[41] 1987년의 10대 재벌 중 2010년에도 10대 재벌로 남아 있는 재벌은 5개

41 김동운(2005)은 재벌이 처음 지정된 1987년 이후 2004년까지 한국 재벌들이 어떻게 변모해 왔는지 종합적으로 정리하고 있다.

〈표 6-22〉 **경영권 승계 이후의 10대 재벌 변천사(총자산 기준, 1995~2010년)**

순위	1987년	1995년	2000년	2010년
1	현대	현대	현대	삼성
2	대우	삼성	삼성	현대자동차
3	삼성	대우	LG	SK
4	LG	LG	SK	LG
5	쌍용	SK	한진	롯데
6	한진	쌍용	롯데	GS
7	SK	한진	대우	현대중공업
8	한화	기아	금호	금호아시아나
9	대림	한화	한화	한진
10	롯데	롯데	쌍용	두산

자료: 공정거래위원회.

이고, 나머지 5개는 다른 재벌로 대체되었다. 대체된 5개 중 현대는 상속으로 인해 여러 개로 분할되었고, 대우와 쌍용은 부도로 그룹이 해체되었고, 한화와 대림은 세력이 약화되어 10대 이하로 순위가 밀려 버렸다. 그런데 이들을 대체한 5개 중 현대자동차, 현대중공업, GS 등 3개는 기존의 대재벌에서 분리되어 나온 재벌이고, 나머지 금호아시아나, 두산 등 2개는 10대 이하에서 순위가 올라온 재벌이다.

현대그룹은 상속 과정에서 현대자동차와 현대중공업이 분할되어 나와 둘 모두 다시 10대 재벌에 들어와 있다. LG그룹은 상속 과정에서 LG와 GS로 분리되었는데, 이들도 모두 10대 재벌에 들어 있다. 대재벌은 분할되어도 분할된 채로 다시 대재벌이 되는 위력을 발휘하고 있다. 말하자면, 재벌이 재벌을 낳는 형국이다. 분할된 재벌들을 합치면 예전의 모 재벌 규모를 훨씬 능가한다. 한국 경제에서 재벌이 갖는 위세를 그대로 엿볼 수 있다. 금호아시아나와 두산은 1987년에는 10대 재벌에 들지 못하였지만 2010년에는 10대 재벌에 들었다. 이들은 그만큼 빠르게 성장한 재벌이었다.

〈표 6-22〉는 상속된 2세 재벌도 여전히 대재벌이라는 것을 보여 주고 있다. 2010년의 10대 재벌 중 롯데그룹 외에는 모두 세습이 완료된 재벌이다. 롯데는 아직 창업자가 총수이다. 새롭게 창업하여 10대 재벌에 진입한 재벌은 하나도 없다.

그만큼 한국 경제에서는 기존 재벌의 기득권이 확고하다는 것을 알 수 있다. 재벌만이 상속을 거쳐 다시 재벌이 될 수 있을 뿐이다. 상속은 재벌의 위상과 재벌 판도에 큰 변화를 일으키는 요인이 되지 못하고 있다. 재벌 세습은 한국 경제를 더욱더 확고히 재벌 중심 경제로 만들고 있다.

V 재벌의 상속과 경제력집중의 변화

1. 경제력집중과 재벌

경제력집중은 소수의 대기업이 국가경제에서 너무 많은 비중을 차지함으로써 나오는 문제를 의미한다. Berle and Means(1932)가 미국에서의 경제력집중 현상을 자료로 제시한 이후 경제력집중에 대해서는 많은 학자들이 관심을 가지기 시작하였다. 그 이전에 마르크스(Karl Marx)는 자본주의 경제에서 대기업은 중소기업을 흡수하면서 점점 비대해져 결국 독점자본주의가 나타나게 된다고 주장하였다.[42]

마르크스의 주장이 옳든 그르든 경제력집중은 자본주의 시장경제에서 하나의 위험요소가 되는 것은 틀림없다. 힘이 집중되면 그 힘은 남용되기 때문이다. 정치권력이 집중되면 독재가 나타나고, 시장점유율이 집중되면 독점이 나타나듯이 힘이 한 개인이나 소수에게 집중되면 그 힘은 남용되어 다수에게 피해를 준다. 경제학자들은 이런 관점에서 경제력집중도 크게 우려하고 있다.[43] 우리나라에서는 이런 현상이 재벌에 의한 경제력집중 문제로 나타나고 있다.

경제력집중의 폐해는 구체적으로 두 가지 측면에서 살펴볼 수 있다. 하나는 독점력의 강화이고, 다른 하나는 영향력의 남용이다. 특정 재벌이 국가경제에서 압

42 마르크스의 예언은 맞지 않았다. 미국에서는 상위 100대 기업에 의한 총괄집중률이 1960년에 33%까지 이르렀다가 더 증가하지 않고 안정적으로 유지되고 있었다. 1982년에는 32.8%였다. Sherer(1990).

43 Edwards(1955).

도적인 비중을 차지하고, 그 비중이 점점 커지면 이 재벌은 자기의 사업 영역에서 독점력을 강화해 나갈 뿐만 아니라 자기의 영향력을 이용해 경제 운용의 틀 자체를 자기 위주로 이끌어 나갈 수 있다.

독점력 강화는 개별 시장에서 자기의 시장점유율을 키워 나가면서도 가능하고, 여러 업종에 동시에 참여하는 업종다각화를 통해서도 가능하다. 특정 업종에서의 독점력은 그 업종 내의 조건에 의해서뿐만 아니라 그 기업이 참여하는 타 업종의 조건에 의해서도 영향을 받는다. 이것을 다시장접촉가설(multimarket contact hypothesis)이라고 하는데, 많은 연구에 의해 실증적으로도 뒷받침되고 있다.[44] 우리나라의 재벌은 폭넓게 업종다각화를 이루고 있는 것이 특징인데, 이런 업종다각화는 재벌의 독점력을 더욱 강화시킬 우려가 있다.

영향력의 남용을 통한 폐해는 주로 대정부 로비나 언론홍보 등을 통해 경제 운용의 틀 자체를 자기들 위주로 왜곡시키는 데 기인한다. 우리나라 재벌은 정치, 경제, 사회, 언론 등 모든 면에서 막강한 힘을 행사하고 있다. 따라서 자기들이 원하는 사항은 쉽게 입법화시킬 수도 있고, 원하지 않는 정책은 폐기시킬 수도 있다.

실제로 재벌은 각종 정부 정책을 자기들에게 유리하게 유도하기도 하고, 언론을 움직여 재벌에게 유리한 여론을 조성하기도 하였다. 이명박정부에서 추진한 출자총액제한제의 폐지, 금산분리의 완화, 감세정책 등은 재벌의 요구 사항이었다. 이명박은 집권하자마자 재벌의 요구를 수용하였다. 결국 한국 경제는 재벌이 움직이는 경제가 된 것이다.

이처럼 경제력집중이 심화되면 재벌은 독점력 강화와 영향력 남용 등을 통해 자기들의 이익을 최대화시킬 수 있다. 이런 과정은 재벌에게는 이익을 가져다주지만 사회적으로는 폐해가 된다. 말하자면, 사회후생을 감소시킨다. 따라서 경제력집중 현상은 경제학자들의 매우 중요한 관심 요소가 아닐 수 없다. 우리나라는 이러한 경제력집중 현상이 재벌을 통해서 나타나기 때문에 재벌에 의한 경제력집중이 바로 중요한 경제 문제가 되고 있다.

44 Scott(1991).

2. 친족재벌의 출현과 경제력집중의 변화

경제력집중은 총괄집중률(aggregate concentration)로 그 크기를 측정한다. 총괄집중률은 일정 수의 대기업이 경제 전반에서 차지하는 비중으로서 이 값이 크면 경제력집중이 심화되었다고 본다. 이 지수를 가장 먼저 추정한 학자는 Berle and Means(1932)로 이들은 1930년대에 미국의 비금융 부문에서 200대 기업이 차지하는 비중이 49%에 이른다는 사실을 밝혀 냈다. 그 이후 많은 학자들이 이 주제에 관심을 가지고 연구를 수행해 왔다.

한국과 같은 재벌체제하에서는 재벌그룹이 독립적인 경쟁주체이기 때문에 재벌을 기준으로 총괄집중률을 추정하고 있다. 본서에서는 일정 수의 대재벌군이 우리나라 전체의 비금융 부문 기업자산액에서 차지하는 비중으로 총괄집중률을 추정하였다.[45]

그런데 기존의 대재벌에서 분리되어 나온 기업그룹이 다시 대재벌로 부상하면 경제력집중 상황은 달라질 수 있다. 동일 가문에서 나온 친족재벌 간의 관계는 타 가문 재벌과의 관계와는 다를 수 있기 때문이다. 예컨대, 삼성그룹에서 파생되어 나온 삼성가문 친족재벌 사이의 관계는 삼성그룹과 LG그룹의 관계와 같을 수 없다. 이것은 삼성그룹 내의 계열사 간 관계가 삼성 계열사와 LG 계열사 사이의 관계와 같을 수 없는 것이나 마찬가지이다. 따라서 상속 이후 친족위성재벌이 존재하는 재벌 구도에서는 재벌 간의 관계도 친족재벌 간의 관계와 독립재벌 간의 관계로 구분할 필요가 있다.[46]

최근 30대 재벌군에는 4대 가문이 14개나 되는 친족재벌을 포진시키고 있다. 경제력집중 문제는 재벌 간의 이런 관계를 고려하지 않을 수 없다. 특히, 대재벌인 삼성, LG, 현대, 한진 등이 30대 그룹 내에 친족재벌을 많이 거느리고 있기 때문에 이들에 의한 경제 지배력은 더 강화되었다고 볼 수 있다.

친족재벌을 완전히 독립된 재벌로 간주하면 친족재벌을 분리시켜 총괄집중률

---

45 추정 과정에서 재벌자산액은 공정위 발표 자료를 사용하였고, 비금융 부문의 기업자산액은 한국은행의 『기업경영분석』 자료를 사용하였다.

46 최정표(2011a)는 재벌에 의한 경제력집중과 재벌 가문에 의한 경제력집중을 구분하여 분석하고 있다. 본 연구에서는 최정표(2011a)의 분석을 기초로 두 가지 경제력집중 문제를 모두 살펴보고 있다.

〈표 6-23〉 **대재벌의 총괄집중률**

(단위: 자산액 기준(%))

연도	5대 재벌 집중률			10대 재벌 집중률			30대 재벌 집중률
	친족재벌 분리(A)	친족재벌 포함(B)	B-A	친족재벌 분리(C)	친족재벌 포함(D)	D-C	친족재벌 분리
1995	26.28	27.54	1.26	35.04	36.30	1.26	46.66
1996	28.33	29.87	1.54	37.27	38.81	1.54	48.85
1997	30.01	31.93	1.92	37.48	39.29	1.81	47.83
1998	32.75	34.84	2.09	39.80	41.89	2.09	49.80
1999	25.59	27.73	2.14	31.56	33.70	2.14	40.90
2000	26.18	30.54	4.34	33.48	36.60	3.12	42.36
2001	24.01	28.39	4.38	30.16	33.83	3.67	38.39
2002	23.28	27.38	4.10	29.43	32.92	3.49	36.88
2003	23.65	27.82	3.87	29.92	33.51	3.59	37.07
2004	20.68	25.73	5.05	26.76	30.68	3.92	33.67
2005	20.67	27.36	6.69	26.48	30.71	4.23	33.54
2006	20.07	27.21	7.14	26.34	30.90	4.56	33.90
2007	16.86	23.37	6.51	22.66	26.61	3.95	29.33

자료: 최정표(2011a), p. 189.

을 추정할 수 있고, 친족재벌 간에 특수관계가 존재한다고 보면 친족재벌은 모두 하나로 묶어 가문 기준으로 총괄집중률을 추정할 수 있다. 〈표 6-23〉은 두 경우의 총괄집중률을 분리하여 보여 주고 있다.

친족재벌을 분리해서 총괄집중률을 측정해 보면 5대 재벌 집중률은 17%(2007년)에서 33%(1998년) 사이의 값인데, 1997년의 외환위기 이후인 1998년에 정점을 치고 그 이후에는 계속 하락하고 있다. 10대 재벌로 확대해 보면 그 값은 23%(2007년)에서 40%(1998년) 사이의 값이다. 추세는 5대 재벌의 경우와 거의 비슷하다. 10대 재벌의 경제력집중도 외환위기 이후에는 꾸준히 하락하고 있다. 30대 재벌로 확대해도 그 추세는 거의 비슷하다. 30대 재벌의 집중률은 최고 50%(1998)에까지 이르고 있다. 가장 낮은 경우가 29%(2007)이다.

5대 재벌이란 5개의 가족이 지배하는 기업인데, 그 비중이 33%에까지 이른다는 것은 재벌에 의한 경제력집중이 매우 심각한 수준이라는 것을 의미한다. 여기에 이들에게 종속된 하도급 중소기업까지 포함시키면 소수 대재벌이 우리나라에서 차지하는 비중은 어마마한 수준이다. 말 그대로 한국 경제는 재벌경제인 것이다.

그런데 친족재벌을 모두 묶어서 가문 기준으로 총괄집중률을 추정하면 그 값은 엄청나게 커진다. 가문을 기준으로 해서 5대 재벌 가문의 총괄집중률을 추정해보면 그 값은 1~7% 정도 높아진다. 한 가문의 모든 친족재벌을 하나의 경영 단위로 간주한 5대 재벌 가문 총괄집중률은 23%(2007년)에서 35%(1998년)의 값으로 추정되기 때문이다. 친족재벌을 포함하였을 때와 포함하지 않았을 때의 차이는 해가 갈수록 점점 벌어지고 있다. 친족위성재벌의 규모가 매우 빠르게 성장하기 때문이다.

친족재벌을 포함하였을 때도 2000년 이후에는 총괄집중률이 감소하고 있는데, 감소되는 속도는 친족재벌을 포함하지 않았을 때에 비해 비교적 완만해졌다. 따라서 가문 중심으로의 경제력집중 현상은 완화 속도가 지체되고 있다는 것을 알 수 있다.

이런 현상은 10대 재벌 가문 총괄집중률로 확대해도 거의 비슷하게 나타나고 있다. 10대 재벌 가문의 총괄집중률을 추정하면 친족재벌을 분리하였을 때와 비교해서 그 값이 1~4.5% 정도 높아지고 있다. 그리고 이때도 그 차이는 해가 갈수록 점점 더 벌어지고 있다. 이 때문에 10대 가문의 총괄집중률도 2000년 이후에는 꾸준히 감소하지만 감소하는 속도는 친족재벌을 분리하였을 때에 비해 점점 둔화되고 있다.

전체적으로 볼 때 한국의 경제력집중 현상이 아주 높았을 때 외환위기가 발생하였고, 외환위기의 수습 과정에서 경제력집중은 줄어들고 있다는 것을 알 수 있다. 이것은 재벌에 의한 경제력집중이 심화되면서 한국 경제가 외부적 충격에 매우 취약해졌다는 것을 의미한다. 외환위기 이후의 재벌개혁정책과 더불어 총괄집중률은 꾸준히 하락하여 2007년에 오면 가장 낮은 값이 되고 있다.

그런데 재벌 가문 기준으로는 경제력집중의 완화 속도가 둔화되고 있다. 기존 대재벌에서 분리된 친족위성재벌들이 빠른 속도로 성장하기 때문이다. 상속을 통한 재벌의 분할이 경제력집중 문제를 완화시킬 것 같지는 않다. 대재벌에서 떨어져 나온 재벌도 다시 대재벌로 부상하고 있는데, 이들이 가문 중심으로 모재벌과 특수관계를 유지하면 한국의 경제력집중 문제는 상속 과정에서 개선되지는 않고 오히려 더 나빠질 것이다.

3. 30대 재벌군 내에서의 재벌 가문 집중 현상

30대 재벌군을 별도의 경제권역으로 구분하여 개별 재벌의 상대적 위상을 살펴보는 것도 경제력집중의 변화를 이해할 수 있는 한 가지 방법이다. 30대 재벌군 내에서도 상위 재벌이 차지하는 비중이 높으면 이것도 경제력집중을 심화시키는 한 요인이기 때문이다.

30대 재벌군 내에서의 집중 현상은 〈표 6-24〉와 같다. 친족재벌을 독립재벌로 간주하였을 때는 30대 재벌 내에서 5대 재벌이 차지하는 집중률이 56%(1995년)에서 66%(1998년) 사이 값이다. 그런데 친족재벌을 모두 하나의 재벌로 묶어 가문 중심으로 집중 현상을 살펴보면, 30대 재벌 내에서 5대 가문의 집중률은 59%(1995년)에서

〈표 6-24〉 **30대 재벌군 내에서의 총괄집중률(자산액 기준)**

(단위: %)

연도	5대 재벌 집중률			10대 재벌 집중률		
	친족재벌 분리(A)	친족재벌 포함(B)	B-A	친족재벌 분리(C)	친족재벌 포함(D)	D-C
1995	56.33	59.03	2.70	75.08	77.78	2.70
1996	57.99	51.14	3.15	76.30	79.45	3.15
1997	62.73	66.75	4.02	78.35	82.14	3.79
1998	65.76	69.95	4.19	79.92	84.11	4.19
1999	62.57	67.81	5.24	77.15	82.39	5.24
2000	61.81	72.11	10.30	79.07	86.44	7.37
2001	62.55	73.96	11.41	78.58	88.13	9.55
2002	63.44	74.62	11.18	80.21	89.70	9.49
2003	63.81	75.04	11.23	80.70	90.39	9.69
2004	61.42	76.42	15.00	79.47	91.12	11.65
2005	61.63	81.58	19.95	78.94	91.55	12.61
2006	59.21	80.26	21.05	77.71	91.14	13.43
2007	57.47	79.70	22.23	77.27	90.74	13.47

자료: 최정표(2011), p. 192.

82%(2005년) 사이의 값이 된다. 집중률이 현격히 증가하고 있는 것이다. 기존의 대재벌에서 분리된 친족위성재벌이 30대 재벌에서 차지하는 비중이 매우 높아졌다는 의미이다.

30대 재벌군에서 5대 재벌이 차지하는 비중은 가장 큰 경우가 66%(1998년)였는데, 5대 가문이 차지하는 비중은 무려 82%(2005년)까지 커지고 있다. 각 재벌을 독립적으로 보아도 집중률이 매우 높은 편인데 가문을 기준으로 하였을 때는 집중률이 한층 더 높아지고 있다. 말하자면, 30대 재벌군 그 자체가 바로 5대 가문의 경제권이라고 할 정도이다.

10대 재벌로 확대하면 집중 현상은 더욱 높아지고 있다. 친족재벌을 분리하였을 때는 30대 재벌 내의 10대 재벌 집중률이 75%(1995년)에서 81%(2003년) 사이 값이다. 그런데 친족재벌을 기존 재벌에 묶어 10대 가문 집중률을 계산해 보면 그 값은 78%(1995년)에서 92%(2005년)로 증가한다. 30대 재벌 자체가 10대 가문과 거의 일치하는 수준이다. 한국의 30대 재벌 영역은 10대 가문이 거의 지배하고 있는 체제이다.

30대 재벌군 내 집중률의 변화 추세를 살펴보면 하나의 재미있는 현상이 관찰된다. 1997년에 외환위기가 있었고 1998년부터 재벌개혁정책이 수립되어 1999년에는 재벌 개혁이 본격적으로 시행되었는데, 그 이후부터는 30대 재벌군 내에서 5대 재벌 및 10대 재벌에 의한 집중률이 완만하게 감소해 가는 추세를 보이고 있다. 2002년과 2003년에만 약간 증가하였고 그 밖에는 증가하는 추세를 찾기가 어렵다.

그러나 친족재벌을 포함하였을 때는 상황이 다르다. 30대 재벌군 내에서 차지하는 재벌 가문의 집중률은 외환위기 이후 급속히 증가하고 있다. 5대 가문의 집중률은 80%를 넘기고, 10대 가문의 집중률은 90%를 넘기고 있다. 외환위기 이후에는 소수의 재벌 가문이 한국 경제를 장악해 가는 현상이 더욱 뚜렷이 관찰되고 있다. 기존의 대재벌이 상속에 의해 분할되었어도, 기존의 재벌 가문에 의한 경제 지배력은 오히려 더 증가하고 있다.

경제력집중의 정도와 그 변화는 30대 재벌군 내에서의 허쉬만-허핀달(Hirschman-Herfindahl: HH) 지수로도 살펴볼 수 있다. HH 지수는 상위 대재벌에 의한 집중 현상을 보여 주는 지수로서 30대 재벌군 내에서 각 재벌이 차지하는 자산액점유율을 제곱하여 모두 합한 값으로 계산된다. 〈표 6-25〉는 HH 지수를 친족재벌과

〈표 6-25〉 **30대 재벌군의 HH 지수(자산액)**

연도	친족재벌	독립재벌	합계
1995	0.044	0.037	0.081
1996	0.046	0.037	0.083
1997	0.051	0.041	0.092
1998	0.053	0.049	0.102
1999	0.070	0.031	0.101
2000	0.052	0.037	0.089
2001	0.072	0.024	0.096
2002	0.079	0.023	0.102
2003	0.081	0.021	0.102
2004	0.080	0.020	0.100
2005	0.080	0.019	0.099
2006	0.075	0.019	0.094
2007	0.071	0.019	0.090

자료: 최정표(2011), p. 194.

독립재벌로 구분하여 보여 주고 있다. 두 부문을 모두 합한 30대 재벌의 HH 지수는 0.081(1995년)에서 0.102(1998, 2002, 2003년) 사이의 값이다. 1999년까지 증가하는 추세를 보이다가 외환위기 이후 진행된 재벌 개혁 과정에는 잠시(2000년) 감소하였다. 그 이후는 다시 증가하였으나 2004년부터는 완만한 감소 추세를 보이고 있다.

전체 HH 지수 중 친족재벌의 HH 지수가 차지하는 비중이 친족 이외 재벌의 HH 지수보다 훨씬 높은데, 이것은 30대 재벌 내에서 친족재벌들의 비중이 매우 높다는 것을 의미한다. 그리고 친족 이외 독립재벌의 HH 지수는 전체적으로 감소하는 추세인 반면 친족재벌의 HH 지수는 2005년까지 증가하다가 그 이후에만 약간 감소하고 있다. 친족재벌의 수와 비중이 증가하면서 나타난 현상이다.

4. 30대 재벌군 내에서의 재벌 간 관계

재벌 간의 상호 위치 변동도 경제력집중의 변화를 파악할 수 있는 한 지표가 된다. 재벌 간의 상호 위치 변동은 주로 두 가지 방법으로 분석된다. 하나는 재벌군의 구성원이 얼마나 많이 바뀌었느냐를 보는 교체성 접근법(turnover approach)이고, 다른 하나는 개별 재벌의 상대적 위치나 비중이 얼마나 많이 바뀌었느냐를 보는 이동성 접근법(mobility approach)이다.[47]

여기서는 먼저 이동성 접근법으로 재벌 간의 상호 위치 변동의 정도를 살펴보았다. 많이 사용되는 방법은 일정 기간 동안 30대 재벌군에 계속 생존해 있는 재벌들에 대해 그 기간 동안 순위나 비중이 어느 정도 안정적이었는지를 살펴보는 것이다. 이것은 이 변수들의 상관계수(correlation coefficient)로서 추정되고 있다.

〈표 6-26〉에는 이 상관계수가 기간별로 추정되어 있다. 〈표 6-26〉에서 1995년에도 30대 재벌군에 있었던 재벌이 1996년에도 30대 재벌군에 남아 있는 재벌은 26개였다. 26개 재벌의 1995년 순위와 1996년 순위의 상관계수는 0.976이다. 자산점유율의 상관계수는 0.996이다. 이 값이 크면 각 재벌이 자기 순위나 자기의 자산점유율을 안정적으로 유지하였다는 것을 의미한다.

추정된 상관계수 값은 두 가지 모두 외환위기 수습기간(1998~2001년)에만 큰 폭으로 줄어들고 그 이외 기간은 아주 높은 값을 안정적으로 유지하고 있다. 이것은 재벌의 상대적 위치가 재벌 개혁 기간 외에는 매우 안정적이었다는 것을 의미한다. 외환위기 이후에는 친족재벌이 많이 출현하였는데도 이들이 일단 30대 재벌군에 진입한 이후에는 재벌 간의 순위나 자산 비중이 비교적 안정적으로 유지되었다는 것을 알 수 있다. 30대 재벌군에 계속 남아 있기만 하면 개별 재벌은 친족재벌 여부를 떠나 자기의 상대적 위치를 비교적 안정적으로 유지하였다. 이것은 경제력집중 현상이 안정적으로 유지되고 있다는 의미도 된다. 각 재벌은 자기 순위와 자기 비중을 안정적으로 유지하고 있기 때문이다.

개별적으로 재벌의 비중이 달라질 때는 상대적으로 큰 재벌이 더 커졌는지, 작은 재벌이 더 커졌는지를 살펴보는 것도 경제력집중의 변화를 파악하는 한 가지 방법이다. 이를 위해서는 Mermelstein(1969)의 회귀모형이 많이 이용되고 있다. $Y_i = \alpha + \beta X_i + u_i$($X_i$와 Y_i는 i 재벌의 자산 비중인데, X는 Y보다 한 해 앞의 자산 비중)라는 회귀모형에

47 최정표(2011a) 참조.

〈표 6-26〉 **재벌의 상대적 위상 변화**

연도	상관계수		회귀계수		n
	순위	자산 비중	β	R^2	
1995~1996	0.976	0.996	1.102(56.255)	0.992	26
1996~1997	0.976	0.995	1.081(50.476)	0.990	28
1997~1998	0.962	0.978	1.055(24.125)	0.957	28
1998~1999	0.943	0.838	0.837(7.197)	0.702	24
1999~2000	0.924	0.944	0.824(13.440)	0.891	24
2000~2001	0.946	0.901	0.962(10.158)	0.811	26
2001~2002	0.971	0.997	1.039(62.512)	0.993	28
2002~2003	0.970	0.997	1.004(63.845)	0.994	28
2003~2004	0.982	0.988	0.606(32.405)	0.977	27
2004~2005	0.989	0.998	1.598(82.431)	0.996	27
2005~2006	0.966	0.996	0.959(57.279)	0.992	29
2006~2007	0.935	0.998	0.967(81.064)	0.996	28

주: ( ) 안의 값은 t-값.
자료: 최정표(2011a), p. 195.

서 $\beta>1$이면 큰 재벌일수록 더 커지는 변화이고, $\beta<1$이면 큰 재벌일수록 작아지는 변화이다.

이 회귀방정식의 추정 결과는 〈표 6-26〉과 같다. 외환위기 직후의 집중적인 재벌 개혁 기간(1999~2001년)에는 $\beta<1$이다. 큰 재벌은 작아지고 작은 재벌들이 많이 부상한 기간이다. 전반적으로는 $\beta<1$인 기간과 $\beta>1$인 기간이 반반 정도였다. 큰 재벌일수로 더 많이 커지는 현상은 경제력집중이 심화되는 현상인데, 반 정도의 기간에서 이런 현상이 나타났다. 재벌 개혁 기간 직전과 직후에 이런 현상이 강하게 나타났다.

1년 사이에 30대 재벌군의 구성 재벌이 교체되는 정도는 〈표 6-26〉의 n이 나타내는 값이다. 1995년에서 1996년 사이에는 30대 재벌 중 26개 재벌이 그대로 남아 있고 4개 재벌이 다른 재벌로 교체되었다. 이것은 재벌 간의 상호 위치 변동의 정도를 교체성 접근법으로 파악하는 것이다. 이 값이 크면 30대 재벌군 내에 그대로 남아 있는 재벌의 수가 많다는 의미이고, 재벌들의 위상이 안정적이라는 의미이다. 외환위기 이후의 재벌 개혁 기간에만 이 값이 24까지 낮아졌고 그 이외 기간에는 28 전후 값을 유지하고 있다. 30대의 위상이 비교적 안정적이었다는 것을 알 수 있다.

Chapter 7

외환위기와 재벌의 변화

외환위기와 재벌의 변화

I 외환위기의 전말과 재벌

1. 외환위기 전야와 IMF 구제금융

1997년 말에 발생하였던 외환위기는 정부 수립 후 우리나라가 직면하였던 최대의 경제위기였다. 경제뿐만 아니라 국가 전체에 엄청난 충격과 고통을 안겨 준 사건이었다. 수많은 회사가 도산하고 수많은 사람들이 일자리를 잃었던 국가적 재난이었다. 이 재난은 1997년 초부터 시작된 동남아시아의 금융위기에서부터 그 시발을 찾을 수 있다.

동남아시아의 여러 나라들은 여러 가지 복합적인 이유로 1997년 초부터 금융시장에 대혼란이 일어났다.[1] 국제투기세력들은 외화를 회수하기 시작하였고, 외환이 고갈되면서 달러 대비 환율은 급등하고 주가는 폭락하였다. 이러한 금융위기는 태국에서 시작하여 필리핀, 인도네시아, 말레이시아, 홍콩, 타이완 등으로 이어지면서 금융폭풍을 일으켰고, 급기야는 경제의 펀더멘털이 튼튼하다고 자부하고 있

1 동남아시아 금융위기의 원인에 대해서는 견해가 매우 다양하다. 이종화(2002), 백웅기(1998)는 1997년에 일어난 동아시아 각국의 금융위기에 대해 그 원인, 진행 과정, 수습 과정 등을 종합적으로 분석하고 있다.

던 한국에까지 몰아닥쳤다.[2] 한국에서도 외화가 급속도로 빠져나가기 시작하였다.

엎친 데 덮친 격으로 한국에서는 이 시기에 많은 재벌들이 연쇄적으로 도산하는 사태까지 벌어졌다. 1997년 1월 대재벌로 부상하고 있던 한보그룹이 도산하면서 경제에 엄청난 충격을 안겨 주고 있었다. 정부와 정치권이 한보그룹의 수습에 전전긍긍하고 있는데, 연이어 삼미그룹, 진로그룹, 대농그룹, 한신공영그룹, 쌍방울그룹, 해태그룹, 뉴코아그룹, 한라그룹 등이 부도나면서 미증유의 재벌 연쇄도산 사태가 벌어졌다.[3] 거기다가 재계 10위 내에 있었던 기아그룹까지 부도나면서 한국 경제는 동남아시아로부터 몰아닥치고 있는 금융폭풍을 감내할 수 없는 상황으로 빠져들고 있었다.

이러한 일련의 외환위기 과정은 매우 급박하게 진행되었다. 재벌의 연쇄도산으로 외국 투자 자본은 썰물처럼 빠져나갔다. 계속 증가하는 외환 수요로 외환보유고는 고갈되어 가고 환율은 급등하였다. 주가는 폭락하고, S&P와 무디스는 한국의 국가신용등급을 하향조정하였다. 1997년 10월에는 외환시장이 사실상 거래 중단되는 사태까지 벌어졌다.

이런 과정을 거치면서 가용 외환보유액은 급격히 감소하였다. 1996년 말 292억 달러였던 가용 외환보유액은 221억 달러(1997년 3월 말), 224억 달러(1997년 9월 말), 73억 달러(1997년 11월 말), 89억 달러(1997년 12월 말)로 줄어들었다.[4] 1997년 11월에 들어와서는, 5일 블룸버그가 한국은 가용 외환보유고가 20억 달러밖에 되지 않는다고 보도하였고, 6일에는 한국은행에서 실무진이 IMF의 지원을 받아야 한다고 총재에게 건의하는 지경에 이르렀다. 7일에는 주가가 사상 최대로 폭락하였다. 환율은 계속 상승하였다.

외환보유고는 거의 고갈되는 상태에 이르러 IMF의 지원 없이는 국가 부도 사태를 면하기 어렵게 되었다. 1997년 11월 14일 급기야 김영삼 대통령은 IMF 구제금융 요청을 결심하기에 이르렀다. 16일 캉드쉬(Michel Camdessus) IMF 총재가 극비리에

2 1997년 7월 2일 태국의 바트화가 폭락하였고, 연이어 8월 14일 인도네시아 루피아화 폭락, 10월 17일 대만의 외환방어 포기, 10월 23일 홍콩 증시의 폭락 등 동남아시아의 금융위기는 걷잡을 수 없는 사태가 되었다.

3 1997년 1월에는 한보철강이 부도났고, 연이어 3월에는 삼미그룹, 5월에는 대농그룹, 6월에는 한신공영그룹, 7월에는 기아그룹, 9월에는 진로그룹, 10월에는 쌍방울그룹, 11월에는 해태그룹과 뉴코아그룹이 부도나는 등 거의 매달 30대 재벌 중 하나가 도산하였다.

4 김인준 · 이영섭(1998), p. 267 〈표 7〉.

〈표 7-1〉 외환위기 전후의 주요 경제지표

기간	환율	외환보유고 (억 달러)	이자율*(%)	주가	실업률(%)
1997. 2	866	298	11.28	676	3.2
1997. 4	894	298	12.97	703	2.8
1997. 6	889	333	11.23	745	2.3
1997. 8	896	311	12.51	695	2.2
1997. 10	925	305	13.80	470	2.1
1997. 12	1,492	204	23.00	376	3.1
1998. 2	1,617	267	22.89	559	6.1
1998. 4	1,388	355	20.46	421	6.8
1998. 6	1,392	409	15.63	297	7.1
1998. 8	1,308	451	16.39	310	7.5
1998. 10	1,333	488	6.93	403	7.2
1998. 12	1,211	520	6.66	562	8.0

주: *는 무담보 콜금리.

한국을 방문하여 IMF의 구제금융 지원에 관해 정부와 논의하였다. 18일에는 한국은행이 공식적으로 정부에 IMF 구제금융을 요청해야 한다고 촉구하고 나섰다. 20일에는 외환시장에서의 외환거래가 사실상 중단되었다. 11월 21일 정부는 IMF 구제금융 신청을 공식적으로 발표하였고, 12월 3일 IMF 구제금융 합의서에 공식적으로 서명하였다.[5]

외환위기가 절정에 이르렀던 1997년 11월을 전후하여 한국 경제의 상황이 어떠하였는지가 〈표 7-1〉에 통계자료로 요약되어 있다. 이 시기를 전후하여 주요 경제지표가 어떻게 변화하였는지를 살펴보면, 외환위기의 심각성을 짐작할 수 있다. 800원대에 있던 환율은 그 곱절인 1600원대까지 치솟았다. 공식적인 외환보유고는 200억 달러대로 감소하였지만 가용 외환보유고는 거의 고갈된 상황이었다.

10%대에 있던 이자율은 20%를 넘어섰다. 700선이던 주가지수는 그 절반 이하

5 이 사건은 외환위기, 금융위기, IMF 구제금융, 또는 IMF 사태 등으로 불리고 있는데, 정확하게는 IMF 구제금융 요청이고, 학술적으로는 외환위기라고 부르고 있다.

로 곤두박질쳤다. 2%대였던 실업률은 8%를 넘어섰다. 한국 경제가 어떤 상황으로 내몰렸는지 짐작이 가고도 남는다. 그야말로 미증유의 경제위기였다. IMF 구제금융 이외에는 다른 선택이 없었다.

IMF 구제금융으로 국가 부도 사태는 면하였지만 국가와 국민은 IMF의 요구를 이행해야 하는 또 다른 위기를 극복해야 하였다. IMF는 한국에 여러 가지 어려운 의무를 부과하였다. 심하게 표현하자면 한국은 IMF의 경제 식민지가 된 셈이다. IMF 프로그램대로 경제를 운용하지 않을 수 없게 되었고, IMF의 관리를 벗어나기 위한 자체 개혁을 추진하지 않을 수 없었다. 이 과정에서 국민들은 엄청난 고통과 시련을 감내해야만 하였다.

1998년 2월 김영삼 대통령 후임으로 김대중 대통령이 취임하면서 IMF 프로그램은 본격적으로 가동되었고, 동시에 IMF 구제금융을 극복하기 위한 자발적인 경제 개혁도 본격적으로 추진되었다. 이 과정에서 재벌 개혁은 경제 개혁의 핵심적 과제로 대두되었다.

IMF 프로그램은 1997년 12월 3일 체결된 IMF 의향서에 구체화되어 있는데, 이 의향서는 그 이후 수차례에 걸쳐 수정 · 보완되면서 한국 경제는 세부적인 경제 운영에까지 IMF의 관리를 받아야 하였다.[6] 재벌에 대해서는 제반 개혁을 강력하게 요청하였다.

IMF 프로그램은 기업의 지배구조 개선과 구조조정을 구체적으로 요구하고 있었다. 기업의 재무제표에 대해서는 투명성을 증대시킬 수 있는 구체적 일정을 수립하도록 요구하였고, 정책금융은 그 범위를 축소하고, 보조금 지급과 세제 지원은 금지하고, 상호 채무보증은 개선하도록 요구하였다.

기업 개혁에 대해서는 매우 세부적인 사항까지 요구하였다. 결합재무제표의 작성, 국제 표준의 재무제표 작성, 외부 감사 선정위원회 설치, 사외이사 선임 의무화, 기관투자가의 의결권 제한 폐지, 소수주주권 강화, 집단소송제 도입, 국내 M&A의 자유화, 외국인 주식 한도의 확대, 기업구제를 위한 공적 자금의 사용 금지, 적

6 김인준 · 이영섭(1998)의 〈부록 1〉에 IMF 의향서의 내용이 잘 요약 · 정리되어 있다. 그 내용에 의하면 경상수지, 물가상승률, 경제성장률 등과 같은 거시경제 목표도 구체적으로 설정되어 있고, 통화 및 환율 정책, 재정정책, 금융정책, 금융 구조조정, 무역자유화, 자본자유화, 기업지배구조, 기업구조조정 등에 관해서도 구체적인 조치들을 언급해 두고 있다.

대적 인수 · 합병의 전면 허용 등과 같은 정책들이 이때 제시되었던 것이다.

정부는 IMF가 요구하는 정책뿐만 아니라 자체적인 제반 경제개혁정책도 동시에 추진해야 하였다. 경제의 제 분야에서 새로운 제도를 도입하는 것이 불가피하였다. 변화에는 희생이 따르기 마련이다. 이 과정에서 많은 기업이 퇴출되고 수많은 사람이 일자리를 잃었다. 많은 국민들이 고통 속에 빠졌다.

2. 외환위기의 재벌 책임론

어떤 이유에서이든 1997년의 외환위기는 외환이 갑자기 빠져나갔기 때문에 발생한 것이다. 외환이 한국에서 갑자기 빠져나가게 된 이유에 대해서는 주장이 다양하지만 대외적인 요인과 대내적인 요인이 복합적으로 상승작용을 하였다는 데는 거의 의견이 일치하고 있다.[7] 국제금융시장의 특별한 사정에 의해 한국으로부터 외환이 빠져 나가는데(대외적 요인), 한국 기업들의 과도한 외화 부채가 이런 현상을 가속화시켰다고(대내적 요인) 보는 것이다.

자본시장이 개방화됨에 따라 국내 금융시장에 대한 대외적인 영향력은 점점 증가하고 있었다. 특히, 국제투기자본에 의한 외환시장 교란은 외환위기에 대한 대외적인 요인의 중요한 한 부분이 되고 있었다. 1997년 초 동남아시아에서부터 시작한 외환 유출은 국제투기자본까지 합세하여 도미노처럼 번지면서 급기야는 한국에까지 이르렀던 것이다.

이러한 대외적 요인에 대해서는 1차적으로 정부에게 그 책임이 가장 크다고 볼 수밖에 없다. 정부가 여기에 선제적으로 대응하는 데 실패하였기 때문이다. 정부는 외환관리에 실패하였던 것이다. 많은 비용을 감수하면서 외환을 대량으로 보유하는 이유는 이런 상황에 대비하기 위해서인데, 정부는 그 역할을 제대로 수행하지 못하였다.

7 김인준 · 이영섭(1998, pp. 255~267)은 동남아시아의 금융위기와 한국의 외환위기에 대해 그 원인을 대외적인 요인과 대내적인 요인으로 구분해 정리하고 있다. 유승민(2000, pp. 24~26)은 외환위기의 원인을 외부 요인, 내부 요인, 정부실패로 나누어 설명하고 있다.

대내적으로는 재벌의 경영 부실이 외환위기 원인의 중요한 한 부분이었다.[8] 이 시기에 많은 재벌이 한꺼번에 부실해지면서 외국이 투자자본을 갑자기 회수해 가는 데 촉진제 역할을 하였다. 이 때문에 재벌은 외환위기의 주범으로 몰렸고 대대적인 재벌개혁정책이 불가피해졌다. 그러나 이 문제도 1차적으로는 정부에 더 큰 책임이 있다. 기업 부실을 관리할 책임도 정부에게 있기 때문이다.

유승민(2000, pp. 34~42)은 정부, 은행, 재벌에게 외환위기의 책임이 가장 크며, 그 중에서도 주범은 정부이고, 재벌과 은행은 공범 내지 종범에 불과하다고 보았다. 외환위기의 책임을 주범, 공범, 종범으로 구분하여 누가 여기 해당하느냐고 분류하는 것은 의미가 없다. 모두가 주범이면서 공범이고 종범이기 때문이다. 그러나 1차적 책임과 궁극적 책임은 정부에게 있는 것이 틀림없다. 정부가 은행과 재벌을 관리하고 있기 때문이다.

그런데 외환위기 이후에 재벌에게 비난이 쏟아지고 대대적인 재벌 개혁이 추진된 것은 그만한 이유가 있었다. 재벌이 국가경제에서 차지하는 비중이 절대적이었기 때문이다. 비중이 높으면 책임도 그만큼 크기 마련이다. 30대 재벌은 직접적으로 국가경제에서 50% 이상의 비중을 차지하고 있었고, 간접적인 영향력까지 포함하면 그보다 훨씬 높은 비중을 차지하고 있었다.[9]

이처럼 재벌이 한국 경제를 주도하고 있는 상황에서 30대 재벌의 거의 절반이 한꺼번에 무너지면 한국 경제는 더 이상 지탱할 수 없다. 살아남은 기업들도 부채비율이 높고 경영 상태가 좋지 않았다. 특히, 재벌들은 단기 외채에 과도하게 의존하고 있었는데, 이들이 한꺼번에 부실해짐에 따라 외국은 서둘러 자본 회수에 나섰고 한국의 외환보유고는 이를 감당할 수 없었다.

이런 상황에서 재벌은 결코 외환위기의 책임으로부터 자유로울 수 없다. 그것도 가장 큰 책임을 면하기 어려웠다. 궁극적인 책임은 정부에게 있지만 가장 큰 책임은 재벌에게 있다. 재벌이 한국 경제를 주도하고 있는 상황에서 기업을 튼튼하

8 공제욱(1998)은 외환위기의 재벌책임론을 상세하게 정리하면서 재벌 개혁은 재벌체제의 해체를 넘어서서 세계화된 독점자본주의의 모순을 극복하는 것까지 지향해야 한다고 주장하고 있다.

9 최정표(2011a)에 의하면 1998년 30대 재벌의 총괄집중률은 50%이고, 5대 재벌의 총괄집중률은 30%이다. 이것은 재벌기업의 자산이 우리나라 전체 기업의 자산에서 차지하는 직접적인 비중이고, 재벌의 하청기업이나 재벌과의 거래 비중이 높은 기업들에 의한 간접적인 비중까지 포함하면 한국 경제에서 재벌이 차지하는 비중은 50%를 훨씬 상회할 것이다.

게 유지시키지 못하면서 국가에 엄청난 부담을 안긴 것이기 때문이다.

재벌 개혁은 불가피한 과정이었다.[10] 책임 여부를 떠나서 재벌이 건실해지지 않고는 한국 경제 자체가 유지될 수 없기 때문이다. 경제력집중은 이처럼 심각한 체제위험(system risk)을 야기시키는 문제이다. 재벌이 국가경제에서 차지하는 비중과 역할이 너무 크고, 국가경제가 소수의 대재벌에 의존해서 운용되기 때문에 재벌의 개선 없이는 경제위기도 수습되지 않고 국가경제도 정상화될 수 없었다.

3. 빅딜과 재벌

1) 빅딜과 재벌의 구조조정

외환위기의 수습 과정에서 대두된 핵심적 과제는 재벌의 부실과 재벌의 중복 과잉투자를 어떻게 해결하느냐는 문제였다. 대부분의 재벌이 경영 부실에 직면해 있었고, 이들은 동일 산업에 중복으로 투자하고 있었다. 그리고 산업별로 수요를 능가하는 과잉투자가 이루어지고 있었다.

이 세 가지는 서로 연결된 문제이다. 각 재벌이 수많은 업종에 진출하였기 때문에 재벌별로 서로 겹치는 업종이 많았고, 이 때문에 각 업종에서는 수요를 초과하는 과잉투자가 이루어져 있었다. 그리고 중복 과잉투자 때문에 많은 재벌들이 부실화되었다. 이런 상황에서 재벌의 부실이 해결되기 위해서는 중복 과잉투자의 해소가 필수적이었다.

정부는 이 문제를 해결할 수 있는 묘안을 찾아 헤맸는데, 이 와중에 거론된 것이 소위 말하는 빅딜(big deal)이었다. 빅딜이란 재벌과 재벌 간에 영위 업종을 서로 교환해서 재벌별로 전문 업종을 찾아 주자는 접근이었다. 빅딜은 1998년 초부터 1년 내내 가장 논쟁이 많았고, 언론의 관심을 집중시켰던 주제였다. 빅딜이 마치 재벌 문제를 모두 해결해 줄 수 있는 만병통치약처럼 선전되었다.

10 김기원(1998)은 재벌은 외환위기의 책임으로부터 자유로울 수 없고 재벌 개혁은 필연적이라고 하였다. 그렇지만 1998년에 제시된 일련의 재벌 개혁 조치들은 본질적인 문제보다는 파생적인 문제의 해결에만 매달리고 있어 그 성과가 매우 우려스럽다고 지적하였다.

빅딜은 정책이라기보다 재벌의 부실을 해소시키기 위한 하나의 전략이라고 보는 것이 타당하다.[11] 빅딜은 이론적인 바탕 위에서 나왔다기보다 임기응변식의 단순한 아이디어일 뿐이었기 때문이다. 각 재벌이 부실한 업종이나 비주력 업종을 타 재벌에게 넘기면서 재벌별로 주력 업종에 전념하도록 하면 재벌의 수익성이 높아지지 않겠냐는 매우 단순한 생각에서 나온 순진한 접근 방식이었다.

따라서 빅딜은 듣는 이에 따라서는 귀에 솔깃할 수도 있었다. 특히, 경제 원리에 대한 지식이 일천한 정치인에게는 매우 매력적으로 들릴 수도 있었다. 얼핏 듣기에는 그럴 듯한 논리를 갖추고 있기 때문이다. 그래서인지 빅딜은 외환위기 직후부터 누군가에 의해 제시되었고, 당시 새로 집권한 김대중정부의 실력자들로부터 강력한 지지를 받았다.[12] 그리고 1998년은 1년 내내 빅딜로 날이 새고, 매일 언론의 주요 기사로 자리잡았다.

당시 포스코의 경영연구소인 POSRI에서 마련한 빅딜의 첫 아이디어는 삼성, 현대, 대우, LG, SK 간의 매우 복잡한 5각 구도 빅딜이었다. 그 내용을 보면, ① 현대가 삼성에 반도체, 전자, 정보통신을 넘기고, 현대는 삼성으로부터 건설과 조선을 받는다. ② 삼성은 LG에 석유화학을, 대우에 자동차를 넘기고, 대신 대우로부터 정보통신을 받는다. ③ LG는 대우에 건설을, SK에 정보통신을 넘기고 대신 대우에서 전자를 받는다. ④ SK는 현대에 건설을 주고 대신 석유화학을 받는다.[13]

이 구도에 의하면 삼성은 전자 분야에 특화하고, 현대는 건설에, 대우는 자동차에, LG는 석유화학에, SK는 정보통신에 특화하는 것으로 되어 있다. 얼핏 보기에는 그럴싸하다. 그러나 여기에는 엄청난 모순이 내재되어 있다. 먼저 실현 가능성의 문제이다. 재벌 간의 업종 교환은 계열사의 M&A를 수반할 수밖에 없는데, 이 과정에서 M&A 가격은 재벌의 이해관계에 결정적 영향을 주는 변수이다. 구멍가게를 사고파는 데도 가격 조정이 쉽지 않은 것인데 하물며 대규모 계열회사를 사고파는

11 빅딜은 구조조정을 위한 정책이라고 하여 빅딜 정책이라고 부르기도 하는데, 빅딜은 하나의 수단일 뿐이지 그 자체가 목적일 수는 없을 뿐만 아니라 빅딜이 가져올 효과도 매우 불명확하고 긍정적이지도 않기 때문에 정책으로서의 의미는 갖추지 못하였다. 따라서 빅딜 정책이라기보다 빅딜 전략이라고 명명하는 것이 더 타당할 것이다.

12 김대중정부와 공동정부를 구성하였던 당시 자민련의 총재 박태준이 빅딜에 집착하였고 진두지휘하였던 것으로 알려져 있다. 이영렬(1999), pp. 35~60.

13 이영렬(1999), p. 65.

과정이 쉽게 조정될 수 있겠느냐 하는 점이다.

개별 재벌에게는 그 재벌의 운명을 결정하는 문제이다. 정부가 재벌 해체에 해당하는 수준에서 강제적으로 재벌을 재구성하지 않는 한 실현되기 어려운 계획이다. 기업을 사고파는 과정은 수많은 이해관계가 얽혀 있을 뿐만 아니라 수많은 과정을 거쳐야만 이루어질 수 있다. 여러 재벌이 많은 기업을 단시일에 사고팔아서 재벌 구성을 새롭게 만들겠다는 것은 거의 현실성이 없는 접근이다.

그래서였는지 얼마 지나지 않아 같은 연구소에서 범위를 축소시킨 3각 빅딜 가상도가 나왔다.[14] 삼성, 현대, LG 간의 3각 빅딜이다. 그 내용은 ① 현대는 LG에 석유화학을 주고, ② LG는 삼성에 반도체를 주고, ③ 삼성은 현대에 자동차를 준다는 것이다. 이것 역시 간단하게 실현될 수 있는 성질이 아니다. 종이 위에서만 가능한 것일 뿐이다.

빅딜은 실현 가능성에서뿐만 아니라 정당성에도 문제가 있을 수밖에 없었다. 빅딜의 목적은 재벌의 부실을 해소시키는 것인데 부실해소의 원천이 정당하지 않을 수 있었다. 재벌별로 특정 업종을 몰아주면 그 재벌은 그 업종에서 독점기업이 될 수 있다. 다른 재벌이 기존의 업종을 포기하고 그 업종을 한 재벌에게로 몰아주면 필연적으로 나타날 수 있는 현상이다.

재벌이 자기 업종에서 독점기업이 되면 독점력으로 독점이윤을 벌면서 경영부실을 해소해 나갈 수 있다. 이러한 경영 개선은 효율성 향상보다는 독점 가격을 통해서 가능해지는 것이다. 부실 경영이 독점적인 가격 인상으로 해결된다면 소비자와 국민들의 희생으로 재벌이 되살아나는 것이기 때문에 이론적으로 정당화될 수 없는 접근이다.

이런 관점에서는 빅딜이 일종의 불황 카르텔이다. 불황과 기업 부실을 카르텔로 해결하겠다는 매우 잘못된 발상이다. 이처럼 빅딜은 원천적으로 문제가 많은 재벌의 구조조정 방식이었다. 빅딜을 재벌의 업종 전문화 정책이라고 부르기도 하는데 둘은 별개의 개념이고, 빅딜은 업종 독점화 정책이라고 부르는 것이 더 타당하다.

업종 전문화는 재벌이 특정 업종에 특화한다는 의미이다. 이것은 그 업종 이외

14 이영렬(1999), p. 65.

의 업종을 포기한다는 의미이지 다른 재벌로부터 그 업종을 받아 온다는 의미는 아니다. 빅딜에서처럼 다른 재벌의 그 업종을 받아 오면 독점이 된다. 다른 재벌도 그 업종을 영위하는 속에 경쟁을 통해 효율성을 향상시키는 것이 진정한 업종 전문화이다. 그러므로 빅딜과 업종 전문화는 전혀 다른 개념이다.

중복 과잉투자는 경쟁을 통해 해소되어야 부작용이 최소화된다. 이것이 진정한 시장경제이다. 중복 과잉투자는 정부가 판단할 사항도 아니고, 정부가 정확히 판단할 수도 없다. 시장 수요는 누구도 모르는 것이기 때문에 지금 중복 과잉공급이라고 장기적으로도 반드시 그럴 것이라고 볼 수는 없다. 장기적으로는 수요가 넘쳐 오히려 공급이 부족할 수도 있다. 그러므로 중복 과잉투자의 판단은 시장만이 할 수 있고, 시장만이 해결할 수 있다.

재벌의 구조조정은 궁극적 목적이 효율성 향상과 경영 성과 개선이다. 이 과정에서 정부가 중간 목적으로 추구하였던 것이 중복 과잉투자의 해소와 과도한 다각화의 해소였다. 그리고 그 수단으로 사용하였던 것이 빅딜이었다. 그러나 빅딜을 통한 중복 과잉투자의 해소와 다각화의 해소는 효율성 향상을 보장하지 못한다. 경영 성과 개선은 국민들의 부담을 전제로 한 독점력 제고로만 가능해지기 때문이다.

2) 빅딜의 결과

빅딜은 그 출발이 장엄하였다. 처음에는 빅딜이 재벌의 구조조정을 완료시켜 줄 구세주처럼 여겨졌다. 정부는 연일 빅딜에 관해 논의하였고, 언론은 매일 대서특필하였다.[15] 그러나 재벌 간의 업종 교환과 회사 교환은 간단하게 성립되지 않았다. 재벌끼리 이해관계가 극도로 대립되고, 정부의 중재에도 한계가 있었다. 사유재산을 침해하는 초법적인 조치를 동원하지 않는 한 정부의 의도대로 실천될 기미는 보이지 않았다.

정부는 정유, 석유화학, 항공기, 철도차량, 발전설비, 선박용 엔진, 반도체, 자동차, 전자 등 9개 업종을 빅딜 대상 산업으로 선정하였다. 이 산업들에는 여러 재

15 이영렬(1999)은 정부와 재계 간의 빅딜 협의 과정을 자세하게 추적 취재하여, 빅딜이 얼마나 난해하고 실현 가능성이 낮은 것인지를 자세하게 기술하고 있다.

벌이 중복으로 진출하여 수요를 초과하는 과잉투자가 이루어져 있다고 본 것이다. 그로 인해 이 산업의 재벌기업들은 부실을 면치 못하고 있다는 것이다. 따라서 이 산업에 진출해 있는 재벌기업들을 적절히 통폐합해서 재벌의 수익성을 개선해 보려고 시도한 것이 바로 빅딜이었다. 이러한 빅딜의 주요 대상은 5대 재벌이었다. 5대 재벌은 빅딜을 통해 수익성을 제고시켜 보자는 접근이었다.

그런데 정부는 진퇴양난에 빠졌다. 재벌들의 저항과 재벌 간의 이해대립으로 의도하였던 대로 빅딜을 추진할 수도 없었고, 구조조정의 연금술처럼 선전하였던

〈표 7-2〉 **빅딜의 합의와 추진 현황**

업종	정 · 재계 합의 내용	추진 현황
정유	한화에너지 정유 부문을 현대정유 인수	• 현대전자, 한화에너지 정유 부문 인수계약 체결 (1999. 4) • 한화에너지, 인천정유로 명칭 변경 • 실사평가 완료(1999. 6)
반도체	현대전자가 LG반도체 인수	• 현대전자가 LG반도체 인수(1999. 6) ⇒ LG반도체, 현대반도체로 상호 변경(1999. 7) ⇒ 현대전자와 현대반도체의 통합법인 현대전자산업 출범(1999. 7) ⇒ 명칭 변경(하이닉스 반도체, 2001. 3)
철도차량	현대 · 대우 · 한진 통합 후 법인 설립	• 4:4:2 지분율로 통합법인인 한국철도차량 공식 출범(1999. 7)
항공기	삼성 · 대우 · 현대 동등 지분 법인 설립	• 동등 지분 출자를 통해 통합법인 한국항공우주산업(KAI) 공식 출범(1999. 10)
발전설비	현대중공업 및 삼성중공업 발전설비 한국중공업으로 이관	• 한국중공업, 현대중공업과 삼성중공업으로부터 발전설비 부문을 인수(1999. 11)
선박용 엔진	삼성중공업 엔진 부문 한국중공업 이관	• 6:4의 지분율로 통합법인 설립 합의(1999. 11)
석유화학	현대석유화학 · 삼성종합화학 통합 법인	• 통합법인 추진본부 중심으로 외자유치 추진 • 일본계 컨소시엄에 의한 자본유치 무산으로 사실상 포기(2000. 1)
자동차 · 전자	삼성자동차와 대우전자 사업 교환	• 삼성자동차 르노에 매각 • 대우전자는 경영 정상화 이후 해외 매각 검토

자료: 조성택(2002), p. 203.

빅딜을 백지화시킬 수도 없었다. 정부의 신뢰 문제가 걸린 사안이 되었다. 1998년부터 1999년까지 2년간 재벌과 재벌 사이, 정부와 재벌 사이에 팽팽한 줄다리기만 지속하다가, 빅딜은 〈표 7-2〉와 같은 체면치레만 하고 용두사미로 끝나고 말았다.[16] 본래 의도하였던 빅딜과는 많은 차이가 있는 결과이다. 빅딜이라고 볼 수도 없고 중복 과잉투자가 유달리 심한 업종에서의 부분적인 구조조정 정도에 불과하였다.

빅딜은 완전히 실패한 정책이었다. 재벌의 업종 전문화도 달성하지 못하였고, 재벌의 효율성 향상도 이루어 내지 못하였다. 부분적으로 중복 과잉투자를 해소하는 선에서 마무리되었다. 그러나 그 후유증은 더 컸다. 이는 독과점을 심화시켰고, 재벌 간의 불화를 격화시켰다. 그리고 시장경제의 원칙을 훼손시켰다.

빅딜은 재벌정책도 될 수 없었고 산업정책도 될 수 없었다. 산업의 효율성을 향상시키는 효과도 가져오지 못하였고, 재벌의 구조조정이나 업종 전문화도 달성시키지 못하였기 때문이다. 재벌의 경제력집중 완화에도 기여한 바가 없었다. 기업의 참여 업종을 정부가 강제적으로 조정한 나쁜 선례만 남겼다. 빅딜이 결코 재벌정책이 될 수 없다는 경험만 얻은 셈이다.

4. 워크아웃과 재벌

5대 재벌에 대해서는 빅딜이 주요 구조조정 수단이었다. 그러나 그 이하 재벌은 상황이 달랐다. 부실 정도가 너무 커서 생존 자체가 불가능한 기업들이 많았기 때문이다. 그룹 전체가 부실한 재벌도 있었고, 그룹 내의 일부 기업이 부실한 재벌도 있었다. 이처럼 재벌의 구조조정은 매우 복잡한 상황이었다.

빅딜과 더불어 정부는 퇴출과 워크아웃(workout) 방식을 동시에 사용하였다. 회생이 매우 어렵다고 판단되는 기업은 퇴출시키는 방식을 택하였고, 부실하긴 해도 퇴출까지 갈 필요가 없다고 판단되는 기업은 워크아웃(기업개선작업)을 거쳐 회생시키는 방식을 택하였다.

그런데 기업과 재벌은 서로 합치되는 조직 단위가 아니라서 정부의 관점과 기

16 유승민(2000), pp. 115~118에 업종별 빅딜의 추진계획과 그 결과가 표로 일목요연하게 정리되어 있다.

업의 관점에는 차이가 있었다. 정부는 기업 단위로 퇴출이나 워크아웃을 선택하지만, 기업가는 재벌 단위로 생존전략을 모색해야 하였다. 동일 재벌 내의 계열기업들은 소유고리와 영업고리로 복잡하게 얽혀 있기 때문에 오너 입장에서는 기업과 재벌을 구분할 수 없었다. 기업이 망하면 재벌도 망할 형편이었다. 재벌체제에서는 나타날 수밖에 없는 특수 상황이다.

정부는 기업 단위로 퇴출이나 워크아웃을 추진할 수밖에 없었다. 재벌은 법적으로 인정되는 조직 단위가 아니기 때문이다. 따라서 정부는 기업 단위로 정책수단을 동원할 수밖에 없었고, 이 과정에서 재벌은 자체적인 생존전략을 구사해야 하였다. 그리고 기업과 오너의 관계도 새롭게 정립되어야 하였다. 기업이 퇴출되어도 재벌은 유지될 수 있을지, 기업이 워크아웃으로 가도 오너의 경영권은 계속 유지될 수 있을지 등이 재벌 입장에서는 더 큰 관심사항이 아닐 수 없었다. 일부 재벌은 총수가 경영권을 잃었고, 일부는 경영권을 유지할 수 있었다.

1998년 6월, 5대 재벌의 계열사 20개와 6~30대 재벌의 계열사 23개 등 총 55개의 재벌기업이 퇴출 대상으로 지정되었다.[17] 그러나 이들의 구체적 퇴출 방식은 기업과 재벌의 형편에 따라 청산 처리되기도 하고 인수 · 합병되기도 하였다.

1998년 11월, 16개 재벌의 43개 계열사가 워크아웃 대상으로 선정되었다.[18] 워크아웃은 기업개선작업으로 여러 가지 수단을 동원하여 기업을 정상화시키는 것이었다. 감자, 부채의 출자전환, 전환사채 인수, 이자 감면 및 면제, 신규 자금 지원 등의 방식으로 기업을 정상화시켰다. 이 과정에서 지배권이 채권단으로 넘어가는 기업도 생기는데, 채권단은 기존 총수의 경영권을 유지해 주는 기업도 있었고, 그렇지 않은 기업도 있었다.

워크아웃 대상 기업은 나중에 100개로 늘어났다. 채권은행은 2000년 5월까지 이들에게 86조 원의 채무를 재조정해 주고 4.5조 원의 신규 자금을 지원해 주었다. 그러나 100개 중 29개는 도산을 면치 못하였다. 그리고 2001년 6월까지 36개는 회생하지 못하고 계속 워크아웃 프로그램에 남아 있었다.[19] 워크아웃 프로그램도 성공

17 김기원(1998), p. 29.
18 김기원(1998), pp. 29~30.
19 장하준 · 신장섭(2003), pp. 269~270.

하였다고 평가할 수 없었다.

요약컨대, 재벌기업들의 대량 부실을 처리하는 주요 수단은 앞에서 논의한 것처럼 빅딜, 워크아웃, 퇴출이었다. 5대 재벌까지는 주로 빅딜로 처리하면서 총수의 경영권을 유지시켜 주었다. 6위 이하 재벌은 워크아웃과 퇴출을 동시에 활용하였는데, 일부 재벌은 경영권을 유지할 수 있었고, 일부는 그렇지 못하였다.[20] 경영권을 유지하지 못한 재벌 중에는 나중에 억울하다는 주장을 펴는 재벌도 있었다.

II 외환위기와 재벌개혁정책

1. 재벌 개혁 5원칙

재벌은 외환위기의 주범으로 몰렸으며 재벌 개혁 없이는 외환위기의 극복도 어려울 뿐만 아니라 한국 경제의 미래도 밝지 못하다는 공감대가 형성되었다. 재벌의 변화는 불가피해졌다.[21] 그러나 재벌을 어떻게 변화시킬 것인가에 대해서는 의견이 중구난방이었다. 학계, 업계, 정부 모두 합의된 견해가 없었다. 백가쟁명의 재벌 개혁 아이디어가 나오고 있었지만 이론적인 합리성이나 실현 가능성은 뒷받침되지 않고 있었다.

이런 와중에 1998년 초 아직 임기도 시작하지 않은 김대중 대통령 당선자에게는 재벌 개혁이 가장 큰 짐이었다. 조만간 어떤 방향을 내놓지 않을 수 없는 상황이었다. 1998년 1월 13일 김대중은 5대 재벌 총수와 만나 '기업구조조정 5대 원칙'에 합의하였고, 이어서 30대 재벌 총수와도 이 원칙에 합의하였다. 이것은 말 그대로 재벌 개혁의 방향을 제시한 기본 원칙일 뿐이지 구체적 대안은 아니었다.[22]

20 대우그룹은 5대 재벌이었지만 나중에 그룹이 해체되고 총수는 경영권을 유지하지 못하였다.
21 박승룡(2001)은 외환위기의 극복이 재벌 개혁의 종착점은 아니고 재벌 개혁은 근대의 완성과 근대의 극복이라는 더 원대한 목표를 지향하고 있다고 보았다.
22 1997년 12월 이후부터 1999년 12월까지 시행된 재벌 관련 일련의 조치는 유승민(2000, pp. 405~424)의 〈부

이 5원칙은 ① 경영 투명성 제고, ② 상호지급보증 해소, ③ 재무구조 개선, ④ 핵심 역량 집중, ⑤ 지배주주 및 경영자의 책임성 강화 등이었다. 이 원칙은 우리나라 재벌들이 가야 할 방향을 비교적 명쾌하게 제시한 것이라고 할 수 있다. 그러나 이 원칙을 실천에 옮기기 위해서는 험난한 길이 예고되고 있었다. 재벌 스스로 많은 기득권을 포기하는 것이 불가피하였기 때문이다. 그리고 이를 실천하기 위해서는 수많은 구체적 조치가 마련되어야 하였다.

그러나 그 결과는 초라한 것이었다.[23] 재벌들의 끊임없는 저항과 관료들의 보신주의와 신념 부족으로 재벌 개혁은 강력한 힘을 받지 못하였다. 용두사미가 되고 말았다.

5대 원칙 중 상호지급보증 해소와 재무구조 개선이 가장 가시적인 효과를 보였고, 그 다음으로는 경영 투명성 제고라고 볼 수 있다. 그러나 경영 투명성 제고도 몇 가지 새 제도의 도입에 그쳤고, 총수의 전횡을 막는 중요한 제도는 마련하지 못하였다. 핵심 역량 집중과 총수의 책임성 강화는 여전히 재벌 문제의 아킬레스건으로 남아 있다. 이 두 문제는 결국 영원한 숙제가 되고 말았다.

1) 경영 투명성의 확보

재벌 경영의 최대 문제점은 비자금 조성과 분식회계 등 경영 투명성의 문제였다. 재벌 경영은 총수에 의한 황제식 독단 경영이 그 특징인데 여기에 견제장치가 작동하지 않았다. 이 때문에 총수가 비자금을 조성하는 등 분식회계가 공공연하게 이루어져 기업의 재무 상태를 정확히 파악할 수 없었다. 내용적으로는 부실이 심해 도산 직전인데도 장부상으로는 양호한 기업으로 되어 있었다. 이의 개선 없이는 재벌식 경영의 폐해를 방지할 수 없었다.

기업회계가 불투명한 주된 이유는 총수의 독단 경영이다. 재벌 문제의 근원은 총수가 회사 전체의 이익보다 총수 개인의 이익을 더 우선시하는 데 있다. 이런 경영 방식에서는 회계가 투명해질 수 없다. 따라서 재벌 개혁을 위해서는 기업회계

표 1〉에 종합적으로 정리되어 있다. 손호철(1998)은 김대중정부의 재벌 개혁은 한국 경제를 자본의 천국, 더 나아가서 해외 투기자본의 천국으로 만들 극도의 신자유주의적 정책이라고 우려하였다.

23 유승민(1998), 장하준 · 신장철(2003)은 김대중정부의 재벌 개혁 조치와 그 성과를 매우 비판적으로 평가하고 있다.

를 투명하게 하는 제도와 총수의 독단 경영에 대한 견제장치를 도입하는 것이 급선무였다.

총수의 독단 경영을 방지하면 기업회계는 상당 부분 투명해질 수 있다. 역으로 기업회계를 투명하게 해도 총수의 독단 경영을 방지할 수 있다. 그러므로 경영 투명성을 확보하기 위해서는 기업회계를 투명하게 하는 장치와 총수의 전횡을 방지하는 장치를 동시에 마련해야 하였다.

정부는 우선 제도 개선에 착수하였다. 1998년 2월 「주식회사 외부 감사에 관한 법률」을 개정하여 재벌로 하여금 조기에 결합재무제표를 작성하도록 하였다. 그리고 상장법인과 30대 재벌의 계열사에 대해서는 외부 감사인 선임위원회를 설치하도록 하였다. 또 외부 감사인과 회계관계인에 대해서는 벌칙을 강화시켰다.

그 이후 기업회계의 투명성은 많이 개선되었다. 그러나 총수의 무소불위 독단 경영은 개선되지 않았다. 이것은 한국의 전통문화 및 한국인의 의식구조와도 직결된 문제로서 제도로 해결하는 데 한계가 있었다. 우리나라는 아직 민주주의 전통이 뿌리를 내리지 못하고 있는 것도 그 이유라고 볼 수 있다. 총수에게는 무조건 충성해야 한다는 무의식적인 봉건 문화가 자리잡고 있다. 그리고 총수에게 영합하고 아첨하려는 전근대적 근성도 여전하다.

총수의 독단 경영이 여전하기 때문에 기업회계는 상당 부분 투명해졌어도 경영 투명성은 확보되었다고 보기 어렵다. 총수의 개인 이익을 우선시하는 경영 행태는 여전하다. 총수의 독단 경영 문제가 해결되지 않고는 경영 투명성 문제도, 재벌 문제도 완전히 해결될 수는 없다.

2) 상호지급보증의 해소

외환위기 이전까지 재벌 경영의 한 특징은 차입경영이었다. 주식 발행 등의 직접금융보다는 차입으로 자금을 조달하는 간접금융이 재벌 경영의 특징이었다. 계열사끼리 서로 지급을 보증하면서 은행으로부터 쉽게 차입을 할 수 있었기 때문이다. 이를 상호지급보증이라고 하는데 이 때문에 재벌들은 과도한 부채로 경영하는 부채 경영에 빠져 있었고, 부채 비율이 매우 높았다.

상호지급보증으로 인해 계열사들이 부채고리로 연결되면서 연쇄부도의 가능성까지 높아졌다. 한 계열사가 경영위기에 처하면 이 기업에 지급보증을 하였던 다른 계열기업도 어렵게 된다. 말하자면, 재벌 중 한 기업이 망하면, 이 기업에 지급을 보증해 준 다른 계열사도 망하고, 급기야는 그룹 전체가 도산하는 일이 생긴다. 외환위기 전후에 재벌들이 통째로 무너진 데는 이런 연유가 있었다. 이처럼 상호지급보증은 체제위험(system risk)을 야기시키는 지경에 이르렀다.

정부는 계열사 간의 상호지급보증을 통제하는 것이 불가피하였다. 1998년 2월 정부는 「공정거래법」을 개정하여 재벌들로 하여금 신규 채무보증은 금지하고 기존의 채무보증은 단계적으로 해소하도록 하였다. 다른 업종 간의 채무보증은 동종업종 간의 보증으로 전환하도록 하였다. 그리고 은행 등 금융회사에 대해서도 상호채무보증을 요구하지 못하도록 하였다. 이런 일련의 조치로 30대 재벌은 1998년까지 21조 원의 채무보증을 해소시켰다.

상호지급보증 금지 조치로 재벌들의 부채 경영은 상당 부분 완화되었고 재무구조는 개선되었다. 그리고 연쇄도산의 위험도 그만큼 줄어들었다. 이 조치는 매우 구체적인 조치이기 때문에 가시적인 효과도 그만큼 높았다.

3) 재무구조의 개선

재벌들이 연쇄적으로 도산한 주원인은 재벌들의 과도한 부채 때문이었다. 부채가 많으면 위기시에 위기를 극복하기가 그만큼 어려워지기 마련이다. 따라서 부채를 줄이기 위한 재무구조 개선은 재벌 개혁과 외환위기 수습을 위한 불가피한 조치였다. 정부는 재벌들로 하여금 수익성이 없는 사업과 자산은 매각하여 부채 비율을 줄이도록 유도하였다.

1998년 2월 금융감독위원회는 재벌들과 재무구조 개선 약정을 체결하여 부채 비율을 낮추도록 요구하였다. 재벌의 주거래 은행은 재벌들에게 1999년 말까지 부채 비율을 200% 이하로 낮추도록 요구하고 나섰다. 이 원칙은 5대 원칙 중 가장 구체적이고 계량화된 원칙으로서 재벌들은 피해 갈 수 없었다. 그 결과 1997년 말 평균 470%였던 4대 재벌의 부채 비율이 1999년 말에는 174%로 떨어졌다. 하위 재벌도 부채 비율이 급속히 감소하였다.[24]

24 유승민(2000), pp. 364~374.

그런데 부채 비율 축소가 질적인 면에서는 만족스럽지 못하였다. 정부는 부실 계열사와 비주력 업종을 매각하는 등 구조조정을 통해 부채 비율을 줄이도록 요구하였지만, 재벌들은 자산재평가나 증자 등을 통해 장부상으로만 부채 비율을 줄이는 전략을 구사하였다. 따라서 재무구조가 실질적으로 개선되기보다는 오히려 왜곡되는 부작용이 나오기도 하였다. 부채의 총량은 변하지 않은 채 장부상의 자기자본만 늘리는 편법을 썼기 때문이다. 어쨌든 재무구조가 개선되는 효과는 있었다.

4) 핵심 역량의 집중

재벌은 문어발식의 과도한 다각화가 항상 문제였다. '재벌=문어발식 다각화'라고 할 정도로 폭넓은 다각화는 재벌의 특징이고 재벌 그 자체였다. 재벌은 한 사람의 기업인데, 재벌이 수없이 많은 업종을 영위한다는 것은 결국 한 사람의 사업 영역이 그만큼 넓다는 것을 의미한다. 이처럼 한 사람이 문어발식으로 수많은 업종에 참여하고 있는 현상이 바로 재벌이다.

이 경우 재벌 오너는 자기의 모든 사업을 성공시킬 수 없을 뿐만 아니라 중소기업 업종까지 침해하고 다른 기업가의 사업을 방해하는 등의 문제점을 야기시킨다. 외환위기시에는 실제로 많은 재벌 업종이 부실화되었다. 따라서 정부는 재벌별로 주력 업종을 정해 핵심 역량을 여기에 집중하도록 하는 정책을 추진하였다. 말하자면, 재벌별 업종 전문화 정책을 추진하였다.

정부는 외국인도 재벌 업종에 참여할 수 있도록 하기 위해 1998년 5월 외국인투자법을 개정하여 외국인에게도 모든 M&A를 허용하였다. 내국인뿐만 아니라 외국인들까지 적대적 M&A까지 동원하여 재벌기업을 인수하면 재벌의 계열기업과 참여 업종은 그만큼 줄어들 수 있기 때문이다.

1998년 12월에는 상법을 개정하여 기업분할제도를 도입하고 기업합병 절차도 간소화시켰다. 재벌 업종을 분할하거나 분할된 업종을 쉽게 팔 수 있도록 하기 위해서였다. 그러나 이런 일련의 조치들이 실제로 재벌의 참여 업종을 줄이거나 재벌을 전문화시키는 데 유효한 역할을 수행하지는 못하였다. 재벌의 다각화 현상은 줄어들지 않았다.

1999년 1월에는 그 동안 설립을 금지해 오던 지주회사(holding company)의 설립을 제한적으로 허용하였다. 재벌이 지주회사체제를 통해 계열을 분리하거나 업종을 분리하도록 유도하기 위해서였다. 그러나 이 정책 역시 재벌을 전문화시키는 데는 별로 기여하지 못하고, 재벌의 경영권 세습에만 악용되었다.

정부는 재벌의 구조조정에 직접 참여하여 재벌별로 전문 업종에 역량을 집중시키도록 유도하려고 시도하였다. 대표적인 것이 빅딜인데, 재벌 간에 업종을 서로 교환시켜 재벌의 전문화를 추진하려고 하였지만 소기의 목적을 달성하지 못하였다. 빅딜은 원천적으로 실행이 어려운 정책이었을 뿐만 아니라 이론적인 타당성도 결여되어 있었기 때문에 부실기업 정리에도 실패하고, 경쟁력 확보에도 실패하고, 업종 전문화에도 실패하였다.

재벌은 현실적으로 수십 개의 업종에 진출해 있는데, 업종 수를 줄여 소수 업종에만 전문화하라고 하는 것은 거의 재벌 해체에 준하는 정책이다. 재벌이 소수 특정 업종에만 전문화되어 있으면 사실 그 기업은 재벌로서의 의미가 이미 사라졌다. 재벌=경영다각화인데 이를 포기하라는 것은 재벌식 경영을 포기하라는 의미이다. 따라서 핵심 역량의 집중이라는 재벌 개혁 원칙은 미리부터 실패를 예견하고 있었다. 실천이 결코 용이하지 않은 원칙이었던 것이다.

5) 지배주주의 책임성 확립

재벌 총수들은 경영권은 행사하면서 상응하는 책임은 지고 있지 않는 것이 현실이었다. 총수는 등기이사로 등록되지 않아 법적으로는 경영인이 아닌 경우가 많았기 때문이다. 이 경우 총수는 법적인 책임으로부터는 한 발 물러서 있는 기현상이 벌어진다. 그러나 실질적인 경영권은 총수에게 있었다. 이를 총수의 배후경영, 수렴경영, 그림자경영이라고 한다.

이런 상황에서 총수가 무소불위의 경영권을 행사하는 것이 재벌 경영의 특징이다. 총수는 소위 말하는 황제경영으로 독단 경영을 일삼아 왔다. 그리고 회사이익보다 사익을 우선시하는 경영을 해 왔다. 정부는 이러한 재벌 총수의 경영 행태를 없애기 위해 지배주주 및 경영자의 책임성 강화라는 재벌 개혁 원칙을 제시하였다. 총수는 경영권을 행사한 만큼 상응하는 책임도 감수해야 한다는 원칙이다.[25]

이를 위해 정부는 총수로 하여금 법적인 경영자로 직접 무대 위에 나서서 경영하도록 하는 접근과 경영권을 행사하는 총수를 사실상의 이사로 보는 제도를 마련하였다. 총수로 하여금 직접 등기이사로 등록하도록 유도하였고, 그렇지 않을 때도 사실상의 이사로 간주하였다. 그리고 총수 이외 주주들의 총수 견제권한도 강화시켰다.

먼저 소수주주권의 행사요건을 완화시켜 소액주주들이 총수를 견제할 수 있는 길을 모색하였다. 정부는 1998년 2월, 증권거래법을 개정하여 대표소송의 행사요건을 주식 지분 1%에서 0.01%로 완화시켰다. 총수가 회사에 피해를 주는 행위를 하면 소액주주들은 0.01%의 지분으로도 대표소송을 제기하여 총수로 하여금 회사에 배상하도록 할 수 있게 한 것이다. 그리고 증권관리위원회 규정을 개정하여 상장법인에게는 사외이사의 선임을 의무화시켰다. 사외이사로 하여금 총수의 전횡을 견제하도록 하기 위한 것이었다.

총수의 경영 전횡을 뒷받침하는 전위부대는 소위 비서실, 회장실, 기조실 등으로 불리는 회장 친위조직이다. 1998년 2월, 정부는 이 조직을 해체하도록 유도하였다. 이 조직은 일종의 회장 사조직으로서 그룹을 총괄하는 조직이었다. 그러나 재벌은 '구조조정추진본부'라는 조직을 새롭게 만들어 실질적으로 회장을 보좌하는 기능을 그대로 수행하였다. 이 당시는 정부가 재벌의 구조조정을 한창 독려하던 때라 구조조정을 총괄하는 조직이 필요하다는 주장에 정부도 어쩔 수가 없었다. 그러나 실질적으로는 이 조직이 기존의 총수 부속실을 대체하는 조직이었으므로 정부의 의도는 성공하지 못하였다.

1998년 9월에는 증권투자신탁업법에서 기관투자가의 의결권 행사를 허용하여 기관투자가들로 하여금 총수의 독단을 견제하도록 하는 방법도 모색하였다. 그러나 기관투자가들은 이 역할을 수행하지 못하였다. 1998년 12월에는 상법을 개정하여 사실상 이사제도와 누적투표제를 도입하였다. 총수가 등기이사로 등재되지 않아도 실제로 경영권을 행사하였을 때는 사실상의 이사로 간주하여 상응하는 책임

25 송원근(2006)은 삼성그룹을 중심으로 재벌개혁정책의 과정과 결과를 분석한 후 총수라고 불리는 지배주주의 부당한 경영 간섭을 배제하고 총수의 책임성을 강화시키려는 정책 목적은 성공적으로 달성시키지 못하였다고 결론을 내렸다.

을 물을 수 있게 하는 제도이다.

누적투표제는 소액주주들이 투표권을 한 사람의 이사 후보에게 몰아서 투표하여 여러 이사 중 한 사람은 자기들이 원하는 이사를 선임할 수 있도록 하는 제도이다. 이들이 선임한 이사는 총수를 견제할 것이라고 보았기 때문이다. 그러나 이 제도는 의무사항이 아니라 회사에게 선택권을 주었기 때문에 실제로 선택한 회사는 거의 없었다.

정부는 이어서 대대적인 기업의 지배구조 개선에 들어갔다. 상법과 증권거래법을 개정하여 주주총회, 이사회, 감사위원회 등에 대해 새로운 운영제도를 도입하였다. 기업지배구조의 개선은 총수의 권한을 견제하는 요소도 있었지만 경영 투명성을 높이는 목적이 강하였다. 경영 투명성이 높아지면 총수의 독단 경영을 견제할 수 있는 효과도 있기 때문이다.

그러나 총수의 전횡을 방지하려는 제반 제도 개혁은 크게 성공하지 못하였다. 총수는 무대 위에 있든 밖에 있든 여전히 무소불위의 경영권을 행사하고, 책임은 극히 제한적이었기 때문이다. 특히, 경영 능력이 부족한 2세 총수들에게 이런 현상이 더 심하였다. 기업문화가 총체적으로 개선되지 않는 한 해결되기 어려운 문제였다.

총수의 경영 전횡을 제도로서 해결하는 데는 한계가 있다. 국민의 의식수준과 기업문화 등이 한꺼번에 관련되어 있는 사항이기 때문이다. 총수에게 과잉 충성하거나 심지어는 아첨하는 것이 기업 내에 내재된 한국인의 의식구조라면 이 문제는 총수에게만 책임을 전가할 수 없다. 국민의 민주주의 의식이 전반적으로 개선되고 국민 개개인의 자존감이 더욱 높게 확보되어야 해결될 수 있는 문제이다.

2. 재벌 개혁 3원칙

1998년 내내 대대적으로 추진하였던 재벌 개혁 5원칙이 소기의 목적을 달성하지 못하자 김대중 대통령은 1999년 8.15 경축사에서 다시 한번 재벌 개혁 의지를 피력하면서 추가적으로 재벌 개혁의 3원칙을 선언하였다.[26] 이에 따라 김대중정부의 재벌개혁정책은 5+3원칙으로 대변되고 있다. 3원칙은 ① 금산분리의 강화, ② 간접 상호출자와 부당내부거래의 억제, ③ 변칙상속의 차단 등이었다.

3원칙도 5원칙처럼 지향할 방향일 뿐이지 이것들이 실현되기 위해서는 구체적인 조치들이 마련되어야 하였다. 그리고 3원칙은 5원칙보다 더 강력한 목표이고 재벌 문제의 본질에 관한 사항이었다. 재벌의 행태뿐만 아니라 재벌구조 그 자체를 개혁해야 한다는 선언이었다.[27] 3원칙이 100% 실현되면 재벌구조는 해체되고 재벌은 존재하지 않을 것이다. 이것은 역으로 실현되기 어려운 그야말로 말로만 끝날 것이라는 것을 미리 말해 주는 것이기도 하다.[28]

1) 금산분리의 강화

금산분리는 금융자본과 산업자본을 분리시킨다는 개념으로서 재벌정책의 화두이기도 하고 금융정책의 화두이기도 하다. 은행, 보험, 증권 등이 대표적인 금융자본인데, 금융자본은 국가경제에서 돈의 흐름을 좌우하면서 제조업이나 건설업 등과 같은 산업자본에 막강한 영향력을 행사한다. 돈을 충분히 공급받을 수 있는 산업은 쉽게 성장할 수 있다.

재벌은 제조업이 주 사업으로서 한국의 대표적 산업자본이다. 이런 재벌이 금융자본까지 지배하면 금융회사를 사금고화시켜 금융의 본래 기능을 크게 왜곡시킬 위험이 있다. 즉, 산업자본이 금융자본을 지배하면서 금융을 싹쓸이해 버리면 자원배분이라는 금융의 고유 기능이 제대로 수행될 수 없다. 이에 따라 정부는 금산분리 원칙을 고수해 왔으며, 이를 강화시키려고 하는 것이 재벌 개혁의 3원칙 중 하나가 되었다.

금산분리는 재벌과 은행을 분리시키는 좁은 금산분리와 은행을 포함해서 보험, 증권 등과 같은 비은행금융까지 재벌로부터 분리시키는 넓은 금산분리로 구분할 수 있다. 좁은 금산분리는 이미 오래 전부터 시행되어 왔다. 재벌은 은행을 소유

26 외환위기 이후에 시행된 제반 재벌정책에 대해서는 성태윤 · 김우찬(2008) 참조.
27 시민단체들은 외환위기 이전부터 이미 근본적인 재벌 개혁을 주창해 왔다. 시민단체의 주장에는 5+3원칙이 거의 모두 포함되어 있었다. 재벌 개혁과 관련된 시민단체의 역할에 대해서는 임성학(2000) 참조.
28 강명헌(2001), 김상조(2005)는 재벌 개혁과 금융 개혁의 목표가 궁극적으로는 기업지배구조의 개선이어야 하는데 이 점에서 개혁의 성과는 크게 미흡하다고 평가하였다.

할 수 없도록 오래 전부터 제한되어 왔었다. 은행법에서 재벌이 은행 주식을 소유할 수 있는 지분은 4%로 제한되고 있었다.[29] 재벌이 은행을 소유하고 지배하면 은행은 그 재벌의 사금고가 되어 은행 고유 기능을 상실하고 국민경제에 엄청난 피해를 줄 수 있기 때문이다. 따라서 재벌의 은행업 진출은 철저히 제한되고 있었다.

그러나 넓은 금산분리는 시행되지 않고 있다. 재벌도 비은행금융업에는 진출하고 있기 때문이다. 재벌은 증권사, 보험사, 카드사, 단기금융회사, 종합금융회사 등 비은행 금융기관을 계열회사로 거느리면서 풍부한 자금원을 확보하고 있다. 외환위기는 재벌들이 금융 계열사를 사금고화함으로써 나타난 측면도 있었다. 이 때문에 비은행금융업도 가능한 한 재벌로부터 분리시키자는 것이 금산분리 강화 원칙이다.

비은행 금융회사는 고객의 수탁자금에 대한 수익률을 최대화시키는 영업을 해야 하는데, 이 자금을 재벌세 확장이나 재벌기업의 유동성 확보에 악용한다면, 비은행금융권(제2금융권)도 그 고유 기능을 제대로 수행할 수 없다. 따라서 제2금융권에 대해서도 재벌의 과도한 진출을 제한할 필요가 있었고, 이를 위한 정책이 추진되어야 하였다.

그런데 제2금융회사를 재벌로부터 구조적으로 분리시키는 것은 쉽지 않았다. 이것은 재벌의 소유권을 직접 통제해야 가능하다. 재벌 분할 내지 계열분리라는 일종의 재벌 해체 접근이 수반되어야 한다. 그러므로 현실적으로는 재벌의 비은행 금융회사 소유를 인정하면서 그 행태를 통제하는 수밖에 없었다. 소유에서의 금산분리보다 기업 행태에서의 금산분리를 추구하는 수밖에 없었다.

정부는 제2금융권의 경영지배구조를 개선하여 재벌에서의 금산분리를 강화시키려고 시도하였다. 1999년 8월 여러 가지 지배구조 개선 조치를 내놓았다. 금융회사에 대해 이사의 과반수 이상을 사외이사로 구성하도록 하면서 감사위원회 도입을 의무화시켰다. 금융회사의 대표소송 요건을 주식 지분 0.01%에서 0.005%로 낮추어 소수주주권을 강화시켰다. 투신사의 자기 계열 투자한도를 신탁재산의 10%에서 7%로 축소하고, 보험사는 자기 계열의 여신한도를 총자산의 3%에서 2%로 축

29 이명박정부는 이 규제를 개정하여 9%까지 가능하도록 하였다. 그러나 부작용이 명약관화하기 때문에 4%로 환원해야 한다는 주장이 거세게 일고 있다.

소시켰다. 1999 회계연도부터는 결합재무제표를 작성하도록 하였다. 이런 일련의 조치는 재벌의 계열 금융사가 그 재벌의 사금고로 전락하는 것을 최대한 억제시키려는 시도였다.

그러나 재벌의 금융 계열사가 동일 그룹 내 비금융 계열사를 지원해 주게 되는 금융거래를 완전하게 차단하는 데는 한계가 있었다. 재벌 내의 모든 계열기업은 모두 한 사람의 지배를 받는 동일 기업이나 마찬가지이기 때문이다. 총수의 지시에 의한 지원성 거래를 차단하기 위해 책임자에 대해서는 재산조사와 손해배상으로 책임을 추궁하도록까지 하였지만 실효를 거둘 수 없었다. 재벌이라는 속성이 원래 그런 것이고 재벌이 금융 계열사를 소유하는 이유가 바로 금융 계열사를 그룹 경영에 활용하기 위한 것이기 때문이다.

2) 계열사 간 간접상호출자와 부당내부거래 억제

재벌이 만들어지고 유지되는 핵심적 수단은 내부출자와 내부거래이다. 내부출자는 계열사가 다른 계열사에 출자하는 것이고, 내부거래는 계열사와 계열사가 서로 거래하는 것이다. 계열사가 다른 계열사에 출자하고, 이 계열사가 또 다른 계열사에 출자하면 계열사는 소유로 서로 연결되면서 동일 재벌의 계열기업이 된다. 그리고 이런 계열사 간에는 상품을 거래하면서 서로를 키워 준다. 이것이 재벌을 있게 하는 핵심적 요소이다.

정부가 이러한 내부출자와 내부거래를 적절히 통제하여 재벌의 확장과 비대화를 억제시켜 보려는 것이 재벌 개혁 3원칙 중 하나로 도입되었다. 이 원칙을 강력하게 적용하면 재벌은 해체될 수도 있고, 적어도 비정상적으로 급성장할 수는 없다. 아마도 재벌은 이 원칙에 가장 불편하였을 것이다. 따라서 가장 강력하게 저항하였다. 그래서인지 구체적 정책수단은 강력하게 도입되지 못하고 큰 효과도 거두지 못하였다.

내부출자에 대한 가장 강력한 제한수단은 출자총액제한제도였다. 이 제도는 재벌들의 요구에 의해 1999년 아예 폐지되었다. 재벌들이 신속한 구조조정을 하기 위해서는 이 제도를 없애야 한다고 정부를 설득하였고 정부는 재벌들에게 속아 넘어갔기 때문이다. 정부는 곧 속은 것을 깨닫고 2001년 이 제도를 재도입하였다. 그리고 제한 한도도 40%에서 25%로 강화시켰다. 그러나 그 이후 일련의 공정거래법 개정을 거치면서 이 제도는 거의 무력화되었고 궁극적으로는 다시 폐지되기에 이르렀다.[30] 이 제도에서만큼은 재벌의 승리라고 볼 수 있다.

내부거래에 대해서는 부당한 거래라고 판단하는 부분에 한해서만 정부가 제재를 가할 수 있도록 하였다. 그러나 그 부당성을 공정거래위원회가 입증하기란 결코 쉬운 일이 아니기 때문에 실제 제재를 받은 경우는 많지 않았다. 부당한 내부거래를 사전에 예방한다는 차원에서 1999년 9월 대규모의 내부거래는 이사회의 의결을 거쳐 공시하도록 하는 제도를 마련하였다. 계열사 간의 지원성 거래에 대해서는 과징금 벌칙을 강화시켰다.[31] 그러나 재벌 간의 부당내부거래가 개선되었다는 징후는 나타나지 않았다. 재벌은 계열사를 키우는 핵심 수단이 내부거래이기 때문이다.

3) 변칙적 상속 차단

재벌은 이제 2세 또는 3세로 승계해야 할 정도로 그 역사가 오래되었다. 아직 창업 세대가 직접 경영하고 있는 재벌은 롯데그룹 정도에 불과하다. 대부분의 재벌이 창업자 이후 세대로 승계되었거나 다시 그 다음 세대로의 승계에 임박해 있다.

재벌이 재벌이라고 불리는 가장 큰 이유가 경영권 세습이다. 지금처럼 재벌의 경영권이 계속 세습된다면 재벌 문제는 계속 존재할 수밖에 없다. 경영권의 세습은 주식 지분의 승계로 가능한데, 주식 지분의 승계는 증여나 상속으로 가능하다. 많은 재벌은 상속세를 내지 않기 위해 여러 가지 형태의 사전상속 수단을 동원한다. 편법이기도 하고 탈법이기도 하다. 아주 교묘한 수단을 이용하고 있다. 김대중 대통령은 이러한 변칙상속을 차단하겠다는 의지를 재벌 개혁 3원칙에 포함시켰다.

그 동안 재벌들은 상속세를 거의 내지 않고 재벌그룹의 경영권을 통째로 세습시켰다. 이 문제 역시 재벌들의 아킬레스건이다. 편법상속을 완전히 차단하면 재벌은 영속화될 수 없다. 높은 상속세를 내면서 지배권을 확보할 만큼의 의결권을 물려주는 것은 거의 불가능하기 때문이다. 이렇게 되면 재벌은 한 세대로 끝날 수

30 이명박은 출총제의 폐지를 대선공약으로 내세웠고 당선되자마자 곧 폐지시켰다.
31 과징금 상한선을 매출액의 2%에서 5%로 조정하였다.

밖에 없다. 이런 상황 역시 이 원칙이 제대로 실현되기 매우 어렵다는 것을 미리 예견케 하는 대목이다.

1999년 8월 정부는 편법상속을 차단하기 위한 여러 가지 세제개편안을 확정하였다. 먼저 상속 증여세제를 강화하였다. 최고세율을 40%에서 50%로 상향조정하고, 적용 대상을 50억 원 초과에서 30억 원 초과로 하향조정하였다. 세금 탈루자의 과세 시효를 15년에서 평생으로 늘렸다. 그 밖에도 여러 가지 세제 개혁 조치를 단행하였다. 금융소득 종합과세를 시행하고, 대주주의 주식거래양도세를 강화하고, 공익법인 관련 세제를 강화하고, 비상장주식 증여시의 과세도 강화하고, 최대 주주가 경영권을 포함하여 상속, 증여할 때의 과세도 강화시켰다. 매우 강력한 세제 개혁 조치였다.

그러나 세금 때문에 경영권이 세습되지 못하였다는 재벌은 아직까지 나오지 않았다. 새로운 세제도 교묘히 빠져 나갔는지, 합법적으로 세금을 내면서 경영권을 세습시켰는지는 아직 체계적으로 조사된 바가 없다.

III 기업제도의 변화

기업제도의 핵심은 기업의 지배구조인데, 외환위기 이후 일련의 재벌 개혁 조치를 거치면서 한국의 기업지배구조는 큰 변화를 맞이하였다. 재벌 개혁은 주된 내용이 기업의 지배구조를 바꾸는 제도 개혁이라고 할 정도로 기업지배구조의 개혁에 역점을 두었다. 재벌 문제의 핵심이 총수의 황제식 독단 경영이었기 때문이다. 총수의 경영 전횡을 견제할 수 있는 제도적 장치를 마련하는 것이 재벌 개혁의 중요한 내용이었다.

기업은 다양한 이해관계인들이 복잡하게 얽혀서 각자 자기들의 이익을 추구하는 유기적 조직체이다. 기업을 둘러싼 이해관계인들은 대주주, 소액주주, 채권자, 종업원, 고객 등으로 대별할 수 있는데, 이들의 이해관계는 사안에 따라 서로 대립될 수도 있고 합치될 수도 있다. 그런데 기업 운영에 대한 이들의 영향력은 각기 다르다. 그러므로 영향력의 분포 상황에 따라 이해관계의 조정은 다양하게 나타날 수밖에 없다. 이들 사이의 역학관계와 이해관계의 조정 방식을 결정하는 제반 제도를 기업지배구조라고 한다.[32]

이처럼 기업지배구조는 기업을 유지하고 운영하는 데 있어서 가장 중요한 요소인데, 한국의 재벌은 총수라는 대주주가 절대적인 영향력을 행사하는 체제이다. 재벌 개혁은 이러한 총수의 일방적인 영향력을 제한하여 기업 내부에 균형 있는 역학관계와 합리적인 이해관계의 조정이 확보될 수 있도록 하려는 조치였다. 이를 위한 핵심적 수단이 기업지배구조의 개선이었다.

외환위기 수습 과정에서 기업지배구조가 주요 이슈가 되고 있을 때 공교롭게도 OECD에서도 기업지배구조에 대해 많은 논의가 있었다. 당시는 기업지배구조가 세계적으로 중요한 경제 이슈가 되고 있었던 것이다. OECD는 기업지배구조에 관한 국제적 규범을 정해 1999년 '기업지배구조 가이드라인'을 발표하였다.[33] 이 가이드라인은 우리나라의 기업지배구조 개혁에 참고 자료가 되었다. 한국에서도 1999년 3월 전문경영인, 금융인, 법률가, 학자, 회계전문가, 시민단체 등의 민간 전문가로 '기업지배구조개선위원회'를 발족하였고, 같은 해 9월 '기업지배구조에 관한 모범규약'을 만들었다.

총수의 경영 전횡을 견제할 수 있는 방법은 세 가지 접근법이 가능하다. 첫째는 총수라는 대주주를 소액주주들이 견제할 수 있도록 하는 접근법이고, 둘째는 기업 내에서 최고경영자를 이사들이 효과적으로 감시할 수 있도록 하는 접근법이고, 셋째는 경영권 시장에서 경영권 인수 압력으로 총수의 무능을 판별할 수 있도록 하는 접근법이다.

외환위기 이후 재벌 개혁을 거치면서 이 세 가지에 큰 변화가 있었다. 정부는 이 세 가지를 활용하기 위해 실제로 기존 제도를 바꾸고 새로운 제도를 도입하였다. 그러나 새 제도들이 실제로 작동하도록 하는 데까지는 정부의 손길이 미치지

32 이철환(2000, p. 97)은 기업의 사업구조, 재무구조, 소유구조를 적절히 규율하여 기업의 이해관계인들에게 이익극대화를 보장해 주는 장치가 기업지배구조라고 하였다. 그리고 기업지배구조 개혁의 목적은 기업 경영의 투명성, 책임성, 공정성을 강화하여 궁극적으로 기업의 경쟁력을 높이는 것이라고 하였다.

33 이성봉 · 이형근(1999).

못하였다. 제도는 도입하였으나 그 제도가 실제로 총수를 견제하도록 하는 데는 성공하지 못하였다. 재벌들의 저항 때문에 제도 자체가 불완전하게 도입되었고 정책집행자들의 신념과 의지도 부족하였다.

1. 소수주주권 강화

1) 소수주주권 행사요건 완화

소액주주들이 행사할 수 있는 권리를 소수주주권이라고 한다.[34] 정부는 소수주주권의 행사요건을 완화하여 소액주주들이 쉽게 대주주를 견제하면서 총수의 전횡을 방지할 수 있도록 하는 길을 모색하였다. 대표소송권, 이사와 감사의 해임청구권, 주주총회 소집청구권, 감사청구권, 장부 열람권 등의 행사요건을 다소 완화시켜 소액주주들이 비교적 쉽게 대주주의 횡포에 맞설 수 있도록 하였다.

2) 집중투표제 도입

주주총회의 의결 방식은 자본다수결 원칙이다. 지분이 많으면 의결권도 많아진다. 그러므로 대주주는 모든 이사를 자기 사람으로 선임할 수 있다. 집중투표(누적투표)제는 이런 문제를 보완하기 위한 제도이다. 두 사람 이상의 이사를 선임할 때 각 후보에 대한 투표권을 한 사람에게 몰아줄 수 있도록 하는 것이 집중투표제이다. 이 투표제도가 도입되면 소액주주들은 다른 사람에게 투표할 의결권을 한 사람에게로 집중시켜 자기들이 원하는 사람을 이사로 선임할 수 있다. 말하자면, 대주주의 이사 싹쓸이를 방지할 수 있는 제도이다.

정부는 상법(제382조의 2)을 개정하여 이 제도를 도입할 수 있도록 하였다. 그러나 이 제도를 의무화시키지 않고 회사에게 자유선택권을 부여하였기 때문에 회사가 정관에서 이 제도를 배제해 버리면 집중투표제는 시행될 수 없다. 그리고 이사 선임 날짜를 이사별로 달리해 버리면 이 제도는 무력화된다. 실제로 이 제도가 시행되고 있는 회사는 거의 없다.

34 외환위기 이후의 소수주주권 강화에 대해서는 강명헌(1999, 2003), pp. 83~136 참조.

3) 주주제안제도 도입

주주제안제도는 소액주주로 하여금 주주총회의 목적 사항을 이사에게 제안할 수 있도록 한 제도이다. 이 제도는 소액주주들의 경영 참여를 가능하게 한 제도이면서 경영을 감시할 수 있도록 한 제도이다. 재벌기업의 실질적 경영자는 총수이기 때문에 총수에 대한 견제장치가 될 수 있다. 그런데 이 제도가 있어도 주식을 3% 이상 보유해야 가능하기 때문에 실효성이 높지 않다. 그리고 구체적인 행사요건에 대한 규정도 만들어져 있지 않아서 실제로 사용되지 못하고 있다. 많은 기업지배구조 개선책이 이런 상황이라 제도는 있어도 그 제도가 실제로 활용되지는 못하고 있는 경우가 많다.

4) 서면 또는 전자투표로 의결권 행사

많은 주주들은 실제로 주주총회에 참석하지 않는다. 특히, 소액주주들은 주주총회에 관심이 없다. 참석 자체가 불편할 뿐만 아니라 참석해도 별 역할이 없기 때문이다. 이 문제를 개선하기 위해 도입된 제도가 서면 의결권 행사와 전자투표제이다. 실제로 주총에 참석하지 않아도 서면이나 전자투표로 의결권을 용이하게 행사할 수 있도록 해서 소액주주들의 의견이 기업 경영에 반영될 수 있도록 하였다. 간접적인 방식으로라도 소액주주들의 참여 비율이 높아지면 대주주의 의결권 비중은 그만큼 줄어든다. 그러나 이 제도 역시 의무 사항이 아니고 선택 사항이라 실제로 도입하는 회사는 거의 없다.

5) 기관투자자의 주주총회 참석 의무화

기관투자자들은 경영 참여보다는 투자수익에 관심이 더 많다. 따라서 주주총회에는 참석하지 않는 경향이 있다. 정부는 기관투자가들이 주총에 적극 참여하여 대주주를 견제할 수 있도록 하는 길을 모색하였다. 1999년 9월 증권투자신탁법을 개정하여 기관투자가들로 하여금 적극적으로 의결권을 행사하게 하였다. 그러나 이것도 이론일 뿐 기관투자자가 재벌 총수와 대립해서 경영을 감시하고 소액주주들을 보호할 것이라고는 기대하기 어렵다.

2. 경영 감시 강화

1) 사외이사 의무화

사외이사제도는 외환위기 이후 기업지배구조 개혁의 중요 내용 중 하나였다. 기업에는 이사회가 있는데 그 동안 이사들은 사내 임원들로만 구성되었고, 그 역할도 뚜렷하지 않았다. 재벌 회사에서는 총수가 무소불위의 경영권을 행사하기 때문에 이사회는 경영 조직의 장식품에 불과한 실정이었다.

외환위기 이후의 기업지배구조 개혁 과정에서 사외이사 도입이 핵심 과제로 대두하고, 정부는 상장회사에 대해서는 사외이사 영입을 의무화시켰다. 사외이사란 말 그대로 회사 외부 인사를 기업의 이사회 멤버로 영입하는 제도이다. 이 제도의 목적은 사외이사가 자유로운 입장에서 최고경영자, 특히 재벌 총수를 견제하여 경영 투명성을 높이자는 것이었다. 사외이사를 전체 이사의 1/4 이상 두도록 의무화시켰다.

사외이사제도는 사실상 실패한 제도로 평가받고 있다. 기업이 사외이사제도를 악용하였을 뿐만 아니라 사외이사 스스로가 기대하였던 임무를 방기하였기 때문이다. 기업은 총수에게 우호적인 인사들로 사외이사를 영입하였을 뿐만 아니라 사외이사의 기능을 대외 로비나 과시용으로 활용하는 사례가 많았다. 거기다가 사외이사 스스로도 총수나 경영자를 견제할 인센티브가 부족하였고, 사회이사의 역할에 대한 감시 장치도 없었다.

사외이사는 전직 관료 출신들이 많이 임명됨으로써 재관유착의 채널이 되기도 하였다. 공정위, 국세청, 검찰청, 기재부 등은 기업에게 매우 신경 쓰이는 정부기관인데, 이곳 출신들을 사외이사로 영입하여 이 기관들과의 관계를 우호적으로 만들려고도 하였다.[35] 사외이사제도가 부분적으로 이사회의 기능을 개선시키는 효과는 있었지만 재벌 총수를 견제하여 재벌의 경영 투명성을 제고시키는 효과는 기대하는 수준에 이르지 못하였다.

35 현직 관료들은 전직 관료와의 과거 관계 때문에 이들의 부탁을 무시하기 어려울 뿐만 아니라 자기들도 퇴임 후 사외이사 진출을 생각하지 않을 수 없기 때문에 선배 관료들과 좋은 관계를 유지하려고 할 것이다.

2) 감사위원회 설립

정부는 상법을 개정하여 이사회 내에 감사위원회를 두도록 하고, 이를 통해 내부감사를 강화시키면서 경영 투명성을 제고시키려는 제도 개혁도 시도하였다. 감사위원회는 3인 이상의 이사로 구성하고, 위원 중 2/3 이상을 사외이사로 선임하도록 하였다. 이 제도는 미국의 기업제도에 기반을 둔 제도인데, 우리나라 기업에게는 실효성에 의문이 있는 제도로 평가받고 있다. 실제로도 감사위원회가 의도하였던 기능을 충실히 수행하고 있다고는 보지 않고 있다.

3) 지배주주의 법적 책임 강화

지배주주인 재벌 총수는 법적인 지위는 가지지 않으면서 실질적으로는 최고경영자로 군림하는 것이 재벌의 특징이다. 말하자면, 경영권은 행사하면서 법적인 책임은 피해 가는 상황이 되고 있다. 계열사에 대해 법률적인 직책을 가지고 있지 않기 때문이다. 법적으로는 대표이사 사장에게 모든 경영 책임이 부과되는데, 총수는 이런 직책을 맡고 있지 않는 경우가 많다. 법적으로는 책임을 피해 있으면서 실질적으로는 최고의 권한을 행사하는 것이다.

외환위기 이후 정부는 지배주주가 주요 계열사의 등재이사로 취임하여 경영에 대해 법적인 책임도 동시에 감수하도록 요구하였다. 그리고 1998년 12월에는 상법을 개정하여 사실상의 이사제도를 도입하였다. 지배주주가 이사로 등재되지 않아도 실질적으로 경영에 참여하면 사실상 이사로 간주한다는 법 규정이다. 총수의 실질적인 경영 행위를 감시하기 위한 조치이다.

4) 업무집행 지시자의 책임 강화

총수가 자신의 영향력을 이용하여 회사의 업무집행에 관여하였을 경우에는 사실상의 이사제도에 의해 총수에게 그 책임을 물을 수 있게 되었다. 법률적으로 이사가 아니라도 자기의 영향력을 이용하여 이사에게 특정 업무를 집행하도록 하거나 경영권을 행사할 경우에는 그 이사와 함께 연대책임을 지도록 하였다. 그런데 이 제도는 업무집행을 지시한 사실을 입증해야 하기 때문에 실효성에는 문제가 있을 수 있다. 지시를 받은 이사가 그 사실을 부인할 것이 뻔하기 때문이다.

3. 경영권 시장 활성화

1) 적대적 M&A의 허용

적대적 M&A란 상대방 기업의 의사와 관계없이 주식 지분 확보를 통해 그 기업의 경영권을 인수할 수 있는 경영권 시장을 의미한다. 기업에 대한 대부분의 인수합병은 합의를 통해 합의된 가격을 지불하고 경영권을 인수하는 방식을 택한다. 그러나 적대적 인수·합병은 그런 과정을 거치지 않고 비밀리에 또는 공개적으로 주식을 대량 매입하여 기업을 인수·합병하는 방식이다. 이 방식은 경영권의 안정화를 저해하는 부작용이 있어서 많은 나라에서 금지하거나 제한을 가하고 있다. 우리나라에서도 외환위기 이전까지는 강하게 제한해 왔었다.

적대적 M&A가 제한되면 경영권을 과도하게 보호하는 결과를 초래하여 기업을 비효율화시키거나 기업의 빠른 구조조정을 저해할 가능성이 높다. 특히, 재벌 총수의 경영권을 과도하게 보호해 주는 결과가 되어 경영권 시장을 통한 재벌의 구조조정 가능성을 봉쇄해 버린다.

따라서 정부는 외환위기 이후의 재벌 개혁 과정에서 적대적 M&A를 허용하였다. 재벌기업도 부실해지면 적대적 M&A의 대상이 되어 경영권이 넘어갈 수 있도록 하였다. 총수의 독단 경영을 견제할 수 있는 장치가 될 수 있다. 그러나 이 제도 때문에 재벌의 경영 투명성이나 경영 효율성이 제고되었다는 보고는 나오지 않고 있다. 그리고 재벌기업이 적대적 M&A로 경영권이 인수된 사례도 보고되지 않고 있다.

2) 외국인 투자 제한의 완화

경영권 시장은 기업을 인수할 만한 대규모 자본가가 있어야 작동할 수 있다. 우리나라에는 재벌 외에는 사실상 이런 자본가가 없다. 따라서 국내 자본에 의한 재벌기업의 적대적 M&A는 사실상 불가능한 상황이다. 한 재벌이 다른 재벌을 먹는 것만 가능할 뿐이다. 이것은 경영권 시장으로 재벌 개혁을 모색하겠다는 본래 목적을 달성시킬 수 없다는 것을 말해 준다. 그러므로 해외 자본에게도 적대적 M&A를 허용하는 것은 불가피하였다.

정부는 1998년 외자도입법을 개정하여 외국인의 국내 대기업 인수에 대한 재경부 장관의 허가요건을 폐지하고, 외국인의 주식 인수에 대한 이사회 동의제도도 폐지하였다. 그러나 외국인에 의해 실질적으로 적대적 M&A가 이루어진 사례도 관찰되지 않고 있다. 경영권 시장 활성화를 통해 재벌 총수의 경영 독단을 방지하겠다는 정책은 그 효과를 기대하기 어려운 상황이다.

IV 재벌구조의 변화

재벌은 외환위기를 거치면서 그 면모가 많이 달라졌다.[36] 재벌 스스로 위기에 적응할 수 있는 구조로 탈바꿈한 측면도 있고, 정부의 강력한 개혁 드라이브에 밀려서 강제적으로 탈바꿈한 측면도 있다.[37] 이러한 재벌의 변화 모습은 여러 각도에서 파악할 수 있는데, 여기서는 최정표(2009a)의 연구를 기초로 소유구조, 업종구조, 재무구조, 수익구조 등에서 재벌들이 외환위기 이후에 어떻게 탈바꿈하였는지를 살펴보았다.

5대 재벌을 중심으로 외환위기 직전인 1997년(공정위 발표 기준)의 자료와 재벌 개혁정책이 거의 완료된 2005년의 자료를 서로 비교하여 외환위기를 거치면서 재벌들의 모습이 어떻게 변화하였는지를 살펴보았다. 5대 재벌은 두 기간에 걸쳐 동일 재벌의 정체성을 그대로 유지하면서 가장 큰 재벌로 평가된 삼성, LG, SK, 한진, 롯데를 택하였다. 이들이 외환위기를 거치면서 소유구조, 업종구조, 재무구조, 수익구조 등에 어떤 변화가 있었는지를 살펴보았다.

36 재벌 개혁의 성과에 대해서는 김균 · 송원근(2000) 참조.
37 재벌 개혁은 개별 기업 관점이 아니라 재벌그룹 관점에서 행해졌다. 최순규(2003) 참조.

1. 소유구조의 변화

재벌의 소유구조는 높은 내부 지분이 가장 큰 특징이다. 내부 지분은 총수 개인과 그 가족 및 친족의 소유 지분, 계열회사의 소유 지분 등으로 구성되는데, 이 지분은 경영권을 장악하는 핵심적인 지분이다. 회사가 스스로 자기 주식을 소유하는 자사주 지분이나 우리사주 지분 등도 내부 지분에 해당된다. 이 지분은 모두 우호 지분의 역할을 하는 지분이기 때문에 재벌을 유지하고 지탱하는 소유 지분이라고 볼 수 있다.

주식을 소유하는 이유는 자본소득과 배당소득을 벌기 위한 것과 경영권을 행사하기 위한 것으로 나눌 수 있는데, 재벌의 내부 지분은 경영권을 행사하기 위한 지분이라고 볼 수 있다.[38] 외환위기를 거치면서 경영권에 위협을 받은 재벌도 있었기 때문에 내부 지분이 어떻게 변화하였는지 살펴보는 것은 외환위기의 효과를 반추하는 의미가 있다.[39]

1) 가족 지분율의 변화

가족 지분은 총수와 그 친인척들이 직접 소유한 지분인데, 이 지분은 총수로 하여금 경영권을 확보할 수 있게 하는 핵심적 지분이다. 재벌은 이제 전체 자본금의 규모가 워낙 크기 때문에 총수가 모든 계열회사에 대해 직접 절대 다수 몫을 소유하는 데는 한계가 있다. 대부분의 재벌에서 총수는 중핵기업들에 대해서만 절대 다수 몫을 소유하고, 나머지는 이 기업들을 통해 간접적으로 소유한다. 그러므로 재벌 전체의 자본금을 대상으로 하면 총수의 직접 지분은 높지 않다.

〈표 7-3〉에 의하면 이 지분은 1% 정도까지 매우 낮은 재벌도 있다. 그리고 외환위기 이후에는 모든 재벌에서 이 지분율이 크게 감소하였다. 삼성은 3.5%에서 1.33%로 감소하였고, LG는 5.4%에서 4.73%로, SK는 14.1%에서 1.05%로, 한진은 18.7%에서 9.97%로, 롯데는 3.4%에서 2.97%로 감소하였다. SK는 그 감소폭이 가장

38 박경서 · 백재승(2001)은 재벌기업과 비재벌기업 사이에는 소유구조에 영향을 미치는 요소에 차이가 있다고 분석하였다.

39 최강득 · 안홍복(2007)은 재벌의 소유구조와 관련된 내용들이 외환위기 이후에 어떻게 변화하였는지 분석하였다.

〈표 7-3〉 **대재벌의 외환위기 전후 소유구조 비교(1996 vs 2003)**

(단위: %)

	가족 지분율		계열사 지분율		내부지분율	
	1996년	2003년	1996년	2003년	1996년	2003년
삼성	3.5	1.33	42.5	37.80	46.7	41.45
LG	5.4	4.73	34.0	34.58	40.1	42.71
SK	14.1	1.05	30.1	50.00	44.7	52.02
한진	18.7	9.97	20.3	23.74	41.4	43.89
롯데	3.4	2.97	19.4	48.43	22.8	51.51

주: 내부지분율은 가족 지분율+계열사 지분율+자사주 비율
자료: 공정거래위원회(1997년과 2004년 발표 자료).

켰고, 외환위기 이후에는 가족 지분율이 가장 낮아졌다. 한진은 외환위기 이전에는 가족 지분이 무려 18.7%였으나 외환위기 이후에는 절반으로 줄었다.

가족의 지분율이 줄어드는 이유는 가족 개인의 부가 기업의 성장속도에 따라가지 못하기 때문이다. 재벌 개혁 과정을 거치면서 자기자본 비중을 대폭 증가시켰는데, 이것은 재벌 개인의 재산으로는 가능하지 않았다. 총수는 경영권을 유지하면서 자기자본을 증가시킬 수 있는 방법을 강구하였다. 총수가 동원한 방법은 계열회사의 돈을 이용하는 것이었다. 말하자면, 총수의 직접 지분 대신 계열사 지분을 이용하는 방식이었다. 이렇게 하면 총수의 직접 지분은 줄어도 계열사 지분은 높아진다.

2) 계열사 지분율의 변화

재벌의 계열사들은 같은 그룹 내 다른 계열사의 주식을 소유하고 있다. 이러한 소유 지분을 계열사 지분이라고 한다. 큰 계열사일수록 다른 계열사의 소유 지분이 많다. 이때 총수는 큰 계열사만 소유하면 큰 계열사가 소유한 다른 계열사는 자동적으로 총수의 경영 지배하에 귀속된다. 이렇게 해서 재벌이 만들어지는 것이다. 이 방법으로 총수는 자기 돈을 많이 들이지 않고도 많은 회사를 지배할 수 있다.

이처럼 계열사 지분은 재벌 구성의 핵심적 요소이다. 그리고 자본 구성의 핵심적 요소이기도 하다. 대부분의 재벌에서 이 비중은 매우 높다. 그리고 이 지분을 잘

배열하면 총수는 적은 돈으로 많은 회사를 지배할 수 있다. 〈표 7-3〉에 의하면 우리나라에서 가장 큰 재벌인 삼성은 이 지분이 40% 내외이다. 삼성 계열사의 자본금은 40%가 타 계열사가 소유하는 지분이라는 의미이다. 총수의 지분이 1% 정도라도 총수는 자기 지분을 바탕으로 계열사가 가진 40% 지분의 의결권을 장악하기 때문에 그룹 내의 모든 계열사를 실질적으로 지배하는 것이다. 다른 재벌들도 마찬가지이다.

외환위기를 거치면서 재벌들은 이 지분이 급격히 증가하였다. 삼성만 소폭 감소하였는데, 삼성은 이미 그 이전에 매우 높았기 때문에 소폭 감소해도 여전히 매우 높은 수준이다. SK와 롯데는 외환위기 이후 이 지분이 큰 폭으로 증가하였다. SK는 대폭 줄어든 총수의 지분을 계열사 지분으로 대체하여 경영권을 유지시키고 있다. 롯데는 계열사 지분을 대폭 증가시켜 취약하였던 내부지분율을 다른 재벌 수준으로 끌어올렸다.

3) 내부지분율의 변화

내부지분율 전체를 보면 모든 재벌이 40% 이상을 차지하고 있다. 심지어는 50%를 넘기는 재벌도 있다. 내부지분율은 총수가 의결권을 확보할 수 있는 지분인데, 이 지분이 40% 정도면 기업의 지배권은 총수가 확실하게 장악할 수 있다. 주총에서 40% 지분에 대항할 수 있는 의결권을 모으는 것은 불가능하기 때문이다.

외환위기 이전에도 롯데를 제외하고는 모든 재벌이 40% 이상의 내부지분율을 확보하고 있었다. 그런데 삼성을 제외하고는 모든 재벌이 외환위기를 거치면서 이 지분을 더욱 증가시켰다. 그리고 모든 재벌이 총수의 직접 지분은 줄이는 대신 계열사 지분을 올려 내부지분율을 증가시키고 있다. 이런 현상은 재벌 총수들이 외환위기 과정에서 경영권에 위협을 느꼈기 때문일 수 있다. 그러나 총수는 자기 돈 대신 계열사의 돈으로 경영권을 안정화시키려는 전략을 모색하고 있다.

총수의 지분이 아주 낮아지면 총수는 경영권을 지키기 어려워진다. 따라서 총수의 전략은 경영권을 유지할 수 있는 범위 내에서만 자기의 직접 지분을 줄이는 전략을 모색한다. 이런 전략하에서는 계열사 간의 소유고리가 복잡하게 얽히면서 가공자본이 점점 늘어날 수밖에 없다. 가공자본이란 실제로는 자금이 투입되지 않고 장부상으로만 자본이 늘어나는 현상이다. 가공자본이 증가하였다는 것은 재벌의 소유구조가 외환위기 이후 바람직한 방향으로 가지 않았다는 것을 의미한다.

많은 재벌의 오랜 기간 자료를 이용한 최정표(2009b, pp. 57~58)의 연구에서도 외환위기를 거치면서 가족 지분율은 감소한 반면 계열사 지분율과 내부지분율은 증가하였는데, 이런 변화는 모두 매우 높은 통계적 유의수준을 가지고 있었다. 이런 변화와 더불어 소유와 경영의 분리가 일어났다면 소유구조의 변화에 큰 의미를 부여할 수 있지만, 소유자 지배라는 지배구조에는 하등의 변화가 없으면서 가공자본만 더 증가하는 결과를 초래하였기 때문에 바람직한 변화라고 볼 수는 없다. 소유구조는 오히려 더 나빠진 상황이다.

4) 기업공개의 변화

기업이 주식시장에 상장되는 것을 기업공개라고 한다. 기업이 공개되면 소유가 분산되고, 경영이 투명해진다. 그러므로 기업이 성장하여 대기업이 되면 주식시장에 상장시켜 공개기업으로 하는 것이 정상적인 방향이고, 기업의 발전이다. 정부는 재벌기업도 이런 방향으로 유도하고 있다.

외환위기 전후의 5대 재벌 공개 현황을 살펴보면 〈표 7-4〉와 같다. 회사 수로는 4개 재벌에서 공개 비율이 증가하였지만 자본 기준으로는 두 개 재벌만 증가하였다. 재벌은 외환위기를 거치면서 더 많은 기업을 공개하였지만, 반드시 큰 기업을 공개한 것은 아니라고 볼 수 있다. 즉, 외환위기를 거치면서 공개회사 수의 비율은 증가하였지만 규모가 큰 회사 중심으로 공개한 것은 아니었다.

〈표 7-4〉 **대재벌의 외환위기 전후 기업공개 현황 비교(1996 vs 2004)**

(단위: %)

	공개회사 수 비율		공개자본 비율	
	1996년	2004년	1996년	2004년
삼성	20.0(16)	22.58(14)	51.9	48.20
LG	22.5(11)	28.95(11)	52.5	74.77
SK	13.0(6)	22.00(11)	59.4	53.26
한진	37.5(9)	26.09(6)	84.8	82.21
롯데	13.3(4)	14.63 (6)	12.3	26.72

주: ( ) 안의 값은 공개기업 수.
자료: 공정거래위원회(2007년과 2005년 발표자료).

특히, SK는 공개회사의 수는 급증하였지만 공개자본의 비율은 오히려 크게 감소하였다. 롯데는 공개회사의 비율과 공개자본의 비율 모두 크게 증가하였다. 5대 재벌의 자료만으로는 외환위기 이후에 기업공개에 어떤 변화가 있었는지 일률적으로 파악하기 어렵다. 더 많은 재벌과 더 오랜 기간의 자료를 분석한 최정표(2009b, pp. 57~58)에 의하면 외환위기 이후에 재벌은 공개자본의 비중, 공개기업의 수, 공개기업 수의 비중 모두 감소하였고, 통계적 유의수준도 높았다. 외환위기 이후 일련의 재벌 개혁은 기업공개를 통한 경영 투명성 확보에는 전혀 기여하지 못하였다.

2. 업종구조의 변화

재벌은 수많은 업종에 참여하고 있다. 문어발식의 과도한 다각화라고 비난받을 정도로 참여 업종이 많다. 과도한 다각화가 재벌 부실의 원인으로 지적되어 외환위기 이후의 재벌 개혁 과정에서는 재벌을 소수 업종에 전문화시키기 위한 대대적인 구조조정정책이 추진되었다. 그리고 재벌 스스로도 참여 업종을 줄이려는 노력을 해 왔다.

외환위기 이후 재벌의 참여 업종이 어떻게 변화해 왔는지 〈표 7-5〉에 정리되어 있다. 우선 계열기업 수로 살펴보면 삼성, LG, 한진은 계열기업 수가 감소하고, 다른 재벌은 계열기업이 증가하였다. 계열기업 수와 다각화가 반드시 일치하는 것은 아니지만 계열기업 수가 줄어들면 다각화가 증가하였다고 보기는 어렵다. 그런데 외환위기 이후 계열기업 수는 재벌에 따라 들쭉날쭉 해서 계열기업 수로는 다각화의 변화 양상을 파악하기 어렵다.

중분류산업 기준으로 참여 업종 수를 살펴보면 삼성을 제외하고는 참여 업종 수가 모두 감소하였다. 외환위기를 거치면서 재벌들이 정부의 업종 전문화에 어느 정도는 호응하였다고 볼 수 있다.

그런데 참여 업종 수와 계열기업 수는 변화 방향이 일치하지 않는다. 삼성은 계열사 수는 줄었는데 업종 수는 증가하였다. SK와 롯데는 계열사 수는 증가하였는데 참여 업종 수는 감소하였다. LG와 한진은 계열사 수도 감소하고 업종 수도 감

〈표 7-5〉 **대재벌의 외환위기 전후 계열기업 수와 참여 업종 수 비교(1996 vs 2004)**

	계열기업 수		참여 업종 수	
	1996년	2004년	1996년	2004년
삼성	80	62	31	32
LG	49	38	29	20
SK	46	50	27	26
한진	24	23	26	19
롯데	30	41	26	22

자료: 공정거래위원회(1997년과 2005년 발표 자료).

소하였다. 참여 업종 수로는 재벌들이 전문화 방향으로 움직였다고 볼 수 있지만 계열기업 수로는 그런 판단을 하기에 충분하지 않다.

재벌들은 업종 전문화에 매우 소극적이었다고 판단할 수 있다. 계열사 수도 업종 수도 현격히 감소한 징후는 찾기 어렵다. 최정표(2009b, pp. 57~58)의 계량분석에 의하면 계열기업 수는 증가하고 업종 수는 감소하였다. 그런데 업종 수 감소는 통계적으로 유의하지 않았고, 계열사 수 증가는 통계적으로 매우 유의하게 나타났다. 따라서 업종 전문화를 유도하였던 재벌개혁정책은 성공하였다고 볼 수 없다.

3. 재무구조의 변화

재벌개혁정책은 부채 비율을 200% 이하로 줄이라는 수량적 가이드라인까지 제시하면서 재벌의 재무구조를 개선하려고 노력하였다. 재벌의 과도한 차입경영이 외환위기 원인의 중요한 한 몫이 되었다고 보았기 때문이다. 〈표 7-6〉에서 보는 것처럼 그 효과는 분명히 나타나고 있었다. 모든 재벌의 부채 비율이 현격히 낮아졌다.

최정표(2009b, pp. 57~58)의 계량분석에서도 부채 비율은 크게 줄어들었고 통계적 유의성도 매우 높았다. 금융 부문 계열사를 포함하였을 때나 포함하지 않았을 때나 그 효과는 마찬가지였다. 재무구조 개선은 재벌개혁정책의 매우 분명한 성과 중 하나이다.

〈표 7-6〉 **대재벌의 외환위기 전후 부채 비율 비교(1996 vs 2004)**

	부채 비율(비금융 계열사, %)	
	1996년	2004년
삼성	267.10	50.00
LG	346.49	103.54
SK	383.79	137.22
한진	555.82	217.24
롯데	192.16	70.34

자료: 공정거래위원회(1997년과 2005년 발표 자료).

4. 수익구조의 변화

재벌 개혁은 궁극적으로 재벌의 수익성을 증대시키기 위한 것이다. 외환위기 과정에서 많은 재벌이 한꺼번에 도산한 이유는 재벌의 수익성이 낮았기 때문이다. 외환위기 이후 재벌의 수익성이 어떻게 변하였는지 〈표 7-7〉에 정리되어 있다. 모든 재벌에서 수익성이 대폭 개선되었다.[40] 최정표(2009b, pp. 57~58)의 계량분석에서

〈표 7-7〉 **대재벌의 외환위기 전후 수익률 비교(1996 vs 2004)**

(단위: %, 십억 원)

	비금융 계열사의 매출액 대비 당기순이익	
	1996년	2004년
삼성	0.21(129)	13.10(13,754)
LG	0.77(360)	8.72(5,500)
SK	1.10(292)	8.31(4,508)
한진	-2.19(-191)	7.41(1,260)
롯데	0.74(53)	7.76(2,020)

주: ( ) 안의 값은 당기순이익.
자료: 공정거래위원회(1997년과 2005년 발표 자료).

40 이제민(2010)은 기업이윤율을 기준으로 분석한 결과 외환위기 이후의 기업구조조정은 나름대로 성과를 거두었다고 평가하였다.

도 수익률 개선은 분명하게 나타나고 있다. 매출액 수익률은 매우 높은 통계적 유의수준에서 개선효과를 보이고 있었다. 그러나 자본수익률은 통계적 유의성이 매우 낮았다.[41]

V 재벌 판도의 변화

1. 외환위기 이전의 10대 재벌

외환위기는 1997년 11월에 시작되었고, 그 이전까지는 재벌 판도에 큰 변화가 없었다. 1997년 공정위가 발표한 자료를 기준으로 10대 재벌을 정리해 보면 〈표 7-8〉과 같다. 〈표 7-8〉의 10대 재벌은 오랫동안 한국의 대표적 재벌이었다. 이들은 오랜 기간 개별 재벌의 상대적 위상에 큰 변화 없이 한국의 대표적 대재벌로 그 위상을 인정받아 왔다.

그 중에서도 한국재벌사에서 오랫동안 불변의 5대 재벌로 지칭되었던 현대, 삼성, LG, 대우, SK는 1997년에도 여전히 5대 재벌을 형성하고 있었다. 5대 재벌은 재벌 중의 재벌이라고 볼 수 있다. 6위부터 10위까지의 재벌도 5대 재벌만큼은 못해도 재벌로서의 위상에는 손색이 없었다. 기아그룹은 전문경영인 지배기업이어서 재벌로 정의하기에는 무리가 있지만 재벌로 출발하였기 때문에 10대 재벌에 포함시켰다. 경영 행태는 재벌과 큰 차이가 없었다.

삼성은 이미 80개의 계열기업을 거느리는 대재벌이었다. 현대는 계열기업 수는 삼성보다 적었지만 자산 규모는 삼성보다 컸다. 삼성과 현대는 그 서열이 엎치락뒤치락하는 경쟁 재벌이었다. 5대 재벌까지는 모두 계열기업 수가 30개를 넘었

41 강정모 · 박승록(2004)은 외환위기 이후의 기업구조조정이 인력 감축, 자산 매각 등 외형적 효과에만 치중하였을 뿐 총요소생산성은 개선시키지 못하였고, 기술혁신과 효율성에서도 획기적인 효과를 내지 못해 기업의 성장잠재력 개선에는 큰 성과를 이루지 못하였다고 평가하였다.

〈표 7-8〉 **외환위기 직전의 10대 재벌(1996년)**

순위	재벌(2004년 순위)	자산 규모(10억 원)
1	현대(–)	53,597
2	삼성(1)	51,651
3	LG(3)	38,376
4	대우(–)	35,455
5	SK(4)	22,927
6	쌍용(–)	16,457
7	한진(6)	14,309
8	기아(–)	14,287
9	한화(8)	10,967
10	롯데(5)	7,774

자료: 공정거래위원회(1997년 발표 자료).

다. 그 이하 재벌은 계열기업 수가 31개 이하였다. 한진은 계열기업 수가 24개로 그 수가 가장 적었다. 롯데는 자산 규모는 가장 작았지만 계열기업 수는 30개로 10대 재벌의 중간 정도였다.

외환위기를 거치면서 〈표 7-8〉의 재벌 구도에는 큰 변화가 있었다. 대마불사(大馬不死)라고 할 정도로 재벌은 망하지 않는 것으로 보았는데, 재벌 중의 재벌이라고 할 수 있는 10대 재벌, 심지어는 5대 재벌에서까지 도산하는 재벌이 나왔다. 그만큼 외환위기는 한국 경제에 커다란 충격을 준 사건이었다. 10대 재벌 이하에서는 더 큰 변화가 있었다.

2. 외환위기 이후의 10대 재벌

1998년부터 시작된 재벌 개혁이 거의 마무리 되어 가던 시기인 2004년의 10대 재벌은 〈표 7-9〉와 같다. 외환위기 전후로 많은 재벌이 도산하였는데, 이 과정을 거친 후 새롭게 짜여진 재벌 구도이다.

〈표 7-8〉에 제시된 외환위기 직전의 10대 재벌과는 많은 차이가 있다. 불과 8년

〈표 7-9〉 **외환위기 수습 후의 10대 재벌(2004년)**

순위	재벌(1996년 순위)	자산 규모(10억 원)
1	삼성(2)	107,620
2	현대자동차(–)	56,040
3	LG(3)	50,880
4	SK(5)	47,960
5	롯데(10)	30,300
6	한진(7)	24,520
7	GS(–)	18,720
8	한화(9)	16,220
9	현대중공업(–)	15,170
10	금호아시아나(–)	11,410

자료: 공정거래위원회(2005년 발표 자료).

간격인데도 6개만 동일 이름으로 10대 재벌에 남아 있고, 4개는 이름이 바뀌거나 아예 새로운 재벌로 바뀌었다. 1996년의 10대 재벌에 포함되었던 현대, 대우, 쌍용, 기아가 2004년에는 10대 재벌에 들어 있지 않았다. 이 자리를 현대자동차, 현대중공업, GS, 금호아시아나가 채우고 있다.

현대는 상속으로 그룹이 분할되었지만, 대우, 쌍용, 기아는 아예 그룹이 해체되었다. 10대 재벌에서 3개의 재벌이 아예 망해버렸다는 것은 외환위기의 충격이 얼마나 컸는지를 실감하게 하는 자료이다. 이들은 외환위기 이전부터 부실 단계에 접어들었지만 외환위기라는 미증유의 재난으로 회생의 기회를 놓치고 말았다.

현대자동차와 현대중공업은 현대에서 분할되어 나온 새로운 재벌그룹이다. 현대그룹은 창업자 정주영으로부터 아들들에게로 상속되는 과정에서 현대아산, 현대자동차, 현대중공업 등으로 분할되었다. 이 중 현대자동차와 현대중공업이 개별적으로 10대 재벌에 진입하였다.

GS는 LG에서 분리되어 나온 새 재벌이다. LG그룹은 상속 과정에서 공동 창업 가문인 구씨와 허씨에게로 분할 승계되었는데, LG는 구씨에게로, GS는 허씨에게로 승계되었다. 두 그룹 모두 10대 재벌에 진입하였다.

금호아시아나는 10위 밖에서 10위 안으로 뛰어 오른 재벌이다. 1996년의 10대

재벌 중 4개가 2004년에는 10대 재벌에 들어가지 못하였는데, 그 자리를 채운 재벌 중 금호아시아나만이 10위 밖에서 10위 안으로 도약한 재벌이고, 나머지 세 자리는 기존의 10대 재벌에서 분리되어 만들어진 새 재벌이 차지하였다,

이처럼 외환위기를 거치면서 재벌 구도에 큰 변화가 있었다. 10대 재벌 중 3개가 이 기간에 한꺼번에 도태되었다는 것은 경제위기를 실감시키는 현상이었다. 대우, 쌍용, 기아는 해체되고 더 이상 재벌로서의 위상을 유지하지 못하였다. 10대 재벌 이하에서는 도산해 버린 재벌이 아주 많았다. 10대 재벌 내에서도 3개가 도산하였던 만큼 그 이하 재벌에서는 많은 재벌이 도산하였다는 것을 미루어 짐작할 수 있다.

10위 밖에서 10위 내로 도약한 재벌은 오직 하나뿐이었다. 하위 재벌이 상위 재벌로 도약하는 것이 얼마나 어려운 일인지를 잘 보여 주는 현상이다. 대재벌은 분할되어도 여전히 대재벌의 위상을 그대로 유지하고 있지만 하위 재벌이 상위 재벌로 도약하는 것은 매우 어려운 일이었다.

두 기간에 걸쳐 계속 10대 재벌에 남아 있는 6개 재벌 중 LG만 그 순위가 그대로(3위)이고, 나머지는 모두 그 순위가 앞당겨졌다. 삼성은 2위에서 1위가 되었고, SK는 5위에서 4위로, 롯데는 10위에 5위로, 한진은 7위에서 6위로, 한화는 9위에서 8위로 순위가 올라갔다.

2004년은 삼성 주도 현상이 매우 뚜렷해졌다. 1996년은 현대와 삼성이 거의 비슷한 규모로 1, 2위를 차지하고 있었지만 2004년에는 2위 현대자동차가 1위 삼성의 절반 규모이다. 비록 10대 재벌에 드는 재벌이라고 해도 1위 삼성과는 현격한 차이가 나고 있다. 삼성은 재벌 중의 재벌이 되고 있다.

3. 경제력집중의 변화

재벌 문제의 핵심은 경제력집중이다. 소수 재벌이 경제 활동의 너무 많은 영역을 직 · 간접적으로 지배하면 이들에게로 경제력이 과도하게 집중되고 그 힘이 남용되기 쉽다. 경제력이 집중되고 남용되면 시장경제가 크게 위협받을 수 있다. 재

벌이 시장을 좌지우지하기 때문이다. 이들이 시장을 자기들 위주로 조작해 나가면 시장경제는 파괴된다. 시장은 공정거래와 공정경쟁을 바탕으로만 그 기능을 발휘할 수 있고, 그 성과가 최대화될 수 있다.

외환위기 직전에는 경제력집중이 절정에 다다랐다. 〈표 7-10〉에 의하면 1997년에는 5대 재벌의 총괄집중률이 무려 30%에 이르고 있다. 5대 재벌 가문이 한국 경제의 30%를 직접 장악하고 있는 상황이다. 이 정도로 경제력집중이 심화되면 시장은 제대로 작동할 수 없다. 이들이 시장을 완전히 조작해 낼 수 있기 때문이다. 시장경제의 효과는 기대하기 어렵다.

10대 재벌의 총괄집중률은 37%, 30대 재벌의 총괄집중률은 48%에 이르고 있다. 이들이 간접적으로 지배하는 영역까지 포함하면 한국 경제는 바로 재벌 경제 그 자체라고 할 수 있다. 이런 상황에서는 재벌이 부실해지면 나라 경제도 부실해지고, 재벌이 받아들이지 않으면 어떤 경제정책도 운영할 수 없다. 국가경제는 재벌의 인질이 될 수밖에 없다. 그 결과 터진 현상이 외환위기였다.

재벌 개혁 없이는 외환위기의 수습은 불가능해졌다. 많은 재벌이 도산하였고, 재벌개혁정책으로 모든 재벌이 구조조정에 들어갔다. 재벌 구도에 큰 변화가 일어났다. 그 결과 경제력집중은 크게 완화되었다. 〈표 7-10〉에서 보는 것처럼 외환위기 이후 재벌 개혁이 진행됨에 따라 총괄집중률은 급격히 줄어들고 있다. 2007년에는 총괄집중률이 1997년의 2/3 이하로 줄어들었다.

1997년과 2007년의 총괄집중률을 비교해 보면, 5대 재벌의 집중률은 30.01%에서 16.86%로, 10대 재벌은 37.48%에서 22.66%로, 30대 재벌은 47.83%에서 29.33%로 줄어들었다. 경제력집중은 크게 완화되었다.

〈표 7-10〉 **재벌의 총괄집중률 현황(1995~2007년)**

(단위: %)

	1995년	1997년	1999년	2001년	2003년	2005년	2007년
5대 재벌	26.28	30.01	25.59	24.01	23.65	20.67	16.86
10대 재벌	35.04	37.48	31.56	30.16	29.92	26.48	22.66
30대 재벌	46.66	47.83	40.90	38.39	37.07	33.54	29.33

자료: 최정표(2011a), p. 189.

외환위기 이후 재벌의 구조조정 과정에서 실제로 많은 재벌이 분할되기도 하고 사업구조를 조정하기도 하였기 때문에 경제력집중은 현격히 줄어들었다. 구조조정 과정에서는 현대그룹처럼 분할상속이 이루어진 대재벌도 있었는데 이것도 경제력집중을 완화시킨 요인이었다. 그런데 이런 경제력집중 완화가 시대적 상황에 기인한 일시적 현상인지, 아니면 새로운 제도하에서는 계속 지속될 수밖에 없는 불가피한 현상인지 미지수이다.[42] 그 이후의 흐름을 계속 주시해 볼 일이다.

42 박승룡(1998)은 재벌이 총수 지배하의 그룹식 경영에서 개별 기업 단위의 독립경영체제로 탈바꿈하는 근본적 변화가 있어야 재벌 문제는 해결될 수 있다고 보았다. 이런 근본적 변화가 법리적으로 가능한지를 세밀히 논의하였다.

참고문헌

강명헌, 『재벌과 한국경제』, 나남출판, 1996.

______, 『한국의 소액주주권』, 한국개발연구원, 1999.

______, 「외환위기 이후의 기업구조개혁: 평가 및 개선과제」, 『산업조직연구』, 9(1), 한국산업조직학회, 2001, pp. 125~153.

강신일, 『대규모 기업집단에 관한 연구』, 한국경제연구원, 1991.

강정모 · 박승록, 「공기업, 재벌 및 비재벌의 구조조정 성과분석」, 『국제경제연구』, 10(3), 한국국제경제학회, 2004, pp. 235~258.

강철규, 「정부-재벌주도 성장과 한국적 시장경제의 특성」, 『비교경제연구』, 한국비교경제학회, 1998.

______, 『재벌개혁의 경제학』, 다산출판사, 1999.

강철규 · 최정표 · 장지상, 『재벌 –성장의 주역인가 탐욕의 화신인가』, 비봉출판사, 1991.

경영능률연구소, 『50대 기업그룹 재무분석자료집』, 1985, 1986, 1987.

경제기획원, 『공기업백서』, 1988.

고명섭, 『담론의 발견』, 한길사, 2006.

공계진, 「현대자동차 및 삼성전자와 중소부품사 관계 분석」, 금속노조 노동연구원 정책자료, 2012.

공병호, 『재벌 비난받아야 하는가』, 예명사, 1992.

______, 『한국기업흥망사』, 명진출판, 1993.

______, 『일본의 소유구조와 한국의 기업집단』, 한국경제연구원, 1994.

______, 「재벌 '속죄양' 의식은 시장경제를 파괴한다」, 『월간사회평론 길』, 사회평론, 1996.

공정거래위원회, 『우리나라의 시장구조분석』, 1990.

공제욱, 『1950년대 한국의 자본가연구』, 백산서당, 1993.

______, 「정부와 재벌간의 관계에 관한 연구(Ⅰ) –80~90년대를 중심으로–」, 『한국사

회학회 1995년 전기 사회학대회 발표문 요약집』, 한국사회학회, 1995, pp. 237~245.

_____, 「IMF 구제금융 이후 한국자본주의의 재벌구조 개편」, 『경제와 사회』, 제38권, 비판사회학회, 1998, pp. 73~90.

_____, 「한국전쟁과 재벌의 형성」, 『경제와 사회』, 제46권, 비판사회학회, 2000, pp. 54~87.

곽노현, 「문민정부의 재벌정책에 대한 비판과 대안 모색: 경제민주주의적 관점」, 『한국사회의 법과 민주주의』, 민주주의 법학연구회, 1994, pp. 205~226.

_____, 「대법원의 삼성 에버랜드 면죄부 판결 비판: 비겁하고 무분별하고 무책임한 사이비 법리의 극치」, 민주주의 법학연구회, 2009, pp. 487~488.

권영준, 「한비 사카린 밀수사건은 장기영의 작품이었다」, 『월간사회평론 길』, 1994, pp. 152~157.

권오승, 「재벌의 경제력집중에 대한 법적 규제」, 『법과 사회』, 법과사회이론학회, 1993, pp. 47~59.

_____, 「비자금과 정경유착에 대한 경제법적 검토」, 『법과 사회』, 법과사회이론학회, 1996, pp. 62~75.

_____, 「일본의 재벌해체와 그것이 한국재벌정책에 주는 의미」, 『서울대학교 법학』, 41(4), 서울대학교 법학연구소, 2001, pp. 187~248.

권혁태, 「일본의 재벌해체와 기업집단」, 김대환 · 김균 공편, 『한국재벌개혁론』, 나남출판, 1999, pp. 295~325.

김균 · 송원근, 「재벌개혁의 끝: 평가와 전망」, 『동향과 전망』, 통권 제44호, 한국사회과학연구소, 2000, pp. 101~121.

김기원, 「IMF 사태 이후 재벌의 구조조정」, 『경제와 사회』, 제40권, 1998, pp. 8~37.

_____, 「재벌체제의 발전과 모순」, 『동향과 전망』, 통권 제50호, 한국사회과학연구소, 2001, pp. 200~223.

_____, 『재벌개혁은 끝났는가』, 한울아카데미, 2002.

_____, 「재벌기업과 재벌총수」, 『역사비평』, 통권73호, 역사비평사, 2005, pp. 99~104.

김대환 · 김균, 『한국재벌개혁론』, 나남출판, 1999.

김동운, 「한국재벌의 변모, 1987-2004년; 순위, 계열회사 수, 자산을 중심으로」, 『기업경영연구』, 12(2), 한국기업경영학회, 2005, pp. 153~168.

_____, 「LG그룹 지주회사체제의 성립과정과 의의」, 『경영사학』, 22(1), 한국경영사학회, 2007, pp. 5~48.

_____, 「대규모 기업집단과 지주회사」, 『지역사회연구』, 19(1), 2011, pp. 21~41.

김병하, 「한국재벌의 생성에 관한 고찰」, 『한일경상논집』, 한일경상학회, 1990, pp. 1~18.

_____, 『재벌의 형성과 기업가활동—한국재벌경영사연구—』, 한국능률협회, 1991.

김상권, 『독점과 기업집단』, 한국경제연구원, 1996.

김상조, 「경제위기 이후 한국의 재벌개혁 · 금융개혁의 현황 및 과제」, 『아세아연구』, 48(3)(통권121호), 고려대학교 아세아문제연구소, 2005, pp. 7~42.

김승석, 「한국산업은행 대출을 통해서 본 국가자본과 재벌」, 『사회과학논집』, 1996, pp. 27~54.

김시윤 · 김정렬, 「금융제도의 변화와 산업정책의 효과성 –정부의 재벌통제능력을 중심으로–」, 『대한정치학회보』, 9(1), 대한정치학회, 2001, pp. 211~228.

김영래, 「고실업사회의 정치개혁과제: 정경유착 방지책을 중심으로」, 『한국동북아논총』, 제13집, 1999, pp. 331~350.

김영욱, 「삼성의 다각화 과정과 지배구조에 관한 연구」, 서울대 대학원, 1993.

_____, 「챈들러의 기업관과 한국재벌 –기업규모의 거대화 등 네 가지 논점을 중심으로–」, 『경제사학』, 제25호, 경제사학회, 1998.

김용열, 『기업구조조정의 평가와 대기업정책의 과제』, 산업연구원, 2001.

김윤태, 『재벌과 권력』, 새로운 사람들, 2000.

김인영, 「삼성재벌의 성장: 일본의 영향을 중심으로」, 『국제정치논총』, 한국국제정치학회, 1998, pp. 273~295.

김인준 · 이영섭, 「외환 · 금융위기와 IMF 경제정책 평가」, 『금융학회지』, 3(2), 1998, pp. 247~293.

김일곤, 「유교문화권의 경제발전 –한국과 일본을 중심으로–」, 『한일경상논집』, 한일경상학회, 1984, pp. 1~24.

김중배,「재벌의 언론경영 이대로는 안된다」,『한국논단』, 한국논단, 1991, pp. 33~39.
______,「재벌당의 위기놀음」,『월간사회평론 길』, 사회평론, 1992.
김창배 · 홍재범,『외환위기 전후의 한국기업의 부채구조와 결정요인』, 한국경제연구원, 2004.
노화준,「한국정부의 전략적 발전관리의 특성: 전략적 수로서의 중화학 공업화정책의 추진과정을 중심으로」,『한국행정학보』, 35(2), 2001, pp. 41~61.
매일경제산업부 · 한국경제연구원,『한국재벌 미래는 있는가』, 매일경제신문사, 2000.
문상호,『한국의 경제발전과 재벌론』, 세경사, 1996.
민병균,「계열기업군 여신관리제도 개선방안」,『금융의 국제화와 규제완화』, 연구조사자료 49-91-0.4, 한국경제연구원, 1991.
박경서,『은행의 소유 · 지배구조에 관한 연구』, 한국금융연구원, pp. 97~105.
박경서 · 백재승,「재벌기업의 대주주경영자는 비재벌기업의 대주주경영자와 얼마나 다른가?: 한국 상장기업의 소유구조, 자본구조 및 기업가치에 관한 실증연구」,『재무연구』, 14(2), 한국재무학회, 2001, pp. 89~126.
박동순,『한국재벌의 창업사상』, 공평출판사, 1981.
박상수 · 진태홍,「우리나라 재벌기업의 경영 효율성에 관한 실증연구」,『증권금융연구』, 제2권 1호, 서울대학교 증권금융연구소, 1996.
박상인,『발가벗은 재벌님』, 창해, 2012.
박승룡,「경제위기와 재벌개혁」,『민주법학』, 제14호, 민주주의법학연구회, 1998, pp. 43~71.
______,「재벌개혁의 두가지 과제 –근대의 완성 그리고 근대의 극복–」,『민주법학』, 제19호, 민주주의법학연구회, 2001.
박영구,「금융정책으로 본 1970년대 중화학공업정책 –재고와 시사점–」,『연세경제연구』, 8(2), 2001.
______,「1970년대 중화학공업화정책과 재정정책」,『한국국제경제학회 2001년도 동계학술대회 논문집』, 2001, pp. 933~956.
______,『한국중화학공업화 연구 총설』, 해남, 2008.
박우진,「기업가정신 왜 문제인가」,『지방재정과 지방세』, 한국지방재정공제회, 2010,

pp. 168~174.

박욱인,「재벌이미지 광고의 사회심리학」,『월간사회평론 길』, 사회평론, 1992.

박유영,「한국재벌의 형성 · 발전과정과 기업가정신에 관한 연구」,『경영사학』, 제16집, 한국경영사학회, 1997, pp. 205~223.

박인규,「재벌의 정치헌금, 대통령의 정치자금」,『월간사회평론 길』, 사회평론, 1992, pp. 78~80.

박종찬,『참여연대 재벌개혁론 비판』, 자유기업원, 2002, pp. 5~7.

박종찬 · 최원석,「비상장 기업 주식의 가치평가 –삼성 에버랜드의 전환사채 발행사례」,『경영학연구』, 15(3), 한국경영학회, 2011, pp. 118~121.

박지현,「삼성 에버랜드 이사회의 이재용에 대한 전환사채 발행의 형사책임」,『민주법학』, 제20호, 민주주의법학연구회, 2001, pp. 15~34.

박태균,「한국전쟁 이후 이승만정부의 경제부흥전략」,『세계정치』, 28(2), 2007.

배종태 · 차민석,「기업가정신의 확장과 활성화」,『중소기업연구』, 31(1), 한국중소기업학회, 2009, pp. 109~128.

배진한,「재벌그룹 기업들에서의 노동자 경영의사결정 참가 –5대 재벌그룹 기업들의 단체협약 및 노사협의회 규정을 중심으로–」,『노동경제논총』 23(1), 한국노동경제학회, 2000, pp. 103~135.

백웅기,「동아시아 외환 및 금융위기의 원인과 정책대응」,『경제정책연구』, 4, 상명대학교 경제정책연구소, 1998.

사공일,「경제성장과 경제력 집중」,『한국개발연구』, 2(1), KDI, 1980, pp. 1~13.

삼 성,『삼성 50년사』, 1998.

삼성경제연구소,『호암의 경영철학』, 1989.

서동원,「재벌과 과거, 현재, 미래」,『상사법연구』, 15(1), 한국상사법학회, 1996, pp. 89~117.

서상룡,「재벌개혁에 대한 우리 사회 지도층의 의식구조」,『서강경영논총』, 제10집, 서강대학교 경영연구소, 1999, pp. 233~271.

서울경제신문,『財閥과 家閥』, 지식산업사, 1991.

서울경제신문 산업부,『재벌, 그 실상과 허상 … 실체를 벗긴다』, 한국문원, 1995.

서정환,「재벌소유지배구조의 변화와 시사점」,『재벌구조의 특징과 쟁점』, 한국경제연구원, 2002, 제2장.

선우석호 · 양원근,『대기업집단 업종전문화 유도방안』, 산업연구원, 1991.

성태윤 · 김우찬,「외환위기 이후 10년: 재벌정책의 전개, 문제점, 그리고 향후 과제」,『한국경제의 분석』, 14(2), 2008, pp. 125~212.

소병희,「재벌위주 산업정책과 지대추구의 효율성」,『한국정책학회보』, 3, 1994, pp. 7~31.

소일섭,『경제력집중 억제 시책과 기업지배구조 개선방안』, 한국경제연구원, 1996.

손학붕,「정주영 신당에 대한 현대노동자들의 몇 가지 시각」,『월간사회평론 길』, 사회평론, 1992.

손호철,「국가론의 시각에서 본 'IMF 개혁' –김대중정권의 재벌개혁을 중심으로–」,『한국과 국제정치』, 경남대학교 극동문제연구소, 1998, pp. 45~71.

송원근,「재벌개혁의 여러 층위들: 삼성재벌을 중심으로」,『동향과 전망』, 통권 제68호, 한국사회과학연구소, 2006, pp. 173~202.

송원근 · 이상호,『한국의 재벌, 재벌의 사업구조와 경제력집중』, 나남출판, 2005.

송홍선,「재벌의 전략적 다각화 성장과 재무위험」,『경제발전연구』, 7(1), 경제발전학회, 2001, pp. 55~90.

신광식 · 성소미,「새로운 환경에 대응한 공정거래정책의 발전방향」,『산업조직연구』, 10(1), 2002, pp. 195~229.

신광식,『공정거래정책 혁신론』, 나남출판, 2006.

신산업경영원,『한국 30대 재벌 재무분석』, 각 연도판.

신성호,「전경련의 경제교과서 장악과 재벌이 꿈꾸는 아이들의 미래」,『노동사회』, 한국노동사회연구소, 2007.

榊原芳雄,「한국의 재벌」, 조용범 · 정윤형 외,『한국독점자본과 재벌』, 풀빛, 1984, pp. 171~259.

신장철,「재벌의 개념정립을 위한 소고 –일본사례를 중심으로–」,『한일경상논집』, 제19권, 한일경상학회, 2000, pp. 81~103.

신희권,「상호출자규제와 재벌의 전략적 대응」,『한국사회와 행정연구』, 서울행정학회, 1993, pp. 71~88.
______, 「재벌규제정책과 전략적 상호의존성」, 『한국정책학회보』, 한국정책학회, 1994, pp. 11~25.
______, 「재벌규제정책 실패사례로서의 주력업체제도」, 『한국정책학회보』, 14(3), 한국정책학회, 2005, pp. 285~314.
심상구, 「끝없는 망국병, 재벌의 땅따먹기('5.8 대기업 비업무용 부동산 매각 조치'를 중심으로)」, 『도시와 빈곤』, 한국도시연구소, 1994, pp. 23~34.
양길현, 「한국의 자유화와 재벌의 정치참여 –통일국민당을 중심으로–」, 『한국과 국제정치』, 경남대학교 극동문제연구소, 1992, pp. 235~264.
우종창, 『권력의 역설』, 미래를 소유한 사람들, 2011.
위정범, 『한국의 기업 환경과 재무구조』, 한국경제연구원.
유관영 · 김인중, 『일본의 기업제도 혁신과 지주회사』, 산업연구원, 1996.
유승민, 「재벌구조조정의 평가와 과제」, *ITBI Review*, 한국무역경영연구원, 1998, pp. 25~45.
______, 『재벌, 과연 위기의 주범인가』, 비봉출판사, 2000a.
______, 「위기 이후를 대비하는 재벌정책의 과제」, 매일경제산업부 · 한국경제연구원, 『한국재벌 미래는 있는가』, 매일경제신문사, 2000b, pp. 271~428.
유재현, 「정경유착과 경제정의의 구현」, 『생산성논집』, 12(4), 1998, pp. 33~42.
유정식, 「언론 산업과 경제발전 –기업과 정치의 문제를 중심으로–」, 『한국경제학보』, 12(1), 2005, pp. 315~347.
유태수, 「한 · 일 기업경영의 공통적 특질의 모색 –유교문화적 배경을 중심으로–」, 『한일경상논집』, 제16권, 1998, pp. 71~95.
유태현 외 5인 공저, 『재벌의 경영지배구조와 인맥 혼맥』, 나남출판, 2005.
윤대혁 · 박민생, 「경영자의 기업가정신의 결정요인에 관한 연구」, 『인적자원관리연구』, 14(2), 인적자원관리학회, 2007, pp. 99~121.
이동승, 「재벌의 반봉건성(半封建性)과 자본주의적 옹호의 허구성」, 『민주법학』, 제18호, 민주주의법학연구회, 2000.
이만희, 「한국 재벌규제 정책의 정치경제 –공정거래제도를 중심으로–」, 『한국과 국제정치』, 경남대학교 극동문제연구소, 1993, pp. 211~234.

이맹희, 『하고 싶은 이야기』, 청산, 1993a.

이맹희, 『묻어둔 이야기』, 청산, 1993b.

이병기, 『한국 대기업의 수직통합 결정요인』, 한국경제연구원, 1995.

이병철, 『호암자전』, 중앙일보사, 1986.

이병화, 「한국재벌의 존재양태와 정책과제」, 『한국과 국제정치』, 경남대학교 극동문제연구소, 1993, pp. 93~123.

이상원, 「재벌의 경제력집중과 규제정책: 공정거래위원회와 재계의 찬반논의를 중심으로」, 『평화연구』, 13(1), 고려대학교 평화연구소, 2005, pp. 5~34.

이성봉 · 이형근, 『OECD기업지배구조 원칙의 제정과 한국경제에 대한 시사점』, 대외경제정책연구원, 1999.

이성태, 「독과점 기업의 한국경제 지배력; 그 실상을 밝힌다」, 『월간사회평론 길』, 91(3), 사회평론, 1991a.

______, 「독점재벌의 한국경제 지배력, 그 실상을 밝힌다」, 『월간사회평론 길』, 91(3), 사회평론, 1991b.

______, 「금권정치의 막을 여는 정주영의 통일국민당」, 『월간사회평론 길』, 사회평론, 1992.

이수복 · 한성덕, 「한국기업집단의 다변화와 이윤율」, 『산업조직연구』, 제6집, 산업조직학회, 1998, pp. 53~69.

이승철, 『내부거래의 경제분석과 경쟁정책』, 한국경제연구원, 1999.

이영렬, 『빅딜게임』, 중앙일보 J&P, 1999.

이인권, 「한국기업의 성장 동학에 관한 연구」, 『국제경제연구』, 8(1), 한국국제경제학회, 2002, pp. 85~110.

이재우, 『개방경제와 경제력집중』, 한국경제연구원, 1998.

이재형, 『지주회사의 본질과 정책과제』, 한국개발연구원, 2000.

이재희, 「시급한 재벌규제, 이것이 대안이다」, 『월간 말』, 통권 67호, 월간 말, 1992, pp. 128~133.

______, 「1970년대 한국중화학 공업화의 성격」, 『지역사회연구』, 제7집, 한국지역사회

학회, 1999, pp. 117~138.
이제민, 「'동아시아 경제기적'과 한국의 산업정책 –중화학공업화 정책에 대한 평가–」, 『경제발정연구』, 11(1), 한국경제발전학회, 2005, pp. 1~25.
______, 「기업 이윤율에 나타난 위기 후 구조조정의 성과: 재벌과 노동조합을 중심으로」, 『국제경제연구』, 16(1), 한국국제경제학회, 2010, pp. 79~105.
이종원, 『한국경제론』, 율곡출판사, 2002.
이종재, 『재벌이력서』, 한국일보, 1993.
이종찬, 「국가능력과 자본가집단행위: 박정희 정권하에서 중화학공업투자를 위한 제도변화」, 『한국정치외교사논총』, 한국정치외교사학회, 2003.
이종화, 「동아시아의 금융위기와 회복과정의 평가」, 『아세아연구』, 45(2), 고려대학교 아세아문제연구소, 2002, pp. 275~300.
이종화 · 이명수, 「한국기업의 부채구조: 재벌기업과 비재벌기업의 비교」, 『국제경제연구』, 5(1), 한국국제경제학회, 1999, pp. 91~118.
이지현, 「재벌의 부동산 투기 실태와 대처방안」, 『정세연구』, 1990.
이지훈, 「30대 재벌 '임원되기' 공식」, 『한국논단』, 한국논단, 1994.
이철송, 「재벌과 법」, 『상사법연구』, 15(1), 한국상사법학회, 1996, pp. 9~51.
이철환, 『재벌개혁드라마』, 좋은 글, 2000.
이한구, 「한국재벌의 성격에 관한 연구」, 『경영사학』, 17(2)(통권 29호), 한국경영사학회, 2002, pp. 1~17.
______, 『한국재벌사』, 대명출판사, 2004.
______, 「귀속기업 불화가 재벌형성에 미친 영향」, 『경영사학』, 22(1)(통권 43호), 한국경영사학회, 2007, pp. 187~218.
이형순, 「재벌과 한국형 유교자본주의」, 『한국논단』, 1990, pp. 107~114.
임성학, 「재벌개혁과 정부, NGOs의 역할: 경실련을 중심으로」, 『한국정치학회보』, 34(4), 한국정치학회, 2000, pp. 119~135.
임종칠, 「경제발전하의 안정화정책 –제1차 경제개발5개년계획의 경험에 비추어–」, 『사회과학』, 성균관대학교 사회과학연구소, 1968.
장상환, 「재벌문제」, 『월간사회평론 길』, 사회평론, 1992.

장세진,『외환위기와 한국 기업집단의 변화: 재벌의 흥망』, 박영사, 2003.

장하준 · 신장섭,「한국금융위기 이후 기업구조조정에 대한 비판적 평가」,『한국경제의 분석』, 한국금융연구원, 2003, pp. 255~304.

장현준 · 권혁태 편역, 하시모토 쥬로 · 다케다 하루히토 편저,『일본경제의 발전과 기업집단』, 오름, 1997.

전인우,「기업집단의 소유구조와 다각화에 관한 실증적 연구: 30대 기업집단을 대상으로」,『경제학연구』, 제45집 제2호, 한국경제학회, 1997.

______,「한국 대규모 기업집단의 다각화와 이윤율 –패널자료분석–」,『국제경제연구』, 6(1), 한국국제경제학회, 2000, pp. 201~219.

정구현,『한국기업의 성장전략과 경영구조』, 대한상공회의소, 1987.

______,『한국기업의 다각화전략과 국제경쟁력』, 한국경제연구원, 1991.

정병휴,「독점금지정책의 전개와 과제」,『경제논집』, 23(4), 서울대학교 경제연구소, 1984, pp. 443~473.

정병휴 · 양영식,『한국 재벌부문의 경제 분석』, 한국개발연구원, 1992.

정진성,「재벌가족과 전문경영자 –戰前의 일본재벌을 중심으로」, 한일경상학회,『제11회 한일경제경영국제학술대회 발표논문집』, 1996, pp. 67~84.

정혜욱,「전환사채를 이용한 변칙상속에 대한 형사법적 고찰 –삼성 에버랜드 사건을 중심으로–」,『중앙법학』, 10(3), 중앙법학회, 2008, pp. 117~139.

조동성,『한국재벌』, 매일경제신문사, 1997.

조동성 · 이지환,「한국재벌의 기업승계유형이 다각화전략에 미친 영향」,『경영학연구』, 22(2), 한국경영학회, 1993, pp. 121~137.

조석준,「한국군사정부하에 있어서의 두 개의 행정개혁에 관한 비교 연구 –제1차 경제개발5개년계획과 기본운영계획제도–」,『행정논총』, 서울대학교 한국행정연구소, 1968.

조창현,「재벌기업간 다시장 접촉의 경쟁효과」,『경제학연구』, 46(4), 한국경제학회, 1998, pp. 89~119.

좌승희,『기업의 본질에 대한 새로운 조명』, 한국경제연구원, 2003.

진태홍,『일본기업집단의 금융구조』, 한국경제연구원, 1993.

______,「재벌의 지배구조와 상호지급보증」,『재무관리연구』, 17(1), 한국재무관리학회, 2000, pp. 1~12.

참여연대 참여사회연구소 경제분과,『한국 5대재벌백서 1995-1997』, 나남출판, 1999.

최강득 · 안홍복,「외환위기 이후 재벌기업집단의 지배 –소유권 구조, 회계정책 및 기업가치 관련성 연구: 내생(endogenous) 효과를 고려한 분석」,『산업경제연구』, 20(2), 2007, pp. 551~577.

최광승,『박정희는 어떻게 고속도로를 건설하였는가』, 한국학중앙연구원, 2010.

최병규,「독점규제법상 기업집단(재벌)에 대한 규제와 출자총액제한의 문제」,『상사판례연구』, 한국상사판례학회, 2003, pp. 587~619.

최순규,「아시아 경제위기와 한국 재벌그룹의 변화–위기와 조직관성의 영향에 대한 고찰–」,『경영학연구』, 31(7)(특별호), 2003, pp. 1839~1863.

최승노,『1998년 한국의 대규모 기업집단』, 자유기업센터, 1998.

최정표,『재벌해체』, 비봉출판사, 1993.

______,「10명의 재벌총수가 좌우하는 경제로는 선진국이 될 수 없다」,『월간 사회평론 길』, 사회평론, 1996a, pp. 78~85.

______,『선진화를 위한 재벌의 선택 –소유 · 경영 분리』, 고원, 1996b.

______,「재벌해체와 소유경영 분리체제의 확립 –일본의 대기업에 관한 분석–」,『한일경상논집』, 제13권, 한일경상학회, 1997, pp. 299~313.

______,「기업그룹의 다각화전략과 그 효과에 관한 실증분석」,『국제경제연구』, 8(2), 한국국제경제학회, 2002, pp. 125~147.

______,「기업집단지정제도의 유효성에 관한 실증분석」,『산업조직연구』, 11(3), 한국산업조직학회, 2003a, pp. 1~35.

______,『산업조직경제학』, 제3판, 형설출판사, 2003b.

______,「재벌에 의한 경제력집중의 정태 및 동태적 분석」,『산업조직연구』, 12(4), 한국산업조직학회, 2004a, pp. 63~88.

______,『한국재벌의 이론과 현실』, 건국대학교 출판부, 2004b.

______,「지주회사와 재벌」,『상경연구』, 31(2), 건국대 경제경영연구소, 2006a, pp. 25~44.

______, 「재벌체제의 시장경쟁 제한효과」, 『한국경제연구』, 제16권, 한국경제연구학회, 2006b, pp. 197~225.

______, 『실패한 재벌정책』, 해남, 2007.

______, 「외환위기 직후의 재벌개혁과 그 성과에 관한 연구」, 『산업조직연구』, 17(1), 한국산업조직학회, 2009a, pp. 45~66.

______, 「한국재벌흥망사」, 『경제발전연구』, 15(2), 한국경제발전학회, 2009b, pp. 233~261.

______, 「재벌의 분할승계와 경제력집중의 변화」, 『경영사학』, 26(2), 한국경영사학회, 2011a, pp. 181~199.

______, 『공정거래정책 허와 실』, 해남, 2011b.

최정표 · 윤석, 「기업지배구조의 韓日비교와 한국의 재벌정책」, 『한일경상논집』, 한일경상학회, 2002.

최정표 외, 「우리 기업들의 소유구조와 기업가치, 부채수준, 투자수준과의 관계에 대한 연구」, 『한국경제연구』, 제11권, 한국경제연구학회, 2003, pp. 5~44.

통계청, 『한국통계연감』, 2000.

한국은행, 『기업경영분석』, 각 연도판.

______, 『경제통계연보』, 1970.

한국일보사 경제부, 『86년판 한국의 50대 재벌』, 1986.

홍덕률, 「4대 재벌의 자본축적사 –창업후 70년대 말까지」, 『사회와 역사』, 제16권, 한국사회사학회, 1989, pp. 113~168.

______, 「재벌경제의 실상과 구조적 병폐」, 『역사비평』, 통권 12호, 역사비평사, 1990, pp. 127~143.

______, 「독점재벌과 한국언론」, 『월간 말』, 통권60호, 월간 말, 1991a, pp. 86~91.

______, 「재벌의 사회지배 어디까지 왔나」, 『월간 말』, 통권 66호, 월간 말, 1991b, pp. 60~65.

______, 「본격 재벌정치시대가 열리고 있다」, 『월간 사회평론 길』, 사회평론, 1992a.

______, 「한국의 대자본가 조직연구 –전경련을 중심으로–」, 『사회와 역사』, 제36권, 한국사회사학회, 1992b, pp. 56~98.

______, 「1987년 이후 정부와 재벌관계의 변화」, 『경제와 사회』, 제30권, 비평사회학회, 1996a, pp. 218~243.
______, 「재벌의 존재양태와 재벌개혁의 긴급성 -성장사를 통해 본 재벌체제의 문제점」, 『역사비평』, 통권 36호, 역사비평사, 1996b, pp. 167~208.
______, 「재벌헤게모니의 대변자, 전경련」, 『동향과 전망』, 통권 제35호, 한국사회과학연구소, 1997, pp. 10~33.
______, 「전경련, 왜 만들어졌는가?」, 『내일을 여는 역사』, 제19호, 내일을 여는 역사, 2005, pp. 128~139.
______, 「재벌권력, 어제 오늘 그리고 내일」, 『역사비평』, 통권 77호, 역사비평사, 2006, pp. 95~117.
홍명수, 「재벌의 의의 및 특성」, 『경쟁법연구』, 한국경쟁법학회, 2003, pp. 149~205.
홍재범 · 황규승, 「한국기업의 다각화와 경제적 성과에 대한 연구」, 『경영학연구』, 제26권 제3호, 1997, pp. 493~511.
황인학, 『경제력집중 한국적 인식의 문제점』, 한국경제연구원, 1997.
______, 『재벌의 다각화와 경제력집중』, 한국경제연구원, 1999a.
______, 「재벌다각화의 평가와 전망」, 『한국경제연구』, 제3권, 한국경제연구학회, 1999b, pp. 87~112.
______, 『재벌구조와 재벌정책 -평가 및 과제-』, 한국경제연구원, 2000.
황인학 · 서정환 · 이인권 · 홍재범, 『재벌구조의 특징과 쟁점』, 한국경제연구원, 2002.
經濟調査協會, 『系列の研究』, 經濟調査協會(日本社團法人), 1998.
高村壽一, 『三井グループのすべて』, 日本實業出版社, 1977.
公正取引委員會, 「最新日本の六大企業集團の實態」, 公正取引委員會 第5次 調査報告書, 『企業集團の實態について』, 東洋經濟新報社, 1994.
公正取引委員會事務局, 『日本の六大企業集團の實態』, 東洋經濟新報社, 1994.
橋本壽朗 · 武田晴人, 『日本經濟の發展と企業集團』, 東京大學出版會, 1993.
菊地浩之, 「六大企業集團の社長會について(下)」, 『證券經濟研究』, 제23호, 2000.
大園友和, 『企業系列と業界地圖』, 日本實業出版社, 1993.
島鈞次, 『韓國經濟の挑戰: 三星企業集團にみるそのエネルギーの秘密』, 日本經濟通信社, 1977.

東京大學社會科學研究所,『大企業集團・融資系列の株式持合い』, 1999.

______,『大企業集團・融資系列の系列融資』, 2000.

東洋經濟新報社,『日本の人脈と企業系列』, 1994.

______,『企業系列總覽』, 2000.

鈴木健,『メインバンクと企業集團: 戰後日本の企業間システム』, ミネルヴァ書房, 1993.

梅津和郎,『韓國の財閥: 急成長支えた主役の光と影』, 教育社, 1978.

武田晴人,『財閥の時代』, 新曜社, 1995.

朴東洵,『韓國財閥のリーダーたち』, 東洋經濟新報社, 1992.

山路愛山,『日本金權史』.

三輪芳朗,『日本の企業と產業組織』, 東京大學出版會, 1992.

三輪芳朗・J. Mark Ramseyer,「『系列の研究』の「系列」の研究」, CIRJE-J-38, 東京大學校經濟學部, 2000.

______,『日本經濟論の誤解』, 東洋經濟新報社(日本), 2001.

三世東旭『韓國の族閥・軍族・財閥: 支配集團の政治力學を解く』, 中央公論社, 1997.

森川英正,『日本財閥史』, 教育社, 1978.

______,『財閥の經營史的研究』, 東洋經濟新報社, 1990.

石井寬治,『日本の產業化財閥』, 岩武書店, 1992.

星野靖之助,『三井百年』, 鹿島研究所出版會, 1968.

小島直記,『三井家の人びと: 現代に生きる平家物語』, 光文社, 1963.

小玉敏,『韓國工業化と企業集團: 韓國企業の社會的特質』, 學文社, 1995.

松元宏,『三井財閥の研究』, 吉川弘文館, 1979.

新產業經營院,『韓國30大財閥財務分析』, 2001.

安岡重明,『日本の財閥』, 日本經濟新聞社, 1976.

______,『三井財閥史』(近世・明治編), 教育社歷史新書〈日本史〉136, 1979.

______,『三井財閥』, 日本經濟新聞社, 1982.

______,『財閥の經營史』, 社會思想社, 1990.

奧村宏,『大企業解體のすすめ』, 東洋經濟新報社, 1992.

______,『日本の六大企業集團』, 東京朝日新聞社, 1994.

日本經濟新聞社,『日經連結會社年鑑』, 2000.

______,『會社年鑑(上場會社編)』, 上卷, 2001.

日本公正取引委員會,『企業集團の實態について(第 5, 6, 7次 調査報告書)』, 2001.

柴和夫,『三井・三菱の百年: 日本資本主義と財閥』, 中央公論社, 1968.

佐　徹,『韓國財閥解體』, 日刊工業新聞社, 2001.

川武郎,『日本の企業集團: 財閥との連續と斷絕』, 有斐閣, 1996.

板本藤良,『なぜ三井だけが生き殘ったのか: 三井企業集團の過去 現在 未來』, ゆまにて(東京), 1985.

坂本恒夫・佐久間信夫,『企業集團と企業間結合の國際比較』, 企業集團研究會, 2000.

下谷政弘,『日本の系列と企業グループ』, 有斐閣, 1993.

和田日出吉,『三井コンツェルン讀本』, 春秋社, 1937.

Aoki, M., *Information, Incentives and Bargaining in the Japanese Economy*, Cambridge University Press, 1992.

Baumol, W. J., J. C. Panzar, and R. D. Willig, *Contestable Markets and the Theory of Industry Structure*, New York: Harcourt Brace Jovanovich, Inc., 1982.

Berger and Ofek, "Diversification Effects and Firm Value," *Journal of Financial Economics*, 37, 1995, pp. 39~65.

Berglof, Erik and Enrico Perotti, "The Governance Structure of the Japanese Financial Keiretsu," *Journal of Financial Economics*, 36, 1994, pp. 259~284.

Berle, Adolf A. and Gardiner C. Means, *The Modern Corporation and Private Property*, 1932, reprinted, Transaction Publishers, 1991.

Bisson, T. A., *Zaibatsu Dissolution in Japan*, University of California Press, 1954.

Burch, Philip H., Jr., *The Managerial Revolution Reassessed*, Lexington Books, 1972.

Cable, John and Hiroshiko Yasuki, "International Organization, Business Groups and Corporate Performance: An Empirical Test of the Multidivisional Hypothesis in Japan," *International Journal of Industrial Organization*, 3, 1985, pp. 401~420.

Caswell, Julie A., "Aggregate Concentration: Significance, Trends, and Causes," *Issues after a Century of Federal Competition Policy*, Robert L. Wills, Julie A. Caswell, and John D. Culbertson, eds., Lexington Books, 1987.

Caves, R. E. and M. Uekusa, *Industrial Organization in Japan*, Washington: Brookings Institution, 1976.

Chang, Sea Jin and Jaebum Hong, "Economic Performance of the Korean Business Groups: Intra-Group Resource Sharing and International Business Transaction," Working Paper, Korea University, 1998.

Chang, S. J. and J. Hong, "Economic Performance of the Group-Affiliated Companies in Korea: Resource Sharing and Internal Business Transactions," *Academy of Management Journal*, 43(3), 2000.

Choi, Jeong-Pyo and Dennis Patterson, "Conglomerate Regulation and Aggregate Concentration in Korea: An Empirical Analysis," *Journal of Asia Pacific Economy*, 12(2), 2007, pp. 250~271.

Choi, Jeong-Pyo and Thomas G. Cowing, "A Firm Behavior and Group Affiliation: The Strategic Role of Corporate Grouping for Korean Firms," *Journal of Asian Economics*, 10, 1999, pp. 195~209.

______, "Diversification, Concentration and Economic Performance: Korean Business Groups," *The Review of Industrial Organization*, 21, 2002, pp. 271~282.

Chung, Young-Iob, "Capital Accumulation of Zaibul in Korea During the Early Stages of Economic Development," mimmeograph, 국제한국인 경제학자 학술대회(1986. 8. 18-19, 서울), 1986.

Curry, B. and K. D. George, "Industrial Concentration: A Survey," *The Journal of Industrial Economics*, 31, 1983, pp. 203~255.

Deutsch, Joseph and Jacques Silber, "Static Versus Dynamic Measures of Aggregate Concentration: The Case of Fortune's 500," *Southern Economic Journal*, 62(1), July 1995, pp. 192~209.

Edwards, Corwin D., "Conglomerate Bigness as a Source of Power," *Business Concentration and Price Policy*(International Bureau Committee for Economic Research), Princeton: Princeton University Press, 1955, pp. 331~360.

Flath, David, "Indirect Shareholding within Japan's Business Groups," *Economics Letters*, 38, 1992, pp. 223~227.

______, "The Keiretsu Puzzle," *Journal of the Japanese and International Economies*, 10, 1996, pp. 101~121.

Futatsugi, Yusaku, "The Measurement of Inter firm Relationships," *Industry and Business in Japan*, Kazuo Sato, ed., M. E. Sharpe, Inc. and Croom Helm, 1980, pp. 285~343.

Ghemawat, P. and T. Khanna, "The Nature of Diversified Business Groups: A Research Design and Two Case Studies," *Journal of Industrial Economics*, 46, March 1998, pp. 35~61.

Goto, Akira, "Business Groups in A Market Economy," *European Economic Review*, 19, 1982, pp. 53~70.

Greene, W. H., *Econometric Analysis*, 3rd ed., Prentice-Hall, 1997.

Gul, F. A. and Burch T. Kealey, "Chaebol, Investment Opportunity Set and Corporate Debt and Dividend Policies of Korean Companies," *Review of Quantitative Finance and Accounting*, 13, 1999.

Hadley, Eleanor M., *Antitrust in Japan*, Princeton University Press, 1970.

Hattori, Tamio, "Japanese Zaibatsu and Korean Chaebol," *Korean Managerial Dynamics*, Kae H. Chung and Hak Chong Lee, eds., New York: Praeger, Chapter 7, 1989, pp. 79~95.

Herman, E., Corporate Control, Corporate Power, London: Cambridge University Press, 1981.

Hill and W. L. Charles, "Internal Capital Market Controls and Financial Performance in Multidivisional Firms," *The Journal of Industrial Economics*, 37(1), 1988, pp. 67~83.

Hoshi, Takeo, Anil Kashyap, and David Scharfstein, "Corporate Structure, Liquidity, and Investment: Evidence from Japanese Industrial Groups," *Quarterly Journal of Economics*, 106, 1991, pp. 33~60.

Hughes, Alan and Manmohan S. Kumur "Recent Trends in Aggregate Concentration in the United Kingdom Economy," *Cambridge Journal of Economics*, 8, 1984, pp. 235~250.

Iguchi, Tomio, "Aggregate Concentration, Turnover, and Mobility among the Largest

Manufacturing Firms in Japan," *The Antitrust Bulletin*, Winter 1987, pp. 939~965.

Jacquemin, A. and W. Saez, "A Comparison of the Performance of the Largest European and Japanese Industrial Firms," *Oxford Economic Papers*, 28, 1976, pp. 271~283.

Khanna and Palepu, "Is Group Affiliation Profitable in Emerging Markets? An Analysis of Diversified Indian Business Groups," *Journal of Finance*, 55(2), 2000, pp. 867~891.

Kim, Kenneth A., "A Test of the Two-Tier Corporate Governance Structure: The Case of Japanese Keiretusu," *The Journal of Financial Research*, Vol. XXI, No. 1, Spring 1998, pp. 37~51.

Kim, Seok Ki, *Business Concentration and Government Policy: A Study of the Phenomenon of Business Groups in Korea, 1945-85*, DBA Thesis, Cambridge: Harvard University, 1987.

Kiyonari, Tadado and Hideichiro Nakamura, "The Establishment of the Big Business System," *Industry and Business in Japan*, in Kazuo Sato, ed., M. E. Sharpe, Inc. and Croom Helm, 1980, pp. 247~284.

Kock and Guillen, "Strategy and Structure in Developing Countries: Business Groups as an Evolutionary Response to Opportunities for Unrelated Diversification," *Industrial and Corporate Change*, 10(1), 2001, pp. 77~113.

Kono, Toyohiro, *Strategy and Structure of Japanese Enterprises*, M. E. Sharpe, Inc., 1984.

Larner, Robert J., "Ownership and Control in the 200 largest Nonfinancial Corporations: 1929 and 1963," *American Economic Review*, Sep. 1966, pp. 777~787.

Lee, Keun, "Corporate Governance and Growth in Korean Chaebols," in U. Haley and F. Richter, eds., *Asian Post-Crisis Management: Business and Governmental Strategies for Sustainable Competitive Advantages*, Palgrave, 2001.

Leff, N. H., "Industrial Organization and Entrepreneurship in the Developing Countries: The Economic Groups," *Economic Development and Cultural Change*, 27, 1978, pp. 661~674.

Liu, J. C. and J. P. Choi, "Business Groups and Realloction of Capital: The Case of Korea," unpublished paper, Department of Economics, Binghamton University, 1995.

Liu, J. C., J. P. Choi, and H. H. Wang, "Business Groups in Japan, South Korea and Taiwan: A Comparison," *Research in Asian Economic Studies*, Vol. 8, JAI Press Inc., 1998, pp. 351~360.

Miyajima, Hideaki, "The Transformation of Zaibatsu to Postwar Corporate Groups –from Hierarchically Integrated Groups to Horizontally Integrated Groups," *Journal of the Japanese and International Economies*, 8, 1994, pp. 293~328.

Miwa, Yoshiro and J. Mark Ramseyer, "The Fable of the Keiretsu," CIRJE-F-109, The University of Tokyo, 2001.

Mueller, D. C., *The Corporation: Growth, Diversification and Mergers*, Chur, Switzerland: Harwood Academic Publishers, 1987.

Nakatani, I., "The Economic Role of Financial Corporate Grouping," in M. Aoki, ed., *The Economic Analysis of the Japanese Firm*, North-Holland, 1984.

Nissan, Edward, "Effects of Antitrust Enforcement on Aggregate Concentration," *Journal of Economic Studies*, 25(2), 1998, pp. 112~117.

Novaes, Walter and Richard H. Pettway, "Visibility versus Complexity in Business Groups: Evidence from Japanese Keiretsu," *Journal of Business*, 74(1), 2001, pp. 79~100.

Odagiri, H. , "Antineoclassical Management Motivation in a Neoclassical Economy: A Model of Economic Growth and Japan's Experience," *Kyklos*, 35, 1982, pp. 223~243.

Odagiri, H. and H. Ymawaki, "A Study of Company Profit-Rate Time Series: Japan and the United States," *International Journal of Industrial Organization*, 4, 1986, pp. 1~23.

O'Neill, Patrick B., "The Trend of Aggregate Concentration in the United States: Problems of Scope and Measurement," *American Journal of Economics and Sociology*, 55(2), April 1996, pp. 197~212.

Osano, Hiroshi, "Intercorporate Shareholdings and Corporate Control in the Japanese Firm," *Journal of Banking & Finance*, 20, 1996, pp. 1047~1068.

Peck, Merton J., "The Large Japanese Corporation," *The U.S. Business Corporation-An Institution in Transition*, John R. Meyer and James M. Gustabson, eds., Ballinger Publishing Company, 1988.

Prowse, Stephen D., "The Structure of Corporate Ownership in Japan," *The Journal of Finance*, Vol. XLVII, No. 3, July 1992.

Rotwein, Eugene, "Economic Concentration and Monopoly in Japan," *Journal of Political Economy*, 72, 1964, pp. 262~277.

Rumelt, R. P., "Diversification Strategy and Profitability," *Strategic Management Journal*, 3, October-December 1982, pp. 359~369.

Scherer, F. M. and David Ross, *Industrial Market Structure and Economic Performance*, Boston: Houghton Mifflin Company, 1990.

Schmalensee, R., "Do Markets Differ Much?," *American Economic Review*, 75, June 1985, pp. 341~351.

Schumpeter, *Capitalism, Socialism and Democracy*, 1942.

Scott, John T., "Multimarket Contact among Diversified Oligopolists," *International Journal of Industrial Organization*, 9, 1991, pp. 225~238.

Sheard, Paul, "Interlocking Shareholdings and Corporate Governance in Japan," *The Japanese Firm-The Sources of Competitive Strength*, Masahiko Aoki and Ronald Dore, eds., Oxford University Press, 1994.

Shin, Kwangshik, "The Treatment of Market Power in Korea," *Review of Industrial Organization*, 21, 2002, pp. 113~128.

Silver, M. S., "On the Measurement of Changes in Aggregate Concentration, Market Concentration and Diversification," *The Journal of Industrial Economics*, 33(3), March 1985, pp. 349~352.

Waterson, M., *Economic Theory of Industry*, Cambridge: Cambridge University Press, 1980.

Weinstein, David E. and Yishay Yafeh, "Japan's Corporate Groups: Collusive or competitive? An Empirical Investigation of Keiretsu Behavior," *The Journal of Industrial Economics*, Vol. XLIII, No. 4, December 1995, pp. 359~376.

Weiss, L. W., "The Extent and Effects of Aggregate Concentration," *Journal of Law and Economics*, Vol. 31, June 1983, pp. 429~455.

White, Lawrence J., "Trends in Aggregate Concentration in the United States," *Journal of*

Economic Perspectives, 16(4), Fall 2002, pp. 137~160.

Yafeh, Yishay, "Corporate Ownership, Profitability and Bank-Firm Ties: Evidence from the American Occupation Reforms in Japan," *Journal of the Japanese and International Economies*, 9, 1995, pp. 154~173.

Yaginuma, Hisashi, "The Keiretsu Issue: A Theoretical Approach," *Japanese Economic Studies*, 21(3), Spring 1993, pp. 3~48.

Yoo, Seong-Min, "Chaebol in Korea: Misconceptions, Realities and Policies," Draft for KDI Working Paper, Seoul: Korea Development Institute, 1995.

Yoshikazu, Miyazaki, "The Japanese-type Structure of Big Business," *Industry and Business in Japan*, Kazuo Sato, ed., M. E. Sharpe, Inc. and Croom Helm, 1980, pp. 285~343.